Peter Schay, Roland Helsper, Niklas Helsper

Durchgerutscht: Kinder und Jugendliche zwischen den Hilfesystemen!

Analysen und Lösungsansätze zur Sozialarbeit in suchtbelasteten Familien

Durchgerutscht: Kinder und Jugendliche zwischen den Hilfesystemen!

Analysen und Lösungsansätze zur Sozialarbeit in suchtbelasteten Familien

von

Peter Schay, Roland Helsper,

Niklas Helsper

PABST SCIENCE PUBLISHERS
Lengerich/Westfalen

Bibliografische Information der Deutschen Bibliothek
Die Deutsche Bibliothek verzeichnet diese Publikation in der Deutschen Nationalbibliografie; detaillierte bibliografische Daten sind im Internet über http://dnb.ddb.de abrufbar.

www.pabst-publishers.com
pabst@pabst-publishers.com

Print: ISBN 978-3-95853-701-9
eBook: ISBN 978-3-95853-702-6

Layout: Patrick Orths

Druck: KM-Druck 2.0,
D-64823 Groß-Umstadt

Inhalt

Einleitung – Licht und Schatten

Andreas Koch

Am 22. Juni 2017 beauftragte der Deutsche Bundestag die Bundesregierung damit, eine interdisziplinäre und interministerielle Arbeitsgruppe einzurichten. Die zeitlich befristete Arbeitsgruppe sollte einvernehmlich Maßnahmen vorschlagen, die die Situation von Kindern mit psychisch und suchtkranken Eltern verbessert. Der Abschlussbericht der Arbeitsgruppe wurde im Dezember 2019 dem Deutschen Bundestag zugeleitet. Die Arbeitsgruppe hat damit ihren Auftrag erfüllt, einvernehmliche Vorschläge zur Verbesserung der Situation von Kindern und Jugendlichen aus Familien, in denen mindestens ein Elternteil psychisch erkrankt ist, zu erarbeiten (www.ag-kpke.de).

In Deutschland leben ca. drei Millionen Kinder mit mindestens einem suchtbelasteten Elternteil. Jedes fünfte Kind verbringt seinen Alltag in einem suchtbelasteten Familienumfeld.
Im Rahmen der Aktionswoche vom 9. bis 15. Februar 2020 machen Nacoa Deutschland, die Interessenvertretung für Kinder aus suchtbelasteten Familien und die Initiative Sucht- und Wendepunkt durch bundesweite Aktionen auf diese Kinder und ihre Schicksale aufmerksam. Dazu die Drogenbeauftragte der Bundesregierung, Daniela Ludwig MdB: „Die Sucht im Elternhaus ist für viele Kinder eine existenzielle Belastung: Dauerstress, Verunsicherung und Scham bestimmen ihren Alltag. All das bleibt nicht ohne Folgen. Zwei von drei Kindern aus suchtbelasteten Familien werden später selbst suchtkrank oder leiden unter anderen psychischen Erkrankungen (www.drogenbeauftragte.de).

Diese beiden Informationen aus einschlägigen Internetseiten zeigen, dass wir es hier mit einem brisanten Thema und einem dringenden Handlungsbedarf zu tun haben. Die Herausgeber des vorliegenden Buches haben die gleichermaßen mühsame und verdienstvolle Aufgabe angenommen, einen Bereich des deutschen Sozial- und Gesundheitswesens zu beleuchten, der zwar nicht gänzlich im Dunkeln, aber doch im Schatten liegt.

Deutschland befindet sich in der komfortablen Situation, dass über viele Jahrzehnte ein professionelles, qualitativ hochwertiges, fachlich ambitioniertes und differenziertes Hilfesystem für unterschiedliche soziale Problemlagen entwickelt werden konnte: für (fast) jeden Hilfebedarf existiert ein passendes Leistungsangebot. Schwierig wird es aber, wenn diese Leistungsangebote verknüpft werden sollen, sei es als kombinierte Maßnahme aus unterschiedlichen „Rechtskreisen“

(Sozialgesetzbüchern) oder als Behandlungskette mit einer nahtlosen und abgestimmten Folge von Leistungen. Diese „Versäulung" oder „Segmentierung" wird oft beklagt und es gibt durchaus entsprechende gesetzliche Initiativen zur Überwindung dieser „Schnittstellenprobleme", vor allem die Einführung des SGB IX im Jahr 2001 und die Reformansätze des Bundesteilhabegesetzes aus dem Jahr 2017 sind in diesem Zusammenhang zu nennen.

Doch die Realität sieht insbesondere in der Suchthilfe und in der Kinder- und Jugendhilfe häufig ernüchternd aus, die Leistungserbringer in der Beratung, Behandlung und Betreuung bemühen sich oft vergeblich um abgestimmte „Hilfepakete" für komplexe Problemlagen. Das vorliegende Buch ist ein wertvoller Impuls zur Verbesserung der Situation, denn es werden auf der einen Seite die aktuellen Probleme deutlich benannt, aber auf der anderen Seite auch zahlreiche Beispiele beschrieben, wie passende Hilfeangebote gestaltet werden können. Die einzelnen Beiträge bieten ein breites Spektrum unterschiedlicher Perspektiven:

- *Peter Schay und Fabian Peters* beschreiben aus der Sicht der Leitung eines Suchthilfeträgers anhand von Zahlen und Fallbeispielen in den ersten beiden Beiträgen ausführlich die **aktuelle Situation** von Kindern und Jugendlichen, die von Suchtproblemen, Armut oder anderen psycho-sozialen Problemlagen betroffen sind, sowie die **Leistungsstrukturen in der Suchthilfe und in der Kinder- und Jugendhilfe**. Damit werden wichtige Grundlagen zum Verständnis des gesamten Themenbereiches gelegt.

- Der Beitrag von *Michael Kuhlmann* stellt die bestehende **Kooperationssituation zwischen Suchthilfe sowie Kinder- und Jugendhilfe** auf der Grundlage eigener professioneller Erfahrungen in der Jugendhilfe dar. *Kirsten Grabowski* zeigt dann an einem Fallbeispiel aus Dortmund, wie die Kooperation bei einer komplexen Fallkonstellation zwischen unterschiedlichen Leistungsträgern und Leistungserbringern sowie mit der Selbsthilfe – auch Rechtskreis-übergreifend – gelingen kann.

- Über ein erfolgreiches Pilotprojekt aus Bremen, bei dem **Kinder von suchtkranken Eltern im ambulant betreuten Wohnen** im Rahmen der Eingliederungshilfe mit aufgenommen und betreut werden, berichtet *Janina Tessloff*, die als Leitung eines Suchthilfeträgers dieses Angebot etabliert hat und weiterentwickelt.

- Die **Perspektive der betroffenen Menschen** steht in dem Beitrag von *Niklas Helsper* im Fokus. Er berichtet aus der wissenschaftlichen Perspektive über die Ergebnisse einer Studie, bei der 12 Interviews mit suchtkranken Elternteilen mit Hilfe der qualitativen Inhaltsanalyse ausgewertet wurden. In einem weiteren Beitrag, bei dem die Betroffenen zu Wort kommen, stellen *Peter Schay, Roland Helsper und Kristin Dürre* die Ergebnisse von Interviews mit 6 suchtkranken Eltern vor, die im Rahmen der Behandlung in einer Suchthilfeeinrichtung geführt wurden. Dieser Überblick wird eindrucksvoll ergänzt durch den Erfahrungsbericht einer Betroffenen, den *Roland Helsper* als Therapeutischer Leiter einer Suchthilfeeinrichtung zusammengestellt hat.

- *Brigitta Lökenhoff und Martina Tödte* bringen einen sehr spezifischen und bislang wenig beachteten Aspekt in das Themenspektrum ein, sie berichten als Expertinnen für geschlechtsbezogene Suchthilfe über die Ergebnisse des vom Bundesministerium für Gesundheit geförderten Projektes „**Problematischer Substanzkonsum und Vaterschaft**".

- Im Rahmen des sehr persönlich formulierten Statements „**Warum die Erwachsenenpsychiatrie sich damit beschäftigen sollte**" berichtet *Antje Niedersteberg* über ihre eigene professionelle Motivation für die Beschäftigung mit Kindern aus suchtbelasteten Familien und gibt einen strukturierten Überblick zur Epidemiologie von Suchterkrankungen, zur Struktur der Suchthilfe, zur Diagnostik und zu suchtmedizinischen Perspektiven, zur Angehörigenarbeit und zum Konzept der Co-Abhängigkeit sowie zur fetalen Alkoholspektrumstörung (FASD) und zum neonatalen Abstinenzsyndrom (NAS). Abschließend erläutert Sie das Projekt TRAMPOLIN.

- Ein weiteres erfolgreiches Pilotprojekt stellen *Helmut Schwehm und Dirk Kratz* vor, die als Leitung eines Suchthilfeträgers in Rheinland-Pfalz für die Gründung und Weiterentwicklung der entsprechenden Einrichtung verantwortlich sind: In der Villa Maria werden **Leistungen der Suchtrehabilitation mit Leistungen der Kinder- und Jugendhilfe kombiniert** „unter einem Dach" erbracht.

- Ein weiterer neuer Aspekt wird von *Peter Schay und Fabian Peters* eingebracht, diesmal aus der therapeutischen Perspektive: Sie beschreiben Konzeption und Erfahrungen zur **Lauftherapie für Kinder- und Jugendliche** mit einer Traumatisierung und geben damit einen wichtigen Hinweis auf geeignete therapeutische Handlungsoptionen.

- Zum Abschluss steht erneut die Sichtweise der Betroffenen im Mittelpunkt. *Peter Schay und Roland Helsper* stellen die Ergebnisse einer **Zufriedenheitsbefragung** unter Klient_innen im Hinblick auf die Leistungen der Suchthilfe und der Kinder- und Jugendhilfe dar. Diese Perspektive wird um einen weiteren Aspekt erweitert, der für die Geschäftsführung eines Suchthilfeträgers ebenfalls von Bedeutung ist: es kommen auch Mitarbeitende zu Wort, deren Zufriedenheit ebenfalls im Rahmen einer Befragung erhoben wurde.

Die Vielfalt der in den Beiträgen dargestellten Themen zeigt nicht nur die Brisanz des Problems, sondern sie macht auch Hoffnung, dass Lösungen möglich sind. Man könnte also sagen, dass „Land in Sicht" ist! Aber es darf nicht übersehen werden, das die guten Lösungen überwiegend im Rahmen von Pilotprojekten, regional begrenzt oder bei Einzelfällen realisiert werden konnten. Das Ziel aller Bemühungen um nachhaltige und kombinierte Hilfeangebote für Kinder- und Jugendliche, die von eigener Suchterkrankung oder der ihrer Eltern betroffen sind, muss eine breite Verfügbarkeit von kombinierten Leistungsangeboten bleiben. Man kann den Herausgebern nur zustimmen: Wir müssen zuversichtlich bleiben und die Fachdiskussion am Laufen halten.

Bleiben wir zuversichtlich!

Peter Schay, Roland und Niklas Helsper

> *„Es kommt auf jeden Augenblick an!*
> *Die Verantwortung ist immer da! […]*
> *Gegen […] die Nachgiebigkeit [und] gegen die Zugeständnisse*
> *müssen wir uns wehren.*
> *Es besteht für uns die moralische Forderung,*
> *den Klient*innen bei der Bewältigung ihres Alltages zu helfen“*
> *(H. Schweikart, 2014).*

Manche Menschen glauben, dass die Situation der Kinder und Jugendlichen sowie ihrer Familien in Deutschland sehr gut sind.

Doch die Realität ist faktisch anders: 16,9% der Kinder und Jugendlichen zeigen psychische Auffälligkeiten und nehmen keine Behandlung war!

Die Lebenserwartung und die sozioökonomische Benachteiligung für Kinder und Jugendliche sowie ihrer Familien sind erheblich:

- ca. 4,4 Mio. Kinder sind in Deutschland 2018 nach Schätzungen des Deutschen Kinderschutzbundes von Armut betroffen,
- 41,1% bzw. 35,0% der Kinder und Jugendlichen hatten abnorme intrafamiliäre Beziehungen bzw. abnorme Erziehungsbedingungen,
- 36,5% wuchsen in Familien auf, wo mindestens ein Elternteil psychische Störungen hatte,
- 31,9% hatten akute belastende Lebensereignisse und
- betroffene Kinder aus suchtbelasteten Familien leiden besonders unter dem veränderten Verhalten des suchtkranken Elternteils. Sie erleben Unberechenbarkeit, Unzuverlässigkeit, mehr Scheidungen und Trennungen und erhöhte Gewalttätigkeit. 33,5% der Kinder alkoholkranker Eltern erfahren regelmäßig physische und 63% emotional-psychische Gewalt wie beispielsweise Demütigungen und Entwertungen, bei Kindern von Drogenabhängigen Eltern wird vermutet, dass die Zahlen deutlich höher sind.

Welche Folgen hat Kinderarmut?

- **Bildungsarmut:** Ohne Schulabschluss haben Kindern fast keine Chance, einen Beruf zu erlernen.
- **Psychische und soziale Störungen:** Kinder schämen sich für die ärmlichen Lebensumstände, finden keine Freunde mehr, verlieren die Hoffnung für eine bessere Zukunft.
- **Entwicklungsstörungen:** Durch den Mangel an ausgewogener Ernährung, medizinischer Versorgung und ausreichender Bewegung leidet die Gesundheit der Kinder langfristig.
- **Soziale Isolation:** Mangel an (sozialer) Versorgung, wenn z.B. Freunde nicht mehr eingeladen werden können (bspw. Scham, beengter Wohnraum).
- **Soziale Diskriminierung:** Kinder werden aufgrund ihrer sozialen Herkunft (bspw. Langzeitarbeitslosigkeit der Eltern) und/oder einer „Behinderung" intensiv diskriminiert, da sie nicht der dominanten gesellschaftlichen Norm entsprechen.

Kinder aus armen Familien bleiben häufig ihr ganzes Leben lang arm, sie haben es äußerst schwer, aus ihrem Milieu herauszukommen und werden zunehmend von der Gesellschaft stigmatisiert.

Eine UNICEF-Studie 2010 zum Wohlbefinden von Kindern in Industrieländern hat die wichtigsten Entwicklungsbereiche benannt:

- Materielle Lage
- Gesundheit und Sicherheit
- Bildung
- Beziehung zu Eltern und Freunden
- Risiken im Alltag
- subjektives Wohlbefinden

Seit mehr als 20 Jahren wird in Deutschland das Thema „Kinderarmut" in der Öffentlichkeit wahrgenommen und immer wieder diskutiert.

Es besteht weitgehende Übereinkunft in der Politik, Fachpraxis, Forschung und Öffentlichkeit, dass „Kinderarmut" ein „ernst zu nehmendes Problem für Individuen und für die Gesellschaft darstellt" (*Bertelsmann Stiftung*, 2016). Aber bisher ist es nicht gelungen, dieses Problem zu reduzieren bzw. zu lösen.

Haben wir aus der Corona-Krise 2020 gelernt? Alle Fachleute, Politiker und Forscher haben immer wieder eindringlich aufgezeigt, dass Kinder und Jugendliche soziale Nähe und Geborgenheit, Fürsorge, Gesundheit, Bildung, Gerechtigkeit, ... erwarten.

Im bürgerlichen Milieu hat während der Corona-Zeit vieles funktioniert, die Schul-und Freizeitbegleitung war gewährleistet, die PC-Ausstattung hervorragend, in den sozial schwachen Milieus fand hingegen wochenlang nichts statt, bzw. wurde der Online-Unterricht maximal über ein Smartphone durchgeführt. In einzelnen Städten wuchs die Zahl der Inobhutnahme deutlich.

Kinder aus suchtbelasteten Familien sind häufig mehrfach belastet, Armut, mangelnde Geborgenheit und Zuwendung, psychische und physische Gewalt. Hinzu kommt, dass sie schneller erwachsen werden müssen, um aus ihrer Sicht ganze Familiensysteme zu stabilisieren und zu tragen. Sie werden ihrer Kindheit beraubt, ihnen fehlen viele positive Kindheitserfahrungen, die für eine gesunde körperliche und mentale Gesundung notwendig sind.

Man kann nur zuversichtlich sein, dass die Situation und die Probleme von Kindern und Jugendlichen in der politischen und öffentlichen Diskussion angekommen sind.

Aber: Hat die Gesellschaft erkannt, dass die Lebensbedingungen nachhaltig verändert werden sollten, um den Kindern und Jugendlichen gleiche Zukunftschancen zu ermöglichen?

Vielfach müssen wir in der Praxis auch pragmatische, teils ungewöhnliche und oft erforderliche Lösungen anwenden.

All unsere Überlegungen müssen dazu führen, dass *insbesondere* die Suchthilfe und die freie bzw. öffentliche Jugendhilfe zukünftig enger zusammenarbeiten, um für die Kinder und Jugendlichen Maßnahmen zu entwickeln, die die Lebenskrisen und die Probleme lösen können.

„Die Aufgaben und Handlungsgrundsätze der beiden Arbeitsfelder unterscheiden sich sehr, wodurch jeweilige Erwartungen an das andere Arbeitsfeld entstehen können, die nicht dem jeweiligen Auftrag bzw. den jeweiligen Handlungsmöglichkeiten entsprechen. Aus diesem Grunde ist es sehr wichtig, die gegenseitigen Erwartungen auszusprechen und eine Klärung herbeizuführen" (*Hamburger Kinderschutztage* 2009).

Die Zusammenarbeit der Mitarbeiter der Suchthilfe und der Jugendhilfe im Bereich der sozialen Teilhabe und Betreuung von Kindern und Jugendlichen muss deutlich verbessert werden: *Die Gestaltung einer vertrauensvollen Arbeitsbeziehung und der lebendige Austausch sind dabei unabdingbar.*

Die Kunst besteht darin, ein mögliches Konkurrenzdenken zu vergessen und zu einer fachlichen und qualitativen sowie intensiven Zusammenarbeit zu kommen.

Dabei müssen folgende *Ziele* verfolgt werden:
- Initiierung, Stärkung und nachhaltiger Ausbau von gemeinsamem Handeln von Sucht- und Jugendhilfe
- Entwicklung von Kooperationsvereinbarungen zwischen Suchthilfe und Jugendhilfe
- Erreichbarkeit von Kindern aus suchtbelasteten Familien erhöhen

„Beide Hilfesysteme haben eine langjährige und fachlich immer auf das Individuum und die Gesellschaft fokussierte Geschichte. [Um den gesellschaftlichen] Auftrag beider Hilfesysteme [...] zu erfüllen, gibt es gute Gründe, sich ihm Hand in Hand zu stellen“ (*Landschaftsverband Westfalen-Lippe* 2011).

„I can't breathe“
ist ein AUFSCHREI!
Gegen Misshandlung und Unterdrückung!
Ein Hilferuf der Gedemütigten - der Kinder und Jugendlichen!

Es ist ein Traumata
immer WIEDER zu sehen,
wie Kinder und Jugendliche
misshandelt und sexueller Gewalt ausgesetzt sind.

Es ist auch ein Traumata
immer wieder zu sehen,
wie die Gesellschaft sich NICHT
um die Kinder und Jugendlichen kümmert.
Und immer wieder wegschaut.

Die Menschen haben eine Ahnung,
wie eine Maschine funktioniert,
aber KEINE Ahnung,
wie Kinder- und jugendliche Seelen „funktionieren“.

Das ALLES ist schon immer so gelaufen
und wird wahrscheinlich auch nicht aufhören.

Wir können nur hoffen,
dass die Gesetze so verschärft werden,
dass DIE Verantwortlichen
zur Rechenschaft gezogen werden.

*Die Mitarbeiter*innen der Suchthilfe und Jugendhilfe*
müssen NEIN sagen und provozieren,
auf diese gesellschaftlichen Missstände hinweisen.
Wir benötigen neue Sichtweisen und veränderte Strategien.

Dann werden wir wieder wissen,
was zu tun ist!
Dann können wir wieder motivierend wirken
und NEUE Entwicklungen anstoßen!
(Schay, 2020)

Peter Schay   Roland Helsper   Niklas Helsper

Literaturhinweise

unter *Schay, P.*: „Kinder und Jugendliche aus psycho-sozial belasteten und „armen" Lebensverhältnissen"

Kinder und Jugendliche im Kontext der Sucht- und Jugendhilfe

Peter Schay und Fabian Peters

„Es ist sehr eigenartig,
mein Leben lang zu hoffen,
dass ich an den Punkt ankomme,
wo diese ganze Scheiße aus der Kindheit,
die ich durchgemacht habe,
nicht mehr der größte Teil von mir sein wird.
Aber das ist er noch immer.
Es ist schmerzhaft“
(P. Townshend, 2019).

Zusammenfassung
Die Suchthilfe ist gefordert, ihr Leistungsangebot differenziert und bedarfsbezogen zu entwickeln. Maßnahmen sollen Verhaltensstörungen oder Abhängigkeitserkrankungen u.a. durch psycho- und verhaltenstherapeutische Maßnahmen soweit beseitigen, dass der Klientel eine aktive Teilhabe am beruflichen und gesellschaftlichen Leben wieder möglich wird.

Die Jugendhilfe soll die Entwicklung und Integration behinderter, individuell beeinträchtigter und sozial benachteiligter Menschen fördern. Der gesellschaftliche Auftrag der öffentlichen und freien Jugendhilfe besteht darin, dass Hilfesysteme und Träger ihren gesetzlichen Auftrag nach SGB VIII und IX vollständig erfüllen.

Die Suchthilfe und Jugendhilfe hat die politische und moralische Verantwortung dafür, dass die vielschichtigen und unterschiedlichsten Probleme von „Kindern und Jugendlichen aus psycho-sozial belasteten und „armen“ Lebensverhältnissen“ gelöst werden.

Es ist nur schwer zu ertragen, dass es offensichtlich nicht gelingt, eine enge Kooperation der beiden Systeme zu Stande zu bringen.

*Für konkrete Maßnahmen zum Netzwerkaufbau zwischen Suchthilfe und Jugendhilfe müssen die Institutionen und Mitarbeiter*innen zielgerichtet handeln können.*

Visionen kreativer und zukunftsfähiger Konzepte sind erforderlich, die allen Kindern und Jugendlichen eine hohe Lebensqualität ermöglichen und ihnen die Möglichkeit verschaffen, aktiv an allen Aspekten ihres Lebens mitzuwirken.

„Es ist schwer zu schweigen,
wenn die Gedanken rebellieren!"
(Edith Linvers, 2008)

1 Drogenkonsum bei Kindern und Jugendlichen

Der Konsum von Drogen bei Kindern und Jugendlichen hat sich im Lauf der letzten Jahre deutlich erhöht und ein lebensbiographisch früh beginnender Suchtmittelkonsum hat nachweislich das Risiko, im weiteren Lebensverlauf zu einer psychischen Störung und Abhängigkeitserkrankung zu führen.

Dies ist eine nicht zu vernachlässigende und meist komplizierte Problemlage, die häufig im Kontext auftritt, wenn bei *einem* Elternteil eine Alkohol- und Drogensucht und/oder eine psychische Störung (Depression, Angst, Persönlichkeit, ...) vorliegen.

Merke
Suchterkrankungen sind eine der am häufigsten auftretenden psychischen Erkrankungen – auch für Kinder und Jugendliche (vgl. *Stoll, Ziemainz* 2012, 90). Die Entstehungsbedingungen und Erscheinungsformen der Substanzabhängigkeit sind i.d.R. ursächlich auf gesellschaftliche, soziale und individuelle Probleme zurückzuführen und führen oftmals zu traumatisierenden Ereignissen über die gesamte Lebensspanne. Fehlende stützende und fördernde Faktoren prägen das Krankheitsbild und den Verlauf.

Gerade Kinder und Jugendliche sind mit den daraus resultierenden, oft schwerwiegenden Schädigungen in ihrem sozialen und gesellschaftlichen Umfeld überfordert und benötigen ein breites Spektrum an Hilfsangeboten im Sinne einer individuellen, umfassenden Prozessbegleitung.

Suchtmittelkonsum von Jugendlichen in Zahlen
(vgl. *Banz,* 2019, *Baumgärtner, Th.* 2015; *Bühringer, Rumpf,* 2018; *Bundeszentrale für gesundheitliche Aufklärung (BZgA),* 2017, 2020; *Bühler-Niederberger,* 2020; *Dauber, H., Specht, S., Künzel, J., Pfeiffer-Gerschel, T., Braun, B.,* 2018; *DAK,* 2020; *Deutsche Hauptstelle gegen Suchtgefahren (DHS),* 2020; *Drogenbeauftragte der Bundesregierung* 2019; *KKH,* 2020; *Kraus, L., Seitz, N.-N., Schulte, B., Cremer-Schaeffer, P., Braun, B., Verthein, U., Pfeiffer-Gerschel, T.,* 2019; *Pfeiffer-Gerschel, T., Schneider, F., Dammer, E., Braun, B., Kraus, L.,* 2019; *Seitz, N.-N., Lochbühler, K., Atzendorf, J., Rauschert, C., Pfeiffer-Gerschel, T., Kraus, L.,* 2018; *DAK-Gesundheit,* 2020; *WHO,* 2020)

Der Erstkonsum von Suchtmitteln bei Jugendlichen, insbesondere der Konsum legaler Drogen, beginnt durchschnittlich im Alter von 15 Jahren und der von Cannabis im Alter von 16,7 Jahren. Aus dieser Altersgruppe haben bereits 0,6% Ecstasy, 0,5% Kokain und 0,3% Amphetamine probiert.

Ein missbräuchlicher Alkoholkonsum wurde bei 6,6% der 10-19-jährigen Kinder und Jugendlichen behandelt; etwa 20-mal so viele in der Jugendhilfe. Die Drogenaffinität liegt bei 17,6% und in den Jugendhilfeeinrichtungen bei 27,5%.

12% der Kinder werden körperlich misshandelt und zwischen 6% bis 12% sexuell missbraucht. Die „offizielle" Aufdeckungsrate liegt bei ca. 10% (vgl. *Bühler-Niederberger,* 2020, *WHO,* 2013, 2020).

Drogenkonsum

Beim Konsum von Drogen, deren Angebot sich im Laufe der letzten Jahre deutlich erhöht hat, wird in der Regel zwischen illegalen Drogen (wie Cannabis, LSD, Amphetamine, Crack, Heroin, Kokain und Ecstasy), rauscherzeugenden und gesundheitsschädigenden Inhaltsstoffen, die in allgemein verfügbaren Handelswaren enthalten sind (z.B. Klebstoff, Butangas, Pflanzen wie Pilze, Stechapfel etc.) und Medikamentenmissbrauch unterschieden.

In ihrem Leben haben bereits 33% der Schüler*innen der 9. und 10. Klassenstufen schon einmal Drogen konsumiert; 26% innerhalb der letzten 12 Monate und 15% innerhalb der letzten 30 Tage. Von den männlichen Jugendlichen hatten bereits 36% jemals Drogen ausprobiert (Mädchen: 30%), innerhalb der letzten 30 Tage hatten 18% der Jungen, aber nur 12% der Mädchen Drogen zu sich genommen.

Alkohol

20% der 11-15-jährigen Jugendlichen waren mindestens zweimal betrunken und bei 15% war dies in den vergangenen 30 Tagen der Fall (vgl. *WHO,* 2020).

Der Anteil der 15-24-jährigen Mädchen und Frauen, die unter anderem wegen eines akuten Alkoholkonsums oder alkoholbedingter Probleme behandelt wurden, stieg von 2007 bis 2017 um 47%.

Lebensprävalenz: ca. 67% im Alter von 12-17 Jahren und 95% im Alter von 18-21 Jahren.

Die Zahl der Rauschtrinker in Deutschland 2020 ist um 37% deutlich gestiegen und Betroffene mussten wegen einer Abhängigkeit, Entzugserscheinungen, eines akuten Rausches oder psychischer Probleme ärztlich behandelt werden (vgl. *KKH,* 2020). „Hochgerechnet auf die gesamte Bevölkerung sind das 1,3 Millionen Menschen. Die Dunkelziffer dürfte allerdings weitaus höher sein" (ebenda).

UND: 20.500 Kinder, Jugendliche und junge Erwachsene mussten 2018 volltrunken im Krankenhaus behandelt werden.

Lebenszeitprävalenz bei Binge-Drinking-Verhalten: ca. 14,6% (Jungen)/11,2% (Mädchen) im Alter von 12-17 Jahren und 36,4% im Alter von 18-21 Jahren.

Medikamentenmissbrauch
Der hohe Medikamentenkonsum beginnt i.d.R. in der Kindheit: 25 % der Kinder und Jugendlichen aufgrund eigener oder elterlicher Entscheidung zu Arzneimitteln (Selbstmedikation).

Untersuchungen zeigen, dass etwa jeder achte Jugendliche zwischen 14-17 Jahren schon einmal ein psychoaktives Medikament eingenommen hat.

Die 13-16-Jährigen haben mindestens 1-2-mal pro Woche Kopfschmerzmittel (18,8% Mädchen und 14,0% Jungen) und Schmerzmittel (19,4% Mädchen und 1,6% Jungen) eingenommen.

Illegale Drogen
Die *DHS* (2020) gibt an, dass von Cannabis, Kokain oder Amphetamin nach Hochrechnungen des Epidemiologischen Suchtsurveys bis zu 453.000 Personen im Alter von 18 bis 64 Jahren abhängig sind. Es sind mehr Männer als Frauen betroffen. Bezogen auf die Gesamtstichprobe erfüllen jeweils 0,5% der Befragten die DSM-IV-Kriterien für Cannabismissbrauch und -abhängigkeit.

Laut des epidemiologischen Suchtsurveys 2018 haben fast 3,7 Millionen Menschen zwischen 18 und 64 (7,1%) mindestens einmal innerhalb der letzten 12 Monate Cannabis konsumiert. Die Dunkelziffer der Cannabis konsumierenden Personen über 18 Jahren ist wahrscheinlich noch viel höher.

Damit dürfte die Gesamtzahl der Menschen in Deutschland, die mindestens gelegentliche Cannabiskonsumenten sind, deutlich über 4 Millionen liegen.

Etwa 750.000 Menschen haben Erfahrungen mit Amphetaminen (Speed, Crystal, ...), 500.000 mit Ecstasy (MDMA, XTC, ...) und 800.000 mit Kokain.

Lebenszeitprävalenz (mit Cannabis): ca. 10,3% Jungen/7,3% Mädchen im Alter von 12-17 Jahren und ca. 32,1% im Alter von 18-21 Jahren.

Lebenszeitprävalenz (ohne Cannabis): ca. 2,6% Jungen/1,9% Mädchen im Alter von 12-17 Jahren.

Esssucht/-störungen
Seit 2014 ist der Anteil der 11-15-jährigen Jugendlichen mit Essstörungen deutlich gestiegen: 20% sind übergewichtig bzw. adipös, wobei die Zahl der Jungen höher ist. Gleichzeitig empfinden sich 25% der Jugendlichen als zu dick, insbesondere Mädchen (*WHO*, 2020).

Etwa 5 Millionen Frauen und Männer in Deutschland leiden an Essstörungen, davon haben 3,7 Millionen gefährliches Untergewicht. 100 000 Menschen, insbesondere Frauen, leiden demnach an Magersucht. 600 000 Frauen und Männer haben Bulimie. Die Zahl der Magersüchtigen verdreifachte sich in den letzten zehn Jahren.

Pathologisches Spielen

Nach einer Untersuchung der *BZgA* aus 2019 nehmen ca. 10% der 14- bis 17-jährigen Jugendlichen regelmäßig an Glücksspielen teil. Die Studie zeigt (mindestens) problematisches Spielverhalten gehäuft im Zusammenhang mit folgenden Faktoren: junges Alter der Spielenden, maximal Hauptschulabschluss, Migrationshintergrund und niedriges Einkommen (vgl. *Banz*, 2019).

Die Lebenszeitprävalenz beträgt bei 16-17 Jahren 36,4%, bei 18-20 Jahren 50% und bei 21-25 Jahren 63,9%.

„Die Quote für problematisches Glücksspielverhalten beträgt 0,39% (männliche Befragte: 0,68%, weibliche: 0,10%), für das wahrscheinlich pathologische Glücksspielverhalten 0,34% (männliche Befragte: 0,60%, weibliche: 0,08%)" (*BZgA*, 2020).

Die Anzahl der pathologischen Spieler in Deutschland wird auf 180.000 geschätzt und beim problematischen Spielverhalten auf 326.000.

Pathologischer Computer- oder Internetgebrauch

Der durchschnittliche Erstkonsum von Video- und Computerspielen bei Kindern erfolgt mit 7 bzw. 8 Jahren besonders früh (*MPFS*, 2016).

2,6% der Kinder und Jugendlichen von 12 bis 17 Jahren erfüllen die Kriterien für eine Abhängigkeit nach der sogenannten „Social Media Disorder Scale" und verbringen durchschnittlich rund zweieinhalb Stunden täglich mit sozialen Medien (*DAK*, 2020). Durch die intensive Nutzung entstehen gesundheitliche und soziale Probleme (bspw. Depressionen, Realitätsflucht). Mädchen konsumieren mit 3,4% etwas häufiger als Jungen (1,9%). Mädchen zwischen 16 und 17 Jahren konsumieren pro Tag ca. 3,5 Stunden in sozialen Medien, gleichaltrige Jungen ca. 2,75 Stunden.

In Deutschland gibt es ca. 500.000 Menschen mit pathologischem PC-/Internetgebrauch. Vor allem jüngere Menschen scheinen von der Problematik betroffen zu sein, sowohl Frauen wie auch Männer. Es werden 4 Formen des pathologischen PC-/Internet-Gebrauchs unterschieden:

- Spielen am PC/an Konsolen oder anderen Geräten
- Internetchat
- Online-Pornographie
- internetgestützte Suche nach Informationen (Surfen)

Die repräsentative Studie „Prävalenz der Internetabhängigkeit" ergab, dass 1,5% (CIUS-Cut-off-Point 28) bzw. 1% (Latent Class-Analyse) als „internetabhängig" eingeschätzt werden können.

Anmerkung: Die Schulschließungen während der Corona-Pandemie 2020 haben den *Medienkonsum* bei Kindern dramatisch ansteigen lassen: 5,2 Stunden täglich am Handy oder vor dem Computer (vgl. *Wößmann et al.*, 2020).

Sucht in der Familie – den Kinder Halt geben!
Kinder leiden massiv unter den Süchten ihrer Eltern. Sie sind überfordert, entwickeln psychische Probleme und schämen sich, dass sie von der Gesellschaft ausgegrenzt werden.

In den „Überlegungen zur Weiterentwicklung [der Suchtkrankenversorgung müssen] folgende Punkte identifiziert [werden]: (1) die Stigmatisierung der Erkrankung und der Klientel, (2) die geringe Erreichungsquote, (3) der späte Beginn der Behandlung und (4) der schlechte Zugang zu den verschiedenen Zielgruppen. [... Die] hoch stigmatisierenden Begriffe „Suchtkranke", „Suchthilfe" und „Suchttherapie" tragen zusätzlich zu einer geringeren Inanspruchnahme der gegenwärtigen Versorgungsstruktur bei" (*Bühringer* et al., 2018, 125).

Kinder und Jugendliche leben häufig in ungünstigen Milieus (Drogensuchtkultur wie Beschaffungskriminalität, Prostitution, Strafverfolgung, ...), und zeigen ungünstige soziale Verhaltensweisen. Insgesamt besteht im Bereich der sozialen Lage eine erhöhte Gefahr vom Marginalisierung und Stigmatisierung.

Diese Komponenten führen zu einem ungünstigen Verhalten und betreffen alle relevanten Bereiche wie externalisierende Auffälligkeiten und Störungen des Sozialverhaltens. Besonders häufig sind Störungen in den Persönlichkeitsbereichen Instabilität, Antisozialität, Selbstunsicherheit und Dependenz.

Die Stigmatisierung durch die Gesellschaft erleben die betroffenen Kinder und Jugendlichen bis in das Erwachsenenalter und bewegen sich häufig außerhalb sozialer Normen.

Merke
„Die Bewältigung von Entwicklungsaufgaben ist Kindern und Jugendlichen in der öffentlichen Jugendhilfe erschwert. Deshalb muss davon ausgegangen werden, dass der riskante Konsum psychoaktiver Substanzen von Kindern und Jugendlichen, die in der öffentlichen Jugendhilfe betreut werden, höher ausfällt als in altersbezogenen Vergleichsgruppen der Allgemeinbevölkerung" (*LWL*, 2014).

2 Zielgruppe der Rehabilitation

Jedes Jahr wird das „prekäre Reservoir" aufgefüllt: 50.000 Schüler werden ohne Abschluss entlassen, 2016 brachen 25,8% der Auszubildenden ihre Lehre ab, die Zahl der psychisch und Abhängigkeitskranken ist unverändert sehr hoch.

In der Corona-Pandemie nimmt der Anstieg der jugendlichen Arbeitslosen im Alter von 15 bis unter 25 Jahren deutlich zu: Im Juli 2020 waren 295.501 Jugendliche arbeitslos gemeldet.

Damit werden *nur* „registrierte Arbeitslose" zusammengefasst, die bei der Bundesagentur für Arbeit (SGB III) bzw. einem Jobcenter (SGB II) registriert sind.

Nach der Bundesagentur für Arbeit ist arbeitslos, „wer keine Beschäftigung hat (weniger als 15 Wochenstunden), Arbeit sucht, dem Arbeitsmarkt zur Verfügung steht und bei einer Agentur für Arbeit oder einem Träger der Grundsicherung arbeitslos gemeldet ist. [...] Eine Person ist somit nicht automatisch arbeitslos, nur, weil sie nicht arbeitet" (*Statista*, 2020).

Dieses „Reservoir" nimmt ständig zu, hat überwiegend eine sehr niedrige schulische und berufliche Qualifikation und mit psychischen und Suchtproblemen zu tun.

Lediglich 3% dieser Gruppe werden medizinisch und sozial behandelt und betreut. Es gibt keine Interventionen für die Behandlung von riskantem und schädlichem Konsum und je länger eine Störung nicht behandelt wird, umso größer werden die Einschränkungen bei den psycho-sozialen Faktoren.

Die Suchthilfe „kümmert" sich um „Menschen, die durch den Konsum psychoaktiver Substanzen unter illegalen Bedingungen gefährdet, beeinträchtigt oder geschädigt sind. [Es] erfordert mehr und mehr ein abgestimmtes und koordiniertes Handeln aller Bereiche der Suchthilfe. [...] Der aus [...] Suchtkonsum entstehende soziale Druck ist durch den schnellen Verlust des sozialen Bezugssystems, des Arbeits- bzw. Ausbildungsplatzes, der Wohnung und durch weitere soziale Diskriminierung erheblich" (*DHS* et al., 2005).

Sucht ist eine Erkrankung im Sinne der §§ 27 und 39 SGB V, ist dem ICD-10 als Abhängigkeitssyndrom (F1x.2) zuzuordnen und sobald es zu Schädigungen oder Funktionsstörungen kommt, die die Aktivitäten oder Teilhabe am (gesellschaftlichen) Leben beeinträchtigen, werden diese in der *Internationalen Klassifikation der Funktionsfähigkeit, Behinderung und Gesundheit (ICF)* beschrieben.

Die „unterschiedliche Schwere der in der Regel chronisch verlaufenden Störungen sind Gegenstand der Rehabilitation" (ebenda).

Es erfordert mehr Anstrengungen zur Lösung dieser Probleme. Ein Weg ist: Die starren Grenzen einer Standardrehabilitation müssen in den Konzepten in der Rehabilitation *grundsätzlich* erweitert werden, um diese Klient*innen in der medizinischen und/oder sozialen Rehabilitation besser zu erreichen und den Kreislauf des Scheiterns zu unterbrechen.

3 Suchthilfe

Das Suchthilfesystem hat sich seit den 1960er Jahren zu einem Leistungssystem entwickelt, dessen Leistungssegmente zwischen dem sozialen und medizinischen Hilfesystem anzusiedeln sind. In den 1970er Jahren hat sich in der Praxis die psychosoziale Begleitung und Behandlung des Konsumverhaltens herausgebildet, wobei die „Suchtberater" den psychiatrisch-rehabilitativen Behandlungsansätzen eher kritisch bis ablehnend gegenüberstanden. Bis weit in die 1980er Jahre waren das Abstinenzparadigma und die Leidensdrucktheorie zielführend.

In den 1990er Jahren war die Diskussion zunehmend von der Komplexität und Vielschichtigkeit des Krankheitsbildes Sucht beeinflusst und es hat sich bei der *Betreuung und Behandlung* neben der klassischen Abstinenztherapie eine von verschiedenen Professionen getragene differenzierte Suchthilfe entwickelt, d.h., die Hilfesysteme haben ihre Leistungsangebote „spezialisiert" und differenziert.

Das Ziel der Betreuung und Behandlung ist, dem Betroffenen menschenwürdige gesundheitliche und soziale Lebensbedingungen zu ermöglichen und – soweit möglich – eine berufliche wie auch eine soziale (Re-)Integration zu erreichen.

Angesichts der heterogenen Bedürfnisse und Voraussetzungen psychischer und/oder abhängigkeitskranker Menschen ist ein ganzheitliches und differentielles psycho-soziales Hilfesystem notwendig, das akzeptierende und drogenfreie Leistungsangebote miteinander verbindet und aufeinander abstimmt:

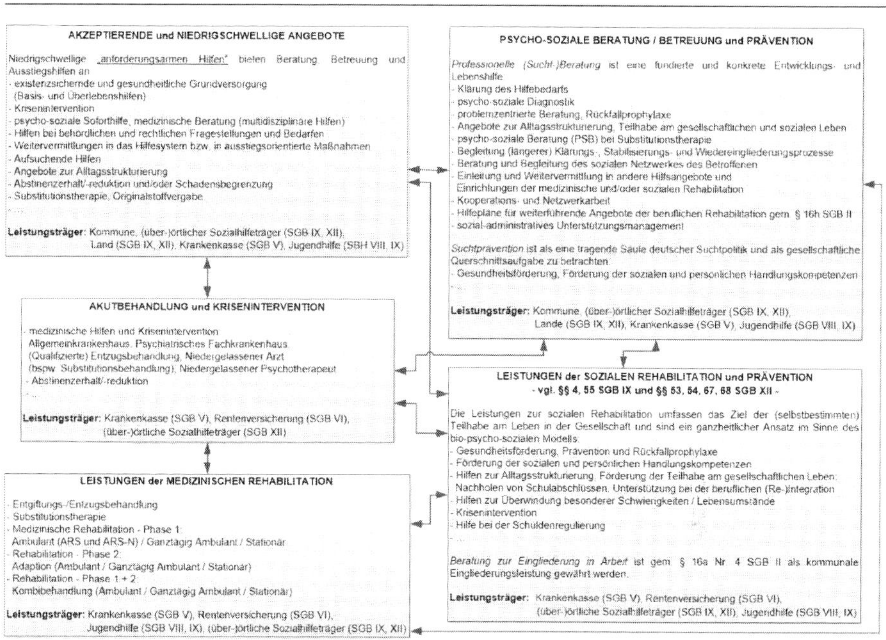

Abbildung: Psychosoziales Hilfesystem zur sozialen und medizinischen Rehabilitation Abhängigkeitskranker (*Schay,* 2020)

In der Praxis ist oftmals durch den ökonomischen Druck die Erreichung der formulierten Ziele sehr erschwert. Folge: Kein Arbeitsfeld wird von Politik und Leistungsträgern so kritisch betrachtet und immer wieder hinterfragt wie die Suchthilfe.

3.1 Komplexität der Strukturen

„Das Suchthilfesystem ist immer komplexer geworden" und verschiedene Hilfen und Maßnahmen werden vorgehalten. Charakteristisch für dieses Arbeitsfeld ist die Multidisziplinarität der Professionen: Fachkräfte aus Medizin, Psychologie, Sozialer Arbeit und weitere Berufsgruppen engagieren sich in diesem Arbeitsfeld (*DHS,* 2019).

Das Suchthilfesystem beinhaltet Angebote im Kontext von legalen Drogen, den gesamten Bereich der Angebote im Kontext illegaler Drogen und in zunehmendem Maße auch Angebote im Bereich des Medienkonsums und Glücksspiels.

Insbesondere müssen die Maßnahmen „die individuelle Lebenssituation [der Klientel] berücksichtigen und ihre individuellen Problemlagen aber auch ihre Fähigkeiten und Ressourcen in den Mittelpunkt stellen. […] Es müssen kreative Konzepte geschaffen werden, um den Menschen, die an Rande unserer Gesellschaft leben und von Schamgefühlen und Ausgrenzung betroffen sind, eine Chance zu geben. […]

Es ist die Aufgabe der Gesellschaft auch die augenscheinlich Schwächeren und Ausgegrenzten mit aufzunehmen, zu unterstützen und zu fördern" (*Adlon, Wißmann,* 2020).

3.2 Angebotsformen

Die Angebote der Suchthilfe:

- Niedrigschwellige Angebote, Krisenhilfe und Akuthilfe
  Niedrigschwellige Hilfen sind teilweise in andere Hilfedienste integriert und wenden sich an Menschen, die in ihrer aktuellen Lebenssituation keine Entscheidung bezüglich jedweder Veränderung treffen wollen oder können: eigenständige, schadensminimierende, überlebenssichernde und gesundheitsstabilisierende Hilfeform, die Unterstützung nicht an Abstinenz oder Abstinenzmotivation koppelt und sich an den Bedarfen und Wünschen der Klient*innen orientiert. Vielmehr verstehen sich die niedrigschwelligen Angebote als Brücke in das (abstinenzorientierte) Hilfesystem. Diese „anforderungsarmen Hilfen" bieten Beratung, Betreuung und Ausstiegshilfen an:
  - existenzsichernde und gesundheitliche Grundversorgung (Basis- und Überlebenshilfen)
  - Krisenintervention
  - psycho-soziale Soforthilfe, medizinische Beratung (multidisziplinäre Hilfen)
  - Hilfen bei behördlichen und rechtlichen Fragestellungen und Bedarfen
  - Weitervermittlungen in das Hilfesystem bzw. in ausstiegsorientierte Maßnahmen
  - Aufsuchende Hilfen

- **Psycho-soziale Suchtberatungs- und Behandlungsstelle**
  Eine zentrale Aufgabe besteht in der Beratung und Betreuung von Menschen mit problematischem und abhängigem Substanzkonsum. Die Fachkräfte unterstützen Klient*innen beim Motivationsaufbau für eine ambulante und (teil-)stationäre Rehabilitation.
  Insbesondere bei schwer traumatisierten Klient*innen oder solchen mit einer starken Ausprägung einer psychischen Komorbidität stellen die Erarbeitung eines tragfähigen Arbeitsbündnisses und die Auflösung der Ambivalenz zur Veränderung eine besondere Herausforderung dar und können sich über einen längeren Zeitraum erstrecken.
  Professionelle (Sucht-)Beratung ist eine fundierte und konkrete Entwicklungs- und Lebenshilfe:
  - Klärung des Hilfebedarfs
  - psycho-soziale Diagnostik
  - problemzentrierte Beratung
  - Begleitung (längerer) Klärungs-, Stabilisierungs- und Wiedereingliederungsprozesse
  - Beratung und Begleitung des sozialen Netzwerkes des Betroffenen
  - Weitervermittlung in andere Hilfsangebote und Einrichtungen
  - Kooperations- und Netzwerkarbeit

  Außerdem werden Hilfepläne erstellt für weiterführende Angebote der beruflichen Rehabilitation (Anmerkung: Nach § 16h SGB II sollen schwer zu erreichende junge Menschen erreicht werden und damit das Leistungsangebot des SGB II an der Schnittstelle zur Jugendhilfe ergänzt werden.).
- **Psycho-soziale Beratung begleitend zur Substitutionsbehandlung**
  Psycho-soziale Suchtberatungs- und Behandlungsstellen übernehmen i.d.R. die psycho-soziale Begleitung Substituierter.
- **Entgiftung oder qualifizierter Entzug**
  Die Behandlungsform wird u.a.
  - als suchtbezogene Frühintervention (z.B. bei chronischen Verläufen und/oder psychischer Komorbidität),
  - zur Überbrückung zur Überleitung für weiterführende abstinenzorientierte Rehabilitation

  durchgeführt.

- **Ambulante und (teil-)stationäre medizinische Rehabilitation**
  Die Angebote haben sich in den vergangenen Jahren zunehmend ausdifferenziert und werden entsprechend der medizinischen und psycho-sozialen Behandlungserfordernisse individuell und zeitlich begrenzt festgelegt:
  - **Ambulante medizinische Rehabilitation (ARS) und Nachsorge (ARS-N)**
    Die **ARS** soll die Klientel bei der weiteren Stabilisierung ihrer Abstinenz und der Aufarbeitung noch anstehender Probleme unterstützen. Die Behandlungsdauer beträgt in der Regel 6-12 Monate bei 20-40 Therapieeinheiten.
  - **ARS-N**
    Die ARS-N hat das Ziel eine dauerhafte Erhaltung und Festigung der Abstinenz zu gewährleisten. In der Regel werden 20 Gesprächseinheiten (GE) plus 2 GE für Bezugspersonen für 6 Monate bewilligt.
  - **Ganztägig Ambulante medizinische Rehabilitation (GAR)**
    Ziel der GAR ist es, durch ein ressourcen- und/oder konfliktorientiertes Vorgehen in einem zeitlich begrenzten Rahmen zu helfen, einige ihrer zentralen Lebensprobleme anzugehen und zu bearbeiten. Der Fokus der Behandlung liegt auf der *Stabilisierung* der Klientel in der Konfrontation mit dem Alltag insbesondere hinsichtlich der beruflichen und sozialen Integration.
    - **INTENSIV – Ganztägig Ambulante – beruflich orientierte – Nachgehende Behandlung Abhängigkeitskranker (I-GA-NA)**
      Die Ziele der I-GA-NA fokussieren sich nach Abschluss der Ganztägig Ambulanten/vollstationären Entwöhnungsbehandlung auf die berufliche (Re-)Integration und Unterstützung bei sozialen bzw. psychischen Problemen.
    - **Stationäre Entwöhnungsbehandlung**
      Die stationäre Behandlung dauert in Abhängigkeit von der Indikationsstellung i.d.R. zwischen 12 Wochen (Alkohol) und 26 Wochen (Drogen), bei Bedarf schließt sich eine Adaptionsbehandlung als zweite Phase der medizinischen Reha zur Unterstützung der Re-Integration an.
    - **Adaptionsbehandlung**
      Die Adaption dauert i.d.R. 12 Wochen (Alkohol) und 17 Wochen (Drogen), umfasst die Fortführung der medizinischen, psychotherapeutischen und suchttherapeutischen Behandlung und der Teilhabe am gesellschaftlichen Leben.

- **Maßnahmen der sozialen Rehabilitation**
  Im Rahmen der Eingliederungshilfe gibt es verschiedene suchtspezifische Betreuungsformen für Menschen mit (chronischen) Abhängigkeitserkrankungen nach § 55 SGB IX und §§ 53, 54, 67, 68 SGB XII, d.h. grundsätzlich haben alle Betroffenen einen umfassenden Leistungsanspruch zur Förderung ihrer Teilhabe am Leben in der Gesellschaft.
  Die Leistungen zur sozialen Rehabilitation stellen dementsprechend das Ziel der (selbstbestimmten) Teilhabe am Leben in der Gesellschaft in den Vordergrund und umfassen einen ganzheitlichen Ansatz im Sinne des bio-psycho-sozialen Modells der WHO (vgl. auch § 4 SGB IX).
- **Beratung zur Eingliederung in Arbeit**
  Die psycho-soziale Beratungsstelle „kann gemäß § 16a Nr. 4 SGB II als kommunale Eingliederungsleistung gewährt werden. [...] Eine enge Zusammenarbeit zwischen [...] Jobcentern [...] und medizinischen Rehabilitationseinrichtungen im Sinne der ganzheitlich abgestimmten und nahtlosen Leistungserbringung [...] soll die berufliche (Wieder-)Eingliederung [...] verbessern" (*DHS*, 2019).
- **Selbsthilfe**
  „Selbsthilfe ermöglicht es, eigene Kräfte zu aktivieren, soziale Ressourcen zu erschließen und das soziale Umfeld mit einzubeziehen. Durch Selbsthilfe und ehrenamtliches Engagement ist in die Suchthilfe ein eigenständiges, innovatives und qualitativ bedeutendes Element eingebracht. [...] Selbsthilfe und professionelle Hilfe ergänzen sich. [...] Professionelle Suchthilfe unterstützt auf Wunsch Selbsthilfeorganisationen und -aktivitäten" (*DHS* et al., 2005).
- **Prävention**
  „Suchtprävention ist als eine tragende Säule deutscher Suchtpolitik und als gesellschaftliche Querschnittsaufgabe zu betrachten [und] zielt darauf ab, soziale und ökonomische Schäden [als] Folgen süchtigen Verhaltens [...] vorzubeugen" (*DHS*, 2019).

3.3 Umsetzungsprobleme bei der Versorgung

Die Suchthilfe hat insgesamt ein umfassendes und ausdifferenziertes System, aber es gibt Umsetzungsprobleme zu Lasten der Klient*innen, insbesondere u.a. in der Abwehr individueller Leistungsansprüche durch die Leistungsträger (z.B. der Krankenkassen).

Die kommunale Verankerung der ambulanten Suchthilfe ist von den jeweiligen politischen Verhältnissen in der Kommune abhängig und hat unabhängig davon ein sehr heterogenes Hilfesystem entwickelt und etabliert, das niedrigschwellige Maßnahmen der Überlebenshilfe, Krisenintervention über unterschiedlichste Präventionsangebote bis zur betrieblichen Suchtkrankenhilfe umfasst.

Viele dieser Leistungen werden als freiwillige Leistungen verstanden und unterliegen damit temporären politischen Schwankungen und Strömungen und sind von den aktuellen Finanzlagen abhängig. Dies gilt insbesondere für die Suchtberatungsstellen und niedrigschwelligen Angebote in den Kommunen, die in Abhängigkeit vom jeweiligen Bundesland oftmals 20 bis 60 Prozent ihrer Kosten selbst erwirtschaften müssen (vgl. *Leune*, 2013).

Durch die zersplitterte Kostenträgerstruktur entstehen an den Übergängen zwischen den Leistungsbereichen Brüche, die für abhängigkeitskranke Menschen oft unüberbrückbar sind und Rückfälle verursachen.

Auf der Ebene der Träger und Einrichtungen wird der Auf- und Ausbau von Kooperationen mit strategischen Optionen verbunden, z.B. der gegenseitigen Nutzung von fachlicher Expertise, der erweiterten Möglichkeit, neue Anforderungen gemeinsam aufzugreifen, der besseren Abdeckung von Versorgungsbereichen und der höheren Differenzierung und Individualisierung von Leistungen (vgl. *Walter-Hamann*, 2016).

Merke
Maßnahmen der Suchthilfe „sollen chronischen Erkrankungen vorbeugen, die Arbeitskraft chronisch Kranker soweit als möglich wiederherstellen und erhalten, Behinderungen [...] durch funktionsbezogenes Training beheben oder mindern und Verhaltensstörungen oder Abhängigkeitserkrankungen u.a. durch psycho- und verhaltenstherapeutische Maßnahmen soweit beseitigen, dass den Patienten eine aktive Teilhabe am beruflichen und gesellschaftlichen Leben wieder möglich wird“ (*Borges* et al., 2006).

Die Suchthilfe ist damit gefordert, ihre Leistungsangebote differenziert und bedarfsbezogen zu entwickeln. Dabei sind die Leistungen zur medizinischen <u>und</u> sozialen Rehabilitation ein wesentlicher Bestandteil im Gesamtprozess der

Behandlungs-/Betreuungsangebote, um Menschen, „die durch die Abhängigkeitserkrankung in Verbindung mit regelwidrigen körperlichen, seelischen oder psychischen Zuständen an der Teilhabe am Leben der Gesellschaft gehindert werden oder davon bedroht sind", Möglichkeiten zu eröffnen, „am gesellschaftlichen Leben teilhaben zu können" (*DHS*, 2008, 4).

Die Leistungsangebote der Suchtkrankenhilfe müssen eine richtungsverändernde, mit korrektiven Erfahrungen versehene Weiterentwicklung biographischer Erfahrungslinien ermöglichen, um die Klient*innen in die Lage zu versetzen, sich selbst, ihre Entstehungsgeschichte und Persönlichkeitsdynamik, die Bedeutung ihrer sozialen Umfelder, ihre Lerngeschichte so zusammenzufügen, dass daraus ein zielgerichteter Entwicklungs- und Lernprozess entsteht.

Es sind also konzertierte Maßnahmen unabdingbar, die psychotherapeutische, soziotherapeutische, sozialarbeiterische, ergotherapeutische Konzepte/Methoden u.v.m. vernetzen und klinisch-psychologische, sozialpsychologische bzw. sozialwissenschaftliche Erkenntnisse verbinden.

In den *unterschiedlichen Leistungssegmenten der Suchthilfe* stellen sich für *abhängigkeits- und/oder psychisch kranke Menschen* dementsprechend sehr ähnliche Fragen und psychosoziale Probleme: die soziale Kompetenz der Klient*innen, ihre Kommunikations- und Kooperationsfähigkeit, ihre Fähigkeit, sich selbst und andere wahrzunehmen, zu erfassen, zu verstehen und sich mitzuteilen, ist als Folge des häufig bereits im Kindes- und Jugendalter begonnenen Suchtmittelkonsums „verarmt".

3.4 Kinder und Jugendliche in der sozialen und medizinischen Rehabilitation

Substanzabhängigkeit stellt sich als unangemessene Form der Bewältigung von Krisen des Jugendalters dar. Da sich in dieser Lebensphase viele Entwicklungsschritte erst vollziehen, behindert eine Suchtproblematik die für eine Bewältigung von Entwicklungsaufgaben notwendige Ausbildung aktiver Handlungs- und Stressbewältigungskompetenzen in besonders nachteiliger Weise.

Diese Klient*innen benötigen ein speziell auf ihre Bedürfnisse, Fähigkeiten und Probleme zugeschnittenes Betreuungs-/Behandlungskonzept (vgl. Angebotsformen).

Fallbeispiel

„Das Schicksal hat eine Hand,
aber nicht alles im Griff. [...]
Und dann verändert sich alles“
(P. Smith, 2019, 39ff).

„... es war dunkel und mein Kopf spielte Bilder ab. Echte Bilder. Bilder aus meinem Leben. Meine Mutter – gestresst von der Arbeit, klein und schwach und doch mit einem Lächeln. Ein Schal bedeckt ihren Hals und ich wusste genau, was sie versteckte. Mein Vater – über mich gebeugt, viel zu nah ... die Bilder verschwimmen.

Amphetamin – der erste Rausch, endlich Ruhe! Mein erster Freund - mit erhobener Hand, stark und gleichzeitig so schwach.

Der erste Schuss – Höhenflug! Ein Ultraschallbild – ich höre mich schreien und flehen ... die Bilder verschwimmen. Leere – Stille – ein kleines Mädchen – versteckt hinter der perfekten Maske. Ein neuer Partner – Hoffnung, Liebe und das Lächeln zweier Babys.

Es klirrt – die Bilder zerfallen. Der perfekte Mann – unendliches Glück, ein schwarzer Vorhang, tiefe Trauer. Ich schrecke auf. Die Bilder vor meinen Augen werden klarer.

Es brennt, aber ich habe es geschafft. Ich habe mich und meine Kinder aus dem Haus gerettet. Einmal mehr in meinem Leben habe ich gekämpft.“

Mit Menschlichkeit und einem professionellen Selbstverständnis versucht das multiprofessionelle Team der Kadesch gGmbH (Sozialarbeiter, Suchttherapeuten, Psychologen, Ergotherapeuten, u.v.m.) moderne Suchtarbeit zu leben und mit einer wertschätzenden Grundhaltung Betroffenen die Zugangswege zu entsprechender Hilfe zu erleichtern.

Die Suchterkrankung hat einen chronischen Verlauf und somit ist eine qualifizierte Begleitung bzw. Betreuung ein wichtiges Thema. Aus diesem Grund bietet die Kadesch gGmbH verschiedene Betreuungsangebote an, bspw. gibt es im Herner Stadtgebiet an fünf weiteren Standorten 16 betreute Wohngruppen bzw. Einzelwohnungen.

„Z." (9 Jahre):
„Z." ist der Sohn der Klientin „Frau X.". „Frau X." ist seit einigen Jahren in den unterschiedlichsten Hilfeangeboten an unsere Einrichtung angebunden. Der in dieser Arbeit zu Grunde liegende Beratungsfall beschreibt eine vorübergehende Zurückführung des Kindes „Z." in die häusliche Umgebung der Mutter. „Frau X." lebt in einer von uns betreuten Immobilie der Kadesch gGmbH und wird im Rahmen der Sozialen Rehabilitation betreut. Sie lebt mit ihrer Tochter „F." (3 Jahre) in einer großzügig geschnittenen Wohnung.

„Z." gilt als „Systemsprenger" und ist seit Jahren in unterschiedlichen spezifischen Wohngruppen fremduntergebracht. Eine Rückführung in den Haushalt der Mutter ist mittelfristig nicht angedacht. Jedoch ist durch die spontane Schließung der aktuellen Wohngruppe und durch die massiven Anforderungen an eine neue Wohngruppe die Vermittlung von „Z." sehr problematisch. Durch das federführende Jugendamt ist angedacht, „Z." vorübergehend bei der Mutter unterzubringen, bis eine neue Einrichtung gefunden ist.

Beratungsauftrag
Beraten wurde das Team der Sozialen Rehabilitation, welches sich durch den grundsätzlichen Auftrag, „Frau X." zu betreuen, auszeichnet. Somit trat das Team mit seinem Beratungsanliegen im Sinne des § 4 KKG an den Verfasser heran. Ein Kooperationsvertrag oder entsprechende Vereinbarungen mit dem zuständigen Jugendamt bestehen nicht. Das Team der Sozialen Rehabilitation hat grundsätzliche und schwerwiegende Bedenken, dass „Z." durch den kurzfristigen Aufenthalt bei der Mutter (der die Dauer der üblichen Besuche deutlich überschreiten wird) und die darauf folgende Unterbringung in eine neue passgenaue Wohngruppe emotionalen Schaden nehmen könnte. „Z." sei durch den wiederholten Einrichtungs- bzw. Wohngruppenwechsel und den unerfüllten Wunsch, bei seiner Mutter zu leben, deutlich belastet. Impulsausbrüche konn-

ten in der Vergangenheit durch die liebevolle Interaktionen der Mutter bei kurzen Besuchen an Wochenenden abgemildert werden. Hier befürchtet das Team, dass es bei einem längeren Aufenthalt in der mütterlichen Wohnung möglicherweise zu unberechenbaren Situationen kommen könnte. Auch sind Befürchtungen präsent, dass „Z." die im Haushalt der Mutter lebende kleinere Schwester „F." im Rahmen eines Impulsausbruches angehen könnte. Das Verhältnis der Halbgeschwister ist grundsätzlich als liebevoll zu beschreiben, jedoch stehen Befürchtungen im Raum, dass eine Konkurrenzsituation entstehen könnte und das Verhältnis sich problematisch verändert.

Informationssammlung
Da „Frau X." seit einigen Jahren durch unterschiedliche Hilfsangebote an unsere Einrichtung angebunden ist, lagen deutlich weitreichendere Informationen über die Kindsmutter als über „Z." vor. Durch die Unterteilung zwischen *Informationen zum Kind* und *Informationen zur Mutter* wird deutlich, zu welchen anamnestischen Prozessen sich Informationen zuordnen lassen. Bei der Präsentation der Informationen über die Mutter hat der Verfasser sich auf die wesentlichen bzw. für diese Beratungsdokumentation relevanten Informationen beschränkt, um dem Rahmen dieser Arbeit gerecht zu werden. Alle Informationen sind durch verschiedene Dokumente belegt.

Informationen zum Kind
„Z." wurde als zweites von drei Kindern (2009, 2010, 2016) der „Frau X." geboren. Der Vater der älteren Schwester „M." sei eine kurze Bekanntschaft gewesen und ist den Kindern unbekannt. „Z.´s" Vater habe mit der Kindsmutter eine zehnjährige Beziehung geführt, die von Gewalt und Erniedrigungen gegen die Kindsmutter geprägt war. Im Jahr 2014 sei es zu einem Hausbrand gekommen, bei dem sich die Kindsmutter mit ihren beiden Kindern in „letzter Minute" retten konnte. Die Kinder seien leicht verletzt worden, ihre Mutter habe erhebliche Brandverletzungen davongetragen. Die Kindsmutter gab an, dass „Z." und seine ältere Schwester Opfer von sexuellem Missbrauch durch den Großvater seien.

„Z." leidet aktuell über wiederkehrende „Wutanfälle" mit verbalem und körperlichem Ausagieren und selbstverletzenden Verhaltensweisen, sowohl in der Schule als auch in den Wohngruppen. Er leide unter extremen Trennungsängsten und fordert Aufmerksamkeit regelrecht ein. Sexualisiertes Verhalten zeige er seit 2014, besonders männlichen Mitarbeitern der Wohngruppen gegenüber. Zudem seien Auffälligkeiten im Schlafverhalten, Ein- und Durchschlafprobleme mit Albträumen, beobachtet worden. Dunkelangst sei bekannt. Phasenweise bestehe eine große Schulunlust.

„Z." sei bewusstseinsklar und in allen Qualitäten altersgerecht orientiert. Die mnestischen Funktionen scheinen intakt zu sein. Die Auffassungsgabe sei altersentsprechend verständnisvoll. Er zeige fluktuierende Aufmerksamkeit und Konzentration. Hinweise auf eine Störung des formalen oder inhaltlichen Gedankenganges gäbe es nicht, ebenso wenig auf das Vorliegen produktiv-psychotischer Phänomene. Affektiv wirke er eher bedrückt. Das Selbstgefühl sei deutlich unsicher. Er zeige wiederkehrend aggressiv ausagierende Impulsdurchbrüche mit wütend-gereizter Stimmung und niedriger Frustrationstoleranz. „Z." ist seit 2014 in unterschiedlichen Kinderschutz-Ambulanzen sowie Kinder- und Jugendkliniken zur Diagnostik bzw. zur Akutbehandlung vorgestellt worden. Z. musste immer wieder Wohngruppen/Träger wechseln, da er wiederholt aggressiv und gewalttätig gegen Männer in seinem Hilfesystem wurde.

Diagnosen nach ICD-10

F41.2	Angst und depressive Störung, gemischt
F43.1	Posttraumatische Belastungsstörung
F60.3	Emotional instabile Persönlichkeitsstörung
F90.0	Einfache Aktivitäts- und Aufmerksamkeitsstörung
F91.1	Störungen des Sozialverhaltens bei fehlenden sozialen Bindungen
F94.1	Reaktive Bindungsstörung des Kindesalters
F90.0	Einfache Aktivitäts- und Aufmerksamkeitsstörung

Aktuelle Medikation

Elvanse 30 mg (1 - 0 - 0), Seroquel 25 mg Tabletten (0 - 0 - 1).

Informationen zur Mutter

„Frau X." wuchs in desolaten Familienverhältnissen auf, so dass ihre Persönlichkeitsentwicklung defizitär verlief. Sie erlebte seelische und körperliche Gewalt sowie sexuellen Missbrauch durch den Vater ab ihrem dritten Lebensjahr.

2009 Geburt der Tochter (Vater war eine kurze Bekanntschaft); 2010 Geburt des Sohnes („Z."), der in einer durch Gewalt geprägten Beziehung gezeugt wurde.

2013 ging „Frau X." eine neue Beziehung zu einem Mann ein, der sich kurze Zeit später erhängte. 2014 ist ihre Wohnung, in der sie mit ihren Kindern lebte, abgebrannt. Nachdem sie in der Folge kurze Zeit in ihrem Elternhaus gewohnt habe, habe sie seit Januar 2015 in einem Frauenhaus gelebt. In diesem Kontext sei von den Kindern ein Missbrauch durch den Großvater verbalisiert worden, wodurch „Frau X." sich ihrer eigenen Missbrauchsgeschichte erinnert habe und eine Retraumatisierung beschreibt. Das von ihr eingeleitete Strafverfahren gegen ihren Vater („Z´s." Großvater) sei aufgrund mangelnder Beweise eingestellt worden.

In der Folge seien die Kinder zunächst in Pflegefamilien, später in einer Aufnahme-Diagnosegruppe untergebracht worden. 2016-17 seien die Kinder vom zuständigen Jugendamt stationär in einem Heim untergebracht worden. Nach Maßgabe des zuständigen Jungendamtes und „Frau X." wurde eine traumapädagogische Einrichtung gesucht, die auf die Arbeit mit schwer traumatisierten Kindern spezialisiert ist. Seit 2018 bis heute werden die Tochter und bis Juli 2019 der Sohn in einer entsprechenden Wohngruppe betreut.

2018-19 wurde der Sohn mehrfach in der Kinder- und Jugendpsychiatrie stationär behandelt und musste in eine andere Einrichtung verlegt werden, weil er in der Wohngruppe „nicht mehr gut aufgehoben war". Im März 2019 wurde er in eine traumapädagogische Intensivgruppe verlegt. Diese wurde nach einem halben Jahr vom Landesjugendamt geschlossen.

Für die Klientin ist die Situation ihrer Kinder extrem belastend und sie musste von den Mitarbeitern ihres Hilfesystems häufig aufgefangen werden. Im November 2016 ist ihr drittes Kind (Tochter „F.") geboren worden, mit der sie nach der Geburt kurze Zeit in einer Mutter-Kind-Einrichtung gelebt habe und seit März 2017 in einer durch die Kadesch gGmbH betreute Wohngemeinschaft lebt.

Diagnosen nach ICD-10

F19.2	Störungen durch multiplen Substanzgebrauch und Konsum
F43.1	Komplexe Posttraumatische Belastungsstörung
F32.10	Mittelgradige depressive Störungen ohne somatische Syndrome
F60.31	Emotional instabile Persönlichkeitsstörung, Borderline-Typ

Suchtanamnese

Erstkontakt mit Alkohol (mit 12 Jahren, unauffälliger Konsum), Erstkontakt mit Cannabis (mit 14 Jahren, gelegentlicher Konsum), Erstkontakt mit Heroin, Kokain und Amphetaminen (mit 17 Jahren, Abhängigkeit).

Arbeitsanamnese

„Frau X." ist regulär eingeschult worden und habe 2004 die Fachoberschulreife an der Kaufmännischen Schule absolviert. Danach habe sie ein Einstiegsqualifizierungsjahr absolviert und im Anschluss eine 2-jährige Ausbildung zur Fachkraft für Lager und Logistik erfolgreich abgeschlossen. Seit 2009 ist sie arbeitslos.

Betreuungsverlauf

Die Schwerpunkte der Betreuung liegen auf der Vertiefung des Krankheitsbewusstseins, der Entwicklung sozialer Kompetenzen, der (Weiter-) Bearbeitung der Problematiken als Folge der Abhängigkeitserkrankung und (perspektivisch) der

Entwicklung beruflicher Integrationsmöglichkeiten. Immer wieder wird im Betreuungskontext deutlich, dass die Klientin nur schwer Zugang zu sich selbst und ihren Problemen (bspw. ihrem Beziehungsverhalten, ihrer Rolle als Mutter) findet, von starken Selbstzweifeln beeinflusst ist und sich in eine innere, „heile" Vorstellung ihres zukünftigen Lebens als Mutter flüchtet, woraus sich eine vermeintliche stabile Zukunft ihres Lebens entwickeln soll. Die Auseinandersetzung mit ihrer Lebensrealität muss sehr behutsam und dosiert gestaltet werden, da diese Themen aufgrund ihrer von Gewalt und Missbrauch geprägten Vergangenheit massive Ängste hervorrufen. Die Verbesserung des Interaktions-/Beziehungsverhaltens, das Erlernen von Konfliktbewältigungskompetenzen und die Akzeptanz der Realität sind dementsprechend nur behutsam und in kleinsten Schritten möglich.

Aufgrund eines sehr tragfähigen und vertrauensvollen Arbeitsbündnisses zwischen ihr und ihren Betreuern der Sozialen Rehabilitation ist es möglich, dass die Bearbeitung dieser Themen realisierbar ist und „Frau X." Fortschritte erarbeiten kann.

Hierbei muss immer wieder gesehen und berücksichtigt werden, dass es aufgrund von fehlenden emotionalen Bindungen als Folge von Gewalt und sexuellem Missbrauch durch den Vater in ihrer Kindheit und Jugend zu dem Suchtmittelkonsum gekommen ist und sich daraus vermeintlich unaushaltbare Gefühle entwickelt haben, d. h. Schutzlosigkeit und das Gefühl des „Verlassenwordenseins" bestimmten das Leben von „Frau X.".

Aufgrund der erlebten Gewalt und der Vernachlässigung der emotionalen Grundbedürfnisse entwickelte sich eine komplexe Traumafolgestörung und eine Persönlichkeitsstörung. Daraus resultierend ist „Frau X." mit einer angemessenen Regulierung von Nähe und dem Umgang mit Gefühlen vielfach überfordert und muss ermutigt werden, nicht zu resignieren. In den Einzelgesprächen muss kontinuierlich intervenierend und stützend gearbeitet werden, um „Frau X." immer wieder zu bestärken, Vertrauen in ihr eigenes Tun und ihre Fähigkeiten/Fertigkeiten zu entwickeln, sie in ihren Konfliktbewältigungskompetenzen zu fördern und eine Verbesserung der Frustrationstoleranz zu ermöglichen.

Auf der Basis der emphatisch und wertschätzend gestalteten Beziehung zu ihren Betreuern, kann die Umsetzung grundlegender Veränderungsprinzipien, wie z.B. korrektive Erfahrungen, Ressourcenaktivierung oder Aneignung neuer Problemlösefertigkeiten, gefördert werden und somit eine Verbesserung des Interaktions-/Beziehungsverhaltens und die Entwicklung eines realistischen Selbstbildes ermöglicht werden. Zumindest situativ ist es „Frau X." derzeit möglich, sich mit den desolaten Lebensbedingungen in ihrer Kindheit auseinanderzusetzen und die daraus entstandenen Mangelerfahrungen anzunehmen und in einen Gegenwartsbezug zu bringen.

In den Einzelgesprächen ist insoweit die Bearbeitung der dysfunktionalen Persönlichkeitsmuster der „Frau X." von zentraler Bedeutung, um eine Veränderung ihrer Beziehungsmuster zu ermöglichen. Dies auch, da sie dazu neigt, auf Kritik tendenziell abwertend, verharmlosend oder aggressiv zu reagieren. Dementsprechend müssen mit „Frau X." immer wieder Strategien erarbeitet werden, die ihr Möglichkeiten vermitteln sollen, ihre Aufnahme- und Belastungsfähigkeit zu fördern und zu stabilisieren, d.h.: Erlernen von Konfliktbewältigungskompetenzen und Verbesserung der Frustrationstoleranz.

Bisheriges Betreuungsergebnis
Im Betreuungskontext zeigt sich, dass „Frau X." hoch motiviert ist, sich mit ihrer Persönlichkeitsentwicklung/-problematik auseinanderzusetzen, und über ein ausgeprägtes Maß an Krankheitseinsicht/-bewusstsein und Abstinenzmotivation verfügt.

Die Schwerpunkte des Beratungsprozesses liegen auf der Verbesserung der Belastungsfähigkeit von „Frau X.", um Überforderungssituationen adäquat vorbeugen und mit ggf. entstehenden Belastungssituationen umgehen bzw. ihnen begegnen zu können.

Der Beratungsverlauf gestaltet sich durchgängig konstruktiv, wobei ausdrücklich festzustellen ist, dass „Frau X." die Angebote mit hoher Zuverlässigkeit wahrnimmt und eine bemerkenswerte Bereitschaft zeigt, an ihren Problemen zu arbeiten und ihre Bewältigungsstrategien zu verbessern.

Anmerkungen: „Frau X." war nahezu in der gesamten Lebensspanne hohen Belastungen ausgesetzt, in deren Folge sich Angst- und affektive Störungen (emotional instabile Persönlichkeitsstörung) entwickelt haben. Die Fachliteratur bestätigt unsere Erfahrungen in der Betreuung von suchtkranken Menschen, dass die Klienten in ihrer Biografie häufig hohen Belastungen ausgesetzt waren und Symptome einer posttraumatischen Belastungsstörung entwickelt haben. Drogenabhängige bzw. suchtkranke Menschen haben häufig in ihrer Kindheit und Jugend schwere traumatische Erfahrungen (Deprivation, Misshandlung, Missbrauch, Gewalt etc.) erlebt, die Nachwirkungen in Form von behandlungsbedürftigen Posttraumatischen Belastungsstörungen (PTBS) und dissoziativen Identitätsstörungen haben, so dass Polytraumatisierungen im Störungsbild der Abhängigkeit eine entscheidende Rolle spielen. Nach übereinstimmender Meinung handelt es sich um einen Selbstheilungsversuch mit Hilfe von Suchtmitteln. Die Einnahme von Drogen und Alkohol dient einmal als Schutz vor intrusiven Erinnerungen, zum anderen stellt sie eine Möglichkeit der Kontaktaufnahme mit der Umgebung dar, ohne jedoch zu große und beängstigende Nähe entstehen zu lassen. Die Suchtmittel werden also im

Sinne einer Wiederherstellung von Wahrnehmungs- und/oder Handlungskontrolle verwendet. Es ist anzunehmen, dass biographische Ereignisse als eine maßgebliche Ursache bei den multikausalen Einflussgrößen für die Ausbildung einer Abhängigkeitserkrankung zu sehen sind.

Genogramm „Z."

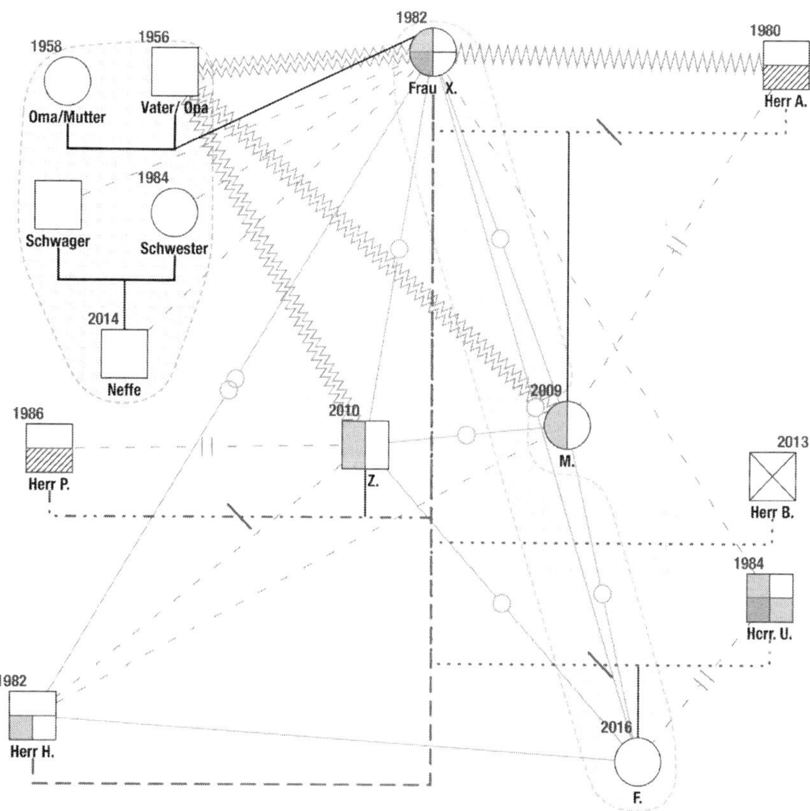

Anmerkung: Auffällig war im anamnestischen Prozess, dass die Mutter von „Frau X." keine große Rolle einnimmt. In den unterschiedlichen Dokumenten, die zur Informationssammlung zur Verfügung standen, wurde sie, wenn überhaupt, als zurückhaltend und ertragend beschrieben.

Indikatoren

Da dieser Beratungsfall eher präventiv zu verorten ist und in der Zielsetzung eine vorausschauende Abwendung von Gefahren inne hat, ist eine Benennung einer eingetretenen Kindeswohlgefährdung mit Hilfe von feststehenden Indikatoren nur schwer möglich. Jedoch ist es möglich, anhand von relevanten Kategorien zur Wahrnehmung von gewichtigen Anhaltspunkten für eine Gefährdung prognostische Aussagen treffen zu können, um Hilfen und weitere Handlungsschritte hiernach auszurichten. Im Ergebnis ist das Team mit dem Berater zu dem Ergebnis gekommen, dass die Bereiche „Schutz vor Gefahren", „Betreuungssituation", „Erziehungssituation" und „Emotionale Situation" im Fokus der Aufmerksamkeit des Helfersystems stehen müssen, um passgenaue Hilfen für den Aufenthalt von „Z." bei seiner Mutter und seiner jüngeren Schwester entwickeln zu können.

Risikofaktoren

Im Folgenden werden Risikofaktoren und Schutzfaktoren benannt. Die Beziehungsdynamik zu „F." (Schwester) und der Mutter („Frau X.") floss bei der Erarbeitung der Faktoren mit ein, dass somit auch gemeinsame Risiko- und Schutzfaktoren benannt werden konnten, um Faktoren des gesamten Familiensystems im Haushalt der Mutter abbildbar zu machen:

- Die vorübergehende Unterbringung bei der Mutter ist nur ein Provisorium. „Z." befindet sich wiedermal auf der „Durchreise".
- „Z." hat Angst, in der „nächsten" Wohngruppe nicht „zurecht"zukommen.
- „Z." zeigt oppositionelles bis aggressives Verhalten zu männlichen Personen im Hilfesystem.
- „Z." zeigt latentes suizidales Verhalten im Sinne einer Suizidankündigung (ausschließlich in Krisen und bisher ausschließlich in verbaler Präsentation).
- „Z." zeigt Autoaggressivität in Situationen der Überforderung.
- „Z." zeigt fremdaggressives Verhalten bei Konflikten anderen Kindern gegenüber (in den Wohngruppen).
- „Z." hat den aktuell nicht erfüllbaren Wunsch, zur Mutter rückgeführt zu werden. Dieser Umstand belastet ihn sehr.
- „Z." zeigt posttraumatische Symptomatiken mit Reaktion auf Triggerreize.
- „Z." zeigt impulsives Verhalten.
- „Z." zeigt ausgeprägte Bindungsproblematiken.
- „Z" verfügt über einen geringen Selbstwert und damit über eine geringe Selbstwirksamkeit.

- „Z." leidet sehr bei der Verabschiedung nach Besuchen der Mutter.
- „Z." kann die Tatsache, dass „X." bei der Mutter wohnen darf und er nicht, kognitiv nicht begreifen.
- „Z.s" Mutter ist durch ihr Krankheitsbild belastet (PTBS, Sucht, etc.)

Schutzfaktoren

- Materielle Sicherheit über die ALG-II-Bedarfsgemeinschaft.
- „Z." zeigt eine große Vertrautheit zur Mutter.
- Die Mutter ist überaus kooperativ und versucht nach ihren Möglichkeiten konstruktiv mit dem Hilfesystem zusammenzuarbeiten.
- Die wohnliche Situation der Mutter gibt die vorübergehende Aufnahme von „Z." her. Die Wohnung ist ordentlich und sauber. Spielbereiche sind kindgerecht. Räumlich ist die Wohnung üppig ausgestattet.
- „Z" ist „stolz" auf seine kleine Schwester/liebevolles Verhältnis.
- Die kleine Schwester („F.") freut sich über jeden Besuch von „Z."
- „Z." hat ein liebevolles Verhältnis zur älteren Schwester.
- „Z." freut sich über jeden Besuch bei seiner Mutter.
- „Z." akzeptiert die Wohnform der Mutter und ihre Anbindung zur Kadesch gGmbH.
- Schulisch zeigt „Z.", laut zuständigen Lehrern, Leistungen „im oberen Mittelfeld".
- „Z." möchte durch „gutes Benehmen" zeigen, dass er langfristig bei seiner Mutter bleiben darf.
- Mutter griff in der Vergangenheit frühzeitig auf das zur Verfügung stehende Hilfesystem zurück.
- Angebote der Kadesch gGmbH, Hilfen zur Erziehung und die enge Anbindung an das federführende Jugendamt.
- Die Prognose einer abstinenten bzw. suchtmittelfreien Lebensführung der Mutter stellt sich günstig dar.
- Das Jugendamt bemüht sich möglichst kurzfristig (14 Tage) eine neue Wohngruppe für „Z." zu finden.

Haltung der Mutter

„Frau X." ist den einzelnen Akteuren des Hilfesystems überaus zugewandt. Sie versucht nach ihren Möglichkeiten, Erkenntnisse aus Beratung oder erarbeitete alternative Verhaltensmuster aus therapeutischen Kontexten in ihren Alltag zu implementieren und umzusetzen. Hinweise oder Kritik im Zusammenhang der vorübergehenden „Rückführung" ihres Sohnes greift sie wissbegierig auf und versucht sich in einer konstruktiven Umsetzung. Diese konstruktive Sichtweise stellt für „Frau X.". eine besondere Leistung dar, da sie sonst eher mit Anspannung und Wiederstand auf Kritik reagiert. Ihren Kindern versucht sie eine gute und liebevolle Mutter zu sein. Auch ist sie sehr bemüht ihren Kindern in einer der Situation angemessenen Weise gleiche Aufmerksamkeit zu schenken. „Frau X." hat ein ausgeprägtes Gerechtigkeitsbewusstsein. In Situationen, in denen sie glaubt, dass man ihr oder den Kindern Unrecht tut, zeigt sie sich kämpferisch und engagiert.

Beteiligung des Kindes
„Z." ist zum einem deutlich verunsichert, da ein weiterer Wechsel der Unterbringung stattfindet. Ihm wurde versucht klarzumachen, dass dieser Wechsel institutionell begründet ist und in keiner Weise von seinem Verhalten abgeleitet initiiert wurde. „Z." sieht für sich eine Chance, langfristig bei seiner Mutter verbleiben zu dürfen, und äußert die Absicht, sich „anstrengen" zu wollen. Gespräche über das geplante Vorhaben wurden im Beisein seiner Mutter mit dem Jugendamt geführt. Fallverantwortlich ist eine Mitarbeiterin des Jugendamtes, die „Frau X." im Kontakt einfühlend erlebt.

Betreuungsergebnis
Der Betreuungsauftrag war, die in der Auftragsklärung formulierte Frage möglichst eindeutig beantworten zu können (Wie ist das Gefährdungsrisiko beider „Z." und „F.") im Haushalt von „Frau X." lebenden Kinder einzuschätzen?).

Da eine multiinstitutionelle Unterstützung vorliegt, das federführende Jugendamt die vorübergehende Unterbringung von „Z." unterstützt und das Team der Kadesch gGmbH explizit von einer Mitwirkung i.d.R. ausschließt, wurde das Gefährdungsrisiko als sehr hoch eingeschätzt.

Jedoch kamen das Team und der Berater im Beratungsprozess zu dem Ergebnis, dass Hilfen bzw. Unterstützungen nicht adäquat umgesetzt wurden und das Kindeswohl von „Z." in der Wohnung seiner Mutter weitgehend gefährdet war und seitens des Jugendamt nicht geschützt wurde.

Handlungsschritte und Schutzmaßnahmen
Um eine mögliche Kindeswohlgefährdung auszuschließen, sind in der Beratung folgende Handlungsschritte und Schutzmaßnahmen (Hilfen bzw. Unterstützungen) erarbeitet worden:

- möglichst dichte Vernetzung aller beteiligten Helfer,
- regelmäßiger Sachstandsabgleich zwischen der Kadesch gGmbH und dem federführenden Jugendamt,
- „Hilfen zur Erziehung",

- intensive Gespräche im Rahmen der Sozialen Rehabilitation durch die Kadesch gGmbH und das federführende Jugendamt,
- intensive sozialpädagogische Betreuungs- und Hilfsangebote durch die Kadesch gGmbH,
- regelmäßige kurze Hausbesuche durch das Team der Sozialen Rehabilitation der Kadesch gGmbH,
- Unterstützung durch den Kinder- und Jugendlichenpsychotherapeuten der Kadesch gGmbH

Anmerkend möchte der Verfasser an dieser Stelle zum Ausdruck bringen, dass dem zu beratenden Team die Hilfen außerhalb der Angebote der Kadesch gGmbH nicht ausgereicht haben.

Dem außerordentlichen Engagement der Kadesch gGmbH an dieser Stelle liegt ein trägerinternes Selbstverständnis zu Grunde, in Krisensituationen unbürokratisch zu helfen und die betriebswirtschaftlichen Komponenten nicht als Maßstab für Quantität und Qualität in solchen besonderen Situationen zu sehen.

Gestaltung der Rolle als Kinderschutzfachkraft im Kontext der Kadesch gGmbH

Dem Verfasser ist es nicht nur wichtig sich weiter fachlich mit dem Thema auseinanderzusetzen, vielmehr kann eine Routine im Betreuungsprozess zum Kinderschutz weitere Sicherheit im Handeln in diesem spezifischen Fachbereich geben.

Die Kadesch gGmbH hat auch im Bereich der „Hilfen zur Erziehung“ eine hohe Wertschätzung und es ist unerlässlich, auch weiterhin im Kinderschutz aktives Mitglied im Konglomerat der Herner Akteure zu sein.

In der konzeptionellen Arbeit für Hilfen von Kindern und Jugendlichen mit suchtbelasteten Bezugspersonen wird der Kinderschutz eine große Rolle spielen müssen und die Rolle als „Kinderschutzfachkraft im Träger“ wird sicher intern befruchtend auf die Fachkräfte im Sinne einer Sensibilisierung auf das Thema einwirken.

Auch ist zukünftig eine Kooperation mit der Einrichtung der Kinder- und Jugendhilfe denkbar, so dass sich ein trägerübergreifendes Netzwerk bilden könnte.

Wie es mit „Z." weiterging

Nachdem „Z." vorübergehend (ca. 14 Tage, ohne schwere Komplikationen) bei der Mutter gelebt hatte, weil kein geeigneter Patz in einer auf die Bedarfe von „Z." passenden Einrichtung gefunden werden konnte, wurde er in einer Einrichtung aufgenommen, die nicht traumapädagogisch arbeitet.

Nach vier Wochen zeigte sich, dass diese Einrichtung für „Z." „nicht geeignet" war und es musste wiederum ein Platz gesucht werden.

Seit Ende 2019 lebt „Z." in einer nicht spezialisierten Einrichtung und es ist zu befürchten, dass diese konzeptionell und personell nicht in der Lage ist, die Probleme und Bedarfe von „Z." auffangen zu können.

Seit 03/2020 musste „Z." zur Mutter „zurückgeführt" werden, da er in der Einrichtung Kinder und Betreuer z.T. erheblich verletzt hat und dort nicht mehr bleiben konnte. Das federführende Jugendamt war nicht in der Lage, einen Platz in einer spezialisierten Einrichtung zu finden.

Anmerkungen: Unstrittig ist, dass dem problematischen Verhalten von „Z." eine schwere frühkindliche Traumatisierung zugrunde liegt. Er verweigert sich situativ radikal allen Verhaltensnormen und droht, aufgrund seiner Wut- und Gewaltausbrüche durch das Netz beinahe jeder Institution zu fallen. Es ist zu befürchten, dass er trotz aller Bemühungen von seiner Mutter und dem Helfersystem in einen Teufelskreis geraten und zu einem Fall wird, dem die Kinder- und Jugendhilfe nicht ausreichend gerecht werden kann.

„Eine Geschichte mit vielen Lücken. […]
Für diese Geschichte gibt es keine Lösung"
(P. Smith, 2019, 75ff).

4 Kinder- und Jugendhilfe

*„Die Würde des Menschen ist unantastbar.
Sie zu achten und zu schützen
ist Verpflichtung aller staatlichen Gewalt" (Art. 1 Abs. 1 GG).*

*Jeder hat das Recht auf die freie Entfaltung seiner Persönlichkeit
[und] jeder hat das Recht auf Leben
und körperliche Unversehrtheit" (Art. 2 Abs. 1 + 2 GG).*

Jeder junge Mensch hat ein Recht auf Förderung seiner Entwicklung und auf Erziehung zu einer eigenverantwortlichen und gemeinschaftsfähigen Persönlichkeit (§ 1 SGB VIII).

Relevante Bestimmungen des **SGB VIII** für diese Problemlagen ergeben sich vor allem aus den § 13 (Präventiver Kinder- und Jugendschutz) und §§ 27-35 (Hilfen zur Erziehung); insbesondere aus den §§ 31 (Sozialpädagogische Familienhilfe), 35 (Intensive Einzelbetreuung) und 35a (Eingliederungshilfe für seelisch behinderte Kinder und Jugendlicher).

Aus Sicht des **Gesetzes zur Kooperation und Information im Kinderschutz (KKG)** bleiben diese Bestimmungen hinter den Anforderungen einer modernen Gesellschaft zurück, insbesondere wenn es um die psychisch dysfunktionalen Familienkontexte geht.

Dies gilt auch insbesondere für den Anspruch auf Beratung (§ 4 Abs. 2 SGB VIII) für die Kinder und Jugendlichen sowie ihre Eltern.

Träger der öffentlichen Jugendhilfe sind i.d.R. die Jugendämter, die „ein politischer und sozialer Fürsprecher für Kinder und Jugendliche" sind, „die Entwicklung und Integration behinderter, individuell beeinträchtigter und sozial benachteiligter Menschen" fördern" und die Kosten von Leistungen/Maßnahmen übernehmen" (*LWL*, 2011).

Die Jugendhilfe „erweitert und profiliert die Leistungsmöglichkeit von Präventionsmaßnahmen und baut dafür tragfähige Vernetzungsstrukturen mit anderen Hilfesystemen auf" (ebenda und vgl. auch § 8a SGB VIII).

Als „anerkannter Träger der freien Jugendhilfe" kann bspw. ein Verein den Auftrag erhalten, die Durchführung von Projekten und Maßnahmen zu übernehmen.

Als Träger der freien Jugendhilfe können juristische Personen und Personenvereinigungen anerkannt werden, wenn sie

- auf dem Gebiet der Jugendhilfe im Sinne des § 1 SGB VIII tätig sind,
- gemeinnützige Ziele verfolgen,

- aufgrund der fachlichen und personellen Voraussetzungen erwarten lassen, dass sie einen nicht unwesentlichen Beitrag zur Erfüllung der Aufgaben der Jugendhilfe zu leisten imstande sind,
- die Gewähr für eine den Zielen des Grundgesetzes förderliche Arbeit bieten,
- auf dem Gebiet der Jugendhilfe mindestens drei Jahre tätig gewesen sind.

Kirchen, Religionsgemeinschaften und die sechs Wohlfahrtsverbände auf Bundesebene (vgl. § 75 (3) SGB VIII) müssen nicht anerkannt werden, da diese gem. § 75 (3) SGB VIII bereits anerkannte Träger der Jugendhilfe sind.

Merke
Der gesellschaftliche Auftrag der öffentlichen und freien Jugendhilfe besteht darin, dass Hilfesysteme-Träger ihren gesetzlichen Auftrag nach SGB VIII und IX *vollständig* erfüllen (vgl. auch § 8a SGB VIII und § 4 SGB IX).

Die Aufgaben der Kinder- und Jugendhilfe, als eine gesellschaftliche und sozialpädagogische Praxis, ergeben sich aus ihrer gesetzlichen Grundlage im SGB VIII.

Die gesetzliche Kinder- und Jugendhilfe tritt ein, um

- junge Menschen in ihrer individuellen und sozialen Entwicklung zu fördern.
- Eltern und andere Erziehungsberechtigte zu beraten und zu unterstützen.
- Kinder und Jugendliche vor Gefahren zu schützen.
- positive Lebensbedingungen für Familien zu schaffen und zu erhalten.

Leitziele der Kinder- und Jugendhilfe sind:

- Förderung der individuellen und sozialen Entwicklung junger Menschen
- Abbau und Vermeidung von Benachteiligungen
- Beratung und Unterstützung von Eltern und anderen Erziehungsberechtigten bei der Erziehung
- Schaffen und Erhalten von positiven Lebensbedingungen für junge Menschen und ihre Familien sowie einer kinder- und familienfreundlichen Umwelt

Hilfe zur Erziehung und Eingliederungshilfe für Kinder und Jugendliche mit seelischer Behinderung umfasst ein breites Spektrum individueller pädagogischer und/oder therapeutischer Hilfen.

Anspruch auf diese Hilfe hat ein Personensorgeberechtigter, wenn das Wohl des Kindes und des Jugendlichen nicht gewährleistet und die Hilfe für seine Entwicklung geeignet und notwendig ist.

Hierzu zählen unter anderem:

- Erziehungsberatung (§ 28 SGB VIII),
- Soziale Gruppenarbeit (§ 29 SGB VIII),
- Erziehungsbeistand, Betreuungshelfer (§ 30 SGB VIII),
- Sozialpädagogische Familienhilfe (§ 31 SGB VIII),
- Erziehung in einer Tagesgruppe (§ 32 SGB VIIII),
- Vollzeitpflege in einer anderen Familie (§ 33 SGB VIII)
- Heimerziehung und sonstige betreute Wohnformen (§ 34 SGB VIII),
- Intensive sozialpädagogische Einzelbetreuung (§ 35 SGB VIII),
- Hilfen für junge Volljährige (§ 41 SGB VIII).

Kinder und Jugendliche, die seelisch behindert sind oder von einer solchen Behinderung bedroht sind, haben gegenüber dem öffentlichen Träger der Jugendhilfe einen Anspruch auf Eingliederungshilfe (§ 35a SGB VIII). Für körperlich oder geistig behinderte Kinder und Jugendliche ist hingegen seit dem 1. Januar 2020 der Träger der Eingliederungshilfe, Teil 2 des SGB IX (bislang der Träger der Sozialhilfe (SGB XII)), zuständig.

Wirksamkeit und Erfolg individueller pädagogischer Leistungen wie der Erziehungshilfen hängen in hohem Maß von der Akzeptanz und Mitwirkungsbereitschaft der Personensorgeberechtigten und der Kinder und Jugendlichen ab. Deshalb werden diese bei längerfristigen Hilfen in einem so genannten Hilfeplanverfahren (§ 36 SGB VIII) an der Feststellung des individuellen Bedarfs sowie an der konkreten Entscheidung über die Art, Dauer, Ausgestaltung und Zielsetzung der Hilfe beteiligt.

4.1 Beteiligungsrechte für Kinder und Jugendliche im SGB VIII

Die Bundesregierung hat 2018 „einen intensiven Dialog" begonnen, ob und inwieweit die Kinder- und Jugendhilfe weiterentwickelt werden kann. Die damit verbundenen praktischen Umsetzungsfragen stellen für die Kommunen eine finanzielle und fachliche Herausforderung dar, da neue fachliche Wirkungs- und Kooperationszusammenhänge entwickelt werden müssen, insbesondere mit dem Gesundheitswesen und der Behindertenhilfe.

Im SGB VIII sind wesentliche Beteiligungsrechte von Kindern und Jugendlichen zu nennen:

- § 8 Abs. 1 SGB VIII: Kinder und Jugendliche haben das Recht, sich in allen ihren Angelegenheiten an die Jugendhilfe zu wenden. Diese Vorschrift hat in der Praxis überhaupt keine Bedeutung.
- § 8 Abs. 3 SGB VIII: Anspruch von Kindern und Jugendlichen auf Beratung ohne Kenntnis der Eltern. Diese Vorschrift steht unter dem Vorbehalt der Not- und Konfliktlage (bspw. Suchtberatung).
- Nur 3% aller Jugendämter weisen dies statistisch aus, ob dieser Anspruch eingelöst wird.
- § 8a Abs. 1 + 4: Das Jugendamt muss ein Gefährdungsrisiko „im Zusammenwirken mehrerer Fachkräfte" anderer Träger einschätzen und sich dabei „einen unmittelbaren Eindruck von dem Kind und von seiner persönlichen Umgebung verschaffen".
- § 45 SGB VIII: Sicherung der Rechte in Einrichtungen. Diese Vorschrift gilt für Träger, die verpflichtet sind, Beteiligungs- und Beschwerdeverfahren einzurichten.
- § 8a SGB VIII: Beteiligung von Kindern und Jugendlichen bei der Gefährdungseinschätzung. Es ist eine objektive Verpflichtung des Jugendamtes, dass Kinder und Jugendliche in dieser Frage mit einbezogen werden müssen.
- § 36 SGB VIII: Mitwirkung bei der Hilfeplanung. Kinder und Jugendliche müssen an der Hilfeplanung an drei Punkten beteiligt sein:
  - Beratung nach § 36 Abs. 1 SGB VIII: Kinder und Jugendliche müssen im Hinblick auf die Folgen der Hilfe/der Entscheidung (bspw. Fremdplatzierung) des Jugendamtes beraten werden.
  - Wunsch- und Wahlrecht nach § 36 Abs. 1 SGB VIII: Das Wunsch- und Wahlrecht von Kindern kann nur im Konsens mit den Eltern wahrgenommen werden. Das Jugendamt muss ihre Entscheidung an den Wünschen und dem Willen der Eltern ausrichten.
  - Aufstellung des Hilfeplans nach § 36 Abs. 2 SGB VIII: Bei der Aufstellung des Hilfeplans haben Kinder und Jugendliche ein eigenes Recht auf Beteiligung. Sie haben das Recht, durch einen Beistand nach § 13 SGB X (Person des Vertrauens) vertreten zu werden.

Zusammenfassend lässt sich feststellen, dass im SGB VIII das Elternrecht geschwächt wird und die Rechtspositionen von Kindern und Jugendlichen gestärkt werden.

Diese Rechte sind i.d.R. nur realisierbar und hängen in großem Umfang von der Haltung der Fachkräfte ab.

4.2 Anmerkungen zu Lebenslagen von Kindern und Jugendlichen bis zum 18. Lebensjahr

Die Wechselwirkungen von sozialer Benachteiligung und prekären Lebenslagen sind hinlänglich bekannt und wirken sich massiv auf die Kontextfaktoren aus (vgl. ICF).

Die Anzahl der Kinder und Jugendlichen bis zum 18. Lebensjahr, die in problematischen Verhältnissen leben und erhebliche Probleme zeigen, steigt deutlich an (vgl. *BZgA*, 2017, *BZgA-Forschungsbericht*, 2020 und *EMCDDA*, 2020):

- Die Corona-Krise droht die Probleme der Kinderarmut weiter zu verschärfen:
  - 21,3% der Kinder unter 18 Jahren sind armutsgefährdet und/oder beziehen SGB II (= 2,83 Millionen)
  - Kinder und Jugendliche in alleinerziehenden Familien, 45,2 Prozent aller Kinder im SGB II-Bezug wachsen bundesweit in einer Ein-Eltern-Familie auf (*Bertelsmann Stiftung*, 2020).

UND: Es gibt wenig Verbesserungen!

„Kinderarmut bleibt ein ungelöstes strukturelles Problem mit erheblichen Folgen für das Aufwachsen, das Wohlbefinden, die Bildung und die Zukunftschancen der Kinder" (ebenda).

- ca. 1 Mio. haben Hilfen zur Erziehung erhalten, davon 400.000 Erziehungsberatung
- ca. 200.000 haben Misshandlung(serfahrungen), Schätzungen gehen von ca. 1,6 Mio. aus

Die Deutsche Gesellschaft für Kinder- und Jugendpsychiatrie rechnet „bis zum Jahr 2020 mit einem Anstieg auf 50% psychosomatisch auffällige Kinder. [...] Es ist augenscheinlich, dass die Entwicklung von Kindern und Jugendlichen in der Gegenwart hohen Belastungen ausgesetzt ist – Belastungen, die von der Familie [...] nicht mehr ausgeglichen werden können" (*LWL*, 2011).

Und was brauchen Kinder und Jugendliche ...

- aus Sicht der Entwicklungspsychologie
  Die Grundbedürfnisse:
  - beständige, liebevolle Beziehungen
  - körperliche Unversehrtheit und emotionale Sicherheit
  - individuelle und entwicklungsgerechte Erfahrungen

  - Grenzen und Strukturen
  - stabiles, unterstützendes Netzwerk

- *aus Sicht der Pädagogik bei Behinderung*
  - Eltern, Pädagogen, Therapeuten, die ihnen die Welt „erklären"
  - Menschen, die ihre Sprache verstehen
  - Bildung, die sie wahrnehmen können, Pflege und Versorgung in allen Bereichen des täglichen Lebens

5 Schlussbemerkungen und Fazit

„Die Eltern haben die Pflicht,
ihren Kindern Ich-Stärke zu schenken,
durch Liebe und Zuwendung, Aufmerksamkeit"
(Joachim Gauck, 2020).

Die Suchthilfe und Jugendhilfe hat die politische und moralische Verantwortung dafür, dass die vielschichtigen und unterschiedlichsten Probleme von „Kindern und Jugendlichen aus psycho-sozial belasteten und „armen" Lebensverhältnissen" gelöst werden.

Es ist nur schwer zu ertragen, dass es offensichtlich nicht gelingt, eine enge Kooperation zu Stande zu bringen.

Es kann nicht richtig sein, wenn aus „Beobachtungen" abgeleitet werden kann und bislang nicht zu widerlegen ist, dass es der Politik offensichtlich nicht gelingt, Hilfesysteme für misshandelte und traumatisierte Kinder und Jugendliche zu gewährleisten. Das heißt: Die Erkenntnis muss doch als „Irrsinn" bezeichnet werden, dass aus „finanziellen Gründen" ein fundamentales Netzwerk nicht geschaffen werden kann.

Suchthilfe und insbesondere Jugendhilfe sind mitunter von einer maximalen Vorsicht getrieben, Fehler zu vermeiden. Was zur Folge hat, untätig zu bleiben –auf Kosten der Kinder und Jugendlichen.

Die Erfahrung zeigt deutlich, dass die Betroffenen immer wieder schmerzlich erfahren müssen, dass es – aus welchen Gründen auch immer – nicht möglich ist, die beiden Hilfesysteme vertrauensvoll und eng zusammenzuführen.

Die Forderung muss deutlich lauten: Die Träger und die Mitarbeiter dürfen sich nicht in Konkurrenz, Eitelkeiten und Finanzen verlieren und sind gefordert, ein „vernünftiges und effektives" Hilfesystem zu gestalten.

Merke
Visionen kreativer und zukunftsfähiger Konzepte sind erforderlich, die *allen* Kindern und Jugendlichen eine hohe Lebensqualität ermöglichen und ihnen die Möglichkeit verschaffen, *aktiv* an allen Aspekten ihres Lebens mitzuwirken.

„Insbesondere der § 8a Abs. 2 SGB VIII *begründet* die Verpflichtung" des Suchthilfesystems und der Jugendhilfe „bei Indizien für Kindeswohlgefährdung tätig zu werden" (*Hessische Landesstelle,* 2008).

Zentrales Anliegen in der Versorgung suchtbelasteter und/oder psychisch kranker Familien *muss* dementsprechend die Gewährleistung des Kinderschutzes sein, d.h.: Konkrete Maßnahmen zum Netzwerkaufbau zwischen Suchthilfe und Jugendhilfe *müssen* kommunal abgestimmt sein, um zielgerichtet für Kinder und Jugendliche handeln zu können (vgl. *Helsper,* 2020).

Das Fallbeispiel zeigt überdeutlich, dass die öffentliche Verwaltung (hier insbesondere die „Rolle" der Jugendämter und der Allgemeine Sozialdienst (ASD)), bei allem Engagement der beteiligten Fachkräfte, überfordert ist, komplexe Problemlagen von Kindern und Jugendlichen zu entscheiden und/oder zu „lösen".

Auch die Corona-Pandemie 2020 hat in der öffentlichen Diskussion die Gewalt- und Missbrauchserfahrungen von Kindern und Jugendlichen in ihren Familien noch einmal deutlich gemacht: Die Jugendämter sind offensichtlich nicht in der Lage, „ihre" Aufgaben vollständig zu erfüllen, weil sie keine Informationen haben und/oder „wegschauen", in welchen Familien Gewalt und Missbrauch gegen Kinder und Jugendliche ausgeübt werden.

Die zuständigen Fachkräfte können ihre Aufgaben (bspw. aufgrund von Mehrbelastung) nur äußerst begrenzt wahrnehmen und sich nicht im erforderlichen Maße um die Familien kümmern und sie betreuen. Und das nennt man: „mit unterschiedlicher (Arbeits-)Intensität und bedarfsorientiert!"

Merke
Ein Auslöser ist, dass in der Berufsausbildung, z.B. der Sozialarbeit nicht die Basiskompetenzen vermittelt werden, so dass nicht das nötige Fachwissen bei den Mitarbeitern gegeben ist, um die „Schwierigkeiten" in den Familien zu erkennen und entsprechende Lösungen „finden" zu können.
Ein weiterer Auslöser ist, dass die Politik völlig unfähig und offensichtlich überfordert ist, die finanziellen und fachlichen Rahmenbedingungen zu ermöglichen, dass für Kinder und Jugendliche sowie ihre Familien Strukturen erhalten bzw. ausgebaut werden, die ein umfangreiches und effektives Hilfesystem gewährleisten.

Auch wenn das für die Kinder und Jugendlichen nur ein schwacher Trost ist, steht insgesamt die Suchthilfe im Vergleich zu vielen anderen Angeboten im Sozial- und Gesundheitssystem relativ gut da.

In der sozialen und medizinischen Rehabilitation der Leistungsträger arbeitet ein multiprofessionelles Team, bestehend u.a. aus Fachärzten der Psychiatrie, Psychologen, Sozialarbeitern/-pädagogen, Pädagogen, Erziehern, die i.d.R. über eine (sucht-)therapeutische Weiterbildung verfügen und sich bspw. mit den psychischen Auffälligkeiten von Kindern, Jugendlichen und Erwachsenen auseinandersetzen.

Aus Sicht der Verfasser stellt sich die Lage in der Jugendhilfe anders dar. Die Rückmeldungen der Jugendhilfeeinrichtungen verdeutlichen, dass es kein abgestimmtes Vorgehen gibt, wenn Versorgungs- und Betreuungslücken entstehen.

Zwar nimmt jeder Träger für sich in Anspruch, natürlich „kulante" Lösungen zu finden, die allerdings i.d.R. die Probleme nicht lösen können.

Es *muss* ein Netzwerk geschaffen werden, in dem das Jugendamt und *alle* Einrichtungen/Träger verbindlich beteiligt sind und das sich um Kinder und Jugendliche sowie um die Familien kümmert.

Was zeichnet dieses Netzwerk aus:

- Verschiedene Berufsgruppen (bspw. Ärzte, (KuJ-)Psychotherapeuten, Pädagogen, Lehrer u.v.m.) können aus unterschiedlichen Gesichtspunkten heraus die „Fälle" beurteilen und dafür sorgen, dass die „Rechte" der Kinder und Jugendlichen berücksichtigt werden.
- Mit unterschiedlichen Methoden und Ansätzen können die „Fälle" reflektiert und supervidiert werden und eine individuelle und sachgerechte Entscheidung getroffen werden.
- Im diagnostischen Prozess können die unterschiedlichen Facetten der Entwicklungspsychologie und der Pädagogik sowie psychische Auffälligkeiten/Störungen differenzialdiagnostisch erfasst und für die Maßnahmen genutzt werden.

Viele Kinder und Jugendliche sowie ihre Familien sind „sehr bemüht", ihr problematisches Verhalten über lange Zeit zu verheimlichen.

Sie haben nicht den Anspruch, Hilfe in Anspruch zu nehmen. Dabei ist es wichtig, ihr Verhalten zu verstehen, um eine Möglichkeit für eine Maßnahmeempfehlung zu entwickeln.

Für die Umsetzung der Maßnahmen ist das psycho-soziale Setting der Betreuung ausschlaggebend, das eine hohe Kooperationsfähigkeit auszeichnet.

Als entscheidender Faktor zum Gelingen des Prozesses ist die Kooperation mit den Kindern und Jugendlichen sowie ihren Eltern, sowie klare Rollen- und Aufgabenverteilung zwischen Klient*in und Betreuer*in zu sehen.

Der Unterschied liegt auf der Handlungsebene und besteht im Wesentlichen darin, dass durch das Ziel der Zusammenkunft eine klare Rollen- und Aufgabenverteilung vorgegeben ist (vgl. *Schuch*, 1999).

In einem gelingenden Korrespondenzprozess sollen die Klient*innen befähigt werden, die gewonnenen neuen Erfahrungen zu verstehen und zu verwirklichen, um auf dieser Grundlage Neuorientierung zu ermöglichen. In fördernder Absicht müssen sinngeleitete, intersubjektive und kreative Lebensbewältigung und Lebensgestaltung ermöglicht und alltagspraktische Kompetenz gefördert und entwickelt werden.

Die Beziehung zwischen Klient*in und Betreuer*in ist also als Rahmen, Basis und auch Medium des Entwicklungsprozesses zu sehen.

Hinsichtlich der psycho-sozialen Beziehungsgestaltung gilt es in der Forschung als gesichert, „dass eine gute Kompatibilität zwischen den Beziehungswünschen und -möglichkeiten eines/r Klienten*in und dem Beziehungsangebot des [Betreuers] für das Entstehen einer guten [Beziehung] förderlich ist, und dass umgekehrt eine geringere Kompatibilität eher ungünstige Voraussetzungen auf der Beziehungsebene schafft. Dies legt die Schlussfolgerung nahe, dass ein [Betreuer] in seinem Beziehungsangebot grundsätzlich flexibel sein und es auf die besonderen Voraussetzungen des Klienten abstimmen sollte“ (*Grawe*, 1992).

Wenn jemand zu Dir sagt:
„Das geht nicht!“
Denke immer daran:
Das sind seine Grenzen
und nicht Deine!
(Schay, 2020)

Anhang: Kooperationsvereinbarung zwischen Jugendhilfe und Suchthilfe

„Die vertrauensvolle Zusammenarbeit
und die Motivation der Familie
ist eine wesentliche Grundlage
für das Gelingen jedes Hilfeprozesses
und bildet den Hintergrund für die Kooperation oder
Zielstellung Schutz der Kinder suchtkranker Eltern vor Gefährdung“
(Stadt Osnabrück, 2009).

In Deutschland leben ca. 3 Mio. Kinder und Jugendliche mit vorübergehend und dauerhaft psychisch kranken Eltern(teil). Etwa 15% der Kinder sind jünger als 3 Jahre (vgl. *PTK NRW*, 2020, 311).

„Trotz der Vielfalt unbestrittener sinnvoller Probleme ist die Versorgung der von psychischer Erkrankung betroffenen Familien [und damit auch der Kinder und Jugendlichen] unzureichend. Die Kooperation der Akteure vor Ort muss- weiter gefördert werden und die Angebote müssen ausgeweitet und verfestigt werden“ (ebenda, 312).

Das „stark verteilte System der Versorgung“ (▶ SGB V (Krankernversicherung), SGB VI (Rentenversicherung); SGB VIII (Kinder- und Jugendhilfe), SGB IX (Rehabilitation und Teilhabe von Menschen mit Behinderungen), SGB XII (Sozialhilfe) und/oder SGB II (Grundsicherung für Arbeitsuchende)) führt letztlich zu ungeklärten Zuständigkeiten und nicht „zu einer angemessenen professionellen Hilfe“ (ebenda, 312).

In der Konsequenz „besteht eine zentrale [jugend- und sozialpolitische] Aufgabe und ethische Verpflichtung [...] darin, [...] für [die betroffenen Kinder, Jugendlichen und jungen Heranwachsenden] ein möglichst [...] gesundes und zufriedenes Leben mit einem hohen Grad an Selbstbestimmung und Selbstverwirklichung zu erreichen und [ihre] soziale Einbindung in die Gesellschaft [...] zu fördern“ (*FVS* 2017, 68).

Die individuellen, bedarfsorientierten Hilfen werden flexibel der Entwicklung der Klientel angepasst. D. h., in der Regel können für die Betroffenen, deren Familien und deren sonstigen sozialen Bezüge Voraussetzungen geschaffen werden, die es ermöglichen, neue Kommunikations- und Verhaltensmuster zu erlernen. Dazu gehören zunächst das Einordnen des Krankheitsbildes sowie das Verstehen, warum der Betroffene ein nicht erwünschtes Verhalten zeigt.

Die Hilfen zielen auf eine akute und längerfristige Problemlösung und setzen insbesondere auf die Stärkung vorhandener Ressourcen.

Zur Anwendung kommen dabei alle uns zur Verfügung stehenden psychologischen, pädagogischen, beratenden und therapeutischen Methoden, die je nach Einzelfall und Erfolgsaussicht selektiert werden.

Wir „brauchen neue Begriffe und Konzepte,
die ausdrücken,
was wir künftig wichtig finden“
(M. Göpel, 2020).

Die ***Stadt Essen*** (2002), das ***Land Berlin*** (2009), die ***Stadt Osnabrück*** (2011) und der ***Landkreis Böblingen*** (2018) haben eine ***„Kooperationsvereinbarung zwischen Einrichtungen und Diensten der Jugendhilfe des Gesundheitsdienstes und der Suchthilfe“*** abgeschlossen.

Im Folgenden werden die wesentlichen Inhalte aus den *Vereinbarungen 1) der Stadt Osnabrück (2009) und 2) des Landkreises Böblingen (2018)* skizziert:

1. Rahmenbedingungen für die Kooperation
   Die Perspektiven der jeweiligen Hilfesysteme auf die Familie sind unterschiedlich. Während die Jugendhilfe vorrangig den Blick auf das Kind oder den Jugendlichen richtet, stehen bei der Suchthilfe und dem Gesundheitsdienst oft ein oder beide Elternteile im Fokus. Hier bietet die Kooperation die Chance, den jeweiligen Blickwinkel zu erweitern. [...]

   Gemeinsame Ziele der Kooperation
   Das gemeinsame Ziel von Suchthilfe, Gesundheitsdienst und Jugendhilfe ist, das funktionierende, dauerhaft gemeinsame Zusammenleben von Eltern und ihren Kindern zu ermöglichen, das Kindeswohl sicherzustellen sowie den Beratungs- und Behandlungsverlauf positiv zu unterstützen. Um dies zu erreichen, bedarf es einer konstruktiven, strukturierten, abgestimmten Vorgehensweise und der Kenntnis des jeweiligen Arbeitsauftrages und Handlungsmöglichkeiten. Diese konstruktive Zusammenarbeit aller beteiligten Personen und Institutionen wird mit dieser Kooperationsvereinbarung angestrebt.

   - Ein wichtiges Kooperationskriterium ist die Transparenz für alle beteiligten Institutionen und Eltern über die jeweiligen Arbeitsansätze und Hilfsangebote.

- Im Sinne einer Qualitätssteigerung in der Arbeit der beteiligten Institutionen sind gemeinsame fachliche Fortbildungen notwendig.
- Tragfähige Arbeitsbündnisse führen zu einer Qualitätssteigerung in der Arbeit und bilden auch den Rahmen für gemeinsame Entwicklungen (ebenda). [...]

Zielgruppe
Die Kooperation bezieht sich auf folgende Zielgruppen:
- Suchtmittelkonsumierende, abhängige und substituierte schwangere Frauen, werdende Väter und Eltern
- Kinder, deren Eltern riskant Suchtmittel konsumieren bzw. substituiert werden
- Kinder, deren Eltern verhaltensbezogene Störungen (Spielsucht etc.) aufweisen [...]

Vereinbarung der Kooperationspartner
Der Rahmen und der Umgang mit den betroffenen Familien sollen so gestaltet werden, dass diese Vertrauen in die Beratungs- und Hilfeangebote entwickeln können und die Hilfen auch in Anspruch nehmen. Die Verantwortung liegt bei den beteiligten Institutionen. [...]

Dissensregelung
Gibt es Störungen in der Zusammenarbeit von Fachkräften, die im Dialog nicht ausgeräumt werden können, wird die jeweilige Leitungsebene zur Durchführung eines gemeinsamen Klärungsgespräches hinzugezogen. [...]

Fachliche Beratung / Weiterbildung / Kooperationstreffen
Die Fachkräfte der beteiligten Kooperationspartner leisten bei Bedarf gegenseitige Fachberatung zu ihrem jeweiligen Aufgabengebiet. Dieses kann einzelfallbezogen, aber auch darüber hinaus eine teambezogene Weiterbildung sein. Die Kooperationspartner bilden sich gegenseitig oder durch externe Fachkräfte fort, um eine qualitative Zusammenarbeit zu sichern.

2. *Grundsätze*
   Kinder von Eltern mit Abhängigkeitsstörung sind eine der größten bekannten Risikogruppen zur Entwicklung eigener Suchtstörungen und damit ggf. einhergehendem fremd- und selbstgefährdendem Verhalten. Für die Entwicklung von anderen psychischen Störungen bzw. Erkrankungen (z.B. Ängsten, Depressionen, Schizophrenien, Schlafstörungen, Persönlich-

keitsstörungen) weisen diese Kinder ebenfalls deutlich erhöhte Risiken auf. Zahlreiche bekannte Fälle von Kindeswohlgefährdung standen in Verbindung (auch) mit Abhängigkeitsstörungen der Eltern bzw. eines Elternteils. Vor dem Hintergrund dieser Kenntnis ist eine Abhängigkeitsstörung von Eltern(-teilen) als potenziell stark erhöhtes Risiko für das Entstehen einer Kindeswohlgefährdung anzusehen, die ggf. einer besonderen Bewertung der Gefährdungslage des Kindes und einer zwischen Suchtberatung und Jugendhilfe abgestimmten Handlungsstrategie bedarf.
Diese notwendige Handlungsstrategie der Jugendhilfe und Suchthilfe ergänzt insofern die im § 8a (1) für das Jugendamt und § 8a (4) SGB VIII für dort genannte „Einrichtungen und Dienste" geforderte abgestimmte Vorgehensweise im Kinderschutz und begründet im Kern inhaltlich diese Kooperationsvereinbarung.
Die Grundlage für das Tätigwerden im Kinderschutz für die Suchthilfezentren ergibt sich aus § 4 des „Gesetzes zur Kooperation und Information im Kinderschutz" (KKG) vom 01.01.2012, das ggf. zur Informationsweitergabe an das Jugendamt befugt. [...]
Nach der Rechtsprechung des BGH (...) liegt eine Kindeswohlgefährdung im Sinne des § 1666 Abs.1 Satz 1 BGB dann vor, wenn eine **gegenwärtige** oder zumindest **unmittelbar bevorstehende Gefahr für die Kindesentwicklung** abzusehen ist, die bei ihrer Fortdauer eine **erhebliche Schädigung des körperlichen, geistigen oder seelischen Wohls** des Kindes mit ziemlicher Sicherheit voraussehen lässt" (*BGH* - Beschluss vom 14. Juli 1956 - IV ZB 32/56 - FamRZ 1956, 350, 351). [...]
Die Vernetzung professioneller Hilfsinstitutionen und deren Fachkräfte ist eine umso wichtigere, sehr verantwortungsvolle und zentrale Notwendigkeit für den Erfolg der Arbeit mit Eltern mit Abhängigkeitsstörungen und deren Kindern im Einzelfall. [...]
Die Kooperationsvereinbarung ist als praktische Arbeitshilfe für die beteiligten Institutionen gedacht und definiert Handlungsabläufe zwischen Sozialem Dienst und den Suchthilfezentren der Diakonie sowie Freien Trägern der Jugendhilfe, die in Bezug auf die Zielgruppen nach dem SGB VIII Jugendhilfen gemäß §§ 27ff oder Eingliederungshilfen gemäß § 35a erbringen.

„Aufgrund der Rückmeldungen aus den Suchthilfeeinrichtungen ergab sich in der ***Hessischen Landesstelle für Suchtfragen (HLS)*** die Einschätzung, dass das Wissen der Suchtberater und Suchtberaterinnen bzgl. des Schutzauftrages zur Abwehr von Kindeswohlgefährdung gemäß § 8a SGB VIII noch nicht ausreichend ist und dass ein Bedarf an einer entsprechenden Handreichung für die Kooperation mit der öffentlichen Jugendhilfe (Prozessbeschreibungen) und für den Beratungsprozess (notwendige systemische psychosoziale Diagnostik) gegeben ist" (*HLS* 2008).

Aber: Wohin gehen wir,
wenn es keinen Weg gibt?

Literaturangaben

Adlon, N. & Wißmann, R. (2020): Seitenwechsel - Arbeitskreis für Arbeitsmaßnahmen für Menschen mit Suchterkrankungen in NRW, Landeskoordinierungsstelle für berufliche und soziale Integration Suchtkranker in NRW, Paderborn, 5-7

Banz, M. (2019): Glückspielverhalten und Glückspielsucht in Deutschland. Ergebnisse des Surveys 2019 und Trends, BZgA-Forschungsbericht, Köln

Baumgärtner, Th. (2015): Monitoring-Bericht zum Suchtmittelkonsum von Jugendlichen und Erwachsenen in Deutschland, Hamburg

Bertelsmann Stiftung (2020): Kinderarmut in Deutschland, Gütersloh

Borges, P., Hofmann, O. & Zimolong, A. (2006): Gutachten zur aktuellen und perspektivischen Situation der Einrichtungen im Bereich der medizinischen Rehabilitation, GEBERA-Gesellschaft für betriebswirtschaftliche Beratung mbH, Member of Deloitte Touche Tohmatsu, Düsseldorf

Bühringer, G. & Rumpf, H.-J. (2018): Zukunft der Suchtkrankenversorgung: Plädoyer für einen Paradigma-Wechsel, in: DG Sucht, Jahrgang 64, Heft 3/2018, Hogrefe, 125-128

Bühler-Niederberger, D. (2020): Kinderschutz in NRW und seinen Kommunen - Akteure, Strukturen, Netzwerke und Handlungsbedarf im Bereich des Kinderschutzes, Schriftliche Anhörung von Sachverständigen durch die Kommission zur Wahrnehmung der Belange der Kinder des Ausschusses für Familie, Kinder und Jugend des Landtags Nordrhein-Westfalen, Wuppertal

Bundeszentrale für gesundheitliche Aufklärung (BZgA-Forschungsbericht) (2020): Die Drogenaffinität Jugendlicher in der Bundesrepublik Deutschland 2019 - Rauchen, Alkoholkonsum und Konsum illegaler Drogen: aktuelle Verbreitung und Trends, Köln

Bundeszentrale für gesundheitliche Aufklärung (BZgA) (2017): Die Drogenaffinität Jugendlicher in der Bundesrepublik Deutschland 2015, Köln

Bundeszentrale für gesundheitliche Aufklärung (BZgA) (2020): Glückspielverhalten und Glückspielsucht in Deutschland, Ergebnisse des Surveys 2019 und Trends, Köln

DAK-Gesundheit (2020): Studie zum Rauschtrinken bei Kindern, in: https://www.dak.de/dak/bundesthemen/studie-zum-rauschtrinken-bei-kindern-2116326.html#/

Dauber, H., Specht, S., Künzel, J., Pfeiffer-Gerschel, T. & Braun, B. (2018): Suchthilfe in Deutschland. Jahresbericht der Deutschen Suchthilfestatistik (DSHS), in: IFT Institut für Therapieforschung (Hrsg.), München

Deutsche Angestellten Krankenkasse (DAK) (2020): Studie: So süchtig machen WhatsApp, Instagram und Co., in: https://www.dak.de/dak/bundesthemen/onlinesucht-studie-2106298.html#/

Deutsche Angestellten Krankenkasse (DAK) (2020): Corona: Medienkonsum bei Kindern und Jugendlichen stark gestiegen, in: https://magazin.dak.de/corona-medienkonsum-bei-kindern-und-jugendlichen-stark-gestiegen/

Deutsche Hauptstelle für Suchtfragen e.V. (DHS) und Akzept e.V. (2005): Konsenspapier – Ziele, Grundlagen und Prinzipien der Sucht- und Drogenhilfe, Hamm

Deutsche Hauptstelle für Suchtfragen e.V. (DHS) (Hrsg.) (2018): Jahrbuch Sucht, Lengerich, Pabst Science Publishers

Deutsche Hauptstelle für Suchtfragen e.V. (DHS) und Akzept e.V. (2019): Die Versorgung von Menschen mit Suchtproblemen in Deutschland – Analyse der Hilfen und Angebote und Zukunftsperspektiven, Hamm

Deutsche Hauptstelle gegen Suchtgefahren (DHS) (2020): Jahrbuch Sucht 2019, Pabst Science Publishers, Lengerich

Dialogforum „Bund trifft kommunale Praxis" (2018): Was brauchen Kinder und Jugendliche heute mit Blick auf die große Lösung", Ergebnisse des 4. Expertengesprächs, Berlin

Drogenbeauftragte der Bundesregierung (2019): Drogen- und Suchtbericht 2019, Berlin

EMCDDA – Europäische Beobachtungsstelle für Drogen und Drogensucht (2020): Europäischer Drogenbericht – Kernthemen, Luxemburg

*Fachverband Sucht (FVS) e.V. (*2017): Stigmatisierung von Sucht begegnen, Hilfen anbieten!, in: SuchtAktuell, Zeitschrift des FVS, Jahrgang 24/02.17, Bonn, 68-69

Gauck, J. (2020): Die Freiheit der Erwachsenen heißt Verantwortung, in. Recklinghäuser Zeitung Nr. 102, 02.05.2020

Göpel, M. (2020): Unsere Welt neu denken, Ullstein Buchverlage GmbH, Berlin

Grawe, K. (1992): Komplementäre Beziehungsgestaltung als Mittel zur Herstellung einer guten Therapiebeziehung. in: *Margraf, J. & Brengelmann, J.* (Hrsg.), Die Therapeut-Patient-Beziehung in der Verhaltenstherapie, Gerhard Röttger, 215-244, München

Grundgesetz für die Bundesrepublik Deutschland (2020): in: Bundesministerium Justiz und für Verbraucherschutz, Bundesamt für Justiz

Helsper, N. (2020): Steuerungswissen und Handlungsorientierung für den Aufbau effektiver interdisziplinärer Versorgungsnetzwerke für suchtbelastete Familien, Zwischenbericht zum Stand der Auswertung der Fokusgruppen vom 22.05.2020, in: *Institut für Kinder- und Jugendhilfe (IKP)*, Mainz

Hessische Landesstelle für Suchtgefahren e.V. (2008): Eckpunkte zur Schnittstellenarbeit von Suchthilfe und Jugendhilfe in unterschiedlichen Kontexten aus dem Blickwinkel des § 8a SGB VIII, Frankfurt am Main

KKH Kaufmännische Krankenkasse (2020): 37 Prozent mehr Rauschtrinker in Deutschland, KKH-Hauptverwaltung, Pressestelle, Hannover

Kraus, L., Seitz, N.-N., Schulte, B., Cremer-Schaeffer, P., Braun, B., Verthein, U. & Pfeiffer-Gerschel, T. (2019): Schätzung der Anzahl von Personen mit einer Opioidabhängigkeit, in: *Deutsches Ärzteblatt International,* 116(9), 137-143

Laging, M. (2018): *Soziale Arbeit in der Suchthilfe. Grundlagen - Konzepte - Methoden,* Stuttgart: Kohlhammer

Landkreis Böblingen (2018): Kooperationsvereinbarung zwischen dem Amt für Jugend und den Suchthilfezentren des Vereins für Jugendhilfe und des Evangelischen Diakonieverbandes im Landkreis Böblingen, Böblingen

Landschaftsverband Westfalen-Lippe (LWL), Landesjugendamt (LJA), Koordinationsstelle Sucht (2011): Jugend.Sucht.Hilfe., Münster

Landschaftsverband Westfalen-Lippe (LWL) - Koordinationsstelle Sucht (2014): Suchtmittelkonsum und suchtbezogene Problemlage von Kindern und Jugendlichen in stationärer Jugendhilfe, Forum Sucht, Sonderband 8, Münster

Leune, J. (2013): Versorgung abhängigkeitskranker Menschen in Deutschland, in: Deutsche Hauptstelle für Suchtfragen e.V. (Hrsg.): Jahrbuch Sucht, Geesthacht, Neuland, 181-196

MPFS-Medienpädagogischer Forschungsverbund Südwest (2016): FIM-Studie 2016 - Familie, Interaktion Medien, Stuttgart

Pfeiffer-Gerschel, T., Schneider, F., Dammer, E., Braun, B., & Kraus, L. (2019): Methamphetaminkonsum in Deutschland: Verbreitung und Problemlage, in: Sucht, 65(4), 241-249

Psychotherapeutenkammer (PTK) NRW (2020): Situation der Kinder psychisch kranker Eltern, in: Psychotherapeuten Journal, 3/2020, Mitteilungen der PTK NRW, Heidelberg, 311-312

Schuch, H.W. (1999): Intersubjektivität - Kreativität - Leiblichkeit, Einführung in den Entwurf der Integrativen Therapie, Ohrbecker Studien Nr. 17, Haus Ohrbeck, Georgsmarienhütte (auch veröffentlicht in: *Leitner, A.* (2001): Strukturen der Psychotherapie, Krammer, Wien, 129-194)

Seitz, N.-N., Lochbühler, K., Atzendorf, J., Rauschert, C., Pfeiffer-Gerschel, T & Kraus, L. (2018): Trends des Substanzkonsums und substanzbezogener Störungen. Auswertung des Epidemiologischen Suchtsurveys von 1995 bis 2018, in: Epidemiologischen Suchtsurveys (2018), in: https://www.aerzteblatt.de/archiv/209390/Trends-des-Substanzkonsums-und-substanzbezogener-Stoerungen

Smith, P. (2019): Hingabe, Kopenheuer & Witsch, Köln

Stadt Osnabrück (2009): Kooperationsvereinbarung zwischen Einrichtungen und Diensten der Jugendhilfe, des Gesundheitsdienstes und der Suchthilfe in der Stadt Osnabrück zur Zusammenarbeit im Problemfeld „Kinder aus suchtbelasteten Familien", Osnabrück

Statista (2020): Anzahl der jungen Arbeitslosen (15 bis unter 25 Jahre) in Deutschland von Juli 2019 bis Juli 2020, in: https://de.statista.com/statistik/daten/studie/154901/umfrage/junge-arbeitslose-deutschland/

Walter-Hamann, R. (2016): Suchthilfe in Netzwerken, in: *Deutscher Verein für öffentliche und private Fürsorge e.V.* (Hrsg.): Neue Ansätze in der Suchthilfe, Freiburg im Breisgau, Lambertus (Archiv für Wissenschaft und Praxis der sozialen Arbeit, 01), 90-98

Weltgesundheitsorganisation (WHO) (2013). *European report on preventing child maltreatment*, in: http://www.euro.who.int/__data/assets/pdf_file/0019/217018/European-Report-on-Preventing-Child-Maltreatment.pdf

Weltgesundheitsorganisation (WHO) (2020): Bericht über das Gesundheitsverhalten von 11-15-jährigen in der Europäischen, in: *WHO-Regionalbüro für Europa*, Kopenhagen

Wößmann, L., Freundl, V., Grewenig, E., Lergetporer, P., Werner, K. & Zierow, L. (2020): Bildung in der Coronakrise: Wie haben die Schulkinder die Zeit der Schulschließungen verbracht, und welche Bildungsmaßnahmen befürworten die Deutschen?, ifo Institut, ifo Schnelldienst 2020, 73, Nr. 09, München

Kinder und Jugendliche aus psychosozial belasteten und „armen" Lebensverhältnissen

Peter Schay

„Denn die einen sind im Dunkeln
und die andern sind im Licht
und man siehet die im Lichte,
die im Dunkeln sieht man nicht"
(B. Brecht, Dreigroschenoper).

Zusammenfassung
Bei Kindern und Jugendlichen aus psychosozial belasteten und „armen" Lebensverhältnissen" haben wir es mit jungen Menschen zu tun, die in ihren sozioökonomischen Gegebenheiten beschädigt sind, die ihr Netzwerk häufig als bedrängend erleben und als katastrophal bewerten, die massive körperliche, seelische und soziale Belastungen sowie einen Ressourcenmangel/-verlust zeigen.

Erstaunlich ist, dass auch in der Corona-Pandemie erst jetzt die breite Öffentlichkeit über das Ausmaß der Gewalt, den fatalen Missbrauch u.v.m. gegen Kinder und Jugendliche umfassend informiert wird.

Wir müssen „froh" sein, dass die politisch Verantwortlichen sich mit diesen Themen auseinandersetzen und offensichtlich gelernt haben, sich für die missbrauchten Kinder und Jugendlichen einzusetzen.

Kinder und Jugendliche benötigen eine langfristige und/oder wiederholte Betreuung/Behandlung, um eine Verbesserung ihrer Teilhabeperspektive zu erreichen. Die Versorgung muss auch die Begrenztheit der Ressourcen der Familie berücksichtigen, die auch eine hohe Belastung mit verschiedenen Problemen aufweisen.

Um die Entwicklungsschritte von Kindern und Jugendlichen in einer „profunden Qualität" unterstützen zu können, müssen in einem Netzwerk zwischen Suchthilfe und Jugendhilfe innerhalb eines Verbundsystems Hilfe- und Leistungsangebote installiert werden.

Nur sehr langsam kommen wir zu der Erkenntnis, dass auch wir als Praktiker hier eine fachliche und sozialpolitische Verantwortung zu übernehmen haben und uns in die Auseinandersetzung um die Inhalte unserer Arbeit begeben müssen.

0 Vorbemerkungen

Das Versprechen der Chancengleichheit
erweist sich heute
als weitgehend wirkungs-, ja hoffnungslos.

Die Komplexität des Themas „Kinder und Jugendliche aus psychosozial belasteten und „armen“ Lebensverhältnissen“ kann in diesem Beitrag nicht umfassend dargestellt werden.

Abseits der üblichen Denkmuster möchte ich vielmehr skizzieren, hoffentlich anregen und ermutigen, sich der Lebenswelt von jungen Menschen am Anfang des 21. Jahrhunderts anzunähern und etwaige Hilfeangebote konstruktiv im Miteinander interessierter Menschen – ausdrücklich natürlich auch mit der „Zielgruppe“ – in Netzwerken zu entwickeln.

Jede Thematik lässt sich unter verschiedenen Perspektiven betrachten. Hierbei setze ich mich nicht unmittelbar mit dem Spannungsfeld Suchthilfe und Jugendhilfe auseinander – wie zum Beispiel rechtliche Klärungen an der Schnittstelle dieser unterschiedlichen Hilfesysteme, die auch in unterschiedlichen Betrachtungs- und Vorgehensweisen begründet sind – sondern möchte versuchen, aus dem Blickwinkel der Suchthilfe Anregungen zu geben, diesen Kindern und Jugendlichen einen angemessenen Raum für Begleitung und Behandlung zu geben.

„Bei Kindern und Jugendlichen aus psychosozial belasteten und „armen“ Lebensverhältnissen“ haben wir es mit jungen Menschen zu tun, die in ihrer sozioökologischen Einbettung und ihren sozioökonomischen Gegebenheiten beschädigt sind, die ihr Netzwerk häufig als bedrängend erleben und als katastrophal bewerten, die massive körperliche, seelische und soziale Belastungen sowie einen Ressourcenmangel/-verlust zeigen.

Es müssen mit *psychosozialen und medizinischen Maßnahmen* schwache Ich-Funktionen und negative „selbstreferentielle Gefühle und Kognitionen“ bewusstgemacht, bearbeitet und verändert werden, z.B. erlernte Hilflosigkeit, mangelndes Selbstwertgefühl, Selbstkonflikte und Ambivalenzen.

D.h.: Die Selbstwirksamkeit, das Kompetenzerleben und Ich- und identitätsstärkende Erfahrungen müssen erlernt werden können (vgl. *Petzold,* 2000h, 2005).

Die Begegnungen und Erfahrungen mit jungen Menschen – in unterschiedlichen Kontexten wie Kinder- und Jugendpsychiatrie, mobilen Betreuungsmaßnahmen für drogenkonsumierende Jugendliche, Maßnahmen der sozialen und medizinischen Rehabilitation, Betreuung von jungen behinderten Menschen sowie kirchlicher Jugendarbeit – sind äußerst facettenreich und doch in manchen Betrachtungsweisen ähnlich.

Junge Menschen sind darauf ausgerichtet, sich mit allen Sinnen zu entwickeln, ihre Lebenswelt mit ihren Ressourcen und Potenzialen aktiv zu gestalten, gemachte Erfahrungen zu bewerten und sinnsuchend und -gebend zu integrieren.

Grenzen sind hierbei wichtig, auch um sich weiterzuentwickeln und zu orientieren; aber auch problematisch, da sie – gerade wenn nicht nachvollziehbar – zu Anästhesierungen oder gar Amputationen führen können.

Die Corona-Krise hat der *informierten* Öffentlichkeit nicht nur bewusst gemacht, dass die Lebenssituation von vielen Kindern und Jugendlichen psychosozial belastet und „arm“ ist, und den Fokus darauf gerichtet, dass „Veränderungen“ notwendig sind!

Es geht um die Verfasstheit unserer Gesellschaft, die sich mehr in gut verdienende „Reiche“ und jene aufspaltet, die zwangsweise als „arm“ zu bezeichnen sind!

„Weitermachen wie bisher
bedeutet den Tod“
(M. Göpel, 2020).

Reset - Hoffnung: Mit Konsequenz und ganz viel Energie eine *effektive* Schnittstelle und eine Verzahnung zwischen der Suchthilfe und Jugendhilfe aufzubauen, um *optimale* Hilfsangebote für Kinder und Jugendliche zu erarbeiten!

1 Einleitung

Die Corona-Pandemie greift in jeden Lebensbereich ein und die sozialen Konsequenzen sind nicht absehbar.

Erstaunlich ist, dass erst jetzt die breite Öffentlichkeit über das Ausmaß der Gewalt, den fatalen Missbrauch u.v.m. gegen Kinder und Jugendliche umfassend informiert wird.

Es ist seit Jahrzehnten „bekannt“, dass Kinder und Jugendliche nicht die notwendigen Hilfen erhalten, um sich vor Gewalt und Missbrauch zu schützen.

„In jedem Menschen lebt ein Kind,
ob wir neun Jahre alt sind oder neunzig.
Und dieses Kind,
das so verletzlich und ausgeliefert ist,
das leidet und nach Trost verlangt und hofft,
dieses Kind in uns bedeutet
bis zum letzten Lebenstag unsere Zukunft"
(Th. Hettche (2020): Herzfaden, 272).

Merke

Die Zahlen der Kindeswohlgefährdungen (► § 1666 Abs. 1 BGB) sind seit 2018 deutlich gestiegen: In Deutschland haben die Jugendämter 2019 bei rund 55.500 Kindern und Jugendlichen eine Kindeswohlgefährdung festgestellt (10% oder rund 5.100 Fälle mehr als 2018 (= 50.400) und 67% Mädchen sind betroffen).

Der besonders starke Anstieg bei akuten Kindeswohlgefährdungen in 2019 hat dazu geführt, dass in 20% [ca. 11.000 Fälle bei] akuten und latenten [...] Kindeswohlgefährdung [...] das Familiengericht eingeschaltet [wurde].

In 15% aller Fälle (7.800) wurden die Betroffenen zu ihrem Schutz vorläufig vom Jugendamt in Obhut genommen. [...] Bei rund 53.000 Kindern und Jugendlichen hatte die Prüfung durch das Jugendamt zwar keine Kindeswohlgefährdung, aber weiteren Hilfe- und Unterstützungsbedarf ergeben, beispielsweise in Form einer Erziehungsberatung oder sozialpädagogischen Familienhilfe (+8%). In rund 53.900 Fällen wurde der ursprüngliche Verdacht vom Jugendamt nicht bestätigt, sodass weder eine Kindeswohlgefährdung noch weiterer Unterstützungs- oder Hilfebedarf festgestellt wurde (+11%)" (*Statistisches Bundesamt* 2020).

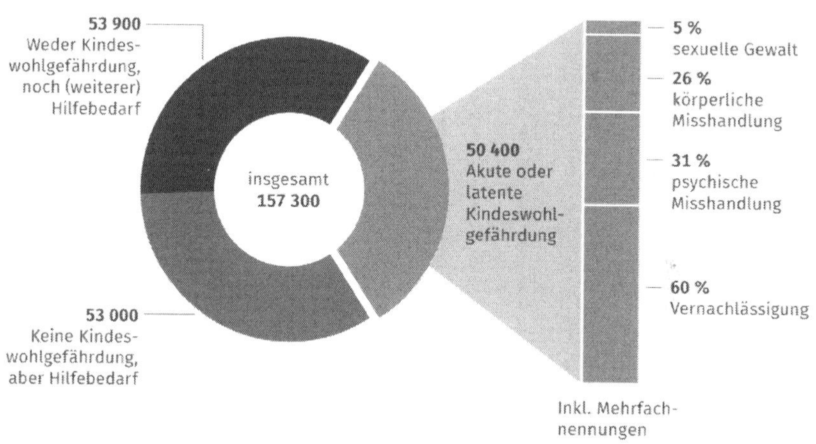

In 2019 wurden von den Jugendämtern über 173.000 Verdachtsfälle im Rahmen einer Gefährdungseinschätzung geprüft, das waren rund 15.800 mehr als im Vorjahr (ebenda).

Anmerkung: „Eine Kindeswohlgefährdung liegt vor, wenn eine erhebliche Schädigung des körperlichen, geistigen und seelischen Wohls des Kindes unmittelbar droht oder bereits eingetreten ist. [...] Die Jugendämter sind verpflichtet, [...] den Hilfebedarf im Rahmen einer Gefährdungseinschätzung (§ 8a SGB VIII) festzustellen“ (ebenda).

„Die Würde des Menschen [...]
ist zu achten und zu schützen“ (Art. 1, 1 GG).
Auch Menschen,
die krank und/oder behindert sind,
müssen würdevoll behandelt werden.
Sie brauchen den Schutz der Gemeinschaft.

Für eine Kindeswohlgefährdung stellen soziodemografische Faktoren wie Langzeitarbeitslosigkeit ein erhöhtes Risiko dar. „Im Dezember 2016 lebten 1.993.704 minderjährige unverheiratete Kinder unter 18 Jahren in Bedarfsgemeinschaften, davon waren 1.722.313 Kinder unter 15 Jahren. [...] Als Faktoren von Belastungen gelten [...] die Erwerbslosigkeit, die durch längere Dauer und Entregelung des Alltags als stark belastend wahrgenommen wird, [...] Drogenkonsum, Gewalt bzw. starke Konflikte in der Familie“ (*Deutscher Bundestag*, 2017).

Viele der Betroffenen benötigen eine langfristige und/oder wiederholte Betreuung/Behandlung, um eine Verbesserung ihrer Teilhabeperspektive zu erreichen. Die Versorgung muss auch die Begrenztheit der Ressourcen der Familie berücksichtigen, die auch eine hohe Belastung mit verschiedenen Problemen aufweisen.

Umso mehr sind effiziente Ansätze gefragt, damit wir auf einem langen Weg der innovativen Lösungssuche möglichst keine Probleme haben.

„Die Basisversorgung in den ambulanten Suchtberatungsstellen [...], niedrigschwellige Hilfen, die (ganztägig) ambulante und stationäre medizinische Rehabilitation bei Abhängigkeitserkrankungen [...], sowie die ambulante und stationäre Substitutionsbehandlung einschließlich der damit verbundenen psychosozialen Betreuung müssen auch angesichts der sich aktuell verschärfenden Pandemiekrise und [...] weiterhin zur Suchtkrankenversorgung und -behandlung zur Verfügung stehen. Dies betrifft in gleichem Maße die Beschäftigungs- und Qualifizierungsmaßnahmen der Suchthilfe sowie die Angebote der Suchtselbsthilfe. [...] Die originäre Arbeit mit den schwer Suchtkranken [entlastet] die Gesellschaft“ (*Fachgesellschaften und Verbände der Suchthilfe und -behandlung*, 2020).

1.1 Zur Situation von Kindern und Jugendlichen

(vgl. Gesundheitsberichterstattung des Bundes 2020, Statisches Bundesamt, 2020, Vereinigung Analytischer Kinder- und Jugendlichen-Psychotherapeuten e.V., 2020, WHO, 2020, Bertelsmann Stiftung 2016):

- Zur Relevanz von Kinderarmut I:
  - der Anteil der von Einkommensarmut betroffenen Personen (nach der 60%-EU-Armutsgrenze) ist von 1997 bis 2013 von 10,8 % auf 15,5 % ge-

stiegen,

- 2013 waren rund 24,2% der Kinder und Jugendlichen armutsgefährdet und/oder erhielten Leistungen nach SGB II,
- bei Kindern und Jugendlichen, die unter Armutsbedingungen aufwachsen, sind die Entwicklungsbedingungen stark beeinträchtigt, so dass die Gefahr der Verstetigung mit der Armutsdauer steigt.
- 43% der Alleinerziehenden im Vergleich zu 9% der Paar-Haushalte sind auf Leistungen nach dem Sozialgesetzbuch II (SGB II oder sogenannte Hartz-IV-Leistungen) angewiesen,
- frühere Armutserfahrungen stehen in Verbindung zu späterer Einkommensarmut, die Verweildauer in Armut ist für betroffene junge Menschen hoch.

Merke

Die Dimensionen der Lebenslagen für Kinder und Jugendliche haben *Laubstein, Holz und Seddig* (*Bertelsmann Stiftung*, 2016) in ihrer Studie „Armutsfolgen für Kinder und Jugendliche" in vier zentralen Bereichen dargestellt:

Materielle Lage armer Kinder

Die materielle Unterversorgung betrifft arme Kinder, je nach Altersgruppe zwischen 40% und 57%, und betrifft wesentlich die Möglichkeiten zur Teilhabe am altersspezifischen Konsum. D.h.: Die materielle Versorgung der Familien hat wesentliche Auswirkungen auf die Lebenslage der Kinder

Im Grundschulalter leben 44% der armen Kinder und 62% der Jugendlichen in prekären Wohnverhältnissen und haben keine Regenerationsmöglichkeiten aufgrund fehlender Rückzugsmöglichkeiten und fehlendem Platz zur Erledigung von Hausaufgaben, Erschwerung von sozialen Kontakten zu Gleichaltrigen durch fehlende Besuchsmöglichkeiten.

Soziale Lage armer Kinder

Die soziale Lage des Kindes umfasst die Gelegenheiten zum sozialen Austausch und zur sozialen Integration, die Verfügbarkeit und Qualität von Sozialbeziehungen inner- und außerhalb der Familie wie die Eltern-Kind-Beziehung, Netzwerke und Beziehungen zu Gleichaltrigen.

Bereits im Alter von sechs Jahren zeigen sich bei armen Kindern mit 36% doppelt so häufig soziale und emotionale Auffälligkeiten wie bei Gleichaltrigen aus gesicherten ökonomischen Verhältnissen.

„Materielle Notlagen, Arbeitslosigkeit, Überforderung der Mütter mit der Erziehung ihrer Kinder und eine von allen Beteiligten nicht bewältigte Trennung der Eltern summieren sich hier zu einer chronischen Belastungssituation" (*Hölscher,*

2003).

Ein Teil der armen Kinder und Jugendlichen wächst in sozialer Isolation auf und ist von emotionalen und sozialen Problemen betroffen, die sich auch negativ auf ihre Entwicklungsmöglichkeiten auswirken können.

Die Angst vor Stigmatisierung und Ausgrenzung ist nach den Ergebnissen der Forschung bei armutsbetroffenen Kindern und Jugendlichen erheblich ausgeprägt.

Kulturelle Lage armer Kinder

Der kulturellen Lage des Kindes werden sowohl formale Bildungswege und -ergebnisse als auch non-formale und informelle Lern- und Erfahrungsmöglichkeiten in der Familie und der Freizeit zugeordnet.

Arme Kita-Kinder sind später zu 48% überdurchschnittlich häufig Hauptschüler oder schließen die Schule ohne Abschluss ab.

Arme Kinder haben häufiger eine Klasse in der Grundschule wiederholt; besonders hoch ist das Risiko bei chronischer Armut und in Ein-Eltern-Familien.

In der Sekundarstufe I weisen arme Jugendliche erhebliche Risiken auf: Nur ca. 33% im Alter von 16-17 Jahren haben einen erfolgreichen Übergang in die Sekundarstufe II oder in eine Ausbildung vollzogen.

Nur 25% der armen Jugendlichen haben ein hohes Schulbildungsniveau erreicht, d.h. ein Gymnasium, eine Fachoberschule oder eine Gesamtschule besucht, bei der nicht armen Gruppe sind es 45%.

Gesundheitliche Lage armer Kinder

Die gesundheitliche Lage umfasst den physischen und psychischen Gesundheitszustand sowie die gesundheitlichen Risikofaktoren und gesundheitsbezogenen Verhaltensweisen.

„Kinder und Jugendliche in Armut tragen ein erhöhtes Risiko einer ungünstigen Gesundheitsbiografie. [...] Häufig wird nicht Armut, sondern soziale Benachteiligung, im Sinne z.B. eines niedrigen Bildungsniveaus oder Berufsstatus der Eltern, betrachtet. Auch die bisweilen verwendeten Sozialindizes bilden eher soziale Ungleichheit ab und lassen nur bedingt Rückschlüsse auf eine Armutslage zu" (*Klocke, Lampert* 2005).

33% der Kinder aus SGB-II-Haushalten und 73% der Kinder aus Familien mit einem Durchschnittseinkommen gehen einer sportlichen Betätigung nach und haben eine organisierte Aktivität.

Der Suchtmittelkonsum bei 10-Jährigen verstärkt sich zunehmend und je niedriger der soziale Status ist, desto höher ist die Gefährdung.

Das Zusammenspiel der Lebensdimensionen
Die Forschung macht individuelle Entwicklungsverläufe und die Gesamtlebenslage von Kindern und Jugendlichen sehr deutlich. D.h.: Armut ist ein hohes Risiko für negative Entwicklungsverläufe, insbesondere, wenn sie dauerhaft anhält.

„Je länger ein junger Mensch mit Armut aufwächst, desto geringer ist die Chance für ein Wohlergehen und desto größer sind die Risiken der multiplen Deprivation“ (*AWO-ISS-Studie*, 2012).

- Zur Relevanz von Kinderarmut II:
  - Fast zwei Millionen unter 18-Jährige lebten im Jahr 2015 in einer Familie, die auf staatliche Grundsicherung (SGB-II-Leistungen) angewiesen war. Das entspricht 14,7% dieser Altersgruppe.
    Die aktuellen Daten zeigen, dass sehr viele von ihnen in der Armutsfalle feststecken: 57% der armen 7- bis unter 15-Jährigen waren 2015 bereits drei oder mehr Jahre auf SGB-II-Leistungen angewiesen (ebenda).
  - Die Kinder und Jugendlichen, die eine (teil-)stationäre Jugendhilfemaßnahmen erhalten, müssen als „Hochrisikogruppe“ definiert werden, da sie häufig bei psychisch- und suchtkranken Eltern aufgewachsen sind und unter erheblichen Entwicklungsverzögerungen leiden.
    Es handelt sich um Betroffene mit „ausgeprägten Störungen des Sozialverhaltens, beginnenden Persönlichkeitsstörungen und Substanzabhängigkeit sowie posttraumatischen Störungen. [Sie] zeichnen sich oft durch ein sehr destrukturiertes soziales Umfeld, eine höhe emotionale Labilität, eine Geschichte des Scheiterns in verschiedenen Jugendhilfeeinrichtungen, durch andauernden Substanzkonsum sowie eine deutliche selbstgefährdende und altersungemessene Verhaltensweise aus“ (*Kölch*, ct al. 2014).
  - Das Risiko für Kinder und Jugendliche, eine psychische Störung zu entwickeln, wird vor allem durch soziale Faktoren beeinflusst. Die komplexen Bedingungen des Systems der Lebenswelt (bspw. Familie) modulieren die chronische Störung bedingter Teilhabeberechtigung.
    Das psychische Wohlbefinden von 11-15-jährigen Jugendlichen hat sich deutlich verschlechtert. Dieses Problem wird sich über Generationen hinweg auswirken.
    Ca. 20% der Kinder und Jugendlichen zeigen psychische Auffälligkeiten und 10% gelten als krank, d.h.: bei einer Prävalenzrate von jährlich 17,3% leiden 2,2 Millionen unter einer psychischen Störung und Erkrankung: <u>Diagnosen:</u> 10% Angststörungen, 7% Störungen des Sozialverhaltens, 4% depressive Störung, 4% hyperkinetische Störung sowie emotionale und Verhal-

tensprobleme, Anpassungsstörungen, psychosomatische Störungen u.a.

- In der Kinder- und Jugendpsychiatrie und -psychotherapie stehen in Deutschland rund 27.000 Betten zur Verfügung.
  In 2017 gab es 2.259 Fachärzte für Kinder- und Jugendpsychiatrie und -psychotherapie (KJPP). Davon waren 1.127 ambulant tätig (963 Niedergelassene und 164 Angestellte in Praxen). 429.760 Kinder und Jugendliche wurden im Jahr 2014 behandelt. Bei der Versorgung gibt es große regionale Unterschiede.
- Im Jahr 2018 waren 5.545 Kinder- und Jugendlichenpsychotherapeuten (KJP) zugelassen, wobei es auch hier große regionale Unterschiede in der Versorgungsqualität gibt (bspw. in Bayern und im Ruhrgebiet). 250.000 Fälle wurden pro Quartal von einem KJP behandelt.
- Im Jahr 2018 waren 2,4 Millionen Kinder und Jugendliche in Deutschland von Armut und sozialer Ausgrenzung bedroht (+ 6% im Vergleich zu 2017). Die Jugendämter haben bei rund 50.400 Kindern und Jugendlichen eine Kindeswohlgefährdung aufgrund von Gewalt oder Vernachlässigung festgestellt (+ 10% im Vergleich zu 2017).
- Im Jahr 2018 wurden mehr erzieherische Hilfen für Menschen unter 27 Jahren gewährt: 1.003.000 Fälle (+ 1,8% im Vergleich zu 2017).
- Im Jahr 2018 wurden bei 50.400 Kindern und Jugendlichen Kindeswohlgefährdung festgestellt (+ 10% im Vergleich zu 2017). Insgesamt wurden rund 157.300 Verdachtsfälle im Rahmen einer Gefährdungseinschätzung überprüft.

„Was „bewusst machen“ bedeutet?
Zu erkennen, was man tut,
und zu fragen, warum man es tut“
(M. Göpel, 2020).

1.2 Finanzierung der Jugendhilfe und Suchthilfe

Im 2018 haben Bund, Länder und Kommunen rund 51,0 Milliarden Euro für Kinder- und Jugendhilfe ausgegeben (+ 5,2% im Vergleich zu 2017).

Die Ausgaben für die Suchthilfe sind laut Deutscher Suchthilfestatistik seit 2003 in den meisten Kommunen faktisch zurückgegangen.

Die Folgen der chronischen Unterfinanzierung sind gefährlich: Unzureichende Beratungsangebote, viel zu kurze Öffnungszeiten u.v.m. und Verelendung der Hilfesuchenden!

Aber die Erfahrungen zeigen: Eine gut funktionierende Suchthilfe schützt Kinder und Jugendliche und mindert die Folgen für die Gesellschaft, etwa durchsinkenden Behandlungskosten im Gesundheitssystem.

Die gesetzliche Krankenversicherung hat Jahr 2017 rund 15.000 Reha-Maßnahmen für Kinder und Jugendliche bewilligt und ca. 46 Mio. Euro für diese Leistungen ausgeben.

„Nach § 43 Abs. 1 Nr. 1 SGB V können die gesetzlichen Krankenkassen solche Leistungen zur Rehabilitation ganz oder teilweise erbringen oder fördern, die unter Berücksichtigung von Art oder Schwere der Behinderung erforderlich sind, das Ziel der Rehabilitation zu erreichen oder zu sichern, aber nicht zu den Leistungen zur Teilhabe am Arbeitsleben oder den Leistungen zur allgemeinen sozialen Eingliederung gehören. [...]

Mit der ambulanten Suchtnachsorge wird die medizinische Rehabilitation gesichert und gefestigt werden. [...]

Nach § 43 Abs. 2 SGB V [werden] für chronisch kranke oder schwerstkranke Kinder und Jugendliche unter 14 Jahren erforderliche sozialmedizinische Nachsorgemaßnahmen [gewährt]. In besonders schwerwiegenden Fällen kann die Kostenübernahme auch für Jugendliche bis 18 Jahren erfolgen, wenn die Nachsorge wegen der Art, Schwere und Dauer der Erkrankung notwendig ist, um den stationären Aufenthalt zu verkürzen oder die anschließende ambulante ärztliche Behandlung zu sichern“ (*Sozialversicherung kompetent*, 2018).

Die Kosten der Krankenkassen sind je nach Behandlungsform sehr unterschiedlich: Die Kosten einer stationären medizinischen Behandlung werden in der Regel von den „federführenden Leistungen der DRV“ mit den Einrichtungsträgern individuell abgestimmt und pro Vergütungstag festgelegt. Bspw. ambulante psychotherapeutische Leistungen werden pro Sitzung zwischen 50 und 150 Euro vergütet.

Die DRV hat im Jahr 2017 rund 35.300 Reha-Maßnahmen für Kinder und Jugendliche bewilligt und hat ca. 189 Mio. Euro für diese Leistungen ausgegeben.

Die medizinische Rehabilitation bei Kindern und Jugendlichen gem. SGB VI ist bis Ende 2016 nur stationär durchgeführt worden. Der prozentuale Anteil „an den Reha-Leistungen der Rentenversicherung insgesamt liegt in den letzten sieben Jahren konstant bei 3% (2016 = 31.346). Seit dem 14. Dezember 2016 kann die Rehabilitation bei Kindern und Jugendlichen mit dem Inkrafttreten des Flexirentengesetzes auch ambulant erbracht werden (§ 15a SGB VI)“ (*DRV* 2018).

Die Kosten der stationären Behandlung werden von den Einrichtungsträgern mit dem „federführenden Leistungsträger“ individuell abgestimmt und pro Vergütungstag festgelegt.

2 Ausgangslage

„Wir [...] hatten das Gefühl, stark zu sein und alles zu vermögen.
In unserer Gewinnsucht haben wir uns ganz
von den materiellen Dingen in Anspruch nehmen
und von der Eile betäuben lassen.
Wir haben (uns von der) Ungerechtigkeit nicht aufrütteln lassen. [...]
(Wir sind eingeladen) Solidarität und Hoffnung zu wecken und zu aktivieren. [...]
Es bedeutet, den Mut zu finden [...]
und neue Formen der [...] Solidarität zuzulassen
(und) alle möglichen Maßnahmen und Wege (zu stärken und zu unterstützen),
die uns helfen können,
uns selbst und andere zu beschützen“
(Papst Franziskus I. in einer „besonderen Andacht“ am 27.03.2020).

Armut ist eine extreme Form psychosozialer Benachteiligung. Die Bevölkerungsgruppe, die von Armut betroffenen ist, betrifft nicht nur Randgruppen, chronisch Kranke, behinderte oder alte Menschen, sondern Arbeitslose, alleinerziehende und kinderreiche Familien.

„Kinder sind in Deutschland überdurchschnittlich häufig von Armut betroffen. Die Armutsquote von Kindern unter 18 Jahren [betrug im Jahr 2005] 19,5% [und] somit 4,8 Prozentpunkte mehr als im Bevölkerungsdurchschnitt. [...] Im Jahr 2018 betrug sie 20,1 Prozent“ (*WSI Verteilungsmonitor,* 2019).

„Gesundheitliche Beeinträchtigungen sind [...] von der sozialen Lage abhängig. [...] haben häufig einen schlechteren Gesundheitszustand. [...] Dies zeigt sich besonders häufig bei psychischen Auffälligkeiten“ (*DRV Bund* 2019, 81f).

Auch wenn es schon heute eine Vielzahl hilfreicher Ansätze gibt, muss die Situation dieser Kinder und Jugendlichen sowie ihrer Eltern deutlich verbessert werden und es müssen abgestimmte, besser zugängliche und vernetzte Hilfen gestaltet werden.

Mit einem Entschließungsantrag hat der Deutsche Bundestag 2017 eine Arbeitsgruppe initiiert und 37 Mitglieder berufen: Expertinnen und Experten aus Wissenschaft und Praxis, das mit der Federführung betraute Bundesministerium für Familie, Senioren, Frauen und Jugend, das Bundesministerium für Gesundheit, das Bundesministerium für Arbeit und Soziales, der Arbeitsstab der Drogenbeauftragten sowie thematisch einschlägige Fachverbände, Institutionen und Interessenvereinigungen.

Zusätzlich zur Arbeitsgruppe hat der Bundestag in dem o.g. Antrag auch beschlossen, dass die Bundesregierung Aufklärungsmaßnahmen starten soll, um die Bevölkerung über psychische Erkrankungen aufzuklären und Fachkräfte, die mit den betroffenen Kindern in Kontakt kommen, zu sensibilisieren.

Ihr Auftrag war es, einvernehmlich Vorschläge „zur Schaffung der Voraussetzungen für eine Verbesserung der Zusammenarbeit und Vernetzung an den Schnittstellen zwischen den Sozialgesetzbüchern [...]" sowie „für eine bessere Kooperation zwischen den Akteuren vor Ort [...]" zu erarbeiten (*Drogenbeauftragte der Bundesregierung*, 2017).

2.1 Bedarfsanalyse

In Deutschland leben 12,6 Millionen Kinder und Jugendliche bis zum 18. Lebensjahr und 14,7 Millionen bis zum 21. Lebensjahr. Davon zeigen

- 20,2% (= 3 Millionen Kinder und Jugendliche) bis zum 21. Lebensjahr psychische Auffälligkeiten und ca. 10% psychische Erkrankungen. Anmerkung: Die Prävalenz psychischer Auffälligkeit bei 3- bis 17-jährigen Kindern und Jugendlichen liegt bei 16,9% (Mädchen: 14,5% und Jungen: 19,1%), wo bei der sozioökonomische Status eine erhebliche Rolle spielt: bei niedrigem Status 26,0% und bei hohem Status 9,7%. Ca. 70% der psychisch auffälligen Kinder und Jugendlichen haben keine Behandlung in Anspruch genommen (*RKI* 2018).
- Bei 30,8% ist der Sozialstatus niedrig, ca. 19,2% mittel und ca. 11,3% hoch.
- 60% leiden unter psychosozialen Belastungen in der Familie

und

- bei 50% der betroffenen resultiert eine mäßige bis deutliche Beeinträchtigung der sozialen Anpassung (vgl. *Schlapp*, 2017).
  Anmerkung: 41,1% bzw. 35,0% der Kinder und Jugendlichen hatten abnorme intrafamiliäre Beziehungen bzw. abnorme Erziehungsbedingungen, 36,5% wuchsen in Familien auf, wo mindestens ein Elternteil psychische Störungen hatte, und 31,9% hatten akute belastende Lebensereignisse.

Diagnosen nach ICD-10 bei Kindern und Jugendlichen

- 43,0% Hyperkinetische Störungen (F90)
- 23,1% Reaktionen auf schwere Belastungen und Anpassungsstörungen (F43)
- 22,5% Verhaltens- und emotionale Störungen (F93/98)
- 9,4% Depressive Episoden (F32).
- Bei 49,6% der Kinder und Jugendlichen, die psychotherapeutisch betreut wurden, wird eine ADS/ADHS diagnostiziert und 26% werden mit Medikamenten behandelt. Anmerkung: Die Prävalenz bei ADHS bei 3- bis 17-jährigen Kindern und Jugendlichen legt bei ca. 4,4% (Mädchen: 2,3% und Jungen: 6,5%), die sich mit „einem chronischen Verlauf über die gesamte Lebensspanne" auswirkt.

- Die ADHS wird häufig von „hoher psychischer Komorbidität begleitet“ (ca. 60% bis 80%). Zu den komorbiden Störungen gehören „oppositionelles Trotzverhalten, Störungen des Sozialverhaltens sowie Depressionen, Angst- und Lernstörungen“, sowie gesellschaftliche Stigmatisierung.
  „Kinder und Jugendliche, die in sozial benachteiligten Familien aufwachsen, sind signifikant häufiger von ADHS betroffen als Gleichaltrige aus sozial besser gestellten Familien“ – bei niedrigem Status ca. 60% und bei hohem Status ca. 29%) (*RKI,* 2018).

Mehrere Millionen Kinder und Jugendliche wachsen allein in Deutschland mit einem psychisch kranken oder suchtkranken Elternteil auf. Sie können durch die Erkrankung ihrer Eltern vielfältigen Belastungen ausgesetzt sein und haben statistisch gesehen ein drei- bis vierfach erhöhtes Risiko, im Laufe ihres Lebens selbst psychisch zu erkranken. Das Risiko der Kinder alkoholabhängiger Eltern, später selbst alkoholkrank zu werden, liegt sogar sechsmal so hoch wie bei den Kindern gesunder Eltern (vgl. *Drogenbeauftragte der Bundesregierung,* 2016/17).

„Die bei [Sucht- und psychisch Kranken] häufig parallel bestehenden [Beeinträchtigungen in der gesellschaftlichen Teilhabe] („antisoziale“ bzw. „dissoziale“ und „emotional instabile“ Persönlichkeitsstörungen, Depressionen, Angststörungen) beeinträchtigen und gefährden die Entwicklung der Kinder in zweierlei Hinsicht. Einerseits tragen sie ein 6fach erhöhtes Risiko, selbst eine Suchtmittelabhängigkeit zu entwickeln und außerdem tragen sie ein deutlich höheres Risiko, zusätzliche psychische Erkrankungen zu entwickeln, insbesondere Störungen des emotionalen und des Sozialverhaltens sowie Depressionen und Aufmerksamkeitsdefizitsyndrome. […] Ein fehlendes soziales Netzwerk der Eltern, eine wirtschaftlich prekäre Situation sowie die möglicherweise angegriffene Gesundheit der Eltern sind weitere Risikofaktoren, die zu Fällen von Vernachlässigung, Gewalt und Kindesmisshandlung beitragen können“ (*Stillhammer* et al., 2017).

Kinder und Jugendliche aus psychosozial belasteten Lebensverhältnissen oder Kinder und Jugendliche von suchtbelasteten und/oder psychisch kranken Eltern gehören *grundsätzlich* zu einer besonderen Risikogruppe, die vielfach unter den Folgen körperlicher und psychischer Gewalt, Demütigungen und Traumatisierungen leidet und von der Gesellschaft als Randgruppe betrachtet und stigmatisiert wird.

Die „Folge des Stigmas ist, dass die [Betroffenen] schlechteren Bedingungen und langfristigen Benachteiligungen in zahlreichen Lebenskontexten ausgesetzt sind. Angebote […] sind häufig nicht ausreichend auf die spezifischen Zielgruppen ausgerichtet und berücksichtigen deren Bedarfe nicht genügend“ (*Rumpf* et al., 2017, 169ff).

Daraus ableitend „besteht eine zentrale [jugend- und sozialpolitische] Aufgabe und ethische Verpflichtung [...] darin, [...] für [die betroffenen Kinder, Jugendlichen und jungen Heranwachsenden] ein möglichst [...] gesundes und zufriedenes Leben mit einem hohen Grad an Selbstbestimmung und Selbstverwirklichung zu erreichen und [ihre] soziale Einbindung in die Gesellschaft [...] zu fördern“ (*FVS*, 2017, 68).

Versorgungssysteme

„Das niedrige Problembewusstsein, gekoppelt mit dem Unwissen über das wahre Ausmaß hinsichtlich Häufigkeit, Belastungen und Kosten psychischer Störungen in allen Gesellschaften und Schichten, ist das zentrale Hindernis für die Bewältigung der Herausforderungen“ (*Wittchen* et al., 2011).

Als Versorgungssystem stehen für Kinder und Jugendliche zur Verfügung: Kindergarten/Schulen, schulpsychologischer Dienst/Erziehungsberatungsstelle, Ergotherapie, Logopädie. Kinder- und Jugendlichentherapeuten, (Fach-)Ärzte, ambulante und stationäre Einrichtungen der Kinder- und Jugendlichenpsychiatrie, Einrichtungen der Jugendhilfe, Jugendamt, Gesundheitsamt, Sozialamt und die Suchthilfe.

Ein Kompetenzverbund für Kinder und Jugendliche mit (komplexen) seelischen Beeinträchtigungen/Erkrankungen besteht i.d.R. nicht.

Merke

Im Referentenentwurf des Gesetzes zur Stärkung von Kindern und Jugendlichen vom 05.10.2020 werden in § 78 Arbeitsgemeinschaften der Träger der öffentlichen Jugendhilfe gebildet, in denen neben ihnen die anerkannten Träger der freien Jugendhilfe sowie die Träger geförderter Maßnahmen vertreten sind.

„In den Arbeitsgemeinschaften soll darauf hingewirkt werden, dass die geplanten Maßnahmen aufeinander abgestimmt werden, sich gegenseitig ergänzen und in den Lebens- und Wohnbereichen von jungen Menschen und Familien ihren Bedürfnissen, Wünschen und Interessen entsprechend zusammenwirken“ (*BMFSFJ*, 2020).

Aufgabe der Leistungsanbieter ist es, diese Belastungen frühzeitig wahrzunehmen und einzuordnen, die Lebens- und Bewältigungskompetenzen der Kinder, Jugendlichen und jungen Heranwachsenden zu stärken, die Familien zu begleiten und den direkt oder mittelbar Betroffenen Hilfsmöglichkeiten aufzuzeigen bzw. zur Verfügung zu stellen.

„Für Familien mit einem psychisch oder suchterkrankten Elternteil ist es besonders wichtig, dass Unterstützung leicht und ohne bürokratische Hürden erreichbar ist. Denn der Gang zu einer Behörde bzw. zum Jugendamt und die damit verbundene Offenbarung psychosozialer Belastungslagen gegenüber einer staatlichen Stelle sind für diese Familien in besonderer Weise mit Ängsten und Vorbehalten verbunden" (*AFET*, 2019, 9).

2.2 Problemdarstellung

Die *Drogenbeauftragte der Bundesregierung* (2016/17), die *Arbeitsgemeinschaft für Kinder- und Jugendhilfe (AGJ*, 2010*)*, die *Bundesarbeitsgemeinschaft Kinder- und Jugendschutz (BAJ*, 2012*)* und *M. Klein* (2014), der *Fachverband Sucht (FVS*, 2019) u.v.m. verdeutlichen in ihren Publikationen die Situation der Kinder und Jugendlichen in sucht- und psychisch belasteten Familien:

- 3,80 Millionen Kinder und Jugendliche sind im Laufe ihres Lebens dauerhaft oder zeitweise betroffen;
- 5-6 Millionen Kinder und Jugendliche unter 20 Jahren sind von einer elterlichen Alkoholabhängigkeit betroffen;
- Alkoholmissbrauch in der Schwangerschaft führt nach Schätzungen bei etwa 2.200 Neugeborenen in Deutschland zu Schädigungen (fetales Alkoholsyndrom);
- ca. 60.000 Kinder und Jugendliche haben drogenabhängige Eltern und leben mit ihnen zusammen;
- mindestens 500.000 Kinder und Jugendliche leben mit glücksspielsüchtigen Eltern zusammen;
- mehr als 30% der Kinder und Jugendlichen aus sucht- und psychisch belasteten Familien werden selbst suchtkrank und entwickeln zudem verstärkt psychische und Verhaltensauffälligkeiten (z.B. Hyperaktivität) sowie kognitive und soziale Störungen;
  - Psychische Erkrankungen eines oder beider Elternteile stellen für die gesunde psychische Entwicklung eines Kindes ein erhebliches Risiko dar. Das Risiko von Kindern depressiver Eltern, eine affektive Störung zu entwickeln, ist um das 1,75fache höher als bei Kindern mit gesunden Eltern. Bei Eltern mit Angststörungen liegt das Risiko sogar um das 7fache höher.
  - Kinder von psychisch erkrankten Eltern (Schizophrenie, affektive Störungen, dissoziale Persönlichkeitsstörung) haben im Vergleich zur Allgemeinbevölkerung eine 2-5fach erhöhte Wahrscheinlichkeit für Vernachlässigung, Misshandlung und sexuellen Missbrauch.
- Mehr als 50% der Suchtkranken zwischen dem 14. und 21. Lebensjahr stammen aus einer Familie mit (mindestens) einem alkoholabhängigen Elternteil.

Merke
Die Zahl von Kindern und Jugendlichen, deren Eltern an anderen Süchten (bspw. Essstörungen) leiden, ist nicht bekannt.

Berücksichtigt werden muss hier auch, dass seit 2010 konstant 4,3 Millionen Menschen Leistungen der „Grundsicherung für Arbeitssuchende“ nach dem SGB II erhielten: Etwa 10% „haben epidemiologischen Studien zufolge ein Suchtproblem (außer Tabakrauchen)“ und „oft weitere Problemlagen“, bspw. Brüche in der Erwerbsbiografie, familiäre und strafrechtliche Probleme, psychische Belastungen und Ängste, Antriebslosigkeit, fehlende Tagesstruktur (*Henke* et al., 2019, 40ff).

D.h.: Die genannten Zahlen nehmen ständig zu! Und die Auswirkungen der Corona-Pandemie können noch nicht abgeschätzt werden!

Merke
Die Kinder und Jugendlichen haben in der Corona-Pandemie kaum Struktur und Perspektive: Die Zahl der Schulabbrecher steigt um mindestens 50% auf 210.000 und wirkt sich auf alle sozialen Schichten aus.

Aber insbesondere werden Kindern mit Migrationshintergrund, bildungsbenachteiligten Kindern sowie Kindern, die in belasteten Familienverhältnissen leben, und Jugendliche im Alter von 14 bis 18 Jahren, die sich in prekären Lebenslagen befinden, sowie Kinder, deren Eltern psychisch krank sind und/oder unter Suchtproblemen leiden, betroffen sein.

Außerdem ist ein klarer Zusammenhang zwischen dem Sozialstatus und dem Risiko, an Covid-19 zu erkranken bzw. zu sterben nachgewiesen. Das Risiko ist um 50 bis 70% höher als in wohlhabenden Regionen. Auch ist das Infektionsrisiko deutlich höher als in gut situierten Gegenden (vgl. *ARD/ZDF Videotext* vom 17.04.2021).

Lediglich 3% der Betroffenen werden medizinisch und sozial behandelt. Es gibt keine Interventionen für die Betreuung von riskantem und schädlichem Konsum und je länger eine Störung nicht behandelt wird, umso größer werden die Einschränkungen bei den psychosozialen Faktoren.

Mit Blick auf die prekäre Versorgungslage von Kindern und Jugendlichen aus sucht- und psychisch belasteten Familien muss u.a. für den flächendeckenden Ausbau niedrigschwelliger Hilfe und Beratung auf der Grundlage eines Rechtsanspruchs für Kinder und Jugendlichen gesorgt werden.

Und was sind die Folgen für *„Kinder und Jugendliche aus psychosozial belasteten und „armen“ Lebensverhältnissen“*?

Fallbeispiel

Diagnosen gem. ICD-10

F19.20 Störungen durch multiplen Substanzgebrauch und Konsum sonstiger psychotroper Substanzen, gegenwärtig abstinent
F32.11 Mittelgradig depressive Episode mit somatischen Symptomen
F41.2 Angst und depressive Störung, gemischt
F43.25 Anpassungsstörungen mit gemischter Störung von Gefühlen und Sozialverhalten
F60.3 Emotional instabile Persönlichkeitsstörung
F90.8 Hyperkinetische Störung persistierend bis ins Erwachsenenalter
F91.1 Störungen des Sozialverhaltens bei fehlenden sozialen Bindungen

Biographische Anamnese

B. (heute 24 J. alt) wuchs mit seinem Bruder (+ 8) bei seiner Mutter auf. Die Eltern hätten sich getrennt, als er 4 Jahre alt war.

Die Mutter sei beruflich erfolgreich gewesen. Sie sei „hypersensibel", Alkoholikerin und hätte häufig mit Depressionen zu kämpfen.

Bis zu seinem 14. Lebensjahr habe er Kontakte zum Vater gehabt, diesen dann selber abgebrochen. Er bestünde keine Beziehung, er sei Alkoholiker und ein „Versager".

Eine wichtige Bezugsperson sei seine Großmutter mütterlicherseits gewesen. Diese habe er im Sommer häufig besucht und sie sehr gemocht. Die Großmutter sei jedoch 2018 verstorben.

B. sei bereits im Kindergarten „sehr hibbelig" gewesen und habe, statt spielen zu dürfen, schwierige Konzentrations- und Gedächtnisübungen machen müssen. Freunde habe er nur wenige gehabt.

In der Grundschule habe er die Rolle des „Klassenclown" gehabt und sei von den Lehrern häufig bestraft worden.

Für zu Hause habe er eine Lernsoftware bekommen, die er selbstständig habe bearbeiten sollen, wozu ihm allerdings Struktur und Unterstützung gefehlt hätten. Zudem habe ab dem 6. Lebensjahr Medikinet bzgl. einer diagnostizierten ADHS erhalten.

Als B. 8 Jahre alt gewesen sei, sei sein Bruder von zu Hause „rausgeflogen" und es habe daraufhin 7 Jahre kein Kontakt zu ihm bestanden.

Danach habe der extrovertierte Bruder B. vor allem bzgl. dessen Schüchternheit unterstützt und mit ihm gemeinsam Drogen konsumiert.

Auf der Gesamtschule sei B. zunächst gemobbt worden, habe sich dann über den Cannabis-Konsum seinen „Peinigern" angenähert und sei in einen großen Freundeskreis integriert worden. Die Schulleistungen seien gut gewesen.

Auf dem Berufskolleg habe er konsekutiv sein kaufmännisches Fachabitur absolviert und mit 19 Jahren seine erste Partnerschaft gehabt, welche er nach 2,5 Jahren beendet habe, da die Freundin „militant gegen Drogen" gewesen und B. des Lügens müde gewesen sei.

Nach dem Fachabitur sei B. ein Jahr arbeitslos gewesen und habe vermehrt Drogen konsumiert. Eine Ausbildung habe er abgebrochen.

Mein Leben: „An mein Leben im Alter von 4 Jahren kann ich mich natürlich nicht mehr so erinnern. Was ich noch weiß aus meiner Kindergartenzeit, ist, dass ich schon damals nur zwei Freunde hatte, ansonsten war ich ein sehr ruhiges Kind, das lieber allein gespielt hat. Während andere Kinder in den Pausen klettern waren, oder Vater, Mutter, Kind gespielt haben, lebte ich lieber in meiner Phantasiewelt und führte Selbstgespräche.

Mit 6 Jahren wurde ich eingeschult. Eigentlich war ich immer ein guter Schüler, doch ich arbeitete nur mit, wenn mich das Thema interessierte, ansonsten blödelte ich viel rum, zappelte und lenkte meine Mitschüler vom Unterricht ab.

Außerdem hatte ich massive Probleme das Schreiben zu erlernen, man diagnostizierte bei mir eine Störung der Feinmotorik, etwas, das, so sagte man mir damals, sehr häufig in Verbindung mit ADHS auftritt.

Apropos ADHS: Es fiel auch sehr schnell auf, dass ich große Probleme hatte, Ordnung im Schulranzen zu halten. Ich vergaß sehr oft Dinge oder nahm die falschen Sachen mit. Zum Glück war meine Klassenlehrerin eine sehr junge, engagierte Frau, welche damit umzugehen wusste und mir ein paar Freiheiten, wie mehr Pausen zwischen dem Unterricht und ein wenig Unterstützung bei meiner Ordnung gewährte. Zeitgleich ging ich 1 x wöchentlich zur Ergo- und Logopädie, um meine Motorik zu verbessern und mir das Lispeln abzugewöhnen. Meine Mutter meldete mich in verschiedenen Vereinen an, um mich anzupassen und da ich unterstützend mit Ritalin behandelt wurde, musste ich zur Gesprächstherapie zum Kinder- und Jugendpsychologen.

Da meine Mutter auswärts arbeitete, ging ich nach der Schule immer noch in die Nachmittagsbetreuung. Meine Mutter hatte es nicht leicht in dieser Zeit, da sie neben mir ja noch meinen älteren Bruder hatte und alleinerziehend war. Der Fokus zu Hause lag eher bei meinem Bruder: Er begann eine Drogenkarriere und das Jugendamt war öfter präsent bei uns.

Ab der 3. Klasse ging meine Klassenlehrerin in Mutterschutz. Ihre Nachfolgerin war eine alte Dame kurz vor der Pensionierung, welche eher streng war und mit Themen wie ADHS überhaupt nichts anfangen konnte.

Anstatt mich zu unterstützen, schrie sie mich sehr oft an. Ich musste sehr viele Strafdiktate schreiben. Ich flog sehr oft aus dem Unterricht raus und hatte einen Einzelplatz mit dem Gesicht zur Wand. So bekam ich sehr schnell die Rolle des Außenseiters bzw. Klassenclowns. Zugegeben, ich störte wirklich oft den Unterricht, weil ich Langeweile hatte oder mich unterfordert fühlte. Die anderen Schüler merkten sehr schnell, dass ich grundsätzlich Ärger bekam, und so machte mich die Klassenlehrerin zur Zielscheibe. Ich wurde für Dinge angeschnauzt, welche ich gar nicht verbrochen habe. Wenn irgendetwas passierte, hatte ich immer Schuld, ich wehrte mich ja auch nicht mal mehr gegen die Anschuldigungen.

Zwischenzeitlich hat meine Mutter zweimal erneut geheiratet. Mein Bruder zog mit 16 Jahren ins Betreute Wohnen.

Ich wurde in der Schule gemobbt, Die meisten Schüler beschimpften mich nur und durch den Frust, der sich ansammelte, schrie ich zu Hause nur rum, rebellierte und schloss mich sonst nur in meinem Zimmer ein.

Meine Mutter trank sehr viel, damals wie heute, machte nach Feierabend ausgelassen Party im Wohnzimmer und wenn es Streit gab, schickte sie nur ihren Partner, welcher mich nur anschrie und schlug.

Ich machte in der Schule überhaupt nicht mehr mit, meiner Psychologin fiel nicht auf, dass etwas schieflief.

Als Folge wurde nur die Dosierung des Ritalin angehoben. Mit täglich 80 mg - eigentlich eine Dosis, welche man nicht mal Erwachsenen zumutet, und das mit 9 Jahren.

Meine Grundschulzeit endete damit, dass alle meine Mitschüler, alles Söhne und Töchter von Anwälten, Unternehmern und sonstigen hoch angesehenen Menschen eine Gymnasialempfehlung bekamen, außer ich.

Wenn es nach dem Willen meiner Lehrerin ging, sollte ich eine Hauptschule besuchen. Da meine Mutter ja ganztags arbeitete, wechselte ich auf eine Ganztags-Gesamtschule in einer anderen Stadt.

Auch hier hatte ich zuerst mehr die Rolle des Außenseiters inne. Ich ging in meiner Freizeit gar nicht mehr raus, verbrachte jeden Tag im Bett mit dem Blick zur Decke.

Meine Mutter wechselte erneut ihren Partner, dieses Mal ein eher ruhiger Mann, nicht gewalttätig, aber doch völlig desinteressiert an mir. Mir war eher wichtig, dass er meine Mutter glücklich macht. Dass auch er jeden Tag krank war, war unwichtig und ich fühlte mich erst mehr und mehr einsam, frustriert und mit meiner Situation überfordert, bis im Verlauf von 2 Jahren ich gar nichts mehr fühlte.

Ich konnte nicht mehr weinen, mir fehlte die Kraft aufzustehen. Um wenigstens wieder irgendetwas zu fühlen, begann ich mir den Unterarm und in den Fuß zu schneiden, schlug mich selbst oder schlug meinen Kopf gegen die Wand.

Bei meiner Psychologin äußerte ich, dass ich meinen Lebenswillen verloren habe, dass ich nicht mehr sein will. So kam ich für 3 Monate in die Kinder- und Jugendpsychiatrie, eine Zeit, aus der ich nicht mehr allzu viel weiß, außer dass ich mich sehr eingesperrt fühlte, und wenn ich mal ausraste, wurde ich medikamentös ruhiggestellt.

Dieser Aufenthalt ebnete meiner Meinung nach fließend den Weg in den Konsum.

[...] Mit 18 Jahren bestand ich die Abi-Prüfung, zog in meine erste eigene Wohnung und ging auch meine erste wirkliche Beziehung ein.

Noch während meiner Schulzeit bemühte ich mich um einen Ausbildungsplatz, weswegen ich direkt zu meiner schulischen Laufbahn Hartz IV bezog.

Die Beziehung zu meiner Freundin K. führte dazu, dass ich meinen Konsum zum Großteil einstellte und erstmals nur Cannabis konsumierte.

Durch mein Bemühen, mich wegen der Beziehung von den Drogen fernzuhalten, fühlte ich mich stark eingeschränkt und begann mich mit meinen Konsumfreunden zu treffen und heimlich harte Drogen zu konsumieren.

Meine Freundin hatte keine Ahnung, wie Drogen wirkten und welche Anzeichen für Konsum sprechen, daher war es für mich sehr leicht, meinen Konsum zu verheimlichen.Im Herbst, nach einer 4-tägigen Session, kam ich nachts nach Hause und legte mich ins Bett. Ich konnte nicht schlafen, da ich vorher Amphetamin konsumierte, und dachte mir, dass wenn ich etwas koche, ich bestimmt wieder schlafe. Ein riesiger Fehler: Ich schlief mit dem Essen auf dem Herd ein.

Aber meine Fenster waren geschlossen und die Rauchmelder schlugen von Anfang an Alarm. Die Rauchentwicklung war so stark, dass die Rauchmelder in der Wohnung darüber angingen.

Ich hatte ca. 3 Stunden geschlafen, als die Feuerwehr meine Tür aufbrach und mich aus der Wohnung zog.

Mit einer schweren Rauschvergiftung und immer noch unter Drogeneinfluss verbrachte ich so den Rest der Nacht und den folgenden Tag im Krankenhaus. Die Ärzte sagten mir, dass ich höchst wahrscheinlich erstickt wäre, hätte die Feuerwehr auch nur 10 Minuten länger gebraucht. Ironischerweise ließ ich mich auf eigene Faust entlassen, weil ich eine Zigarette rauchen wollte.

Da meine Wohnung nun nicht mehr brauchbar war, zog ich übergangsweise wieder bei meiner Mutter ein.

Für einen kurzen Zeitraum, wahrscheinlich bedingt durch den Schock, nahm ich mein Leben wieder in die Hand, suchte mir eine neue Wohnung, kümmerte mich um einen Ausbildungsplatz für das folgende Jahr und begann in einer Tankstelle zu arbeiten, um meine neue Bleibe zu finanzieren.

In dieser Zeit entfremdete ich mich mehr und mehr von meiner Partnerin, der ich ja meinen Konsum verheimlichte und bei der es sich so anfühlte, als ob sie aus mir einen anderen Menschen machen wollte, der ich nicht war.

Ich log sie nur noch an, sagte ihr, dass ich am Wochenende meine kranke Oma pflegte, während ich in Wirklichkeit in Diskotheken ging, um mich und mein berauschtes Selbst zu feiern.

Als ich eines Samstags meine Zunge in den Mund einer x-beliebigen Partygängerin steckte, merkte ich, dass ich nichts mehr für K. empfand.

Am nächsten Tag besuchte ich sie, ging mir ihr in die Stadt, erzählte, was vorgefallen war, und beendete die Beziehung. Nun hatte ich meine Freiheit zurück. Das dachte ich zumindest.

Da keiner meiner Freunde in der Nähe wohnte, war ich tagtäglich am Pendeln und verbrachte nie mehr als 3 Stunden zu Hause.

Ich hörte auf in der Tankstelle zu arbeiten. Durch die nun folgende komplette Strukturlosigkeit, den wieder extrem gesteigerten Konsum und den Beginn einer drogeninduzierten Depression fing ich an mehr und mehr zu verwahrlosen.

Ich zahlte keine Rechnungen mehr, Mahnungen stapelten sich, doch ich öffnete meine Post gar nicht erst.

Manchmal schlief ich gefühlt 2 Wochen am Stück, wenn ich aufstand, dann nur um wieder zu meinen Freunden und Dealern zu fahren. Da mich eigentlich nie jemand besuchte, wusste auch niemand, wie ich lebte.

Mir fehlte schon die Kraft aufzustehen, Wohnung putzen oder Wäsche waschen war zu dieser eine ungeheuer schwere Aufgabe. Der Einzige, welcher von meiner Situation wusste, war mein Bruder. Er half mir dabei das Chaos zu beseitigen und ich begann endlich meine Ausbildung.

Die Ausbildung war bei der Fa. N., einem mittelgroßen Lebensmittelgroßhandel. Ich blühte richtig auf. Meine schulischen Leistungen waren mit die besten meiner Schulklassen. In vielen Abteilungen der Firma war Wechselschicht normal und so gab es Wochen, in denen ich 4-mal die Woche zur Nachtschicht musste, plus 2-mal Berufsschule tagsüber.

Da ich am Wochenende lieber noch zusätzlich Party feierte, geriet mein Schulrhythmus völlig aus dem Ruder.

Um dem Leistungsdruck standzuhalten, konsumierte ich Unmengen an Amphetaminen. Dies führte dazu, dass ich manchmal 4 Tage am Stück arbeitete, ohne zwischendurch zu schlafen.

Das kostete mir ein weiteres Mal fast das Leben. Völlig übermüdet fuhr ich mit dem Gabelstapler durch die Firma und lagerte Paletten ein. Als ich eine Palette Gewürzgurken aus dem Hochregal holte, merkte ich nicht, dass das Hochregal aus der Verankerung riss. Das Regal fiel in sich zusammen, in letzter Sekunde sprang ich aus dem Stapler und beinahe wäre ich unter 5 Tonnen Konserven begraben worden. Zum Glück erwischte mich nur ein Stahlträger und ich kam mit einer Gehirnerschütterung davon. Doch ich lernte Neues.

Ich zog erneut um, um näher an meiner Arbeit zu wohnen. Doch ich sammelte fleißig Abmahnungen, kam häufig zu spät, meldete mich sehr oft krank und schlief in der Berufsschule. Eigentlich meinte mein Ausbildungsbetrieb es gut mit mir, doch nach der 5. Abmahnung wurde ich gekündigt.

In meinem Liebesleben tat sich nicht mehr sehr viel, außer ein paar kleine Affären. Bis ich auf L. traf. Wir hätten einen gemeinsamen Freundeskreis, lernten uns auf einer Party kennen. Auch sie war suchtkrank, hat viele psychische Probleme. Doch ich verliebte mich sofort in sie. Ich weiß nicht, wieso sie mich magisch anzog.

Sie hatte gerade eine Trennung hinter sich, hatte niemandem mehr. Also beschloss ich sie in meinen engeren Freundeskreis mit aufzunehmen.

Ich verbrachte viel Zeit mit ihr, wir schliefen miteinander und ich gestand ihr meine Liebe. Doch sie machte mir klar, dass daraus nichts werden wird, dass es eine rein körperliche Beziehung bleiben wird.

Da ich natürlich viel Zeit mit ihr verbrachte und wir weiterhin mit einander schliefen, tat ich es von Tag zu Tag immer mehr weh.

Die Enttäuschung, die ich erlebte, brachte mich nur dazu, mehr und mehr zu konsumieren, und ich merkte nicht mal, wie ich immer mehr abbaute.

So fing ich heimlich an mit meinen Freunden zu konsumieren und entwickelte Gefühle zu J., den ich jahrelang als meinen besten Freund sah.

Ich konnte erst gar nicht mit dieser Situation umgehen und fing wieder an, mich selbst zu verletzen. Ein Verhalten, dem ich eigentlich schon längst abgeschworen hatte.

Nach vielen Schnitten, Verbrennungen und Schlägen gipfelte dieses Verhalten darin, dass ich eine Schaufensterscheibe einschlug. Ich merkte gar nicht, wie sehr ich mich verletzte. Erst ein paar Passanten legten mir nahe ins Krankenhaus zu gehen.

Meine Sehnen waren durchtrennt und mehrere Splitter stachen in meinen Ellenbogen. Ich musste operiert werden, doch durch den massiven Drogenkonsum wirkte die Narkose nicht.

Der zuständige Anästhesist sagte mir, dass er die 5fache Menge benutzte, bei der Dosis wäre ein normaler Mensch längst tot.

Da war ich nun. Ich war am Ende jeglicher Kräfte, wog 70 Kilo, ritze mich, konnte nichts mehr ohne irgendwelche Substanzen und mein soziales Umfeld war weggebrochen.

Zum Glück entschied ich mich gegen dieses Leben und beantragte einen Therapieplatz. In den 5 Monaten bis zur Aufnahme passierte recht wenig. Ich lag wieder hauptsächlich im Bett und konsumierte eher Beruhigungsmittel wie Alkohol, Cannabis und Koks.“

Fazit:
Prognostisch ungünstig sind die belastende Familiensituation, die emotionale Instabilität, die geringe Impulssteuerungsfähigkeit und die grundlegende Bindungsschwäche.

Prognostisch günstig sind die eindeutige Selbstakzeptanz als abhängig, die ernsthafte Bereitschaft zur Abstinenz, die positive Einstellung zur Weiterbetreuung und die guten Strategien für den Umgang mit Rückfallgefahren.

3 Zielgruppen

Das Angebot der Hilfen und Unterstützungsangebote richtet sich an Familien, Kinder, Jugendliche und junge Volljährige und deren Familien:

- Familien,
  - bei denen eine psychische Erkrankung oder Belastung eines Kindes oder Elternteils besondere Anforderungen an das Zusammenleben stellt.
  - mit massiven innerfamiliären Schwierigkeiten,
  - mit Defiziten in der Versorgung der Kinder oder bei der Haushaltsführung,
  - in akuten Lebenskrisen wie beispielsweise Trennungskonflikten,
  - mit Unterstützungsbedarf in finanziellen und behördlichen Angelegenheiten sowie in Erziehungsfragen,
  - mit Unterstützungsbedarf im Anschluss an eine intensivere Jugendhilfemaßnahme.

und Kinder, Jugendliche und junge Erwachsene

- mit psychischen Problemen, Belastungen und Erkrankungen, die ein eigenverantwortliches und selbständiges Leben in einer eigenen Wohnung aufbauen wollen,
- nicht mehr in ihrer Herkunftsfamilie leben können,
- Unterstützung im Ablösungsprozess benötigen,
- durch andere Jugendhilfemaßnahmen nicht erreichbar sind,
- sich in akuten Lebenskrisen befinden,
- ein weiteres Hilfsangebot im Anschluss an eine stationäre oder teilstationäre Unterbringung benötigen.

3.1 Kinder, Jugendliche, junge Heranwachsende und deren Bezugspersonen im psychosozialen Hilfesystem

„Der erste Schritt
ist immer der schwerste.
Deswegen bleiben
viele Menschen stehen“
(Kuno Roth, 2017).

„Psychisch auffällige, sozial und emotional hochbelastete Kinder und Jugendliche aus schwierigen Familienmilieus brauchen Unterstützungsmaßnahmen, die [die psycho-sozialen Aspekte im Rahmen des SGB V + VIII + IX] berücksichtigen [...]. Eine derartige [...] orientierte Betreuung, Beratung und Psychoedukation erfolgt üblicherweise in der [...] Freien Jugendhilfe [und/oder der Suchthilfe]. Das familiäre und das soziale Milieu sollen (wieder) befähigt werden, den jungen Menschen verständige und förderliche Bedingungen für ihre Persönlichkeitsentwicklung bereitzustellen“ (*Psychotherapeutenkammer Berlin*, 2013, 6f; *Goebel, Maurer-Hein*, 2019, 134).

Nicht zu erwarten ist, dass mit einem entsprechenden Angebot die Kinder und Jugendlichen sowie deren Bezugspersonen sehr gut erreicht werden können, der Konsum der Suchtmittel reduziert werden kann, psychische Belastungen abgebaut und die Kompetenzen der Familienmitglieder zur Bewältigung von (Erziehungs-)Krisen wirksam erhöht werden können.

Grenzen der Krankenbehandlung: SGB V
Die Krankenkassen übernehmen insbesondere Leistungen im Rahmen der psychotherapeutischen, Ernährungs-, Sport-, Sucht- und Erziehungshilfe für Menschen mit Behinderung.

Leistungen werden erbracht zur
- verhaltensbezogenen Prävention,
- zur Gesundheitsförderung und Prävention in Lebenswelten (§ 20 Abs. 2 + 4 SGB V).

Die Krankenkassen fördern Leistungen insbesondere für Menschen und deren Lebenswelt, um die gesundheitliche Situation einschließlich ihrer Risiken und Potenziale zu verbessern, sowie zur Stärkung der gesundheitlichen Ressourcen und Fähigkeiten (§ 20a Abs. 1 SGB V).

Der „Zugang" zu diesen Leistungen ist für Menschen, die unter prekären und sozial belasteten Verhältnissen leben, nahezu ausgeschlossen, da es keine Leistungsanbieter gibt, die sich um diese Menschen „kümmern" wollen.

Grenzen der Rehabilitation: SGB VI

Die Rentenversicherung übernimmt insbesondere Leistungen für chronisch Kranke, welche die berufliche (Re-)Integration bzw. die Teilhabe am Arbeitsleben fördern (vgl. §§ 15ff SGB VI).

Als Leistungen werden

- ambulante und (teil-)stationäre Rehabilitationsmaßnahmen erbracht, deren Inhalt überwiegend von dem verantwortlichen Leitenden Arzt definiert wird (vgl. § 15 Abs. 2 SGB VI).

Für Kinder und Jugendliche werden insbesondere Leistungen erbracht, „um hierdurch voraussichtlich eine erhebliche Gefährdung der Gesundheit zu beseitigen oder die insbesondere durch chronische Erkrankungen beeinträchtigte Gesundheit wesentlich zu bessern oder wiederherzustellen, und Leistungen die unter Berücksichtigung der altersentsprechenden Entwicklung von Kindern und Jugendlichen Einfluss auf die spätere Erwerbsfähigkeit auf dem allgemeinen Arbeitsmarkt haben können. Dies ist insbesondere dann der Fall, wenn die Aussicht besteht, gesundheitliche Einschränkungen, die eine Teilhabe an Schule und Ausbildung mit dem Ziel der Erreichung des allgemeinen Arbeitsmarkts erschweren, durch medizinische Rehabilitationsleistungen zu beseitigen oder weitgehend zu kompensieren." (vgl. § 15a Abs. 5 Satz 1 SGB VI und *DRV*, 2018).

Grenzen der Jugendhilfe: SGB VIII

Mit dem *Bundesteilhabegesetz* (*BTHG* 2016) wird die *Eingliederungshilfe* für Menschen mit Behinderungen zu einer „modernen, personenzentrierten Teilhabeleistung" entwickelt, die die Leistungen der *Eingliederungshilfe* als „besondere Leistungen zur selbstbestimmten Lebensführung" definiert.

„Die Leistungen zur Teilhabe (sog. Fachleistungen) sollen [...] den individuellen Hilfebedarf des Menschen mit Behinderungen in den Mittelpunkt stellen." Die Teilhabemöglichkeiten des Einzelnen sollen im Einklang mit der UN-Behindertenkonvention im örtlichen und gesellschaftlichen Umfeld stattfinden (vgl. *Land NRW*, 2017, 38 und *GVS*, 2016, 1).

Die Jugendhilfe (§ 2 SGB VIII) umfasst insbesondere Leistungen zugunsten junger Menschen und Familien:

- Angebote zur Förderung der Erziehung in der Familie (§§ 16 bis 21)
- Hilfe zur Erziehung und ergänzende Leistungen (§§ 27 bis 35, 36, 37, 39, 40)

- Hilfe für seelisch behinderte Kinder und Jugendliche und ergänzende Leistungen (§§ 35a bis 37, 39, 40)

Am Beispiel des Allgemeinen Sozialdienstes der Jugendämter und der Erziehungsberatung wird deutlich, dass das Jugendamt bzw. die Erziehungsberatungsstellen nicht in der Lage sind, dem enormen Bedarf an intensiven, regelmäßigen und langfristigen Unterstützungsangeboten qualitativ und quantitativ mit ihren Möglichkeiten zu entsprechen.

Grenzen der Suchthilfe: SGB IX + XII
Gem. § 55 SGB IX und §§ 53, 54, 67, 68 SGB XII ist „Personen, die nicht nur vorübergehend körperlich, geistig oder seelisch behindert sind, Eingliederungshilfe zu gewähren. [...] Hierzu gehört vor allem, dem Behinderten die Teilnahme am Leben in der Gemeinschaft zu ermöglichen oder zu erleichtern, ihm die Ausübung eines angemessenen Berufes [...] zu ermöglichen" (= Maßnahmen der Eingliederungshilfe).

Die Unterstützungsangebote für abhängigkeits- und psychisch kranke Menschen sind eine Weiterentwicklung der Eingliederungshilfen mit dem Ziel, Menschen mit Behinderungen (hier: Abhängigkeitserkrankung gem. ICD 10) ein selbstbestimmtes Leben zu ermöglichen und zu sichern.

Die Betreuungsleistungen leiten sich von den im Einzelfall vorgefundenen sozialen Problemlagen, Entwicklungsdefiziten, psychischen und psychiatrischen Störungsbildern sowie den vereinbarten Betreuungszielen ab, werden in ihrer Intensität und Dauer entsprechend der Lebens- und Sozialwelt gestaltet und beinhalten/vernetzen sozialarbeiterische, soziotherapeutische und beraterische Hilfen sowie im Einzelfall auch (psycho-)therapeutische und/oder medizinische Hilfen zur Bewältigung kritischer Lebenssituationen.

Fazit:

Das Problem ist, dass die Akteure der verschiedenen Hilfesysteme i.d.R. nicht die „gleiche" Sprache sprechen und sich nicht zuletzt aufgrund des ökonomischen Drucks des Leistungsanbieters in ihrer Arbeit behindern und das gegenseitige Wissen nicht für den betroffenen Menschen genutzt wird.

Es müssen Rahmenbedingungen geschaffen werden, die systemübergreifend bessere Hilfe- und Schutzangebote für Kinder und Jugendliche sowie ihre Eltern ermöglichen.

Die Regelungen der SGB V und VI ermöglichen **„Psychotherapeutische Hilfe"**, die **„kaum Auswirkungen auf den Lebensalltag der Hilfesuchenden hat"** bzw. **„Leistungen zur Teilhabe am Arbeitsleben fördert"**, die sich **„nur sehr begrenzt mit den heterogenen Bedürfnissen der Hilfesuchenden auseinandersetzen"**.

Die Regelungen des SGB VIII ermöglichen **„Hilfe zur Erziehung"**, die **„insbesondere die Gewährung pädagogischer und damit verbundener therapeutischer Leistungen"** umfasst (§ 27 Abs. 3 SGB VIII).

„Therapeutische Leistungen umfassen sowohl psychotherapeutische als auch andere therapeutische Leistungen nach wissenschaftlich anerkannten Methoden und werden von Personen durchgeführt, die über die erforderliche therapeutische Qualifikation verfügen müssen (§ 25 Abs. 7).

„Hilfe als Erziehung" ist indiziert, wenn eine seelische Störung vorliegt und die aktuellen Ressourcen der Kinder und Jugendlichen sowie der Eltern und deren sozialen Bezugssystem nicht mehr in der Lage sind, die erforderlichen Lebens- und Entwicklungsbedingungen bereitzustellen (§ 27 Abs. 3 SGB VIII).

„Hilfe zur Eingliederungshilfe" ist indiziert, wenn eine seelische Behinderung eingetreten ist oder einzutreten droht und die Teilhabefähigkeit des jungen Menschen am Leben in der Gemeinschaft beeinträchtigt ist (§ 35a SGB VIII).

„Hilfe für junge Volljährige" ist indiziert, wenn die Entwicklung nicht der altersgemäßen und eigenverantwortlichen Lebensführung entspricht (§ 41 SGB VIII).

Das Faktum der fehlenden systematischen Langzeitbegleitung/-behandlung muss zu Problemclustern führen, die nicht mit „traditionellen" Hilfemaßnahmen beantwortet werden können.

Merke
Der systematische Fehler der politisch Verantwortlichen war, dass man geglaubt hat, in der Suchthilfe und Jugendhilfe bzw. der Gesundheitshilfe jedes Jahr die finanziellen Ressourcen reduzieren zu können.

Die quantitative und qualitative Ausstattung der Einrichtungen konnte dementsprechend den notwendigen Bedarf nicht mehr decken und die Hilfs- und Unterstützungsangebote für Kinder und Jugendliche sowie ihre Eltern konnten die Aufgabenstellung nur noch unzulänglich erfüllen.

3.2 Handlungsbedarfe

Um den betroffenen Kindern, Jugendlichen und jungen Heranwachsenden sucht- und psychisch kranker Eltern im Kontext von Kindergarten, Schule, sozialer Arbeit, Gesundheitswesen und Jugendarbeit u.a. gesicherte Entwicklungschancen zu ermöglichen, ist es wichtig, nicht in Aktionismus zu verfallen, sondern darauf zu achten, zunächst einen vertrauensvollen Beratungs-/Betreuungskontext für das Familiensystem herzustellen und zu festigen.

Handlungsbedarfe sind

- die Stärkung bzw. Schaffung präventiver und Resilienz fördernder Angebote für Kinder und Jugendliche, die verhindern sollen, dass die betroffenen Kinder in ihren Entwicklungsmöglichkeiten beeinträchtigt werden und Störungen entwickeln.
- altersgerechte Informations-, Beratungs- und Betreuungsangebote für Kinder und Jugendliche, die sie mit ihren Problemen und Ressourcen ernst nehmen, sie entlasten und es ihnen erleichtern, situationsangemessene Bewältigungsstrategien zu entwickeln und ggf. eigene Störungen zu überwinden.
- möglichst niedrigschwellige entlastende und unterstützende präventive Angebote für betroffene Familien, die sie so lange und so gut wie möglich unterstützen, aber auch rechtzeitig zum Wohl der Kinder intervenieren.
- Gemeint sind hier insbesondere Hilfen gemäß SGB VIII und XII, die sich dem jeweils aktuellen Hilfebedarf der Eltern und der Kinder flexibel anpassen.

4 Integrative Arbeit mit Kindern und Jugendlichen aus psychosozial belasteten und „armen“ Lebensverhältnissen

Der frühe Konsum von Suchtmitteln unterstützt die Verfestigung dissozialer Verhaltensweisen, wobei der Konsum von Alkohol in besonders enger Beziehung zu dissozialem Verhalten (bspw. Gewalt) steht (vgl. *Landtag NRW,* 2010, 28). Auch beeinträchtigt hoher Alkoholkonsum bei Jugendlichen „kognitive Leistungen, wie Gedächtnis, Aufmerksamkeit, Impulskontrolle, Handlungsplanung und abstraktes Denken [und] je früher [sie] mit dem Konsum von Alkohol beginnen, desto größer das Risiko“ (*BZgA,* 2011, 1f).

Meier et al. (2012) begleiteten 1004 Probanden aus allen „sozialen Schichten" vom Kindes- bis ins Erwachsenenalter (7-38 Jahre) und kommen in ihrer Studie zu dem Ergebnis: War kein Konsum gegeben, stieg der IQ in dieser Zeit leicht an; bei Konsum über drei oder mehr Jahre verschlechterten sich die geistigen Fähigkeiten deutlich um bis zu sechs IQ-Punkte. Auch bei Teilnehmern, die ihren Cannabis-Konsum nach der Jugend reduzierten oder ganz einstellten, blieben die geistigen Fähigkeiten eingeschränkt. Damit unterstützen die Ergebnisse der Studie die Annahme, dass Cannabis neurotoxisch wirkt und bleibende Schäden hinterlässt.

„Verschärfungen" dieser strukturellen Risiken ergeben sich aufgrund fehlender Perspektiven bzw. gesellschaftlicher Ausgrenzungen. D.h.: Gesellschaft ist für Kinder und Jugendliche „Risikogesellschaft", weil bspw. die hohe Jugendarbeitslosigkeit Zukunftsperspektiven einengt. Besonders für Jugendliche aus benachteiligten Schichten und Risikomilieus gilt, dass für sie nur sehr geringe Möglichkeiten gegeben sind, ihre Potenziale entwickeln zu können.

Eine nicht altersgerechte psychosoziale bzw. Suchtentwicklung wird bei massiven psychischen und/oder sozialen Belastungen (z.B. mangelnde Fürsorge, familiäre Belastung, geringes Schadensvermeidungsverhalten, traumatische Erfahrungen, psychische Erkrankungen, Sucht) wahrscheinlich (vgl. *FDR,* 2011, 8f).

Um die „psychosozialen Probleme und Problemverhaltensweisen [der Kinder und Jugendlichen] in ihrer Ausprägung und ihrem Schweregrad mildern" oder aufheben zu können (*Landtag NRW,* 2010, 82), sind konzeptionelle und strukturelle „Weitungen" i.S. nachhaltiger Hilfe und Förderung notwendig, um die Persönlichkeitsentwicklung junger Menschen unterstützen zu können.

Die gesellschaftlichen Veränderungen in Familiensystemen (→ das Auseinanderbrechen der Kernfamilien und damit einhergehend der Mangel an Modellen und Vorbildern) erhöhen das Stress- und Konfliktpotential sowie die Überforderungen für Kinder und Jugendliche.

Untersuchungen zeigen ein Anwachsen einer besorgniserregenden Vielfalt an Stressreaktionen, Entwicklungsstörungen, Verhaltensauffälligkeiten, psychischen und psychosomatischen Erkrankungen im Kindes- und Jugendalter.

Die Ergebnisse einer Metaanalyse über Jugendliche mit Suchtmissbrauch (N = 5.606; < 15-25 J.) zeigt, dass „das Risiko, an einer zusätzlichen psychischen Störung zu leiden, bei den < 15-Jährigen um das 5fache erhöht war, bei den 15-17-Jährigen um das 6-fache und bei den 18-25-Jährigen um das 8fache, verglichen mit Jugendlichen ohne Substanzmissbrauch. Der Anteil der < 15-Jährigen mit zusätzlicher seelischer Störung lag bei 90%. Externalisierende seelische Störungen (ADHS, dissoziales Verhalten, mit hohem Jungenanteil) wurden am häufigsten (81%) bei den < 15-Jährigen nachgewiesen (80% bei den 15-17-, 67% bei den 18-25-Jährigen), internalisierende Störungen (Depressionen, Angst- und posttraumatische

Störungen, mit hohem Mädchenanteil) am häufigsten (77%) bei den 18-25-Jährigen (69% bei den 15-25-Jährigen). Der überwiegende Teil dieser Jugendlichen hatte den Substanzkonsum im Alter von 10-14 Jahren begonnen“ (*FDR*, 2011, 13f).

Bei Kindern und Jugendlichen, die durch individuelle, familiäre und/oder soziale Risikofaktoren belastet sind, kann der Versuch, persönliche Belastungssituationen durch gesundheitsschädigende Verhaltensweisen wie Konsum von Suchtmitteln bewältigen zu wollen, häufig zu psychischen und somatischen Erkrankungen, „Schwierigkeiten in der Aufnahme tragfähiger sozialer Beziehungen und der Entwicklung einer beruflichen Perspektive führen, da bereits das Scheitern in der Schule das Erlangen der entsprechenden Voraussetzungen erschwert“ (*Amann*, 2009).

D.h.: Ein *schlechter sozioökonomischer* Status ist die bedeutendste Ursache für seelische und psychosomatische Störungen und Krankheiten. Negative Auswirkungen (bspw. familiäre Konflikte, abnehmende schulische Leistungsfähigkeit/Teilhabe am sozialen Leben) werden oft nicht reflektiert und führen nicht zu Verhaltensänderungen; die Zugehörigkeit zu einer bestimmten Gruppe wird als Aufwertung empfunden.

Integrative Arbeit muss dementsprechend in einem „Konzept von nachhaltiger Hilfe und Förderung den individuellen Entwicklungsprozessen entsprechende Interventionsmaßnahmen [...] zur Verfügung stellen, [...] um für ausreichende Zeit professionelle Begleitung“ zu gewährleisten“ (*Petzold et al.*, 2009, 314).

Die konzeptionellen Akzentuierungen müssen also an den Lebenswelten der Kinder und Jugendlichen anknüpfen und zum Verarbeitungsraum für die dort gemachten Erfahrungen werden sowie angemessene Bedingungen für gelingende Sozialisations- und Entwicklungsprozesse schaffen.

Merke

Die Vielfalt der Stile und Lebensentwürfe der Kinder und Jugendlichen verdeutlicht, dass sich Institutionen – wollen sie Sozialisation fördern und sichern – mit der derzeitigen Lebenssituation und dem Lebensentwurf der Zielgruppe auseinandersetzen müssen.

Eine einseitige Problematisierung bspw. des Suchtmittelkonsums, verbunden mit der Folge „schärferer Sanktionen“ auf dieses Verhalten, verstellt den Blick auf die Chancen des pädagogischen/therapeutischen Umgangs mit den Kindern und Jugendlichen.

Voraussetzung für alle Hilfeangebote muss eine sanktionsfreie und vertrauensvolle Atmosphäre sein, die für die Jugendlichen Anonymität und Schweigepflicht gewährleistet; die Haltung des Pädagogen sollte geprägt sein von Verständnis und Akzeptanz des Jugendlichen.

Die Einrichtungen der Sucht- und Jugendhilfe können als Abbild – als Mikrokosmos – der Gesellschaft verstanden werden. Auf dem jeweiligen biografischen Hintergrund und der spezifischen Lebenserfahrung der Kinder und Jugendlichen sowie der Mitarbeiter entstehen und gestalten sich im Rahmen der vorgegebenen organisationalen Bedingungen zwischenmenschliche und gruppendynamische Prozesse. Diese können in vielen Bereichen analog zu den im gesellschaftlichen Bereich zu findenden Ausdrucksformen, Strukturen und Entwürfen betrachtet werden. Das Setting in der Betreuung muss möglichst realitätsnah gestaltet sein, um ein menschliches, heilendes, soziales und kulturelles Milieu zu schaffen.

5 Suchthilfe und Jugendhilfe als Netzwerkarbeit

Noch nie „war die Zeit reif“, um eine (enge) Verzahnung der Suchthilfe und Jugendhilfe zu fordern, um einen fächerübergreifenden Schwerpunkt auf die Problematik von Kindern und Jugendlichen und jungen Erwachsenen zu gewährleisten.

Aufgrund dieser Herausforderungen und als Konsequenz eines funktionierenden fachlichen Wettbewerbs ist es dringend erforderlich, die Schnittstellengestaltung und damit die Koordination und Integration von Suchthilfe und Jugendhilfe deutlich zu verbessern.

Merke
„Tatsächlich gibt es [...] einen fachlich kritischeren Punkt in der Jugendhilfe, der die Strukturen und die Organisation der Jugendämter, die fachliche Führung und die Aufsicht und die Personalqualifizierung betrifft. [...]

Die Mitarbeiter seien in der direkten Begegnung mit problematischen Kindern, Jugendlichen und Familien [...] fachlich und auch psychisch überfordert (*Höhner*, 2020, 310).

„Die Todesfälle von „Kevin“ (2006) und „Chantal“ (2012) [haben] in besonderer Weise“ dokumentiert, dass das Zusammenspiel zwischen den „segmentierten Hilfesystemen [nicht] in der Lage ist, den [...] betroffenen Kindern angemessen Schutz zu bieten“ (*GVS*, 2012).

Notwendig ist, verbindliche Standards und Absprachen zwischen der öffentlichen und freien Wohlfahrtspflege zu treffen, damit die Fachkräfte verbindlich und strukturiert arbeitsfeld-, disziplin- und institutsübergreifend zusammenarbeiten können. Nur dann besteht die Chance, über die Hilfesysteme effektiv mit der Zielgruppe zu arbeiten (vgl. *Landeskoordinierungsstelle für Frauen und Sucht NRW,* 2015).

Das *„Gesetz zur Kooperation und Information im Kinderschutz"* (2012) gibt hierzu im § 4 sehr konkrete Vorgaben: „Berater für Suchtfragen [...], die in einer Behörde oder einer Körperschaft, Anstalt oder Stiftung des öffentlichen Rechts [beschäftigt sind und] gewichtige Anhaltspunkte für Gefährdung des Wohls eines Kindes oder Jugendlichen [haben, sollen bei] Inanspruchnahme von Hilfen" mitwirken.

D.h.: Die fachlichen Kenntnisse und auch die persönlichen Erfahrungen der Mitarbeiter in den ambulanten und (teil-)stationären Einrichtungen für Abhängigkeitskranke können entscheidend dazu beitragen, hier zu einem „gesunden" Umgang in der Arbeit mit häufig traumatisierten Kindern, Jugendlichen und Familien zu kommen.

Über ein *Schnittstellenmanagement* können die Probleme, die durch Schnittstellen entstehen, vermieden und ein möglichst reibungsloser Ablauf der Prozesse gefördert werden.

Zur Schnittstellenproblematik:
Ein wesentlicher Aspekt muss in der Verzahnung der Jugendhilfe und Suchthilfe liegen, um einen fächerübergreifenden Schwerpunkt auf die Problematik von Kindern, Jugendlichen und jungen Erwachsenen zu gewährleisten.

Ein vorrangiges Handlungsfeld muss die Schnittstellenproblematik der Leistungsbereiche lösen und ein *differenziertes Versorgungsangebot* schaffen:

- Hilfsangebote der psychosozialen Beratungsstelle
  - Information, aufsuchende Arbeit, Erstdiagnostik, Indikationsstellung
  - Kurzintervention
  - ambulante Einzel- und/oder Gruppengespräche
  - Hilfsangebote bspw. Ergotherapie, Soziotherapie, psychoedukative Gruppen
  - Krisenintervention
- fachärztliche Mit- und Weiterbehandlung
  - Vertiefende diagnostische Abklärung, ggf. Vermittlung in therapeutische Leistungen

- psychosoziale Beratung jenseits der gesetzlichen Krankenversicherung (bspw. Erziehungsberatung nach § 28 SGB VIII)
  - Information, Indikationsstellung
- Hilfsangebote des sozialpsychiatrischen Dienstes der Kommune
  - aufsuchende Arbeit, Vermittlungstätigkeiten
- Beratung und therapeutische Leistungen durch einen KJP
  - Diagnostik, Richtlinienpsychotherapie
- Leistungen der (teil-)stationären Suchthilfe und Jugendhilfe
  - multiprofessionelle Versorgung im geschützten Rahmen
- Behandlung im Krankenhaus
  - fachärztliche Versorgung im geschützten Rahmen

Arbeitsschwerpunkte:

- Information und Beratung von Kindern und Jugendlichen sowie Angehörigen Die Fachkräfte stehen als Ansprechpartner für die alltäglichen Sorgen und Nöte des Jugendlichen, als Begleiter in Krisen und zur Konfliktbewältigung zur Verfügung, geben persönliche Unterstützung in allen Lebensfragen, geben Anregungen und Impulse, machen Mut und konfrontieren den Betroffenen mit seiner Lebensweise und der Realisierbarkeit seiner Wünsche, Ziele und Lebensentwürfe (vgl. *Scheiblich, Petzold,* 2005).
  - Maßnahmen in Kooperation mit der Jugendhilfe:
    - ✓ innerhalb der vereinbarten Kooperation kann die Jugendhilfe spezifisches Wissen über Persönlichkeitsentwicklung und jugendtypische Konflikte vermitteln.
    - ✓ die Suchthilfe erarbeitet gemeinsame Konzepte zum Umgang mit der Zielgruppe.
    - ✓ auf dieser Grundlage können gemeinsame Möglichkeiten zur Frühintervention entwickelt werden.
    - ✓ gemeinsame Fallbesprechungen bzw. Hilfeplangespräche.
- Krisenintervention
- verantwortlich für die enge Verknüpfung der einzelnen Leistungsanbieter und ihrer Mitarbeiter
- Präventionsangebote Vor-Ort (Schulen, Clubs, Jugendzentren u.a.)

Zieldefinition:

Bei der Ausdifferenzierung der Betreuungsleistungen muss neben der vorgegebenen Betreuungsstruktur die Möglichkeit der (zeitlichen) Flexibilisierung der verschiedenen Leistungsangebote im Hinblick auf den Bedarf des einzelnen Klienten sowie hinsichtlich einer individuellen Betreuungsplanung gegeben sein.

- Metaziele sollen für die bewusste Handlungssteuerung in persönlichen Entwicklungsprozessen verfügbar sein:
  - Erhöhung der Alltagskompetenzen
  - Verbesserung und Erweiterung der persönlichen und sozialen Kompetenz sowie der Erlebnisfähigkeit und der Lebensqualität
  - Stärkung konstruktiver, funktionaler Lebensstile; Erweiterung persönlicher Kompetenzen und Performanzen
  - Wiedergewinn von Lebenssinn und Lebensfreude durch Kontakt und Spaß mit Anderen
  - Entwicklung / Stabilisierung / Erreichung der Abstinenz
- Grobziele betreffen die Person in ihrer Vergangenheit, Gegenwart und Zukunft. Sie werden aus der Exploration der Persönlichkeit und der Kontext-/ Kontinuumanalyse der Zielgruppe gewonnen und im „therapeutischen Curriculum“ umgesetzt:
  - Entwicklung von Vitalität und Kompetenz, Willens- und Durchhaltekraft
  - Ressourcen- und Potenzialaktivierung
  - Regulation von (Über-) Belastungsgefühlen
  - positive Bewertung des Selbst und von prägenden Lebensereignissen
  - Erarbeitung eigener Werte und Normen sowie eigener Regeln
- Feinziele sind instrumentell für das Erreichen der Grobziele, d.h. es geht auch um methodenbestimmte Ziele: Wir müssen wissen, was wir sozial-/ soziotherapeutisch, netzwerktherapeutisch, regressionstherapeutisch etc. erreichen können und wollen:
  - Förderung der Eigeninitiative und Eigenverantwortlichkeit
  - Aufbau bzw. die Wiederaufnahme von tragfähigen Kontakten und Beziehungen (Freundes- und Bekanntenkreis), um Zugehörigkeit zu erfahren, Spaß zu haben und so dem Alleinsein entgegenzuwirken
  - Annahme des eigenen Geschlechts und dessen positive Bewertung
  - Erarbeitung eines gesunden Umgangs mit der eigenen Sexualität
  - Unterstützung bei der schrittweisen praktischen Erprobung der psychischen und körperlichen Belastbarkeit unter „Alltags- und Arbeitsbedingungen" (= Eingliederung in Arbeit, Beruf und Gesellschaft), beim Umgang mit kritischen Situationen und bei der Entwicklung von Konfliktlösungsstrategien
  - Hilfen bei der Bearbeitung latenter Probleme

Merke:
Noch kann dieses Leistungsangebot der Jugendhilfe und Suchthilfe nicht realisiert werden, aufgrund vermeintlich fehlender finanzieller Ressourcen, Unkenntnis der politisch Verantwortlichen und, nicht zuletzt, fehlender Solidarität und Bereitschaft der Repräsentanten der Jugend- und Suchthilfe.

5.1 Anforderungen an die Suchthilfe und Jugendhilfe, die Helfer und ihre Aufgaben

Aufgabe der Jugendhilfe und Suchthilfe muss es sein, auch für Kinder, Jugendliche und junge Erwachsene, die aus psychosozial belasteten und „armen“ Lebensverhältnissen kommen, *geeignete* Hilfen zu gewährleisten, um die Lebenswelt von Kindern und Jugendlichen zu erfassen und zu verstehen.

Nach *Quensel* (1998) müssen wir akzeptieren lernen, dass Kinder und Jugendliche notwendigerweise mit risikobehaftetem Verhalten einhergehen, als notwendiges Erkunden der eigenen Handlungsspielräume, als Versuch, mit Neuem umzugehen zu lernen, wie aber auch als Gefahr abzustürzen. Eine auf den Lebenskontext bezogene Sichtweise kann die Probleme benennen und möglicherweise lösen.

Die bestehenden Angebote und Ressourcen der Jugendhilfe und Suchthilfe müssen immer wieder überprüft und optimiert genutzt werden, um angemessene Hilfe- und Leistungsangebote für junge Menschen anbieten zu können. Dies hat zur Konsequenz, bestehende Gewichtungen in den Arbeitsansätzen zu verändern. Die *Aufgaben der Jugendhilfe und Suchthilfe* in der Arbeit mit jungen Menschen sollten im Kontext von Prävention, Beratung und Behandlung auf

- eine deutliche Verbesserung der Erreichung der Zielgruppe durch intensivere Kooperation der Einrichtungen (*Struktur-, Netzwerkanalyse*),
- der Entwicklung von „Modellen“ für besonders problematische Fälle (*Handlungsebene*)
- einer stärkeren Differenzierung/Neuorientierung der ambulanten/stationären Beratungs-, Betreuungs- und Behandlungsansätze,
- einer engen Kooperation mit dem psychosozialen Versorgungssystem (KuJ-Psychotherapeuten, Kinder- und Jugendpsychiatern u.a.) zur Wissenserweiterung für die Bereiche Umgang, Diagnostik und Behandlung,
- Krisenintervention,
- Förderung der Selbstorganisation von Kindern und Jugendlichen und
- Multiplikatorenarbeit

gründen. Anzustreben sind hier Kooperationsverbünde in der jeweiligen Region, die deutlich über die bestehenden Netzwerke im psychosozialen Versorgungssystem hinausgehen müssen.

In einem effektiven Hilfesystem sind *Kooperationspartner* zusammengefasst: *Kommunale Behörden (*Schulen, Jugend-/Sozialamt, Amt für Wohnungshilfe, Erziehungsberatungsstellen), *Justizielle Behörden (*Jugendgerichts-/Bewährungshilfe, Gerichte, Justizvollzugsanstalten), *(Jugend-)Bildungsträger* (Institutionen der (über-)betrieblichen Aus- und Weiterbildung), *Agentur für Arbeit/Jobcenter, Einrichtungen der Jugendhilfe, Einrichtungen der medizinischen Versorgung* (Entzugsstationen, Fachkliniken der medizinischen Rehabilitation (ambulant/(teil-)stationär), *Einrichtungen der sozialen Rehabilitation* (Notschlafstellen, Frauenhäuser, Schuldenregulierung), *Leistungsträger* (Krankenkassen, Rentenversicherung, Bundesknappschaft, (über-)örtliche Sozialhilfe), *Niedergelassene Ärzte/ Psychotherapeuten und Rechtsanwälte, Freizeiteinrichtungen* (Sportvereine, Kirchengemeinden, VHS, Jugendfreizeithäuser, Diskotheken) u.v.m.

Eine Gewichtung auf sekundärpräventive Ansätze (d.h. schadensminimierende und risikokompetenzfördernde Ansätze) halte ich dabei für unabdingbar. Auch sollten die Erkenntnisse aus den primärpräventiven Ansätzen genutzt werden – allerdings nicht in der Gewichtung der „Ausschließlichkeit“.

Schließlich müssen die Kompetenzen der Fachstellen für Prävention umfassender genutzt werden, d.h. Konzepte zur Erlebnisaktivierung (erlebnispädagogischer Bereich) und Trainings im Bereich der Vermittlung von Lebenskompetenzen, Multiplikatorenschulungen.

In einem ersten Schritt wird es darauf ankommen, die Schnittstellen auszubauen und entsprechend den Erfordernissen der Praxis so auszugestalten, wie es die Aufnahme bzw. die Verstärkung des Diskurses zwischen den Arbeitsfeldern erfordert.

Um diesem Anspruch gerecht zu werden, müssen die Einrichtungen ihr gesamtes Leistungsspektrum daraufhin betrachten, wie die Arbeitsansätze umstrukturiert werden müssen, um für Kinder und Jugendliche effektive Leistungsangebote umsetzen zu können.

Entscheidend ist, dass gezielt Kinder und Jugendliche angesprochen werden und die Leistungsangebote darauf abzielen, zum frühestmöglichen Zeitpunkt zu intervenieren, und sich ggf. als Möglichkeit der Information, Kurzintervention, Vermittlungsstelle in weiterführende Hilfen und Kooperationspartner von Institutionen verstehen.

„Veränderungswirksame Erfahrungen können [...] nur durch spezifisches, Neubahnungen ermöglichendes Erleben und Handeln in sich verändernden Lebensstilen und Lebenskontexten gewonnen werden" (*Petzold,* 2005).

„Ziel [...] ist die Veränderung von dysfunktionalen Verhaltensweisen, [...] weiterhin die Entwicklung von *Fähigkeiten/Kompetenzen* und *Fertigkeiten/Performanzen*, die der Bewältigung und Gestaltung des weiteren Lebensweges und seiner Absicherung durch das Erarbeiten von Ressourcen dienen soll" (*Scheiblich, Petzold,* 2005).

5.2 Leistungsangebote der Suchthilfe im Kontext des KJHG

Die Vielfalt der Stile und Lebensentwürfe der Kinder und Jugendlichen verdeutlicht, dass sich Institutionen – wollen sie Sozialisation fördern und sichern – mit der derzeitigen Lebenssituation und dem Lebensentwurf auseinandersetzen müssen.

Nach § 7 Abs. 1 *Kinder- und Jugendhilfegesetz (KJHG)* ist als „junger Mensch" (vgl. auch §1 KJHG) zu betrachten, wer noch nicht 27 Jahre alt ist.

Nach § 35a KJHG haben Kinder und Jugendliche einen Anspruch auf Beratung (§ 28 KJHG), Hilfeleistungen und Eingliederungshilfen. „Der gesetzliche Auftrag zielt darauf ab, junge Menschen in ihrer individuellen und sozialen Entwicklung zu fördern, Benachteiligungen zu vermeiden und abzubauen sowie für positive Lebensbedingungen [...] Sorge zu tragen" (*Hensen, Körner,* 2005).

Die fachliche und finanzielle Verantwortung ist in Verbindung mit § 47 BSHG gesetzlich geregelt. Diese Zuständigkeit bezieht sich nicht auf die medizinische Behandlung (z.B. Entgiftung), aber auf Rehabilitation und Wiedereingliederung, d.h. die Suchthilfe muss die erforderlichen Angebote (vgl. § 79 Abs. 2 KJHG) vorhalten.

Voraussetzung für <u>alle</u> Hilfeangebote muss eine sanktionsfreie und vertrauensvolle Atmosphäre sein, die für die Kinder und Jugendlichen Anonymität und Schweigepflicht gewährleistet; die Haltung des Pädagogen sollte geprägt sein von Verständnis und Akzeptanz der Zielgruppe.

5.2.1 Leistungsangebote der Suchthilfe für Kinder und Jugendliche aus psychosozial belasteten und suchtbelasteten Lebensverhältnissen

Bei den Leistungsangeboten müssen die Möglichkeiten verbessert werden, um bestimmte Aktivitäten des täglichen Lebens in Art und Ausmaß auszuüben, die für sie als „normal“ für ihren persönlichen Lebenskontext bedeutsam sind.

In der Praxis bedeutet dies u.a., dass die Kompetenz des Hilfesystems im Sinne einer partnerschaftlichen Kooperation verbindlich/verpflichtend eingebunden wird, um die Möglichkeiten des Hilfesystems aufzeigen und individuell optimal nutzen zu können.

Präventive Maßnahmen

„Die Suchtprävention [fokussiert] die Alkoholprävention, die Tabakprävention, die frühe Suchtprävention im Kindesalter sowie die Prävention des Konsums illegaler Substanzen und die Verhaltenssuchtprävention (hier: Glücksspiel, exzessive Mediennutzung). Vorrangige Zielgruppen sind Jugendliche, junge Erwachsene sowie erwachsene Bezugspersonen von Kindern und Jugendlichen wie Eltern, Lehrkräfte [...]. Teilzielgruppen [sind] vulnerable Zielgruppen wie Kinder aus suchtbelasteten Familien“ (*Goecke*, 2020).

Prävention zielt auf die generelle Vermeidung auslösender oder vorhandener Risikofaktoren für psychische Krankheiten bzw. Gesundheitsstörungen sowie die frühzeitige Erkennung einer Erkrankung und die Reduktion der Prävalenz durch Frühintervention/-behandlung.

1994 erfolgte die Unterteilung in universelle, selektive und indizierte Prävention von psychischen Störungen:

- **Universelle Prävention** (= Primärprävention) verfolgt das Ziel, den Einstieg in den Konsum legaler und illegaler Drogen und die Entwicklung stoffgebundener oder stoffungebundener Verhaltensweisen zu verhindern. Primärpräventive Maßnahmen zielen auf die Erweiterung der sozialen und personalen Handlungskompetenzen.
- **Selektive Prävention** (= Sekundärprävention) ist Arbeit mit Menschen, die legale und oder illegale Suchtmittel bereits konsumieren oder riskante/missbräuchliche Konsummuster haben. Entsprechend zielen sekundärpräventive Maßnahmen auf Schadensbegrenzung und Risikominimierung (harm reduction, safer use) und versuchen die Ausweitung und Verfestigung des Konsums zu verhindern.

- **Indizierte Prävention** (= Tertiärprävention) ist Beratung von Menschen, die Wege aus der Sucht suchen. Sie umfasst die Bereiche Entzug, Substitution, Entwöhnung, Adaption und Nachsorge. Ziel ist die Erarbeitung und Sicherung der Abstinenz, Verantwortungsübernahme und Befähigung zur Selbstorganisation ihrer Lebenssituation.

Ausgangspunkt dieses Präventionsverständnisses ist die Definition von Gesundheit der *WHO*: „Gesundheitsförderung ist ein Prozess, der Menschen dazu in die Lage versetzen soll, mehr Einfluss auf ihren Gesundheitszustand zu entwickeln und ihre Gesundheit aktiv zu verbessern. Ziel ist die Erreichung eines Zustandes vollständigen körperlichen, geistigen und sozialen Wohlbefindens" (*Lammel* 2009), der dadurch erreicht werden soll, dass Individuen und Gruppen unterstützt werden, eigene Wünsche wahrzunehmen und zu realisieren, Bedürfnisse zu befriedigen, sowie die Umgebung zu verändern oder sich an diese anzupassen.

Präventive Maßnahmen müssen „lebensweltliche Bühnen für die jugendliche Selbstdarstellung und Identitätsarbeit zur Verfügung [stellen] und den Identitätsentwürfen der jungen Menschen [...] ausreichend Resonanz [gewähren und] auch Zugänge zu lustvollen Grenzerfahrungen und Risikoanforderungen, die nicht gesundheitsgefährdend sind, ermöglichen" (ebenda).

Die „Psychische Gesundheitsförderung" muss in *differenzieller* Weise mit vielfältigen Instrumenten (bspw. *Bewegungs- und sporttherapeutische Angebote, vgl. „Lauftherapie mit traumatisierten Kindern und Jugendlichen" und Schay et al., 2006, Schay, 2011/2013)* gefördert werden, um die psychische Funktion von Kindern und Jugendlichen durch Aktivierung und Handlungsprozesse wesentlich zu beeinflussen.

Als Dimensionen dieses Ansatzes sind im Besonderen herauszustellen (vgl. auch Inhalte und Ziele der sozialen und medizinischen Rehabilitation gem. SGB V, VI, VIII, IX und XII):

1. eine **kurative Dimension** zur Heilung und Linderung seelischer und psychosomatischer Störungen und Leidenszustände mit Krankheitswert.
2. eine **gesundheitsfördernde Dimension** zur Entwicklung einer gesundheitsbewussten Lebensführung und eines gesundheitsaktiven Lebensstils.
3. eine **persönlichkeitsentwickelnde Dimension**, um die eigene Lebensführung aktiv zu planen, zu gestalten und voranzubringen, d.h. seine persönliche Souveränität zu entwickeln.

Kinder und Jugendliche sollen befähigt werden, die gewonnenen neuen Erfahrungen zu verstehen und zu verwirklichen, d.h. die Entwicklung spezifischer

Kenntnisse wie

- Förderung der Ich-Stärke (Selbstwahrnehmung, Selbstverständnis), Ich-Flexibilität,
- Förderung der Sinnerfassungskapazität i.S. einer Verbreiterung der Bewusstheit und Steigerung des Bewusstseins,
- Förderung der emotionalen Differenziertheit,
- Explorieren „alltäglicher“ Situationen,
- Durchspielen von Lösungsmöglichkeiten und
- Aufbau von Willenskräften

um auf dieser Grundlage Neuorientierung zu ermöglichen.
Ausgehend von diesen Grundannahmen wird durch die Angebote die Förderung der personalen, sozialen und sportspezifischen *Kompetenz* und *Performanz* integriert.

Teilbereiche der Förderung der personalen Kompetenz und Performanz

- Steigerung des Selbstvertrauens und des Selbstwertgefühls
- Verbesserung der Leistungsmotivation durch Vermittlung individueller Erfolgserlebnisse
- Verbesserung bzw. Wiederherstellung der Belastungs- und Leistungsfähigkeit
- Herausbildung von Problem- und Konfliktlösungsverhalten

Teilbereiche der Förderung sozialer Kompetenz und Performanz

- (Wieder-)Erlangung der Fähigkeit, soziale Gegebenheiten adäquat zu erfassen, zu bewerten und entsprechend zu handeln
- Förderung der Kommunikations- und Interaktionsfähigkeit
- Wahrnehmung, Mitteilung und Vertretung eigener Bedürfnisse in sozialen Kontexten
- Entwicklung von aktivem Freizeitverhalten als Integrationshilfe

6 Leistungsanbieter

Die Leistungsanbieter im Kontext der Suchthilfe müssen über langjährige Arbeit mit dieser Zielgruppe verfügen und richten ihre Angebote nach dem individuellen Bedarf der Kinder und Jugendlichen aus und entwickeln ganzheitliche Lösungen, d.h.:

- Hilfen in der jeweiligen spezifischen Lebenslage des Einzelnen: Dabei muss auf die Probleme geachtet werden, die der Betreute in seinem Umfeld hervorruft, genauso wie die, welche er selbst hat.
- Ein vorrangiges Ziel ist das Fördern von Mündigkeit, welche in Form von Hilfe zur Selbsthilfe geleistet wird. Lösungen werden mit den Betreuten gemeinsam erarbeitet und deren Umsetzung eng begleitet. Wir wollen unsere Betreuten dabei unterstützen, ihr Leben in der Gesellschaft selbstbestimmt zu gestalten.
- Die Kinder und Jugendlichen werden als eigenständige Persönlichkeit mit Wachstumspotenzial gesehen: Durch Beratung und Unterstützung junger Menschen unabhängig von ihren Fähigkeiten fördern wir Eigeninitiative, um sie zu Selbstständigkeit und Eigenverantwortung zu befähigen.
- Der Leistungsanbieter versteht sich als Teil eines Netzwerkes von sozialen Einrichtungen im sozialen Umfeld der Betreuten und ermöglicht durch eine Kooperation mit anderen Institutionen und Anbietern unserem Betreuten eine Vielzahl von Angeboten.

6.1 Prävention in den Lebenswelten von Kindern und Jugendlichen und ihren Familien stärken

Leistungen zur Prävention und Gesundheitsförderung müssen „grundsätzlich alle Menschen in ihrem Lebensalltag [...] erreichen. [...] Dabei [müssen] ausdrücklich [folgende] Themen benannt [werden], auf die die Maßnahmen inhaltlich ausgerichtet sein können:

- Stärkung psychischer Ressourcen
- Stressreduktion/Entspannung
- Förderung eines gesundheitsgerechten Umgangs miteinander
- Gewaltprävention
- Prävention von Suchtmittelkonsum
- gesundheitsbezogene Elternkompetenzen" (*AFET,* 2019, 10f)

sowie

- vertrauensbildende Maßnahmen

- Förderung von Ressourcen und Schutzfaktoren
- Stärkung von Resilienz
- Förderung von sozialen Fähigkeiten
- Stärkung von Problemlöse- und Entscheidungskompetenz
- Stress- und Angstbewältigung
- Aufklärung und Sensibilisierung
- Stärkung des Selbstwertgefühls

Um die Nachhaltigkeit der Präventionsangebote zu sichern, sollen die Maßnahmen für Kinder und Jugendliche sowie ihre Eltern über einen längeren Zeitraum durchgeführt und evaluiert werden.

6.1.1 Fachstelle Suchtprävention der Kadesch gGmbH und JKD e.V.

Zur flächendeckenden Sicherstellung muss die Fachstelle die notwendigen Komplexleistungen organisieren und die Netzwerkarbeit der spezifischen hoch- bzw. niedrigschwelligen Versorgungsangebote aus unterschiedlichen Sozialleistungssystemen koordinieren – UND mit den notwendigen finanziellen Rahmenbedingungen ausgestattet werden.

Die *Bundesdrogenbeauftragte der Bundesregierung* (2020) beschreibt, dass Kinder und Jugendliche aus psychosozial belasteten und „armen" Lebensverhältnissen deutlich unter psychischen Erkrankungen und Verhaltensstörungen leiden und weist darauf hin, dass die Zielgruppe ein wesentlich schlechteres subjektives Gesundheitsempfinden und ein deutlich geringeres Gesundheitsbewusstsein hat.

Dies hat zur Konsequenz, dass Kinder und Jugendliche, die kaum Perspektiven sehen (z.B. Arbeitslosigkeit), gefährdeter sind hinsichtlich einer psychischen und Suchterkrankung bzw. abweichenden Verhaltens.

Um hier wirksam werden zu können, müssen Maßnahmen der Suchtprävention Kindern und Jugendlichen Möglichkeiten zur Perspektiventwicklung aufzeigen.

Zur *strukturelle suchtpräventive Arbeit* gehören demnach:

- Gesundheitsförderung („Vorbeugen ist besser als heilen")
  - die Vermittlung von Fähigkeiten der sozialen Resistenz gegenüber einem Drogenkonsum,
  - die Vermittlung von Fähigkeiten des individuellen Zurechtkommens,
  - die Vermittlung von allgemeinen sozialen Fähigkeiten.

- Ausbau und Implementierung von Frühinterventionen
- Stärkere Partizipation Kinder und Jugendlicher mit dem Ziel der Förderung der Selbstwirksamkeitserwartung
- Multiplikatorenschulungen zur Arbeit mit Kinder und Jugendlichen (z.B. motivierende Gesprächsführung)
- Informationsvermittlung, Öffentlichkeitsarbeit

Sekundärprävention
will „Beeinträchtigungen" verhindern und bereits bestehende Beeinträchtigungen beheben, so dass auf praktischer Ebene eine Basis für Handlungsalternativen im Lebensalltag (wieder) geschaffen werden kann.

Um dieses Ziel umsetzen zu können, müssen Früherkennung und Frühintervention Hauptelemente dieses Präventionsansatzes sein, also die Frage: Wie können 12- bis 25-jährige Kinder und Jugendliche (insbesondere unter Einbeziehung ihrer subjektiven Sicht) erreicht werden?

Es geht hier also nicht um bspw. eine Sucht-*Behandlung*, die auf (psycho-)therapeutischer Ebene die Ursachen und Auswirkungen des Suchtmittelkonsums aufarbeitet und die Ebene der Medizin mit einbezieht.

Hier müssen wir die Interventionsmöglichkeiten und Verfahren entwickeln, um

- eine (schwerwiegende) psychische Störung, die bei Kindern und Jugendlichen als Folge des Suchtmittelkonsums und/oder anderer aktueller Problemstellungen entstehen kann, zu verhindern.
- Veränderungen im Beziehungserleben und -verhalten sowie
- die Behebung persönlichkeitsstruktureller Defizite zu ermöglichen.

Die Annahme dabei ist, dass hierüber ein Verarbeitungsprozess angeregt wird, der eine Normalisierung der Situation (der Symptome) ermöglicht, der Prozesse sozialer Unterstützung anregt und sozialen Rückzugstendenzen entgegenwirkt (vgl. *Mitte, Steil, Nachtigall,* 2005).

Suchtpräventive Arbeit in Kooperation mit den Kindertagesstätten und Schule

- Unterrichtsreihen/Projekte zur Vermittlung von altersentsprechenden Informationen, zugeschnitten auf die jeweiligen Bildungs- und Altersstufen sowie z.B. Unterscheidungen von Gesundheitsförderung (z.B. Vermittlung von Lebenslust, aktiv sein) und Konsummustern
- Klärung der juristischen Fragen, bspw. Klärung zur Regelung des Umgangs mit Suchtmittelkonsum an der Schule

Das positive Fazit endet mit der Erkenntnis, dass dieses Thema viele Kindertagesstätten und Schulen in unterschiedlicher Form betrifft. „Die Teilnahme am [Unterricht und an] Projekten zeigt vielmehr von der besonderen Verantwortlichkeit [...], sich verbreiteten Problemen zu stellen und [...] klare Regeln und Interventionen vorbeugend zu vereinbaren“ (*Rodiek, Schlömer,* 2005).

7 Fachpersonal

Der Personalbedarf wird auf der Grundlage der aktuellen Vereinbarungen mit dem Fachbereich Kinder-Jugend-Familie der jeweiligen Stadt ermittelt und unter Berücksichtigung des individuellen Hilfebedarfes und der entsprechenden „Leistungstypen“ gewährleistet.

Die Mitarbeiter verstehen sich dabei als Dienstleistende und bringen ihre Fachlichkeit, berufliche Erfahrung sowie soziale und persönliche Kompetenzen im Arbeitsalltag ein. Ihr alltägliches Handeln ist geprägt durch Empathie, Wertschätzung und Rollenklarheit. Dabei richten sie ihr Handeln ressourcenorientiert auf die individuellen Ziele und Hilfebedarfe der Klientel aus und gestalten eine entwicklungsbejahende, zielbezogene Lebensbegleitung im Rahmen des Bezugspersonensystems.

Das Personal wird multiprofessionell und somit hinsichtlich des Alters, des Geschlechts und der fachlichen Qualifikation heterogen ausgerichtet. Dem Bedarf entsprechend werden auch medizinische, psychologische und andere therapeutische Fachkräfte herangezogen.

Im Rahmen von Bildungsplanung und -steuerung werden kontinuierliche Schulung, Fort- und Weiterbildungsmaßnahmen für die Mitarbeiter entwickelt, die sich an den Erfordernissen des Arbeitsalltags und fachlichen Entwicklungen der Einrichtung orientieren. Die Prozess-, Struktur- und Ergebnisqualität des professionellen Handelns wird regelmäßig reflektiert, bewertet und den aktuellen Erfordernissen angepasst.

7.1 Multiprofessionelles Team

In einem multiprofessionellen Team gewährleistet der Leistungsanbieter eine allumfassende Begleitung und Betreuung.

Das Team besteht aus unterschiedlichen Professionen:

- Erzieher
- Sozialarbeiter/-pädagoge
- Kinder- und Jugendlichenpsychotherapeut, Psychologe

- Hauswirtschafter
- ...

Fachberatung
Um die komplexen Zusammenhänge in der Beziehungsarbeit mit der Zielgruppe besser verstehen und auch effektiver nutzen zu können, ist es im Hilfeprozess immer wieder erforderlich, diverse fachliche Unterstützung einzuholen. Somit bleibt die Qualität der pädagogischen Betreuungs- und Beratungsarbeit während des gesamten Hilfeverlaufs gewährleistet.

7.2 Strukturelle Arbeitsweise

Im Rahmen der themenzentrierten Pädagogik geht es darum, mit den Kindern, Jugendlichen und jungen Heranwachsenden Fähigkeiten und Ressourcen wiederzuentdecken und auszubauen. Im Fokus stehen dabei die Reflexion eigener Werte und Normen sowie die Reflexion des eigenen Rollenverhaltens in der Familie und in sozialen Bezügen.

Ziel ist, soziale Fähigkeiten, Handlungsspielräume und Kompetenzen der Kinder, Jugendlichen, jungen Heranwachsenden und ihrer Eltern zu erweitern, die ihnen ein altersgemäßes und sozialverantwortliches Handeln ermöglichen, damit das Zurückgreifen auf ihre dysfunktionalen und destruktiven Verhaltensweisen nicht mehr notwendig ist.

8 Qualitätssicherung

Bei der Qualitätssicherung stehen die Klienten und deren optimale Versorgung im Mittelpunkt. Sie ist ein Weg zur Steigerung der Effizienz der Angebote und wird als ständiger Reflexions- und Optimierungsprozess einer lernenden Institution verstanden.

Durch folgende Maßnahmen wird die Qualität der Arbeit kontinuierlich überprüft und weiterentwickelt:

- Multiprofessionalität des Teams
- Dokumentation der Arbeit in einem Sachbericht, der inhaltlich geeignet ist, die Qualitätsmerkmale des in dieser Leistungsbeschreibung beschriebenen Angebotes zu belegen und Auskunft über Art und Umfang sowie qualitative Aspekte der Arbeit zu geben.

- Qualitätsmanagement mit der Zielsetzung, die Arbeit ständig zu verbessern, zu erneuern und zu professionalisieren; unter Berücksichtigung der Kriterien: Führung, Politik und Strategie, Mitarbeiterorientierung, Ressourcen, Prozesse, Kundenzufriedenheit, Mitarbeiterzufriedenheit, Gesellschaftliche Verantwortung/Image und Ergebnisse.
  - Hier sind insbesondere die Vorgaben des § 8a SGB VIII zum Schutz von Kindern und Jugendlichen bei Anhaltspunkten auf eine Gefährdung von Bedeutung, um „frühzeitig drohende Kindeswohlgefährdungen zu erkennen und ihnen durch geeignete Hilfemaßnahmen entgegenzuwirken". Ziel ist, „unter Berücksichtigung [...] insbesondere präventiver Maßnahmen [...] auch im Bereich der Schnittstelle zum Gesundheitssystem" (*FDR*, 2015, 9) wirksame Hilfen sicherzustellen.

9 Schlussbemerkungen

Um Utopien zu vermeiden, müssen die Hilfeangebote der Suchthilfe und Jugendhilfe auf den Prüfstand gestellt werden. Dabei müssen wir selbstkritisch feststellen, dass wir es in den vergangenen Jahren versäumt haben, unsere Leistungsangebote auszudifferenzieren und nicht an den Bedarf der Kinder und Jugendlichen zu orientieren.

Noch immer ist festzustellen, dass diese Diskussion von den Vertretern der freien Wohlfahrtspflege und leider auch von Kollegen, die bei ihren Trägern in leitender Funktion tätig sind, weitgehend verhindert wird, unter dem Vorwand, die Finanzierung unserer Einrichtungen nicht zu gefährden.

Übersehen wird dabei – und das hat die Erfahrung uns immer wieder gelehrt –, dass wir mit dieser „Fachpolitik" immer nur einer Entwicklung hinterherlaufen und letztlich von Politik und Leistungsträgern „veranlasst" werden, unsere Arbeit nach deren Maßgaben inhaltlich zu gestalten.

Nur sehr langsam kommen wir zu der Erkenntnis, dass auch wir als Praktiker hier eine fachliche und sozialpolitische Verantwortung zu übernehmen haben und uns in die Auseinandersetzung um die Inhalte unserer Arbeit begeben müssen.

Insbesondere, um Hilfe- und Leistungsangebote aus der Praxis heraus entwickeln und fachlich auf eine Basis stellen zu können, die wir als Fachleute vom Bedarf der Zielgruppe ausgehend, für sinnvoll und notwendig halten. Besitzstandsdenken und Festhalten an Traditionen wird uns nur erstarren lassen.

Gefordert sind dabei Neugierde und Offenheit, weil es für uns nur schwer vorstellbar ist, dass Identität und Zufriedenheit mit unserer Arbeit allein auf dem Wissen gegründet sind, dass wir die Zusammenhänge der Bewilligungspraxis, die Sachzwänge unseres Trägers kennen und/oder um die Sicherheit unseres Arbeitsplatzes fürchten müssen u.v.m.

Die Handlungsprogramme, die von der Politik entwickelt werden, haben nicht die Neuausrichtung bestehender Arbeitsansätze zum Inhalt, sondern gehen von einer „Verwaltung der bestehenden Angebote" aus und vernachlässigen die fachliche Diskussion über eine bedarfsgerechte Weiterentwicklung der Hilfe- und Leistungsangebote der Sucht- und Jugendhilfe, insbesondere in Bezug auf Kinder und Jugendliche aus psychosozial belasteten und „armen" Lebensverhältnissen.

Insbesondere für die Bereiche der Beratung, Behandlung und Prävention muss leider festgestellt werden, dass die Zielgruppe von den bestehenden Leistungssegmenten nur unzulänglich angesprochen wird und Konzepte und Arbeitsmethoden benötigt werden, die adäquate Hilfen für Kinder und Jugendliche, junge Erwachsene und deren Bezugspersonen ermöglichen.

Es ist nicht hinnehmbar, wenn hier auch aus der Suchthilfe und Jugendhilfe propagiert wird, dass die Arbeit mit der jugendlichen Zielgruppe (noch) nicht zu den Kernaufgaben von Sucht- und Drogenberatungsstellen gehört.

Zunehmend haben wir es in unserer Arbeit mit Kindern und Jugendlichen zu tun, die unter Symptomen früher Störungen (Hyperaktivität/ADS, Schwierigkeiten im Umgang mit Aggression, psychischen Erkrankungen, Essstörungen, Traumatisierungen, sozialer Isolation, Schulverweigerung u.v.m.) leiden, und diesen mit (z.T. sehr massivem) Drogenkonsum i.S. einer Selbstmedikation zu begegnen versuchen; auch werden wir von Eltern und Multiplikatoren angesprochen. Daraus muss sich die Verpflichtung ableiten, den Hilfesuchenden zum frühestmöglichen Zeitpunkt Unterstützung anzubieten.

Dieser Beitrag hat aufgezeigt, dass die sog. „Symptomfixierung" – wie sie üblicherweise in der Jugendhilfe und Suchthilfe praktiziert wird – in den Hilfeangeboten und Arbeitsansätzen für Kinder und Jugendliche aufgehoben werden muss.

Für Suchthilfe und Jugendhilfe als Netzwerkarbeit und im Verbundsystem der regionalen Angebotsstruktur ist die Notwendigkeit von ausgestalteten Kooperationsformen und klaren Zuständigkeiten zwingend notwendig, um die Angebote für Betroffene überschaubar zu machen und zu vermeiden, dass für Hilfesuchende Weitervermittlungen die Regel sind.

In Fragen, die über die Leistungsangebote nicht abgedeckt werden können, vermittelt sie im Sinne des Case-Managements an die entsprechenden Kooperationspartner und Leistungsanbieter in der Region.

„Viele Kooperationsformen scheitern nicht daran, dass die jeweiligen Kooperationspartner unterschiedlich sind, sondern daran, dass die Unterschiede [der Systeme] nicht gesehen und berücksichtigt werden und so die eigenen Maßstäbe und Orientierungen auf den/die Kooperationspartner übertragen werden" (*Landeskoordinierungsstelle für Frauen und Sucht NRW*, 2015).

Fazit:
Der Autor ist der Auffassung, dass wir es erreichen müssen, unser Selbstverständnis von Suchthilfe und Jugendhilfe deutlich zu erweitern und das Aufgabenspektrum in unseren Angeboten so weiterzuentwickeln, dass junge Menschen angemessene Möglichkeiten zur Entwicklung (von chancenreichen Lebenslagen) in der Lebensspanne erhalten.

Es muss ein Rahmen entwickelt werden, der Hilfe- und Leistungsangebote für Kinder und Jugendliche aus psycho-sozial belasteten und „armen" Lebensverhältnissen ermöglicht und Möglichkeiten eröffnet, notwendige Veränderungen und Weiterentwicklungen vorzunehmen.

Deshalb kann man durchaus von einer fortgesetzten Notsituation sprechen und damit eine Ausnahmeregelung für Kinder und Jugendliche anwenden: Jeder Euro, der ausgegeben wird, wird dazu führen, dass in der Suchthilfe und Jugendhilfe notwendige Leistungen vorgehalten werden können, um Kinder und Jugendlich zu stärken!

„Ein guter Anfang
ist
ein halber Erfolg"
(ungarisches Sprichwort).

10 Literaturhinweise

AFET - Bundesverband für Erziehungshilfe e.V. (2019): Abschlussbericht Arbeitsgruppe Kinder psychisch und suchtkranker Eltern, Hannover

Amann, U. (2009): Bindungsrepräsentationen suchtmittelabhängiger Jugendlicher und ihrer Eltern, in: http://www.hausarbeiten.de/faecher/vorschau/135249.html, 15.12.2009

Arbeitsgemeinschaft für Kinder- und Jugendhilfe (AGJ) (2010): Kinder von psychisch erkrankten und suchtkranken Eltern - Diskussionspapier der Arbeitsgemeinschaft für Kinder- und Jugendhilfe, in: https://www.agj.de/pdf/5/Kinder_psychisch_kranker_Eltern%20(2).pdf

AG der Obersten Landesjugendbehörden (2005): Kinder und Gesundheit - Gesundheitsförderung als gesamtgesellschaftliche Aufgabe, 78. Jugendministerkonferenz, www.stmas.bayern.de und www.gmkonline.de

Arenz-Greiving, I. (2011) (Hrsg.): Kindern von Suchtkranken Halt geben. Fakten. Risiken. Hilfen, Freundeskreis für Suchtkrankenhilfe, Bundesverband e.V. (Hrsg.)

AWO-ISS-Studien (2012): Von alleine wächst sich nichts aus. Lebenslagen von (armen) Kindern und Jugendlichen und gesellschaftliches Handeln bis zum Ende der Sekundarstufe I. Abschlussbericht der 4. Phase der Langzeitstudie im Auftrag des Bundesverbandes der Arbeiterwohlfahrt (*Laubstein, C., Holz, G., Dittmann, J., Sthamer, E.*), Frankfurt am Main: ISS e.V.

Bertelsmann Stiftung (2016): Armutsfolgen für Kinder und Jugendliche - Erkenntnisse aus empirischen Studien in Deutschland, in: www.bertelsmann-stiftung.de

Bundesministerium für Familie, Senioren, Frauen und Jugend (BMFSFJ) (2014): Kinder- und Jugendhilfe, Achtes Buch Sozialgesetzbuch, Berlin

Bundesministerium für Familie, Senioren, Frauen und Jugend (BMFSFJ) (2020): Referentenentwurf eines Gesetzes zur Stärkung von Kindern und Jugendlichen (Kinder- und Jugendstärkungsgesetz - KJSG), Berlin

Bundesarbeitsgemeinschaft Kinder- und Jugendschutz (BAJ) (2012): Kinder in suchtbelasteten Familien, in: https://www.bag-jugendschutz.de/PDF/Dossier-Kinder-Suchtkranker-Eltern-web.pdf

Bundeszentrale für gesundheitliche Aufklärung (BZgA) (2011): Wie Rauschtrinken das jugendliche Gehirn verändert, in: Alkoholspiegel, Hintergrundinformationen zur Alkoholprävention der BZgA, Oktober 2011, Köln

Clauß, A. (2007): Rezension vom 24.04.2007 zu: *Opp, G., Fingerle, M.* (Hrsg.): Was Kinder stärkt. Erziehung zwischen Risiko und Resilienz, Ernst Reinhardt Verlag (München) 2007, 2., völlig neu bearbeitete Auflage, ISBN 978-3-497-01908-3, in: socialnet Rezensionen unter http://www.socialnet.de/rezensionen/4744.php, 09.12.2009

Deutscher Bundestag (2017): Kindeswohlgefährdung und Sanktionen im Rahmen der Grundsicherung für Arbeitsuchende, Wissenschaftliche Dienste, WD 6-3000-027/17, Berlin

Deutsche Hauptstelle für Suchtfragen e.V. (DHS), Akzept e.V. (2005): Ziele, Grundlagen und Prinzipien der Sucht- und Drogenhilfe, Hamm

Deutschen Rentenversicherung (DRV) (2018): Reha-Bericht, Die medizinische und berufliche Rehabilitation der Rentenversicherung im Licht der Statistik, Berlin

Deutsche Rentenversicherung (DRV) (2018): Gemeinsame Richtlinie der Träger der Rentenversicherung nach § 15a Absatz 5 Satz 1 SGB VI für Leistungen zur Kinderrehabilitation (Kinderreha-Richtlinie) vom 28. Juni 2018, Berlin

DRV Bund (2019): Reha-Bericht - Die medizinische und berufliche Rehabilitation der Rentenversicherung im Blick der Statistik, Berlin, 81f

Drogenbeauftragte der Bundesregierung (2011): Drogen- und Suchtbericht, in: http://www.drogenbeauftragte.de/fileadmin/dateien-dba/Service/Publikationen/Drogen_und_Suchtbericht_2011_110517_Drogenbeauftragte.pdf

Drogenbeauftragte der Bundesregierung (2016): Kinder aus suchtbelasteten Familien, in: https://www.drogenbeauftragte.de/themen/drogenpolitik/kinder-aus-suchtbelasteten-familien.html

Drogenbeauftragte der Bundesregierung (2017): AFET - Bundesverband für Erziehungshilfe e.V. - Arbeitsgruppe Kinder psychisch und suchtkranker Eltern, Berlin

Drogenbeauftragte der Bundesregierung (2017): Kinder aus suchtbelasteten Familien, in: https://www.bundesgesundheitsministerium.de/fileadmin/Dateien/5_Publikationen/Drogen_und_Sucht/Broschueren/Broschuere_Kinder_aus_suchtbelasteten_Familen.pdf

Egle, U.T. & Hardt, J. (2005): Pathogene und protektive Entwicklungsfaktoren für die spätere Gesundheit, 20-43. in: *Egle, U.T., Hoffmann, S.O. & Joraschky, P.* (Hrsg) (2005): Sexueller Missbrauch, Misshandlung, Vernachlässigung, Erkennung und Behandlung psychischer und psychosomatischer Folgen früher Traumatisierung, Schattauer, Stuttgart

Fachgesellschaften und Verbände der Suchthilfe und -behandlung (2020): Dringender Appell Aufrechterhaltung der ambulanten und stationären Suchtkrankenversorgung vom 30. Oktober 2020, Gemeinsame Presseerklärung: Information der Diakonie Deutschland und des GVS zum Aktionstag Suchtberatung „Kommunal wertvoll!“, in: http://www.sucht.org/aktuelles/

Fachverband Drogen- und Suchthilfe e.V. (FDR) (2011): Jugend Sucht Vernetzung (Expertise), Hannover

Fachverband Drogen und Rauschmittel (FDR) e.V. (Hrsg.) (2015): Abhängigkeitskranke Mütter und Väter in der Suchthilfe. Eine Handreichung, FDR-Texte Nr. 11, Berlin

*Fachverband Sucht (FVS) e.V. (*2017): Stigmatisierung von Sucht begegnen, Hilfen anbieten!, in: SuchtAktuell, Zeitschrift des FVS, Jahrgang 24/02.17, Bonn, 68-69

*Fachverband Sucht (FVS) e.V. (*2019): Rahmenkonzept für Kinder suchtkranker Eltern in der stationären Entwöhnungsbehandlung, Bonn

Gesamtverband für Suchthilfe e.V. (GVS) im Diakonischen Werk der Evangelischen Kirche in Deutschland e.V. (2012): Im Interesse der Kinder eine angemessene Kontrolle bei Opiat- und polytoxikomaner Abhängigkeit entwickeln (Positionspapier), Berlin

Gesamtverband für Suchthilfe e.V. (GVS) im Diakonischen Werk der Evangelischen Kirche in Deutschland e.V. (2016): Es gibt noch viel zu tun!, Anmerkungen zur aktuellen Situation des Konsums legaler und illegaler Drogen, Pressemitteilung 5/2016, in: http://www.sucht.org/fileadmin/user_upload/Service/Publikationen/ Berichte/Anmerkungen_des_GVS_zur_Drogensituation_2016.pdf

Gesetz zur Kooperation und Information im Kinderschutz (KKG) (2012): Bundesministerium der Justiz und für Verbraucherschutz und Bundesamt für Justiz, Berlin

Gesundheitsberichterstattung des Bundes (2020): Versorgung psychisch kranker Kinder und Jugendlicher in Deutschland, Berlin

Goebel, J. P.W. & Maurer-Hein, R. (2019). Psychotherapie in der Erziehungsberatung: Ein wichtiger Baustein in der Versorgung von Kindern und Jugendlichen und ihren Eltern, Psychotherapeutenjournal, 1812), 128-135, Heidelberg

Goecke, M. (2020): Auswirkungen der Corona-Pandemie auf die Maßnahmen der Suchtprävention der BZgA, Fachzeitschrift *Such*t, Jahrgang 66, Heft 5, Hamm, 259-264)

Göpel, M. (2020): Unsere Welt neu denken, Ullstein Buchverlage GmbH, Berlin

Grossmann, K. & Grossmann, K.E. (2003): Elternbindung und Entwicklung des Kindes in Beziehungen, in: *Herpertz-Dahlmann, B., Resch, F., Schulte-Markwort & M., Warnke, A.* (2003): Entwicklungspsychiatrie, Schattauer, Stuttgart, 115-135

Grundgesetz (GG) der Bundesrepublik Deutschland (2020): in: https://www.bundestag.de/gg

Güntner, H.D. (2007): Korsika - oder „Wie man Pädagogik vermeidet“, Erlebnispädagogik - begriffliche und inhaltliche Ortsbestimmung, in: http://www.schule-bw.de/unterricht/paedagogik/erlebnis-paedagogik/korsika/erlebnispaed.htm

Hamburger Kinderschutztage (2009): Dokumentation, in: https://www.hamburg.de/kinderschutz/1892082/2009-11-kinderschutztage/

Henke, J., Henkel, D., Nägele, B. & Wagner, A. (2019): Erhebung von Ansätzen guter Praxis zur Integration Suchtkranker ins Erwerbsleben nach dem SGB II, Ergebnisse einer bundesweiten Befragung der Jobcenter, Suchttherapie 2019, 20: 39-47

Hensen, G. & Körner, W. (2005): Erziehungsberatung - eine Standortbestimmung der Position von Psychotherapie in der Jugendhilfe, in: *Psychotherapeutenjournal* 3/2005, 4. Jg., Psychotherapeutenverlag, München

Höhner, G. (2020): Kinderschutz in NRW: Wie können sich Psychotherapeuten beteiligen?, in: Psychotherapeuten Journal, 3/2020, Heidelberg, 310-311

Hölscher, P. (2003): Immer musst Du hingehen und praktisch betteln. Wie Jugendliche Armut erleben, Frankfurt am Main: Campus.

Klein, M. (2014): Kinder in suchtbelasteten Familien – Entwicklungsverläufe, Resilienzen, Hilfen, in: http://www.addiction.de/wp-content/uploads/2014/06/Kinder-in-suchtbelasteten-Familien-%E2%80%93-Entwicklungsverl%C3%A4ufe-Resilienzen-Hilfen_M.Klein_.pdf

Klocke, A. & Lampert, Th. (2005): Armut bei Kindern- und Jugendlichen - Gesundheitsberichterstattung des Bundes, Heft 4, überarbeitete Neuauflage, Berlin, in: https://www.rki.de/DE/Content/Gesundheitsmonitoring/Gesundheitsberichterstattung/GBEDownloadsT/armut.pdf?__blob=publicationFile

Kölch, M., Roessner, V. & Adam, H. (2014): Gemeinsame Stellungnahme zu Freiheitsentziehenden Maßnahmen, in: http://www.dgkjp.de/stellungnahmen-positionspapiere/stellungnahmen-2014/305-stn-freiheitsentziehende-massnahmen

Lammel, U. (2009): Jugendkulturen und Suchtmittelaffinität, in: Wissenschaftliche Gespräche der DG-Sucht am 04.12.2009 „Jugend zwischen Abstinenz und Abhängigkeit - Sozialwissenschaftliche Erkenntnisse zum Suchtmittelkonsum Jugendlicher“ (unveröffentl. Vortrag)

Land NRW (2017): Entwurf eines Ausführungsgesetzes des Landes NRW zur Umsetzung des BTHG, in: https://www.landtag.nrw.de/Dokumentenservice/portal/WWW/dokumentenarchiv/Dokument/MMV17-206.pdf;jsessionid=205437A382343E1FC6DB59842E820773.ifxworker

Landeskoordinierungsstelle Frauen und Sucht NRW (2015): Entwicklung einer Kooperationsvereinbarung zwischen Drogenhilfe, Jugendhilfe und medizinischer Versorgung, Essen

Landschaftsverband Westfalen-Lippe (LWL), Landesjugendamt (LJA), Koordinationsstelle Sucht (2011): Jugend.Sucht.Hilfe., Münster

Landtag NRW, Enquetekommission „Prävention“ (2010): Bericht der Enquetekommission zur Erarbeitung von Vorschlägen für eine effektive Präventionspolitik in NRW, Düsseldorf

Leune, J. (2013): Versorgung abhängigkeitskranker Menschen in Deutschland, in: Deutsche Hauptstelle für Suchtfragen e.V. (Hrsg): Jahrbuch Sucht, Neuland, Geesthacht, 181-196

Meier, M.H., Caspi, A., Ambler, A., Harrington, HL., Houts, R., Keefe, R.S.E., McDonald, K., Ward, A., Poulton, R. E. & Moffitt, T.E. (2012): Persistent cannabis users show neuropsychological decline from childhood to midlife (*Proceedings of the National Academy of Sciences (PNAS)* DOI: 10.1073/pnas.1206820109), dt.: Langzeitstudie: Marihuana-Konsum kann den IQ senken, in: http://scinexx.de/wissen-aktuell-15077-2012-08-28.html und: http://gera.otz.de/web/lokal/leben/detail/-/specific/Langzeitstudie-Marihuana-Konsum-kann-den-IQ-senken-1452728739

Mitte, K., Steil, R. & Nachtigall, C. (2005): Eine Meta-Analyse unter Einsatz des Random-Effects-Modells zur Effektivität kurzfristiger psychologischer Interventionen nach akuter Traumatisierung, in: *Zeitschrift für Klinische Psychologie und Psychotherapie*, 34, 1-9, Hogrefe, Göttingen

Mitte, K., Steil, R. & Nachtigall, C. (2005): Eine Meta-Analyse unter Einsatz des Random-Effects-Modells zur Effektivität kurzfristiger psychologischer Interventionen nach akuter Traumatisierung, in: *Zeitschrift für Klinische Psychologie und Psychotherapie*, 34, 1-9, Hogrefe, Göttingen

Mrazek, P.J & Haggerty, R.J. (1994): Arbeitsteiliges Spektrum der Versorgungsaufgaben, in: *Röhrle, B.* (2006): Prävention und Gesundheitsförderung im Kontext von Psychotherapie, in: http://www.ptk-bayern.info/startseite/archiv_nachrichten/2006/07-12_10_06_Bericht_zum_2LPT_Roehrle_Folien.pdf

Oertel, V., Bieber, M., Schmidt, D., Görgülü, E., Zabel, K. (2019): Körperliches Training: eine additive Behandlungsmethode?, in: Psychotherapeuten Journal 4/2019, 18. Jahrgang, München, 373-379

Petzold, H.G. (2000h): Wissenschaftsbegriff, Erkenntnistheorie und Theorienbildung der „Integrativen Therapie“ und ihrer biopsychosozialen Praxis für „komplexe Lebenslagen“ (Chartacolloquium III). Europäische Akademie für psychosoziale Gesundheit, überarbeitet 2002, Düsseldorf/Hückeswagen. Bei *www. FPI-Publikationen.de/materialien.htm - POLYLOGE: Materialien aus der Europäischen Akademie für Psychosziale Gesundheit* - 01/2002

Petzold, H.G. (2005): Therapieforschung und die Praxis der Suchtkrankenarbeit. in: *Petzold, H.G., Schay, P., Scheiblich, W.* (2005): Integrative Suchtarbeit, Wiesbaden 2005

Petzold, H.G. (2009): Mit Jugendlichem auf dem WEG ..., in: Integrative Therapie Vol. 35, 2/3-2009, Krammer Verlag, Wien, 287

Psychotherapeutenkammer Berlin (2018): Rahmenvertrag für Hilfen in Einrichtungen und Dienste der Kinder- und Jugendhilfe (BRJV) (20181 - Anlage D.5, Rahmenleistungsbeschreibung zu den ambulanten therapeutischen Leistungen gemäß SGB VIII, Senatsverwaltung für Bildung, Jugend und Familie, Berlin

Quensel. (1998): Jugend, Droge, Kultur, Politik - Gibt es noch einen Ausweg?, in: *Forum Erziehungshilfe* 5/1998

Rehabilitation und Teilhabe behinderter Menschen (2001): SGB IX, Beck-Texte im dtv, 1. Auflage, München

Robert Koch-Institut (RKI) (2018): ADHS bei Kindern und Jugendlichen in Deutschland, Querschnittsergebnisse bei KiGGS Welle 2 und Trends, Journal of Health Monitoring 2018 3 (3), Berlin

Robert Koch-Institut (RKI) (2018): Psychische Auffälligkeiten bei Kindern und Jugendlichen in Deutschland, Querschnittsergebnisse bei KiGGS Welle 2 und Trends, Journal of Health Monitoring 2018 3 (3), Berlin

Rodiek, A. & Schlömer, H. (2005): Erfahrungen mit dem Projekt „Bekifft in der Schule". in: *Bundesministerium für Gesundheit und Soziale Sicherung (BMGS)* (2005): Jugendkult Cannabis - Risiken und Hilfen, Dokumentation der Fachtagung am 29./30.11.2004, Berlin

Schay, P. (2010): Abhängigkeitskranke Jugendliche behandeln - Konzeptionelle Überlegungen zu einer Einrichtung zur medizinischen Rehabilitation für junge Abhängigkeitskranke, Gesellschaft für Heimatkunde e.V., Herne

Schay, P. (2011): Sport als Möglichkeit der Stressbewältigung - Ein Leistungsangebot in der medizinischen und sozialen Rehabilitation, in: *Schay, P.* (2011): Innovative Hilfe- und Leistungsangebote in der Drogenhilfe - Inhaltliche Weiterentwicklung in der Beratung, Betreuung und Behandlung, VS Verlag für Sozialwissenschaften, Wiesbaden, 161-188

Schay, P., Helsper, R. & Birkholz, M. (2019): einfach.LEBEN - Die Gesichter der Sucht, Pabst Science Publishers, Lengerich

Schay, P., Lojewski, I. & Siegele, F. (2013): Integrative Therapie in der Drogenhilfe, Thieme Verlag, Stuttgart

Schay, P., Petzold, H.G., Jakob-Krieger, C. & Wagner, M. (2006): Lauftherapie als übungs- und erlebniszentrierte Behandlungsmethode der Integrativen Therapie in der medizinischen Rehabilitation, in: *Petzold, H.G., Schay, P. & Scheiblich, W.* (2006). Integrative Suchtarbeit, VS Verlag für Sozialwissenschaften, Wiesbaden, 159-204

Scheiblich, W. & Petzold, H.G. (2005): Probleme und Erfolge stationärer Behandlung drogenabhängiger Menschen im Verbundsystem - Förderung von „REGULATIONSKOMPETENZ“ und „RESILIENZ“ durch „komplexes Lernen“ in der Karrierebegleitung, in: *Petzold, H.G., Schay, P. & Scheiblich, W.*: Integrativie Suchttherapie, Wiesbaden

Schlapp, Chr. (2017): Stellungnahme der Deutschen Gesellschaft für Kinder- und Jugendpsychiatrie, Psychosomatik und Psychotherapie zum Report des UN-Sonderberichterstatters vom 28.3.2017 für die General Assembly (UN), in: http://www.dgkjp.de/stellungnahmen-positionspapiere/stellungnahmen-2017/455-statement-in-response-to-the-report-on-the-right-of-everyone-to-the-enjoyment-of-the-highest-attainable-standard-of-physical-and-mental-health

Schulte-Markwort, M., Marutt, K. & Riedesser, P. (Hrsg.) (2002): Cross-walk, ICD-10 - DSM IV, Klassifikation psychischer Störungen: eine Synopsis, Hans Huber, Bern

Simon, R. & Sonntag, D. (2004): Cannabisbezogene Störungen: Umfang, Behandlungsbedarf und Behandlungsangebote in Deutschland, Abschlußbericht des *Bundesministeriums für Gesundheit und Soziale Sicherung (BMGS)* zum Forschungsauftrag des *Instituts für Therapieforschung (IFT)*, Forschungsbericht 318 des BMGS, Berlin

Sozialversicherung kompetent (2018): Ergänzende Leistung zur Rehabilitation, Leistungen nach § 45 SGB V, in: https://sozialversicherung-kompetent.de/krankenversicherung/leistungsrecht/887-ergaenzende-leistungen-zur-rehabilitation.html

Statistisches Bundesamt (2020): Kinderschutz: Jugendämter melden erneut 10% mehr Kindeswohlgefährdungen, Berlin

Statistisches Bundesamt (2020): Kinder- und Jugendhilfe, Berlin

Stilhammer, M. & Fiedler, D. (2017): Hilfen für Kinder suchtmittelabhängiger Eltern, in: https://www.erzieherin.de/hilfen-fuer-kinder-suchtmittelabhaengiger-eltern.html

Thomasius, R. et al. (2003): Suchtstörungen, in: *Herpertz-Dahlmann, B., Resch, F., Schulte-Markwort, M. & Warnke, A.* (2003): Entwicklungspsychiatrie - Biopsychologische Grundlagen und die Entwicklung psychischer Störungen, Schattauer, 693-726

UNICEF (2010): Bericht zur Lage der Kinder in Industrieländern, Kinder stärken für eine ungewisse Zukunft, Köln

Vereinigung Analytischer Kinder- und Jugendlichen-Psychotherapeuten e.V. (2020): Ambulante psychotherapeutische Behandlung von Kindern und Jugendlichen, Viersen

Weltgesundheitsorganisation (WHO) (2020): Bericht über das Gesundheitsverhalten von 11-15-Jährigen in der Europäischen Union, in: WHO-Regionalbüro für Europa, Kopenhagen

Wittchen, H.U., Jacobi, F., Rehm, J. et al. (2011): The size and burden of mental disorders and other disorders of the brain in Europe 2010, Eur Neuropsychopharmacol (2011): 21(9), 655-79

WSI Verteilungsmonitor (2019): Armut unter Kindern und Älteren in Deutschland 2005-2018; in: https://www.boeckler.de/pdf/wsi_vm_armutsquoten_kinder_aeltere.pdf

Jugendhilfe trifft auf Suchthilfe

Michael Kuhlmann

„Ich hatte in meiner Arbeit in der Jugendhilfe
doch sehr wenige Begegnungen bzw. Zusammenarbeit mit der Suchthilfe.
Vermutlich ist dieser Umstand auch schon symptomatisch
für das Verhältnis von Sucht- und Jugendhilfe."

Mitarbeiter der stationären Jugendhilfe haben in ihrer Arbeit immer wieder Berührungspunkte und Überschneidungen mit der Suchthilfe. Sie arbeiten fallbezogen mit der Suchthilfe zusammen, wenn bei einem der jugendlichen Betreuten eine Suchtproblematik bemerkt wird.

Auffällig ist aber, dass beide Hilfesysteme häufig völlig unabhängig agieren, und es scheint fast so, als ob beiderseitig bestimmte Berührungsängste bestehen.

Merke
Wenn beide Hilfesysteme in ihrer Arbeit aufeinandertreffen, fehlt es an eindeutigen Regelungen, Verfahrensweisen und einem ausreichenden Informationsaustausch.

In den Einrichtungen der stationären Jugendhilfe wird häufig ein Mitarbeiter als Medienbeauftragter, Sicherheitsbeauftragter, Partizipationsbeauftragter oder Antiaggressionstrainer benannt. Ein Suchtbeauftragter ist aber eher selten zu finden.

Ausrichtung

Soziale Hilfesysteme sind ausgelegt auf ihre spezielle Klientel. Die Mitarbeiter sind „beauftragt" auf diese Klientel einzugehen und die bestmögliche Hilfe anzubieten.

Und möglicherweise gibt es neben der fachlichen und professionellen Ausrichtung auch so etwas wie Unterschiede in der persönlichen Mentalität und inneren Haltung der jeweiligen Fachkräfte.

Auffällig ist neben möglichen Unterschieden aber auch eine Reihe von Gemeinsamkeiten:

- Eine zentral kennzeichnende und notwendige Fähigkeit der Mitarbeiter in der Suchthilfe und Jugendhilfe ist die ausgeprägte Frustrationstoleranz. Suchtkranke Menschen sind nach jahrelangem Konsum und nachdem ihr Leben in „Trümmern liegt", wenig belastbar, verletzlich und stark verunsichert. Mitarbeiter der Suchthilfe müssen akzeptieren, dass ihre Klienten immer wieder herbe Rückschläge und Rückfälle erleiden und dass ihre Motivation für ein abstinentes Leben schwanken kann.
- Auch das Leben der Jugendlichen ist häufig krisengeschüttelt: Die Jugendlichen in den Wohngruppen sind emotional unausgeglichen, risikofreudig, konfliktbereit und impulsiv. Die Betreuenden in der Wohngruppe müssen Konflikte immer wieder austragen und aushalten. Sie dürfen nicht verzweifeln, wenn ihre Betreuten viele Anläufe brauchen, um schließlich ihr Ziel zu erreichen.
- Gemeinsam ist den Mitarbeitern von Suchthilfe und Jugendhilfe, dass sie – trotz Rückschlägen und Konflikten – an ihrer Überzeugung, eine sinnvolle und schließlich auch erfolgreiche Arbeit zu machen, festhalten müssen.
- Gemeinsam scheint auch für Mitarbeiter beider Seiten eine „Vorliebe" für die extremeren Seiten der menschlichen Psyche zu sein. Davon lassen sie sich offenbar nicht abschrecken oder fühlen sich womöglich sogar davon „angezogen". Man könnte mutmaßen, dass sich viele Fachkräfte im sozialen Bereich mehr oder weniger bewusst für *ihre* Klientel entschieden haben.

  Auf lange Sicht möchten Menschen in ihrer Arbeit nicht überfordert und nicht unterfordert werden. Eine Überforderung bedeutet Belastung, Überanstrengung und Stress. Eine Unterforderung bedeutet Langeweile und Verlust von Sinnhaftigkeit.

Suchthilfe und Jugendhilfe sind jeweils geprägt von Beziehungsarbeit. Ein suchtkranker Klient geht in der Beratung oder therapeutischen Arbeit eine vertrauensvolle Arbeitsbeziehung ein und lässt sich im übertragenden Sinne an die Hand nehmen, bis er wieder die Verantwortung für sein Leben übernehmen kann.

Der Beratende steht für Kontinuität, stetige Rückmeldungen und unterstützt, bis die Klienten wieder genug Eigeninitiative und Selbstbeherrschung entwickelt haben.

Die Jugendlichen in der Wohngruppe erleben mit ihren Betreuenden neue, stabilisierende Beziehungserfahrungen. Häufig entgegen früheren Erfahrungen erfahren sie in der Wohngruppe in der Beziehung Verlässlichkeit, Orientierung und Begrenzung, Vertrauen und Fürsorge.

Suchthilfe und Jugendhilfe gleichen sich schließlich, wenn sie am Ende ihrer Arbeit ihre Klientel bzw. ihre Betreuten in die Eigenverantwortlichkeit entlassen. Jugendliche ziehen aus der Wohngruppe aus und sind, nachdem sie einige Monate in der eigenen Wohnung sozialpädagogisch betreut wurden, auf sich allein gestellt.

Suchtkranke müssen ihr Leben und soziale Beziehungen nach der Entwöhnung- und Adaptionsbehandlung wiederherstellen und neu aufbauen. Die Verantwortung für ein zukünftig abstinentes Leben liegt hauptsächlich bei ihnen selbst.

Fehlende Ganzheitlichkeit

Die Mitarbeiter der Jugendämter und der Wohngruppen legen ihr Hauptaugenmerk auf die zu betreuenden Kinder und Jugendlichen.

Die Mitarbeiter in einer Wohngruppe und im Jugendamt „arbeiten" mit einer klaren Parteilichkeit für Kinder und Jugendliche.

Während die vom Jugendamt eingesetzte sozialpädagogische Familienhilfe, häufig zu Beginn einer Kinder- und Jugendhilfemaßnahme, noch die ganze Familie begleitet und bei den Erziehungsaufgaben und der Bewältigung des Alltags unterstützt, verlagert sich der Schwerpunkt der Hilfe nachhaltig auf die Kinder und Jugendlichen, sobald die Unterbringung in einer Wohngruppe oder Pflegefamilie entschieden wurde.

Dementsprechend hat sich der Kontakt des Allgemeinen Sozialen Dienstes, der Wohngruppen oder Pflegefamilien mit den Eltern meist stark reduziert auf eine rein organisatorische Zusammenarbeit.

Aber in der Regel haben die pädagogischen Fachkräfte der Wohngruppe nur sehr begrenzt „Einblick" in eine Suchtproblematik in der Herkunftsfamilie der Kinder und Jugendlichen, da die Klientel in der Wohngruppe über den Umgang ihrer Eltern mit Suchtmitteln berichten.

Die Fachkräfte der Suchthilfe hingegen haben häufig eine ähnlich isolierte Schwerpunktsetzung auf die von einer Suchterkrankung betroffenen Familien und auf die im Familiensystem lebenden Kinder. Die Frage ist, ob die Mitarbeiter wahrnehmen, dass möglicherweise eine eindeutige Kindeswohlgefährdung vorliegt.

Mitarbeiter der Wohngruppen

Die pädagogischen Mitarbeiter in der stationären Jugendhilfe sind wahre Allround-Talente. Neben der hauptsächlichen pädagogischen Arbeit ist an vielen Stellen in der stationären Jugendhilfe auch sozialarbeiterisches Talent gefragt. Von der Berufsberatung über die Zusammenarbeit mit Kinder- und Jugendpsychotherapeuten bis hin zu einem vielfältigen Antragswesen.

So umfassend, mit großer emotionaler Nähe und über einen so langen Zeitraum wie in der stationären Jugendhilfe sind sonst sicher keine anderen pädagogischen Fachkräfte für Kinder und Jugendliche zuständig.

Die Betreuten erfahren eine Trennung von ihren Eltern und die Fachkräfte einer Wohngruppe bieten eine sichere und verlässliche Bindung an.

Die pädagogischen Mitarbeiter in einer Wohngruppe tragen außerordentlich viel ethische und soziale Verantwortung. In ihrem Dienst sind sie häufig alleine für eine größere Gruppe von Kindern und Jugendlichen zuständig und behalten angesichts unterschiedlicher Ausgangszeiten, Kontaktverbote und wahrzunehmender Termine den Überblick.

Die Kinder und Jugendlichen werden überwiegend nur von einer Fachkraft betreut, die auch am Wochenende für diese Wohngruppen zuständig ist.

Suchtgefährdete Jugendliche in der stationären Jugendhilfe

Das Jugendalter muss als eine Zeit verstanden werden, in der sehr zentrale psychische und soziale Fertigkeiten gelernt werden.

In diesem Alter haben Jugendliche auch häufig Kontakt mit Suchtmitteln: Einige der jungen Menschen beginnen damit, Suchtmittel vermehrt als ein Mittel der Gefühls- und Problemregulation zu nutzen.

Das hat zur Folge, dass wichtige Entwicklungsschritte in dieser wichtigen Phase des Lebens nicht oder nur unvollständig vollzogen werden. Die Gefahr besteht darin, dass der Konsum von Suchtmitteln zur hauptsächlichen Bewältigungsstrategie für die persönlichen Probleme wird.

Auch eine Verbundenheit und der Austausch mit anderen Menschen sind unter dem Einfluss von Suchtmitteln verzerrt.

Wenn Kinder und Jugendlichen über lange Zeit die emotionale Öffnung nur mit einem Suchtstoff gelingt, ist damit schon eine große Suchtgefährdung gegeben. Die Peergroup im Kinder- und Jugendalter kann großen emotionalen Halt bieten. Gleichzeitig sind es aber auch Gleichaltrige, die den größten sozialen Druck aufbauen, wenn es darum geht Suchtmittel zu probieren oder dauerhaft zu konsumieren.

Ein Verhalten, das schon Elemente einer Abhängigkeitserkrankung hat, begegnet den Fachkräften der stationären Jugendhilfe an den verschiedensten Stellen: Angefangen mit einem exzessiven Konsum von digitalen Medien, über Essstörungen, einen riskanten Konsum von Alkohol bis hin zu illegalen Drogen. Auch das in den letzten Jahren immer weiter verbreitete selbstverletzende Verhalten hat bei einem Teil der Betroffenen einen Suchtcharakter.

Die spezielle Problematik und das Ausmaß der Suchtprobleme von Jugendlichen werden von den Jugendämtern gegenüber den Jugendhilfeträgern und den Wohngruppen häufig nicht ausführlich und in aller Deutlichkeit beschrieben, da Jugendliche mit einem risikobehafteten Konsum oder einem Suchtproblem schwieriger in einer Wohngruppe unterzubringen sind.

Die pädagogischen Fachkräfte in den Wohngruppen sind vor allem verunsichert, was den Konsum illegaler Suchtmittel bei den Betreuten angeht. Ein großer Teil der pädagogischen Mitarbeiter hat selbst keine Erfahrung mit illegalen Drogen.

Die Fachkräfte in den Wohngruppen haben einen Schutzauftrag: Dies führt dazu, dass, wenn der Konsum illegaler Suchtmittel bei Jugendlichen beobachtet wird, dies bei den Fachkräften mit starken Ängsten verbunden ist. Es gibt die Befürchtung mit dem (Jugendschutz-)Gesetz in Konflikt zu kommen und eventuelle Straftaten nicht gemeldet zu haben.

Nach § 47 Abs. 2 SGB VIII sind Einrichtungen der stationären Erziehungshilfe verpflichtet „Ereignisse oder Entwicklungen, die geeignet sind, das Wohl der Kinder und Jugendlichen zu beeinträchtigen", zu melden. Gleichzeitig ist da auch immer die Befürchtung, Jugendliche, die Drogen konsumieren, könnten andere Betreute dazu animieren ebenfalls diese Suchtmittel zu probieren.

Kinder und Jugendliche, die einen riskanten Konsum von illegalen Drogen zeigen, sind für reguläre Wohngruppen also offenbar ein rotes Tuch, da man mit diesem Problem nicht umzugehen weiß.

Häufig ist im pädagogischen Konzept und der Selbstbeschreibung der Wohngruppen explizit beschrieben, dass ein bekannter Konsum die Aufnahme ausschließt und die Klientel damit nicht mehr betreut werden kann.

Es gelingt den pädagogischen Fachkräften nicht selten den Konsum illegaler Drogen der Kinder und Jugendlichen stark einzuschränken, indem sie einen Umzug in eine spezialisierte Wohngruppe oder eine Fachklinik für suchtkranke Jugendliche androhen. Dieser „Umzug" würde für die betroffenen Kinder und Jugendlichen bezogen auf ihre Freunde in der Wohngruppe und in der Familie häufig schmerzliche Beziehungsabbrüche bedeuten.

Eine Rückkehroption nach einer abgeschlossenen stationären Therapie besteht *grundsätzlich* häufig nicht, da ein Platz in der Wohngruppe schon aus ökonomischen Gründen nicht freigehalten werden kann.

Merke
Jugendämter zahlen das Leistungsentgelt bei der Abwesenheit bezogen auf ein Jahr nur für ca. 28 Tage. Das bedeutet, dass die Jugendhilfeeinrichtung beträchtliche finanzielle Verluste in Kauf nehmen muss, wenn sie den Platz für den Jugendlichen länger freihalten würde.

Der Ausschluss aus der Wohngruppe scheint aus Sicht der Kinder und Jugendlichen also häufig eine der wichtigsten Möglichkeiten der Sanktion zu sein.

Der Ausschluss aus der Wohngruppe scheint für die Betreuenden eine der wichtigsten Möglichkeiten der Sanktion zu sein.

Enden aber schließlich die Betreuung und das Leben in der Wohngruppe, kommt es bei einem Teil der suchtgefährdeten Jugendlichen zu einem schlagartig vermehrten Konsum von Suchtmitteln in der eigenen Wohnung.

Die Klientel in der stationären Jugendhilfe muss in der Regel bereits mit 18 Jahren in eine eigene Wohnung ziehen, da die Jugendämter aufgrund der angespannten Haushaltslage der Städte und Kommunen meist nicht bereit sind, einen längeren Verbleib zu finanzieren.

Das bedeutet, dass die jungen Erwachsenen oftmals ungeachtet ihrer noch nicht ausreichenden inneren Reife mit dem selbstbestimmten Leben in der eigenen Wohnung beginnen müssen. Meist werden sie zunächst noch durch Mitarbeiter des sozialpädagogisch betreuten Wohnens unterstützt. Aber: Diese Betreuung ist auf wenige Stunden in der Woche begrenzt.

Samstagnacht

Die pädagogischen Fachkräfte in den Wohngruppen sind in einem hohen Maße darauf angewiesen, dass sich die Kinder, Jugendlichen und jungen Erwachsenen, die sie betreuen, verlässlich verhalten.

Besonders deutlich wird dies an den Wochenenden. Während der diensthabende Mitarbeiter darauf wartet, dass seine Betreuten zur abgesprochenen Zeit wieder in die Wohngruppe zurückkommen, beschäftigen ihn Überlegungen wie ...

- Karin hat sich gerade erst von Peter getrennt. Sie neigt zu einem Frust-Alkoholkonsum. Hoffentlich übertreibt sie es nicht und hoffentlich passen ihre Freunde auf sie auf.
- Peter sieht noch immer nicht wirklich ein, um 23 Uhr wieder zurückzukommen. Fällt ihm ein, wieder bei dem Freund mit der eigenen Wohnung zu übernachten?
- Tina scheint häufig ein wenig konfus. Wird sie heute wieder den letzten Bus verpassen?
- Katrin kompensiert in einer emotionalen Krise Gefühle von innerer Zerrissenheit mit selbstverletzendem Verhalten. Wenn sie allerdings aus Versehen oder aus Verzweiflung zu tief schneidet, muss sie in die örtliche Notaufnahme begleitet werden.
- Wenn Carsten sich zum Kiffen überreden lässt, traut er sich nicht wieder in die Wohngruppe zurückzukommen, da er Sanktionen befürchtet.

Für die Jugendlichen, die offenbar nicht mehr in die Wohngruppe zurückkommen, muss eine polizeiliche Vermisstenmeldung geschrieben werden. Mitunter kommen die Polizeibeamten noch in derselben Nacht in die Wohngruppe, um die Vermisstenmeldung persönlich aufzunehmen.

Die pädagogische Fachkraft muss entscheiden, ob volltrunkene Betreute die Nacht besser im Krankenhaus verbringen müssen. Häufiger in den letzten Jahren ist allerdings die Begleitung von Jugendlichen, die sich selbst verletzt haben, zur Wundversorgung in der Notaufnahme. All das bedeutet auch weniger Schlaf und Regenerationszeit für die Mitarbeiter.

Möglicherweise lässt sich angesichts der geschilderten Belastungssituation erklären, dass viele Fachkräfte in der stationären Jugendhilfe schnell fordern, dass Jugendliche mit einer Suchtproblematik in eine Fachklinik oder eine spezielle Wohngruppe umziehen sollten.

Zusammenarbeit der Jugendhilfe mit der Suchthilfe

Eine bessere Zusammenarbeit mit der Suchthilfe vor Ort könnte möglicherweise im Einzelfall dazu führen, einen Teil der von einer Suchtproblematik betroffenen Jugendlichen in der regulären Wohngruppe zu halten.

Ein Umzug in suchttherapeutische Wohngruppen oder in die stationäre Therapie wäre nicht mehr länger die einzige Option.

Unter Umständen vermeiden die pädagogischen Fachkräfte in den Wohngruppen bewusst oder unbewusst eine intensive Zusammenarbeit mit der Suchthilfe, da die Belegungsanfragen für Kinder und Jugendliche mit einer Suchtproblematik durch die interne Leitung bzw. durch die Jugendämter zunehmen könnten.

Mitarbeiter befürchten, dass eine bessere Ausbildung hinsichtlich Suchterkrankungen schließlich dazu führen könnte, dass die für die Belegung zuständige Bereichsleitung oder Mitarbeiter des Jugendamts die Wohngruppe vermehrt mit Jugendlichen mit einer Suchtproblematik belegen möchten.

Mitarbeiter der Jugendhilfe sollten bei ihren Kollegen der Suchthilfe Rat holen, wenn die Eltern ihrer Betreuten unter einer Abhängigkeitserkrankung leiden oder suchtgefährdet sind.

Die Realität sieht aber leider meist so aus, dass die Wohngruppen häufig eine nicht ausgeprägte Elternarbeit machen.

Es ist sicher sinnvoll, dass Mitarbeiter der Suchthilfe standardisiert einen kollegialen Austausch zum Jugendamt suchen, wenn Menschen mit einer Suchterkrankung auch Eltern sind.

Gelungene Kooperation von Jugendhilfe, Selbsthilfe und Suchthilfe – ein Dortmunder Erfahrungsbericht –

Kirsten Grabowsky

Kinder aus suchtbelasteten Familien benötigen Unterstützung und Hilfe. Sie leiden häufig auch im Erwachsenenalter unter den Spätfolgen einer Kindheit mit einem suchtkranken Elternteil. Psychische Erkrankungen, eigene Sucht oder Wahl eines suchtkranken Partners sind mögliche Folgen. Um dem entgegenzuwirken, trifft sich in Dortmund seit 2006 der Arbeitskreis „Hilfen für Kinder alkoholkranker Eltern", der die Zusammenarbeit verschiedener Institutionen zum Nutzen alkoholkranker Eltern und ihrer Kinder gestaltet. Die Schwerpunkte liegen auf Vernetzung, Öffentlichkeitsarbeit und der Entwicklung bedarfsgerechter Hilfen. Die Geschäftsführung des Arbeitskreises liegt bei der Fachstelle für Kinder alkoholkranker Eltern des Jugendamtes Dortmund, die die Kooperation im Einzelfall koordiniert und die Familien durch die unterschiedlichen Hilfesysteme begleitet.

In diesem Beitrag soll die Kooperation von Suchthilfe, Selbsthilfe und Jugendhilfe anhand eines Dortmunder Fallbeispiels geschildert werden. Die hier vorgestellte Familie wird nach wie vor über eine Dortmunder Suchtberatungsstelle und das Jugendamt Dortmund betreut. Die beteiligten Institutionen sind zur Verdeutlichung der an diesem Hilfeprozess beteiligten Institutionen in dem Fallbeispiel fett gedruckt.

Frau S. und ihre drei und acht Jahre alten Mädchen sind dem **Allgemeinen Sozialen Dienst des Jugendamtes Dortmund** (ASD) seit August 2008 nach einer **Polizei**meldung wegen Kindeswohlgefährdung bekannt. Die **Feuerwehr** traf Frau S. stark betrunken an. Frau S. hatte nicht bemerkt, dass sie durch ihre Zigarette einen Brand verursacht hat. Sie wurde auch durch die Schreie ihrer dreijährigen Tochter I. nicht wach. Die 8-jährige L. war über den Balkon geklettert und hatte Hilfe geholt. Die **Feuerwehr** musste über den Balkon in die Wohnung eindringen, um Mutter und Kind zu retten und den Brand zu löschen. Sie informierte die **Polizei,** die wiederum den **Notdienst des Jugendamtes Dortmund** informierte. Der Vater der Kinder lebte zu diesem Zeitpunkt bereits von seiner Frau und den Kindern getrennt und wurde telefonisch über den Sachverhalt informiert. Er hat seine Kinder umgehend zu sich genommen. In den folgenden Gesprächen mit der **fallverantwortlichen Mitarbeiterin des Jugendamtes im**

ASD machte Frau S. einen orientierten Eindruck, roch aber deutlich nach Alkohol. Frau S. wurde dringend geraten, Schritte gegen ihren Alkoholkonsum zu unternehmen, und der Kontakt zum **Sozialpsychiatrischen Dienst der Stadt Dortmund** wurde vermittelt.

Dort wurden bei ihr um 10.00 Uhr morgens 2,2 Promille gemessen, weshalb eine weitere Meldung wegen Kindeswohlgefährdung, diesmal durch das **Gesundheitsamt** an den **ASD des Jugendamtes** erfolgte. Frau S. wurde dringend geraten, sich zur Entgiftung in eine **Suchtklinik** zu begeben. Die Kinder wurden gegen den Willen der Mutter, aber letztlich doch mit ihrer Unterschrift, weiter in der Obhut des Vaters gelassen. Frau S. lehnte nach wie vor sowohl eine stationäre Entgiftung als auch eine Therapie ab und trank weiter.

Herr S. nahm auf Anraten des **Allgemeinen Sozialen Dienstes des Jugendamtes** Kontakt zu der **Fachstelle für Kinder alkoholkranker Eltern des Jugendamtes Dortmund** (im weiteren Text „Fachstelle“ genannt) auf. Hier fanden mehrere Gespräche sowohl mit dem Vater als auch mit den Kindern statt. Auswirkungen der Sucht auf die Kinder, Umgang mit einer alkoholkranken Angehörigen und die Entwicklung der Kinder waren thematische Schwerpunkte in der Beratung. Da Frau S. in der letzten Schwangerschaft Alkohol getrunken hatte, wurde dem Vater geraten, zu gegebener Zeit eine **Spezialklinik**, die sich auf die Diagnose von FASD (Fetal Alcohol Spectrum Disorder) spezialisiert hat, aufzusuchen, um mögliche Schädigungen seiner Tochter in der Schwangerschaft auszuschließen oder zu bestätigen. Herr S. benötigte vorerst keine weitere Unterstützung durch das Jugendamt, wollte aber eine **Selbsthilfegruppe für Angehörige** besuchen. Durch die Fachstelle wurden Herrn S. mehrere in Frage kommende **Selbsthilfeorganisationen** und die **Adresse der Kontaktstelle für Selbsthilfegruppen Dortmund** genannt.

Frau S. lehnte zu diesem Zeitpunkt den Kontakt zur Fachstelle ab und war insgesamt „nicht gut auf das Jugendamt zu sprechen“, das ihr – so ihre damalige Sicht – die Kinder weggenommen hat. Sie wollte, dass die Kinder wieder bei ihr leben und suchte einen **Rechtsanwalt**, der ihr Anliegen vor dem **Familiengericht** vertrat.

Das **Familiengericht** gab ein psychologisches Gutachten in Auftrag, um die Erziehungsfähigkeit der Mutter zu überprüfen. Das Ergebnis der **Gutachterin**, die Empfehlung des **Jugendamtes** und die Entscheidung des **Familiengerichts** waren eindeutig: solange die Mutter trinkt, keine Krankheitseinsicht zeigt und nichts gegen ihre Sucht unternimmt, bleiben die Kinder beim Vater.

Knapp ein Jahr später, im November 2010, stellte eine **Dortmunder Suchtklinik** den Kontakt von Frau S. zur **Fachstelle des Jugendamtes** her. Frau S. hatte sich wegen lebensbedrohlicher gesundheitlicher Probleme aufgrund ihres Alkoholkonsums in ärztliche Behandlung begeben und sich für eine Entgiftung mit anschließender stationärer Rehabilitation in einer **Dortmunder Suchtklinik** entschieden. Die **Sozialarbeiterin in der Klinik** konnte Frau S. überzeugen, dass es für sie und ihre Kinder vorteilhaft ist, mit der **Fachstelle des Jugendamtes** zusammenzuarbeiten, da es dort Unterstützung und Beratung bezüglich der Erziehungsfähigkeit, des Umgangsrechtes und anderer Fragen, die die Kinder betreffen, gibt.

In einem gemeinsamen Gespräch, an dem Frau S., die **Sozialarbeiterin der Klinik** und die **Mitarbeiterin der Fachstelle des Jugendamtes** teilnahmen, wurde geklärt, welche weitere Unterstützung Frau S. nach ihrem Klinikaufenthalt benötigt. Während die **Sozialarbeiterin der Klinik** die Nachsorge in einer **Dortmunder Suchtberatungsstelle** und die Anbindung an eine **Selbsthilfegruppe** mit der Mutter klärte, nahm die Mitarbeiterin der Fachstelle erneut Kontakt zum **ASD des Jugendamtes** und zum Vater der Kinder auf, um gemeinsam zu schauen, wie die Familie so unterstützt werden kann, dass die Mädchen auch zu ihrer jetzt nüchternen Mutter wieder einen guten Kontakt bekommen. Frau S. war bereit, wieder Verantwortung für ihre Kinder zu übernehmen, wünschte sich hierbei aber Unterstützung, die sie in Form von Einzelgesprächen in der Fachstelle annahm.

Frau S. wurde außerdem zu der **dialogischen Müttergruppe** der Fachstelle eingeladen, in der sich alkoholkranke Frauen über Erziehungsfragen und andere Themen austauschen. An dieser Gruppe und deren Aktivitäten nimmt Frau S. bis heute aktiv teil. Auf Initiative von Frau S. gründeten die Teilnehmerinnen der Gruppe eine **WhatsApp-Gruppe**, in der sich die alkoholkranken Frauen – ohne die Mitarbeiterin der Fachstelle – austauschen, sich gegenseitig jeden Morgen Grüße schicken, sich bei Bedarf unterstützen und Hilfe holen – auch bei Rückfällen.

2012 wurde Frau S. von ihrem neuen Lebensgefährten schwanger und bekam C., einen gesunden Sohn. Zu diesem Zeitpunkt hatte sich das Verhältnis von Frau S. zu ihren größeren Kindern und ihrem Exmann normalisiert. Den Kontakt zwischen Frau S. und ihren Töchtern sowie die finanziellen Belange regeln die Eltern mittlerweile untereinander. Beides war nach der Trennung der Eltern zwei Jahre lang hoch strittig. Obwohl keine größeren Probleme mehr auftraten, hielt Frau S. den Kontakt zur **Fachstelle für Kinder alkoholkranker Eltern** und nutzte die dortigen Angebote für ihre Kinder und sich: die monatliche **Müttergruppe**, Ausflüge der Gruppe gemeinsam mit den **Smily Kids, Kreuzbund**

DV Paderborn e.V. und die jährliche Mütterbildungsfreizeit auf dem **gemeinnützigen Ponyhof Hilbeck** mit seinem pädagogischen Reitprogramm für Kinder. Frau S. nutzt die Angebote, weil ihre Kinder davon profitieren und weil sie bei der Erziehung ihrer Kinder unterstützt wird. Sie helfen ihr, trocken zu bleiben, auch durch den Kontakt zu anderen Müttern, die ähnliche Probleme haben.

Seit 2014 lebt Frau S. getrennt von ihrem Lebensgefährten. Der gemeinsame Sohn, für den die Mutter das alleinige Sorgerecht hat, bleibt bei der Mutter.

Anfang 2018 meldete sich die **Kindertagestätte**, die der Sohn von Frau S. besucht und teilte mit, dass bei Frau S. Alkoholgeruch wahrgenommen wurde. Etwa zeitgleich ging von der **Lebenshilfe e.V.**, von der der Sohn gefördert wird, eine Meldung beim **ASD des Jugendamtes** wegen Kindeswohlgefährdung durch Alkoholkonsum der Mutter ein. Auch von der **Schule** ging eine entsprechende Meldung an das Jugendamt.

Es erfolgte unverzüglich ein gemeinsamer Hausbesuch durch den **Sozialpsychiatrischen Dienst des Gesundheitsamtes und den ASD des Jugendamtes**. Die Mutter wurde betrunken angetroffen und der inzwischen 6-jährige C. wurde in Obhut genommen. Der Vater des Kindes war zu diesem Zeitpunkt nicht erreichbar, und auf Wunsch der Mutter wurde C. in die Obhut ihres Ex-Mannes geben, wo C. schon häufiger seine Halbschwestern besucht hat. Frau S. begab sich zur Entgiftung in eine **Dortmunder Suchtklinik** und anschließend in eine ambulante Therapie bei einer **Dortmunder Suchtberatungsstelle**. Nach der Entgiftung kehrte C. zu seiner Mutter zurück. Frau S. hielt intensiveren Kontakt zur **Fachstelle für Kinder alkoholkranker Eltern des Jugendamtes** und wies über ihren **Hausarzt** durch regelmäßige Kontrollen des Blutes ihre Abstinenz nach. Außerdem beantragte sie für ihren Sohn C. Hilfe zur Erziehung, die vom **ASD des Jugendamtes Dortmund** bewilligt wurde. C. besucht jetzt eine **Heilpädagogische Tagesgruppe**.

Ende 2018 wurde Frau S. erneut rückfällig und mit 3,4 Promille mit Unterstützung des **Hausarztes** als Notfall in ein **Dortmunder Krankenhaus** eingeliefert. Mit Hilfe der **Sozialarbeiterin des Krankenhauses**, des **Sozialarbeiters der Suchtklinik und der Mitarbeiterin der Fachstelle** konnte Frau S. übergangslos in eine **Dortmunder Suchtklinik** zur qualifizierten Entgiftung wechseln. C. wurde beim seinem leiblichen Vater untergebracht, wo er aus verschiedenen Gründen nicht dauerhaft leben kann.

Von der Klinik aus wurde auf Wunsch von Frau S. und nach Rücksprache mit dem **ASD des Jugendamtes** und der **Fachstelle** eine **Langzeitrehabilitation** gemeinsam mit ihrem Sohn beantragt, die auch bewilligt, von ihr angetreten und beendet wurde. Anschließend nutzte sie die **Nachsorge einer Dortmunder Suchtberatungsstelle**.

Enttäuscht über die Rückfälle der Mutter haben die inzwischen 15-und 20-jährigen Töchter den Kontakt zur Mutter weitgehend abgebrochen und kommen nur noch zu ihr, um ihren Halbbruder zu besuchen. Beide halten den Kontakt zur **Fachstelle** und die 15-jährige besucht die **Selbsthilfegruppe für Kinder Suchtkranker, die Smily Kids des Kreuzbundes DV Paderborn e.V.** Beide Mädchen berichten, dass es sie erleichtert, wenn sie über ihre Sorgen – auch um ihren Halbbruder – sprechen können. Ob die Mädchen wieder Kontakt zu ihrer Mutter haben werden, machen beide davon abhängig, ob ihre Mutter jetzt dauerhaft trocken bleibt. Sie nutzen nicht nur die **Fachstelle des Jugendamtes,** um über ihre Sorgen, Nöte und Probleme zu sprechen, sondern halten auch zu anderen Kindern mit ähnlichen Problemen über die sozialen Medien Kontakt. Durch die gemeinsamen Fahrten und Tagesausflüge haben sich Freundschaften sowohl unter den Kindern als auch unter den Müttern gebildet, die zum Teil schon 10 Jahre halten.

Frau S. ist mittlerweile bis auf einen kurzen Vorfall trocken und bekommt sowohl über das **Jugendamt** als auch über das **Betreute Wohnen einer Dortmunder Suchtberatungsstelle** Unterstützung. Sie möchte ihre Sucht bewältigen, auch weil sie ihren Kindern eine gute Mutter sein möchte, und hofft, dass auch ihre Töchter den Kontakt zu ihr aufnehmen.

Das Fallbeispiel zeigt, wie viele Institutionen an einem Hilfeprozess beteiligt sind und dass gelungene Kooperation von Suchthilfe, Gesundheitshilfe, Selbsthilfe, Jugendhilfe und von anderen relevanten Organisationen wesentlich zu gelungener Hilfe sowohl für die Kinder als auch für die suchtkranken Eltern beiträgt. In dem geschilderten Fall wurde Hand in Hand gearbeitet, um die gesamte Familie so gut wie möglich zu unterstützen und Übergänge von einer Hilfeform zur nächsten zu gestalten. Koordiniert wurde die Hilfe über die Fachstelle des Jugendamtes. Wesentlich für den insgesamt guten Verlauf der Hilfe waren sicherlich auch die gemeinsamen Gespräche von Eltern, Gesundheits- und Jugendhilfe, in denen offen über Möglichkeiten und Grenzen der Unterstützung gesprochen wurde und gemeinsame Absprachen getroffen wurden, insbesondere zur Sicherung des Kindeswohls und zur Planung der suchtmedizinischen Behandlung der Mutter. Die Kinder wurden bei einigen Gesprächen und bei Entscheidungen ebenfalls altersgemäß beteiligt. Diese Form der Unterstützung durch Kooperation ist planbar und kann durch unterschiedliche Maßnahmen sowohl auf struktureller Ebene als auch auf operationaler Ebene gefördert werden.

Dazu gehört zunächst, dass die relevanten Einrichtungen gegenseitig und fallunabhängig darüber informiert sind, wie in den anderen Bereichen gearbeitet wird und in welchem Rahmen Handlungsspielräume bestehen, aber auch, wodurch die Handlungsmöglichkeiten begrenzt werden. Schriftliche Vereinbarungen beugen Missverständnissen und unrealistischen Erwartungen an die jeweiligen Kooperationspartner vor. Nicht zu unterschätzen sind aber auch der persönliche Kontakt und eine gegenseitige wertschätzende Haltung.

An dem Dortmunder Arbeitskreis „Hilfen für Kinder alkoholkranker Eltern", in dem die Kooperation gelebt wird, nehmen Institutionen aus folgenden Bereichen teil: Suchthilfe, Selbsthilfe, Gesundheitshilfe, Suchtkliniken, Schulsozialarbeit, Kindertagesstätten, Freie Träger der Hilfen zur Erziehung, Kinderschutz und diverse Abteilungen des Jugendamtes. Die Teilnehmenden sind Multiplikator*innen für ihre Einrichtungen und haben in der Vergangenheit Strukturen entwickelt, die es ermöglichen, Kinder und ihre alkoholkranken Eltern besser zu unterstützen. Der Bedarf wurde jeweils im Arbeitskreis kommuniziert und Angebote nach Möglichkeit umgesetzt. Ich nenne hier nur einige Beispiele:

- Der Kreuzbund DV Paderborn e.V. hat 2008 eine Selbsthilfegruppe für Kinder, die Smily Kids, ins Leben gerufen und eine – bis dahin fehlende – Vormittagsselbsthilfegruppe, die von Alleinerziehenden gerne genutzt wird.
- Die Al-Anon Familiengruppen sind auch für Jugendliche ansprechbar.
- Die Suchtberatungsstellen und Suchtkliniken haben die Kinder im Blick, sind über die Verfahren bei Kindeswohlgefährdungen informiert und vermitteln Hilfesuchende an die Fachstelle für Kinder alkoholkranker Eltern, wenn Gesprächsbedarf hinsichtlich der Kinder besteht.
- Die Fachstelle des Jugendamtes bietet auch anonyme Beratung an und begleitet Eltern in weitere Hilfen. Sie bietet monatlich die erwähnte Müttergruppe an, führt die Elternbildungsfreizeiten auf dem Ponyhof Hilbeck in Kooperation z.B. mit der LWL-Klinik Dortmund, Abteilung Suchtmedizin, und der Selbsthilfegruppe Return durch. Die durch Spenden von der Selbsthilfegruppe Return und der Stadtsparkasse Dortmund finanzierte dreitägige Veranstaltung wird inhaltlich von den teilnehmenden Kindern und Müttern geplant.
- Gemeinsam bietet der Arbeitskreis Fachtagungen und Fortbildungen für Fachleute sowie Veranstaltungen für Kinder und Jugendliche an.

Als gute Voraussetzung für die gelingende Kooperation in Dortmund hat sich erwiesen, dass es durch Beschluss des Rates der Stadt Dortmund beim Jugendamt eine Stelle gibt, die dafür verantwortlich ist, die Zusammenarbeit gemeinsam mit relevanten Institutionen, Organisationen und Betroffenen zu gestalten. Wünschenswert ist zudem, dass es für die Kooperation und Unterstützung von Familien mit Suchtproblemen eine Regelfinanzierung gibt. Abschließend und ergänzend, verbunden mit Dank an meine Kooperationspartner*innen, möchte ich noch drei Faktoren nennen, die unsere gute Kooperation beschreiben: Das große Engagement der beteiligten Menschen, die hohe Professionalität und die partnerschaftliche vertrauensvolle Zusammenarbeit.

Ambulant Betreutes Wohnen mit Kindern – Bericht über ein Pilotprojekt in Bremen –

Janina Tessloff

Wo bleiben die Kinder?

Das haben wir uns auch in Bremen gefragt, insbesondere zu dem Zeitpunkt, als die Suchtrehabilitationsklinik, die bis dahin die Kinder der Patientinnen und Patienten als Begleitkinder mit aufgenommen hat, ihre Pforten geschlossen hatte. Die Nachfrage für eine Suchtrehabilitation mit Kind war bis dahin immer recht groß gewesen. Nun blieb sie plötzlich aus.

Aus den Beratungsstellen allerdings hörten wir, dass dort immer wieder Eltern vorstellig wurden, die Unterstützung im Rahmen einer stationären Unterbringung suchten. Sie blieben aber weg, wenn klar wurde, dass in Bremen nur ambulante Angebote zur Verfügung standen. Auch von den Entgiftungsstationen wurde uns berichtet, dass immer wieder Elternteile aufgenommen wurden, die dann für die befristete Zeit der Entgiftung die Kinder bei Verwandten oder Freunden unterbringen konnten. Oft wurde hier leider von Drehtür-Behandlung gesprochen.

Als mögliche Erklärung kam uns dazu in den Sinn, dass die Eltern sich immer noch davor scheuen, die fortgeschrittene Suchterkrankung und den damit verbundenen stationären Hilfebedarf offiziell „anzumelden" – aus Angst, dass die Kinder dann fremdplatziert würden. Für Eltern in Not ist es immer noch schwierig, das Jugendamt als helfende Instanz wahrzunehmen und einzuschalten.

Leider ist es aus Datenschutzgründen so, dass wir in Bremen keine verlässlichen Zahlen darüber haben, wie viele Kinder in suchtbelasteten Familien leben. An den Stellen, wo eventuell bekannt werden könnte, dass Kinder in einer suchtbelasteten Familie leben (Arztpraxen, Jobcenter etc.), kann, manchmal aus Unwissenheit, aber auf jeden Fall ebenfalls aus Datenschutzgründen, kein Hilfenetz gesponnen werden, wenn die/der betroffene Erwachsene davor zurückscheut, Hilfe in Anspruch zu nehmen. Das Hilfenetz kann dann erst entstehen, wenn das Kind sprichwörtlich „in den Brunnen gefallen ist".

Dies ist in Bremen in tragischer Weise in 2006 geschehen, als der kleine Kevin im Kühlschrank seines suchtkranken Vaters aufgefunden wurde. (Dieses Geschehen ist in seiner Gesamtdynamik sehr gut aufgearbeitet worden und in dem Podcast Zeit Verbrechen von Die Zeit aus Oktober 2019 „Das Kind im Kühlschrank" nachzuvollziehen).

Nach der strafrechtlichen Aufarbeitung und dem begleitenden Aufdecken struktureller Defizite wurde sofort nachgebessert und inzwischen hat Bremen ein gutes System, wie das Kindeswohl geschützt und im Sinne der Familie Hilfe organisiert werden kann:

1. Die *Fachliche Weisung* zum Umgang mit Kindern substituierter bzw. drogenabhängiger Mütter/Väter bzw. Eltern aus 2009 beschreibt die Kooperationen und Hilfeplanung bei festgestellter Kindeswohlgefährdung im Zusammenhang mit Suchtmittelkonsum der Eltern. Hier heißt es: *Zur Sicherstellung einer am Kindeswohl orientierten Entwicklung von Kindern und Jugendlichen und zur Verbesserung der Chance des Zusammenlebens von Mutter und Kind ist in Abstimmung mit dem Gesundheitsamt und den Bremer Drogenhilfeträgern ein Verfahren entwickelt worden, das mit dazu beiträgt, dass substituierte bzw. drogenabhängige schwangere Frauen während der Schwangerschaft spätestens nach der Geburt des Kindes zur Verminderung der Risiken und zur Förderung der Entwicklungschancen des Kindes auf das Beratungs- und Unterstützungssystem der öffentlichen Jugendhilfe hingewiesen werden und sich auf dieses – weil Aspekte der Kindeswohlsicherung im Vordergrund stehen – einzulassen haben (Fachliche Weisung, S. 4 f).* Praktisch bedeutet das, dass frühzeitig Familienhebammen einbezogen werden und über das Projekt „Eltern Plus" eine Beratung und Begleitung der jungen Familien bis zum 2. Lebensjahr des Kindes in Anspruch genommen werden können.
2. Der *Fachbeirat Sucht* unter Federführung des Jugendamtes begleitet und evaluiert die Umsetzung der Fachlichen Weisung. Hier sind alle Akteur_innen vertreten, die um die Sicherung des Kindeswohls herum zu finden sind: Kinder-, Schul- und Frauenärzt_innen, Familienhebammen, Vertreter_innen der Träger, die sich auch dem Thema Kindeswohl verschrieben haben, sowie Vertreter_innen der Behörden. Als Gäste kommen mitunter auch Mitarbeitende von der Polizei oder aus der Pharmakologie dazu.
3. Der *Runde Tisch Substitution* tagt einmal jährlich und bündelt die Kooperationen der beteiligten Akteur_innen. Auch die gesetzlichen Krankenkassen und die Qualitätssicherungskommission der kassenärztlichen Vereinigung sind in diesem Gremium vertreten.
4. Außerdem ist es inzwischen Standard geworden, bei Kindern akut drogenabhängiger oder substituierter Eltern *Haaranalysen* vornehmen zu lassen. Initiiert von der Senatorin für Soziales, Jugend, Integration und Sport in Zusammenarbeit mit der Berliner Charité werden die Ergebnisse jährlich bei dem runden Tisch Substitution ausgewertet. Dem Jugendamt obliegt die konsequente Umsetzung von Maßnahmen zum Schutze des Kindeswohls.

Wichtige Akteure in diesem kurz skizzierten „Bremer Weg" sind natürlich die Beratungsstellen, die Suchtprävention mit ihren vielfältigen Angeboten und die Leistungsanbieter der Suchthilfe. Hier können die suchtbelasteten Familien über die Hilfen zur Erziehung des Jugendamtes hinaus Unterstützung im Umgang mit der Sucht erhalten.

Doch welche Hilfestellung gibt es, wenn sich ein suchtkranker Mensch entschließt, komplett aus der Suchtdynamik auszusteigen? Dies ist ein zeitintensiver Weg, der gewöhnlich mit einer stationären Entgiftung und weiterer stationärer Behandlung verbunden ist. Spätestens jetzt stellt sich für einige Familien die Frage, wie die Kinder auf diesem Weg aufgefangen werden können, und vor allem, wo sie während der Zeit bleiben können.

Was brauchen die Kinder?
Der Weg des suchtkranken Elternteils aus der Sucht heraus ist meist lang und nie gradlinig. Rückfälle gehören genauso dazu wie Umwege. Dies sind Zeiten großer Instabilität, die sowohl das Individuums als auch das System betreffen. Kinder sind oft die Leidtragenden dieser Situation, da sie mit ihren Bedürfnissen oftmals nicht mehr im Blickfeld stehen und den emotionalen Schwankungen der Mutter/Vater/Eltern unmittelbar ausgeliefert sind. In dieser Phase ist es besonders wichtig, dass die Kinder eine stabile Bezugsperson außerhalb der Familie bekommen. Kindertagesstätte, Schule, Freizeitgruppen bekommen eine besondere Bedeutung. Das „Dazu-Schalten" einer Sozialpädagogischen Familienhilfe durch das Jugendamt entlastet die Situation und alle Beteiligten.

Für die Kinder ist es wichtig zu erleben, dass sie nichts verlieren, sondern eher gewinnen können. Dafür brauchen sie Raum für ihre eigenen Unsicherheiten und Ängste, Fragen, Wünsche und Bedürfnisse. Oftmals hat das Kind in der suchtbelasteten Familie Rollen einnehmen müssen, die weder altersangemessen noch kindgerecht waren. Vielleicht hat es angefangen, für das süchtige Elternteil Sorge zu tragen oder sogar Verantwortung zu übernehmen. Auch muss das Kind zahlreiche Schutzmechanismen entwickeln, um mit dieser Situation leben zu können. Traumatisierende Erfahrungen, Vernachlässigung, Gewalterfahrungen, mangelnde Verlässlichkeit des elterlichen Verhaltens, Schamgefühle und der Versuch, die Probleme der Eltern vor Lehrern und Freunden nicht sichtbar werden zu lassen, wirken sich negativ aus und führen dazu, dass das Kind später in hohem Maße selber eine Abhängigkeitserkrankung entwickeln kann. Auch besteht die Gefahr, dass es selbst psychische Störungen entwickelt. Das heißt, dass das Kind während der Zeit der Gesundung der suchtkranken Familie ganz besonderen Schutz und Fürsorge erhalten muss und zwar bestenfalls, bevor es selbst eine eigene Diagnose entwickelt.

Wie kann eine gelungene Versorgung aussehen?
Trotz aller beschriebenen guten Kooperation zwischen Behörden, medizinischem System und der Suchthilfe gibt es immer wieder Familien, die durch das Netz fallen. Das größte Hemmnis der Betroffenen, sich rechtzeitig und angemessen Hilfe zu holen, basiert oftmals auf der Befürchtung, dass das Kind aus der Familie herausgenommen wird. Paradoxer Weise wird damit aber der Fremdplatzierung Vorschub geleistet, da die Suchterkrankung in ihrer Dynamik dazu neigt, sich zu verschlimmern, so dass es zunehmend schwierig wird, für die gesamte Familie einen Ausweg zu finden. Auch kommen manche Familien zu dem Ergebnis, dass alle Bemühungen in Richtung Abstinenz in der gewohnten Umgebung immer wieder scheitern.

Wir waren also in Bremen auf der Suche nach einer kreativen Lösung, die sowohl das Suchtgeschehen aufgreift, als auch die Belange der Kinder angemessen berücksichtigt. Unsere ersten Ideen scheiterten an den unterschiedlichen Rechtskreisen: Wer sollte den Hut aufhaben – Jugendhilfe oder Suchthilfe? Wie kann es gelingen, das System Familie in den Mittelpunkt der Bemühungen zu stellen und nicht einzelne Betroffene? Wir schrieben Konzepte und führten unzählige Gespräche mit potenziellen Kostenträgern, Behördenvertreter_innen und Fachmenschen. Es schien keine geeignete Einrichtungsform zu geben, die den Elternteil in der Suchtdynamik auffängt und zugleich dem Kind einen angemessenen Schutz bieten kann; nicht aufgrund einer eigenen Diagnose, sondern allein aufgrund der Tatsache, dass es durch das Leben in einer Suchtfamilie ganz besonderen Belastungen ausgesetzt ist.

Aufgeben wollten wir aber auch nicht und so entschieden wir uns als Leistungsanbieter in der Suchthilfe für die kleine Lösung: Angegliedert an ein Ambulant Betreutes Wohnen im Rahmen des §113ff SGB IX gründeten wir das Eltern-Kind-Haus, Ambulant Betreutes Wohnen „Mit Kind". In guter Abstimmung mit den Steuerungsstellen von Gesundheits- und Sozialamt finden hier Eltern teile mit ihren Kindern Wohnraum und Betreuung.

Das freistehende Haus ist für drei Elternteile mit Kindern ausgelegt und von einer guten Infrastruktur umgeben. Die Bewohner_innen beziehen ein eigenes Zimmer mit anliegendem Kinderzimmer, so dass ein abgegrenztes Familienleben möglich ist. Es gibt einen bespielbaren, umzäunten Innenhof und einen Garten. Innerhalb des Hauses leben die Kleinfamilien nach dem Wohngruppenprinzip, häusliche Pflichten werden aufgeteilt und von den Familien eigenständig übernommen. Die Betreuungsform wird individuell auf die Hilfebedarfe der betroffenen Person angepasst. In der Regel werden die Kostenübernahmen für die Betreuung des suchtkranken Menschen über ein bis zwei Jahre ausgestellt, die Kosten des Unterhalts für die Familie übernimmt das Jobcenter.

Zu Beginn der Betreuung wird der Kontakt mit dem zuständigen Jugendamt gesucht. Dies ist auch dann nötig, wenn es keine Auffälligkeiten gibt, damit ein unbelasteter und vertrauensvoller Kontakt zwischen Familie und Amt entstehen kann und so im Falle einer Krise notwendige Hilfen schnell eingeleitet werden können. Ebenfalls zu Beginn der Betreuung wird ein eigener Aufnahmebogen für das Kind erstellt. Hier werden wichtige Adressen wie weitere Bezugspersonen, Kinderärztin oder auch Ansprechpartner_innen im Krisenfall benannt. Als Arbeitshilfe für das Betreuungsteam gibt es eine *Checkliste Kindeswohlgefährdung*, die zu festgelegten Zeitpunkten innerhalb des Betreuungszeitraums und bei Bedarf dann auch später für das betreffende Kind durchgegangen und ausgewertet wird.

Durch die gemeinsame Aufnahme der Familienmitglieder verändert sich der Blickwinkel des Teams: Das Kernthema des Betreuungsangebots ist jetzt nicht mehr nur das Suchtpotenzial der Erziehungsberechtigten, sondern auch und besonders ein gesundes Familienleben. Die Elternrolle zu fördern, Bewältigungskompetenzen z.B. im Umgang mit Stress und Konflikten zu entwickeln, das Bindungsverhalten innerhalb der Familie zu stärken und ein Bewusstsein für das Kindeswohl zu schaffen, wird zu einem vorrangigen Ziel der Betreuung. Dazu geraten suchtimmanente Themenfelder wie Umgang mit Rückfall, Betreuungsabbrüche oder Substitution mit dem Blickwinkel auf das Kindeswohl noch einmal in einen weit schärferen Fokus.

Unsere Erfahrungen

Das Eltern-Kind-Haus eröffnete Ende 2015. Im Konzept wird das Haus als eine Einrichtung für erwachsene Menschen und ihre Kinder, die sich aktiv mit ihrer Suchtproblematik auseinandersetzen und sich die persönlichen und sozialen Bedingungen für ein langfristig suchtmittelfreies Leben schaffen möchten, beschrieben. Die Aufnahmevoraussetzung ist die Suchterkrankung bei aktueller Abstinenz oder Substitution ohne Beigebrauch. Eine Take-Home-Vergabe der Medikamente durch den Arzt/Ärztin wurde anfangs aufgrund der darin enthaltenen möglichen Kindeswohlgefährdung ausgeschlossen. Diese Haltung veränderte sich später, so dass wir die Substitution unter bestimmten Bedingungen mit in das Konzept aufnahmen.

Die individuelle Problemlage der Kinder wird vor der Aufnahme mit berücksichtigt. Kinder mit Weglauftendenz oder keinem Gefahrenbewusstsein können aus Sicherheitsgründen nicht in das Betreute Wohnen aufgenommen werden. Eine eigene Diagnose des Kindes kann ebenfalls ein Ausschlusskriterium sein, wenn vor Aufnahme nicht eine Behandlung sichergestellt ist. Eine Kooperation mit dem zuständigen Jugendamt muss bei Aufnahme eingeleitet worden sein.

Die Kriterien und Grundvoraussetzungen für die eigentliche Aufnahme werden im Informationsgespräch überprüft. Dazu gehören die Motivation, ohne Alkohol und Drogen leben zu wollen, Kooperation und Transparenz sowie die Bereitschaft zur Beschäftigung (Schule, Ausbildung, Beschäftigung, Praktikum).

Das Eltern-Kind-Haus war sofort belegt. Zwei Mütter kamen mit ihren Kindern, eine Mutter zog zunächst alleine ein, eine Familienzusammenführung war in Planung. Weitere Kleinfamilien standen auf der Vorlaufliste. Die Hausregeln und Regeln des Umgangs miteinander wurden gemeinsam erarbeitet, das Zusammenleben erprobt. Das erste Jahr bot bereits alles an konflikthaften Themen, was eine Eltern-Kind-Betreuung zu bieten hat: Abgrenzungsthemen und Streitereien zwischen den Familien, Rückfall, intransparentes Verhalten. In intensiver Einzel- und Gruppenarbeit wurden diese Themen angegangen. Auch gemeinsame Freizeitaktivitäten wurden unternommen, so dass bald eine gute und vertrauensvolle Arbeitsbasis entstand.

Schnell wurde aber auch deutlich, dass trotz des guten Blicks auf das System Familie die Kinder immer wieder in den Hintergrund gerieten. Für sie gab es ja keine Kostenübernahme und der Vertrag bezieht sich auf die Betreuung der Eltern. Insbesondere wenn es sich um Kinder im Vorschulalter oder Kleinkinder ohne Krippenbetreuung handelt, kommen auf die Elternteile noch einmal ganz andere Stressfaktoren zu, als wenn das Kind bereits eine Betreuung außerhalb des Hauses hat. Einzelgespräche im Beisein des Kindes sind möglich, können sich aber auch schwierig gestalten. Gruppengespräche im Beisein der Kinder erhalten eine ganz andere Dynamik.

Um die Betreuung der Kinder zu gewährleiten, besprechen wir Lösungen in der Eltern-Kompetenz-Gruppe oder in Einzelgesprächen und beziehen andere Bewohner_innen mit ein. Darüber hinaus kann beim Jugendamt eine Familienhilfe beantragt werden. Eine verlässliche gegenseitige Kinderbetreuung zu organisieren, scheiterte im Eltern-Kind-Haus allerdings meist aufgrund der unterschiedlichen Altersgruppen und auch an der mangelnden Bereitschaft der Elternteile. Die Anforderung, inmitten des eigenen Stresspegels – hervorgerufen durch die ungewohnte Art des Zusammenlebens und die eigenen Dynamiken – auch noch in diesem Ausmaß Solidarität zu leben, erweist sich im Alltag und bei der kleinen Gruppengröße als zu hoch.

Umgang mit Rückfall und Kindeswohl

Den Konsum von Alkohol und/oder Drogen in der Einrichtung werten wir auf jeden Fall als eine Kindeswohlgefährdung aufgrund der Vorgeschichte. Bei Verstößen gegen das Grundprinzip der Abstinenz und der beigebrauchfreien Substitution muss mit einer möglichen Beendigung der Maßnahme gerechnet werden. Hier entsteht eine vermeintliche Diskrepanz zum Verständnis der Sucht als Krankheit und der Forderung, keine Symptome einer Erkrankung zu haben. Wir erwarten von einem suchtkranken Menschen keineswegs, nicht mehr süchtig zu sein. Wir erwarten aber einen verantwortlichen Umgang mit der Erkrankung zum Schutze der im Haus lebenden Kinder und Bewohner_innen. Wenn ein Rückfall für ein Elternteil nicht zu vermeiden scheint und die Entscheidung für Konsum gefallen ist, dann darf dieses auf keinen Fall im Schutzraum der Kinder und anderen Bewohner_innen geschehen. Auch das ist eine nötige und wichtige Balance zwischen der chronisch rezidivierenden Suchterkrankung und der Verantwortung als Elternteil und Bewohner_in der Wohngruppe.

Bei einem Rückfall wird besonders deutlich, in welchem Spannungsfeld Sucht und Familie stehen: Sofort liegt der Fokus auf dem Erhalt des Kindeswohls und gleichermaßen ist der offene und ehrliche Umgang mit dem Rückfall Voraussetzung für eine weitere Zusammenarbeit. Letzteres gefährdet wiederum den Verbleib in der Einrichtung, Nach Einschätzung des Zustands des Elternteils entscheidet sich, ob das Kind ggf. vom Notfallkontakt abgeholt werden muss. Das Jugendamt wird in jedem Fall informiert. Wenn keine akute Kindeswohlgefährdung vorliegt, muss entschieden werden, ob das Elternteil in der Lage ist, das Kind für den Tag selber zu versorgen, und welche praktische Unterstützung notwendig ist. Es muss während dieses Prozesses täglich aufs Neue abgewogen werden, ob eine Fremdplatzierung notwendig ist, die für das Kind eine zusätzliche Belastung darstellen kann. Sollte eine Entgiftung angezeigt sein, wird der Notfallkontakt bzw. der Kinder- und Jugendnotdienst informiert. Wenn nicht, wird die Familie engmaschig weiterbetreut und es werden täglich Urinkontrollen genommen. Die Situation wird immer wieder aufs Neue eingeschätzt und Handlungspläne angepasst. Eine inhaltliche Rückfallaufarbeitung beginnt nach der Entgiftung. Dabei werden insbesondere der Stressabbau, Handlungsalternativen sowie mögliche zukünftige Rückfallpunkte thematisiert. Regelmäßige Urin- und Atemluftkontrollen werden weiterhin durchgeführt.

Bei dem Thema Umgang mit einem Rückfall, aber auch in Bezug auf Gruppen- und Einzelbetreuung zeigt sich, wie wenig die Eltern sich im alltäglichen Zusammenleben mit den Kindern Zeit nehmen können für sich selbst. Gleichermaßen gibt es aber auch kaum Raum für die Kinder, die in einer derartigen Krise ganz eigene Bedarfe entwickeln. Wesentlich ist, dass die Kinder spüren und auch erleben, dass die Verantwortung für das Handeln nun bei Mutter oder Vater bzw. stellvertretend bei der Betreuungsperson liegt und es selbst einfordern darf, was es gerade emotional benötigt. Dieses entlastende Moment ist wesentlich für den Heilungsprozess des Familiensystems, da es ermöglicht, dass jedes Familienmitglied die seiner Position in der Familie angemessene Rolle einnehmen kann. Auf die Betreuenden kommt in einer derartigen Krise eine ganz besondere Herausforderung im Sinne der Ausbalancierung der Bedarfe Suchthilfe – Jugendhilfe zu.

Substitution

Bei Eröffnung der Einrichtung schlossen wir die Aufnahme substituierter Klient_innen aus. Dies hatte mehrere Gründe:

- Zum einen konnten wir uns nicht vorstellen, dass Klient_innen täglich mit ihrem Kind zu den großen Schwerpunktpraxen zur Substitutionsausgabe gehen und sich dort durch ungewollte Szenekontakte einer ständigen Rückfallgefahr mit dem verbundenen Stress aussetzen. Eine Take home-Vergabe konnten wir uns ebenso wenig vorstellen, da uns die Aufbewahrung des Medikaments im Lebensraum der Kleinfamilie hoch risikoreich für das Kindeswohl erschien.
- Zum anderen schien aber auch inhaltlich etwas dagegen zu sprechen: Das Substitut wird nach vielen Schilderungen der Betroffenen zunächst nicht als hilfreiches Medikament zur Linderung oder gar Heilung einer Krankheit erlebt. Die Einnahme eines Substituts schien eher ein Ersatz für das frühere Suchtmittel zu sein und hält damit den suchtkranken Menschen nahe an dem Suchterleben. Damit stellt sich die Substitution einem suchtmittelfreien Familienleben behindernd in den Weg.

Eine klare Trennung im Alltag der Erwachsenen und Kinder vom „Ausleben" der Sucht und dem Familienleben erschien uns daher geraten. Einige Betreuungsverläufe (und auch unsere Haltung gegenüber der Substitution) zeigten jedoch schnell, dass Substitution kein Tabuthema sein darf. Beispielsweise ließ sich eine Mutter, nachdem sie mehrere Rückfälle bearbeiten musste und Angst vor einem weiterem „Scheitern" hatte, heimlich substituieren. Dies gab ihr Sicherheit im Umgang mit ihrer Sucht und ermöglichte erneute Freiräume für die Familie. Allerdings hatte sie die Substitution aufgrund unserer konzeptionellen Vorgaben verschwiegen, wodurch sie gewissermaßen zu einem Verhaltensrückfall verleitet wurde, indem sie den Grundkonsens zu transparentem Verhalten aufgab.

So haben wir nach reiflichem Überlegen die Möglichkeit der Aufnahme substituierter Klient_innen in das Konzept aufgenommen, unter der Bedingung, dass die Substitution in einer Kleinpraxis und am Wochenende über das Gesundheitsamt erfolgt. Perspektivisch kann die Substitution unter Sicht über eine Apotheke oder auch durch die Mitarbeitenden in Verantwortung der substituierenden Ärztin in Betracht genommen werden, was die aktuellen, Corona-bedingten Ausnahmeregelungen der BtM-VV möglich machen.

Ziel ist es, dem Substitut einen akzeptierten Stellenwert als erforderliches Medikament für die/den Betroffene_n zu geben, vergleichbar mit Insulingabe für einen zuckerkranken Menschen. Die betroffene Person entwickelt sich damit weg von einer/einem Süchtigen, die/der nur seine Droge holt, um den Alltag bewältigt zu bekommen, hin zu einer/einem Suchtkranken, die/der die notwendige Unterstützung zur Bewältigung der Krankheit erhält. Weg vom Konsum hin zu einem selbstfürsorglichen Verhalten, so kann die Balance zwischen Suchterkrankung, Elternpflicht, Familienleben und Teilhabe am gesellschaftlichen Leben ohne Stigmatisierung hergestellt werden.

Und noch einmal: Was brauchen die Kinder?

Die mittlerweile fünfjährigen Erfahrungen „Mit Kind" im Betreuten Wohnen haben uns gezeigt, dass wir auf dem richtigen Weg sind. Konzeptionelle Veränderungen wie z.B. in Bezug auf das Substitut entwickeln sich durch die konstruktiv-kritische Auseinandersetzung mit der eigenen Arbeit. Die Herausforderungen, Anforderungen, realen Bedarfe, kleinen und großen Erfolge, aber auch unvorhersehbaren Probleme der Bewohner_innen motivieren uns, das Angebot bedarfsgerecht anzupassen. Dabei ist auch das Qualitätsmanagement ein gutes Instrument, um die Weiterentwicklung zu strukturieren und zu überprüfen.

Gesetzliche Vorgaben wie der Rahmenvertrag und der Leistungstyp Betreutes Wohnen setzen allerdings Grenzen für Veränderungen. Als Eingliederungshilfeleistung für suchtkranke Erwachsene können wir keine Extra-Ressourcen für ein bedarfsgerechtes Setting für die begleitenden Kinder bereitstellen. Auch wenn die Kinder keine eigene Diagnose mitbringen, so sind sie (wie oben beschrieben) durch ihr Leben in einer Suchtfamilie ganz besonderen Belastungen und spezifischen Gefährdungen ausgesetzt. Und es gilt zu verhindern, dass sich eine Diagnose entwickelt.

Gemeinsam mit den zuständigen Behörden arbeiten wir daher an unserem Ziel, neben der Unterstützung des Familiensystems auch den Kindern Raum und Begleitung anzubieten, um sich rollenadäquat entwickeln und entfalten zu können. Dies setzt die Zusammenarbeit der Gesetzeskreise SGB VIII und SGB IX in der Leistungsträgerschaft voraus. Weil es in diesem Rahmen ermöglicht wird, eine weitere, im Team verankerte Fachkraft den Kindern als kontinuierliche Bezugsperson neben den Eltern im Alltagsgeschehen zur Verfügung zu stellen, haben die Kinder die Chance, sich teilhabeorientiert und altersangemessen in ihrer näheren Umgebung auszuprobieren und sich jederzeit der Unterstützung einer erwachsenen Person, die nicht in die Abhängigkeitsdynamik verstrickt ist, rückversichern zu können.

Neben aller guten Kooperation mit dem Jugendamt kann ein Angebot „aus einer Hand" eine wertvolle Hilfestellung geben auf dem Weg hin zu einem rollenadäquaten und für alle Mitglieder weitgehend befriedigenden Familienleben unter Einbezug eines angemessenen Umgangs mit der Suchterkrankung. Die Kinder können sich so in einer heilsamen und fördernden Umgebung und auch unabhängig von den Eltern von erlittenen Schädigungen erholen. Bereits entstandene Störungen werden aufgegriffen und deren Verschlimmerung verhindert. Gleichzeitig können sie den Kontakt mit den Eltern immer wieder neu erproben und erfinden. Die Eltern lernen durch diese Art der Distanzierung und zeitweisen Verantwortungsabgabe ihre Kinder wieder als eigenständige Wesen zu sehen, die ihre eigenen Bedürfnisse verfolgen und nicht für die Bedürfnisbefriedigung der Eltern in Anspruch genommen werden dürfen.

Die enge Zusammenarbeit im Team der für die Erwachsenen *und* die Kinder zuständigen Bezugspersonen schafft Vertrauen in einem sicheren Raum, verhindert weitgehend Spaltungstendenzen und Vermeidungsverhalten und hilft, entwicklungsfördernde Grenzen und auch Grenzöffnungen wirkungsvoll zu setzen und zu steuern. Die Familie als Ganzes lernt damit in einer wertschätzenden und haltgebenden Umgebung einen konstruktiven, kommunikativen Umgangsstil und bereitet so den Boden für eine wachstumsfördernde Atmosphäre für die Kinder.

Damit ist unser Ziel auch für die Zukunft gesteckt. Der Weg dorthin wird sicherlich noch einige bürokratische Hürden zu bieten haben. Die Sinnhaftigkeit ist allerdings inzwischen in Bremen allen beteiligten Akteur_innen deutlich geworden. Wir freuen uns auf die nächsten Jahre Entwicklungsarbeit für die Kinder, die Eltern und die Familien!

Hilfsanlässe & Erfahrungen mit den Hilfesystemen von suchtbelasteten Eltern – Qualitative Inhaltsanalyse von 12 Interviews mit suchtkranken Elternteilen –

Niklas Helsper und Kim Kemner

Die Interviews mit suchtbelasteten Elternteilen wurden im Rahmen des Forschungsprojektes *Steuerungswissen und Handlungsorientierung für den Aufbau effektiver interdisziplinärer Versorgungsnetzwerke für suchtbelastete Familien durch* das Institut für Kinder und Jugendhilfe (IKJ) durchgeführt. Die übergreifende Forschungsfrage lautet dabei, inwieweit sich suchtkranke Mütter und Väter durch (eine gemeinsame, vernetzte) Hilfeleistung/-en von Sucht- und Jugendhilfe mit ihren Bedarfen und Bedürfnissen gut unterstützt und in ihrer Erziehungsfähigkeit gestärkt fühlen.

In der Vorbereitung dieses Forschungsprojekts fand ein Interessensbekundungsverfahren statt, an welchem sich deutschlandweit verschiedene Institutionen beteiligten, die an der Versorgung von suchtbelasteten Familien mitwirken. Für die Auswahl der Interviewpartner:innen wurde diesen Institutionen ein vorstrukturierter Fragebogen (siehe Anhang) zur Verfügung gestellt, in welchem verschiedene Merkmalsausprägungen in Bezug auf mögliche Gesprächspartner:innen angegeben werden sollten. Auf Grundlage aller eingereichten Vorschläge wurden im Anschluss 32 mögliche Interviews mit divergierenden Merkmalskombinationen identifiziert. Von diesen identifizierten Interviews konnten 26 mit insgesamt 29 Gesprächspartner:innen realisiert werden.

Betrachtet man die Geschlechterverteilung innerhalb der geführten Interviews, sieht man, dass dabei 24 Mütter und 5 Väter zu ihren Erfahrungen und Wünschen mit kooperativ erbrachten Hilfen, v.a. zwischen Jugendhilfe und Suchthilfe, befragt werden konnten. Dabei war es eine Voraussetzung, dass die Familien entweder gleichzeitig Unterstützung durch Jugendhilfe und Suchthilfe erhielten bzw. in Vergangenheit erhalten haben und eine strukturierte Zusammenarbeit zwischen den beiden Systemen bestand, oder dass die Familien ein spezialisiertes Angebot für suchtbelastete Familien in Anspruch genommen haben.

Mit Blick auf die Vorerfahrungen der Interviewten mit den Systemen der Jugendhilfe und Suchthilfe wird deutlich, dass hier ein breites Angebotsangebotsspektrum repräsentiert ist (Abbildung 1 & Abbildung 2). Ein Großteil der

Gesprächspartner:innen hat bereits Erfahrungen mit stationären Rehabilitationsangeboten gemacht (19 von 29). Bei insgesamt 6 Personen gab es Vorerfahrungen mit medizinischen Leistungen der Suchthilfe, wobei in den Merkmalsausprägungen vor allem die Substitution beschrieben wurde. Hierzu ist anzumerken, dass es bei den Angaben durch die Einrichtungen nur eine Erwähnung von medizinischen Entgiftungsbehandlungen gab. Da eine erfolgreiche Entgiftungsbehandlung i.d.R. Voraussetzung für die Aufnahme einer Rehabilitationsmaßnahme ist, kann davon ausgegangen werden, dass die Anzahl der Entgiftungsbehandlungen in der Stichprobe eigentlich deutlich höher ist. Für weitere Forschung sollte hier ggf. auf freie Antwortmöglichkeiten zugunsten von Checkboxen verzichtet werden, um eine höhere Einheitlichkeit und Vergleichbarkeit herstellen zu können.

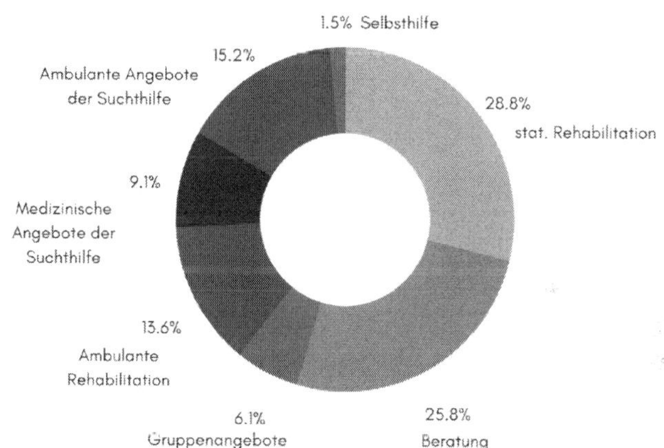

Abbildung 1: Erfahrungen mit der Suchthilfe der Interviewten

So wurde auch in Bezug auf die Angaben zu den Jugendhilfevorerfahrungen (Abbildung 2) deutlich, dass die freien Antwortmöglichkeiten dafür sorgten, dass die Bezeichnungen für eine Hilfeform stark divergierten. So wurde bspw. die Sozialpädagogische Familienhilfe regional bzw. mitarbeiter:innenbezogen sehr unterschiedlich bezeichnet, was die Kategorisierung erschwerte. Größtenteils konnten die unklaren Angaben über das Lesen der Interviewprotokolle präzisiert werden. Mit Blick auf das Ergebnis wird deutlich, dass der überwiegende

Teil der befragten Personen bereits Erfahrungen mit ambulanten Hilfen zur Erziehung gemacht hat (19 von 29). Hiermit sind in erster Linie ambulante Familienhilfen gemeint. Die *sonstigen Angebote* (10 von 29) innerhalb der Gesamtheit der Jugendhilfeerfahrungen fassen dabei Pflegefamilien, offene Angebote der Kinder- und Jugendhilfe und Angebote im Rahmen der Frühen Hilfen.

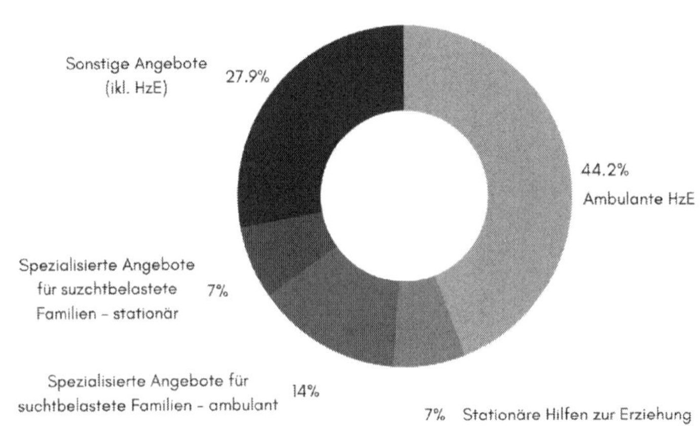

Abbildung 2: Erfahrungen mit der Jugendhilfe der Interviewten

Der vorliegende Artikel basiert auf ausgewählten Erkenntnissen eines bereits veröffentlichten Zwischenberichts einer ersten vertieften Auswertung von sechs Interviews und wird durch neue Erkenntnisse einer zweiten Analysephase von sechs weiteren Interviews ergänzt. Für den vorliegenden Artikel wurden aber alle Interviewprotokolle gesichtet, um auf dieser Grundlage ein Kategoriensystem für die Auswertung der einzelnen Interviews zu erarbeiten. Für diese Veröffentlichung wurden auf Grundlage dieses Kategoriensystems insgesamt zwölf repräsentative Interviews umfassend inhaltsanalytisch ausgewertet. Die Ergebnisse wurden zusätzlich mit Diskurssträngen aus den übrigen 14 Interviews angereichert, die sich bei der ersten Sichtung bereits als zentral herausgestellt haben.

Ein besonderer Fokus lag bei der Auswahl der Interviews auf den bereits erlebten Hilfeformen der Interviewten. Diese umfassen sowohl Bereiche der Suchthilfe mit als auch ohne spezielle, in Kooperation mit der Jugendhilfe erbrachte Angebotsformen für Kinder suchtkranker Eltern/-teile in stationären und in ambulanten Settings.

Dabei ließen sich zentrale Diskursschwerpunkte, Argumentationsmuster, Problembeschreibungen und -bearbeitungen sowie Haltungen identifizieren, welche ein Spiegelbild der Herausforderungen darstellen, denen sich dieses Forschungsprojekt und mittelbar alle Akteur:innen der Versorgungslandschaft stellen müssen.

Welche Hilfeanlässe lassen sich identifizieren?

In den Fokusgruppendiskussionen wurde unter anderem wiederholt die Frage aufgeworfen, wie sich Klienten ins Hilfesystem integrieren lassen, vor allem, wenn diese bisher noch in keiner Weise ans Hilfesystem angebunden sind. Aus diesem Grund war es besonders aufschlussreich, sich die Wege in das/die Versorgungssystem/e der Gesprächpartner:innen anzuschauen. Diese Anlässe für eine Hilfeaufnahme zeichnen ein heterogenes Bild. Unterschieden werden kann hier zwischen Hilfeaufnahmen auf **Eigeninitiative** und **Fremdinitiative**.

Unter den Anlässen aufgrund von Eigeninitiative finden sich verschiedene, durch die Gesprächpartner:innen empfundene Notsituationen, zu deren Bewältigung sie sich nicht mehr in der Lage sahen. So wird hier bspw. aufgeführt, dass aus einer **psychischen Notsituation** heraus eigeninitiativ eine Beratungsstelle aufgesucht wurde. Auf diese Suchtberatungsstelle aufmerksam wurde die interviewte Person im Vorfeld durch einen Verweis des psychiatrischen Versorgungssystems, der auf die spezialisierte Stelle verwies.

Ebenfalls in diese Kategorie fällt die Schilderung einer Mutter, die durch **ihre Schwangerschaft** die Motivation fand, sich Hilfe in Bezug auf ihren problematischen Konsum und die kommende Verantwortung für ein Kind zu suchen, und sich direkt an das örtliche Jugendamt wandte.

Ein weiterer Anlass war die Hilfesuche aufgrund einer finanziell existentiellen Situation. Es wurde Kontakt zu einer psychosozialen Beratungsstelle aufgenommen. Von hier fand in Folge einer Sozialanamnese der Familiensituation eine Verweisberatung in andere Hilfeformen statt.

„Und wir sind dort aber hingegangen, weil wir eigentlich gedacht haben, wir kriegen dort geholfen wegen dem Strom, dass die uns vielleicht irgendwie helfen, den Strom zu bezahlen, oder dass wir die Möglichkeit haben, den monatlich abzubezahlen und so. Und wir haben dann gemerkt, dass wir mit der Frau auch sprechen können. Und haben der das dann auch gesagt, dass wir Probleme haben, Suchtprobleme" (Abs. 186-188 in PLR1-22.12.19).

Es ließen sich auch Interviewpassagen finden, in denen trotz intrinsischer Motivation auf Seiten der Hilfesuchenden keine Hilfeeinleitung zustande kam. Hierfür lassen sich verschiedene Gründe finden. Teilweise erfolgte keine adäquate Verweisberatung in eine Hilfeform aus anderen Leistungsbereichen. Dies lässt sich vor allem mit mangelnder Kenntnis der anderen Hilfesysteme oder mit dem Fehlen bedarfsspezifischer Angebote im Sozialraum erklären. Ein weiterer Grund dafür, dass Hilfen nicht zustande kamen, lag an negativen Erfahrungen bei der initialen Kontaktaufnahme mit dem Hilfesystem. Diese Fälle sind besonders bedauerlich, da die negativ erlebten Erstkontakte oftmals zu einem völligen Rückzug vom Hilfesystem führen. Betrachtet man die Schilderungen dieser Erstkontakte, werden mehrfach Erfahrungen intersektioneller Diskriminierung aufgrund der Suchterkrankung und weiterer Merkmale augenfällig. Ein Mann beschreibt, dass er im Kontakt mit dem Jugendamt hinsichtlich seiner Vaterrolle als süchtiger Mann nicht ernst genommen wird. Eine Mutter, die nicht in Deutschland geboren und aufgewachsen ist, schildert eine drastischen Fall von Diskriminierung im Erstkontakt mit einem Hausarzt:

„B1: Ich muss noch/ das ist von [SOZIALER TRÄGER] Ich muss sagen noch, ich habe schon vorher Hilfe gesucht. Ich bin zu meinem Hausarzt erst gegangen. Da war aber totale Katastrophe. Der hat mir gesagt, was? Ich rufe Jugendamt, die machen Ihnen Test und haben Sie Kinder weg. Sie kommen ganzes Jahr nicht und was wollen Sie von mir? Ich habe dagesessen und geweint, aber ich war nicht krank und so. Ja, gehen Sie wieder nach [MITTELEUROPA]. Aber ich habe keine Versicherung in [MITTELEUROPA], [...]

B1: und total fertig. Ich habe aufgestanden und habe gesagt, wenn Sie können, bitte vergessen Sie, dass ich war da. Und da für mich total/ also die/ meine erste Erfahrung mit Hilfe hier suchen. Natürlich für mich auch schwierig, weil ich bin Ausländerin, ne? Wenn ich würde in [MITTELEUROPA], würde ich auch mehr Informationen haben und so und wissen, wie was" (Abs. 64-66 in YB2).

Demgegenüber stehen die Hilfeanlässe auf Grundlage von Fremdinitiative. Hierzu lassen sich vor allem Beispiele finden, in denen bestimmte sucht- und familienbezogene Maßnahmen aufgrund von **Auflagen durch das Jugendamt** eingeleitet wurden. Das Jugendamt wurde in diesen Fällen durch Meldungen der Polizei oder Auffälligkeiten im Kontakt mit dem medizinischen System auf die Eltern(-teile) aufmerksam. In den Interviews lassen sich Belege finden, dass externer Druck im Rückblick als positiver Anstoß für Veränderung bewertet wird. Aussagen, die diese Auflagen als positiven Anschub wahrnehmen, stehen Passagen gegenüber, in denen sich die Interviewpartner:innen durch diese Aussagen brüskiert fühlten.

„Ich bin auf jeden Fall am [TAG]/ Nein, am [TAG] bin ich dann zum zweiten Mal eingefahren in die JVA, (hustet) schon schwanger mit [NAME1]. Da war ich in der sechsten Woche und war da bis [TAG]2016, also ein gutes halbes Jahr war ich drinnen. Und da kam dann die Frau [NAME5]/ Am [TAG]2016 habe ich mir das hier angeguckt, weil die Frau [NAME5] kam einen Monat zuvor zu mir und hat gesagt „Entweder Einrichtung oder Sie machen da, wo Sie aufgehört haben, nur ohne Kind." Ja, und deshalb in ich halt hier, also seitdem laufen die Hilfen auch" (Abs. 82 in GT2).

Welche Unterstützungsbedarfe der Eltern werden formuliert?

Bezogen auf ihre eigenen Hilfebedarfe ließen die Eltern in den Gesprächen am häufigsten Bedarfe an **alltagspraktischer Unterstützung** erkennen, um die Familiensituation zu stabilisieren. Hier waren es vor allem Unterstützung bei Behördengängen, Antragsstellung und häufig Wohnangelegenheiten wie bspw. Wohnraumsicherung oder das Finden einer adäquaten Wohnung.

Der nächste große Aspekt waren **Hilfen beim Aufbau einer Tagesstruktur** für die Eltern selbst, aber auch für die gemeinsame Zeit mit den Kindern. Einige Eltern berichten dabei von fehlenden Ideen für die **Freizeitgestaltung mit den Kindern**.

Mit dem Wunsch, den eigenen Tag zu strukturieren, ging oftmals auch der Wunsch nach Arbeitsaufnahme einher, sodass dem Bereich **Unterstützung bei der Wiedereingliederung in den Arbeitsmarkt** eine große Bedeutung beigemessen wurde. Eindrücklich wird in Gesprächen auch, wie stark der Selbstwert teilweise an das Vorliegen eines Beschäftigungsverhältnisses gekoppelt ist.

Neben den genannten Bereichen gab es vor allem Nennungen, die sich unter Unterstützung bei der **Aufrechterhaltung der eigenen Stabilität** subsummieren lassen. Dabei wurden hier explizit Bedarfe zur Gewährleistung der psychischen Stabilität separat von suchtspezifischen Fragestellungen benannt. Dazu zählt der Wunsch nach Entlastung bei der Kinderbetreuung durch das Hilfesystems, um eigene freie Zeiten erleben zu können, wenn kein ausreichendes privates Unterstützungssystem zur Verfügung steht.

„Die kamen zwischendurch zu mir nach Hause und haben mir zwei Mal die Woche für jeweils zwei Stunden den Kleinen abgenommen. Einfach auch mal Entlastung schaffen. Also, alleinerziehend ist schon, a) eine große Hausnummer, dann b) Therapie bei mir in meinem Fall, und Kind – also, ich kann es eigentlich steuern, aber es gibt Momente, da kann ich nicht steuern. Da kriegt/man kriegt ja (natürlich?) Gefühle. So. Und man kann nicht immer seine Gefühle verbergen und man ist vielleicht nicht immer gut gelaunt. Oder, keiner ist eigentlich immer gut gelaunt. Und dann nervt einen seine gute Laune. Also sind die mit ihm eine Runde Gassi gegangen, oder auf den Spielplatz gegangen, und ich habe mich einfach nur um mich gekümmert. […] Wir sind ja nicht nur Mütter, wir sind ja auch Frauen. So" (Abs. 176 in 191203_BB4).

Als suchtspezifischen Teilbereich der psychischen Stabilität lässt sich die Suchtmittelabstinenz verstehen. Der **Umgang mit Suchtdruck und die abstinente Bewältigung emotionaler Situationen** wurden als Hilfebedarfe benannt. Aus beiden Bereichen lässt sich der Wunsch nach Aufbau einer höheren Resilienz, also nach besseren Bewältigungsfähigkeiten bezogen auf die Suchterkrankung, ableiten.

„I: Wie bewerten Sie die Therapie so im Endeffekt für sich?
[…]
B1: Gut. Auf jeden Fall. Für mich Rettung. Total Rettung. Ich finde auch, das ist Möglichkeit bei zum Beispiel Rückfällen oder muss gar nicht zu Rückfall kommen, aber ich werde vielen/ das kann so was passieren, ich kann auch Auffangtherapie beantragen und kann ich, glaube ich, sechs Wochen da zurückgehen oder so" (Abs. 341-344 in YB 2).

Divergierende Aussagen gab es hinsichtlich des Bedarfs an **Spezialisierung im Hilfesystem.** Wurde sich auf der einen Seite gewünscht, dass bspw. die Familienhilfen eine höhere suchtbezogene Kompetenz besäßen, stehen auf der anderen Seite Aussagen, aus denen der Wunsch deutlich wird, dass verschiedene spezialisierte Angebote einfacher gleichzeitig in Anspruch genommen werden könnten, um von den verschiedenen Qualifikationen zu profitieren.

„Nein. Ich habe mir die Familienhilfe selber gesucht, weil sie in der [SUCHTBERATUNG] mitgearbeitet hat. Habe ich gefragt, ob sie das vielleicht machen würde. Weil sie/ Ich wollte gerne jemand, der sich mit dem Thema SUCHT auskennt" (Abs. 192-194 in HCS2_100120)

Schaut man auf die zielgruppenspezifischen Anforderungen für suchtbelastete Familien, werden hier vor allem **Unterstützungsbedarfe in grundlegenden Erziehungs- bzw. Versorgungsfragen** benannt. Diese reichen von grundlegenden Anforderungen wie dem Wickeln und richtigen Ernähren der Kinder bis zur *sinnvollen* Gestaltung der gemeinsamen Zeit. In einigen Passagen wird eine grundlegende Unsicherheit gegenüber der eigenen Elternrolle augenscheinlich. Häufig wird von den Helfenden vor allem erwartet die Funktion eines spiegelnden Gegenübers einzunehmen, um so den Eltern einen Abgleich mit einem *akzeptierten* Normen- und Wertesystem zu ermöglichen.

„[...] wie oft muss denn Staub gewischt werden, wie oft der Fußboden? Wie chaotisch darf es mit einem kleinen Kind aussehen? Wie bringt man dem kleinen Kind bei, mitzumachen? Was ist überhaupt schaffbar?" (Abs. 84 in YB5-Teil1-undYB5-Teil 2).

Darüber hinaus wurde vereinzelt der Wunsch geäußert, dass den Kindern durch das **Hilfesystem (Freizeit-)Möglichkeiten** geboten würden, die die Eltern selbst nicht verwirklichen können. Hierdurch könnten eigene Inferioritätsgefühle durch die eigenen begrenzten Teilhabemöglichkeiten verringert werden.

Welche Unterstützungsbedarfe sehen die Eltern in Bezug auf ihre Kinder?
Aus Sicht der Eltern bedürfen die Kinder einer guten **(psychologischen) Betreuung**, die auf die spezifische Situation von Kindern ausgerichtet ist, die die Suchtabhängigkeit der eigenen Eltern miterleben. Stellenweise lässt sich hier der Wunsch nach einem stärker auf das Familiensystem fokussierten Behandlungsansatz ableiten.

„Na, was verbesserungswürdig ist in so einer Einrichtung, ist definitiv, dass die Kinder hinten runterfallen. Klar, wir sind in erster Linie wegen/ Ich sehe das jetzt aus Mutti-Perspektive, wegen der Frauen hier, dass wir bitte wieder arbeitsfähig werden. Allerdings, je nachdem, wie lange und wie intensiv der Suchtmittelmissbrauch war, haben die Kinder einiges mitbekommen, mussten viel zu schnell erwachsen werden, kriegen natürlich auch Angst, wenn sie wieder nach Hause kommen, je nach Alter. Und da fehlt hier einfach ein Kinderpsychologe. [...] Also es bringt nichts nur eine Seite zu stabilisieren" (Abs. 20 in YB5-Teil1-undYB5-Teil2).

Die Eltern beschreiben wiederholt, dass sie erst innerhalb der Hilfen begonnen haben zu verstehen, welche Anforderungen die eigene Erkrankung für die Kinder mit sich gebracht hat. Vor allem das Motiv der frühen Verantwortungsübernahme der Kinder, um den Familienalltag zu bewältigen taucht häufig in den Schilderungen der Eltern auf.

„Da haben sie angefangen, mit mir zu sprechen und so. Also von dem Jugendamt ist rausgekommen, dass sie will geliebt sein wie ihr kleiner Bruder, der ältere. Sie hat gefühlt gehabt, dass wir lieben nur ihn, sie nicht. Ich muss dazu/ schaue ich zurück, muss ich sagen, ich habe viele Verantwortung auf sie übergeben. Ich habe damals nach einem Jahr Elternzeit arbeiten gegangen und meine Tochter musste mit/ die war elf, unsere Sohn aufpassen bis mein Freund ist aus der Arbeit gekommen, und ich glaube, dann wenn bin ich schwanger geworden" (Abs. 34 in YB 2).

Darüber hinaus wurde immer wieder das Ziel geäußert die **Eltern-Kind-Beziehung mit fachlicher Unterstützung wieder zu verbessern**. Die durch eigene Suchterkrankung entstandenen Vertrauensbrüche müssten in einem geschützten Raum bearbeitet werden. Dafür benötigten die Kinder eine:n feste:n Ansprechpartner:in innerhalb des Hilfesystems, um Vertrauen aufbauen zu können und hier Beziehungskontinuität zu erleben. Neben der Beziehungskontinuität sei es ein wesentlicher Bedarf der Kinder stabile Strukturen kennenzulernen. Dies solle auch durch die längerfristig angelegten Angebotsstrukturen repräsentiert werden.

Auch der bereits unter dem vorigen Punkt angesprochene Bereich der Freizeitgestaltung wurde hier als wertvolle Bereicherung für das Familiensystem benannt.

„B: Ja, also meine Kinder nehmen teil. Die gehen gerne in [GRUPPENANGEBOT] danach. Und wir nehmen auch die Veranstaltungen von [GRUPPENANGEBOT] sehr gerne wahr, weil wir viel Spaß und viele Leute da kennengelernt haben. Ja. Und uns hilft das auch, weil wir einfach nicht wahnsinnig viel Geld haben und so eine Fahrt, so fünf Tage, vier Tage mitzufahren mit den Kindern in den Urlaub, ist schon schön" (Abs. 26 in WRN5_200123_Stadt 1).

Alarmierend sind die Schilderungen zur **transgenerationalen Weitergabe traumatischer Erfahrungen und Suchterkrankungen**: Der Großteil der Gesprächspartner:innen berichtet von (überwiegend körperlichen) Gewalterfahrungen, meist innerhalb der Ursprungsfamilien, während des Heranwachsens. Es wird weiter deutlich, dass sich diese Gewalterfahrungen in den eigenen Partnerschaften häufig wiederholen, sodass die Kinder in dieser Hinsicht analoge traumatische Erfahrungen, zu den eigenen Eltern(-teilen) machen. Wiederholt wird der Wunsch geäußert den Kindern andere Lebensbedingungen zu ermöglichen, gleichzeitig wird dabei die eigene Hilflosigkeit gegenüber den etablierten Mustern und Verhaltensweisen geschildert. Mittelbar lässt sich aus diesen Schilderungen der Wunsch ans Hilfesystem ableiten, dabei zu unterstützen den beschriebenen Kreislauf zu durchbrechen.

Neben der Kontinuität von Gewalterleben lassen sich auch in mehr als der Hälfte der ausgewerteten Interviews Schilderungen der Elternteile dazu finden, dass sie selbst – zumindest teilweise – in einem Elternhaus aufgewachsen sind, in dem eine Person ebenfalls suchtkrank war.

„B1: Mein Papa ist selber Alkoholiker. Also seitdem er das weiß mit der Suchterkrankung, verstehen wir uns besser denn je. Also er hat sein geregeltes Leben, geht arbeiten täglich und so. Aber er trinkt halt jeden Tag. In der Woche. Und dann halt auch die härteren Sachen. Ich glaube, deswegen habe auch nur mit dem Alkohol so zeitig angefangen. Also ich habe auch früher mit ihm dann halt getrunken. Ja" (Abs. 49 in BB1).

Welche Gelingensfaktoren für gute Hilfeverläufe lassen sich identifizieren? Als zentrale Faktoren für erfolgreiche Hilfeverläufe wurden von Seiten der Eltern **Beziehungskontinuität und Vertrauen** zu den Helfenden benannt. Dafür sei es wichtig bei der Wahl der passenden Angebote und teilweise auch der Helfenden beteiligt zu werden.

Als weiterer Erfolgsfaktor wurde eine ausreichende **Beteiligung** bei der Auswahl und Ausgestaltung der Hilfen identifiziert.

„B: Nein. Ich habe mir die Familienhilfe selber gesucht, weil sie in der [SUCHTBERATUNG] mitgearbeitet hat. Habe ich gefragt, ob sie das vielleicht machen würde. Weil sie/ Ich wollte gerne jemand, der sich mit dem Thema SUCHT auskennt. I: Ja. B: Und dann habe ich die auch bekommen. Das hat echt gut geklappt vom Jugendamt. Da bin ich echt dankbar" (Abs. 192-194 in HCS2_100120).

Möglicherweise ist hier die Wahl der Familienhilfe nach Wunsch der interviewten Person auch Ausdruck eines gelungenen Austausches zwischen Jugendamt und Suchtberatung. Deutlich wird hier, dass kooperativer Austausch zwischen den verschiedenen Systemen ermöglichen kann, den Bedürfnissen der Klient:innen zu entsprechen.

Der **Aufbau spezifischer Angebote für suchtbelastete Familien** wurde als ein Gelingensfaktor erfolgreicher Hilfen benannt. So gebe es bspw. in Mutter-Kind-Einrichtungen viele Mütter mit Suchtproblematik bei sich selbst oder beim Vater des Kindes. Dennoch gebe es hier noch einen zu geringen Qualifizierungsgrad für diese Zielgruppe.

„B1: Also, es ist gut, wenn man hierherkommen kann, aber es gibt halt zu wenig von diesen Einrichtungen. Ich glaube, so wie [SUCHTHILFE] habe ich bis jetzt noch von keinem gehört, das so ist. I: Also, so was/ B1: Es gibt ja auch nicht viele Mutter-Kind-Einrichtungen mit Suchtproblematik als Hintergrund. I: Also, so was wie hier, das wäre eine gute Einrichtung" (Abs. 318-321 in 191203_BB4).

Welche Hindernisse für gute Hilfeverläufe lassen sich identifizieren?

Ein grundlegender Faktor für problematische Hilfeverläufe wurde von den Interviewpartner:innen darin gesehen, dass sie **nicht ausreichend über verschiedene Angebotsformen** und Möglichkeiten, insbesondere von Angeboten für suchtbelastete Familien **informiert** worden sind. Darüber würde eine passgenaue Hilfeeinleitung verhindert und Behandlung verschleppt. In die gleiche Zielrichtung geht die Forderung nach einer **Vereinfachung von Hilfeaufnahme/-beantragung**. Gerade die Aufnahme familiensystembezogener Leistungen wird wegen der verschiedenen Kostenträger und Antragsverfahren als schwierig erlebt.

„I: Sie sagten, es war sehr schwierig, die Anträge auszufüllen. Was daran war sehr schwierig? B1: Es waren einfach viele Anträge, wo wir ausfüllen mussten, und die Fragen, wie die gestellt sind. Gerade, wenn man ein Suchtproblem hat, dann ist man eh nicht so bei der Sache, ne? B2: Also, wenn man da von dem sozial-psychiatrischen Dienst keine Hilfe bekommen hätte, hätten wir gar nichts gemacht wahrscheinlich. Das hätten wir selbst nicht geschafft" (Abs. 31-34 in PLR1-22.12.19).

Auch die längeren Wartezeiten zwischen Beantragung und Aufnahme der Hilfen wurden vor allem im Kontext von stationären Rehabilitationsleistungen als Risiko bewertet. Aber auch die Leistungen zur Krisenintervention (Entgiftungsbehandlung, psychische Notsituationen) hätten teilweise **zu lange Wartezeiten**. Außerdem gebe es gerade bei diesen Angeboten selten die Möglichkeit Kinder mit in die Behandlung zu nehmen oder übergangsweise betreuen zu lassen.

Als weitere Hindernisse ließen sich verschiedene Faktoren identifizieren, die sich zu den Ausführungen zu den Gelingensfaktoren ins Verhältnis setzen lassen:

- **Kontaktabbrüche zu Mitarbeiter:innen im Hilfesystem** bzw. Häufige Wechsel der Zuständigkeiten und Ansprech- und Bezugspersonen (▸ Gelingensfaktor: Beziehungskontinuität)
- **Gefühl von Mitarbeiter:innen des Hilfesystems nicht ernstgenommen zu werden**, nicht als individuelle Person wahrgenommen zu werden, nicht gleichberechtigt behandelt zu werden (‚von oben herab'), **an Entscheidungen bezüglich der Hilfen** nicht mitwirken zu dürfen (▸ Gelingensfaktor: Partizipation)
- **Misstrauen, Angst und Wut** gegenüber dem Hilfesystem (▸ Gelingensfaktor: Vertrauen)

Es wurde weiterhin die Anforderung formuliert, dass bei Akteuren der Jugendhilfe teilweise zu wenig Verständnis und **zu geringe Kenntnisse für die suchtspezifische Situation** der Familie bestünden.

„Ja, sagen wir mal so, was vielleicht GUT wäre, wäre für die Jugendämter, dass es Schulungen gibt, weil es gibt WIRKLICH Mitarbeiter vom Jugendamt, die von Sucht keine Ahnung haben" (Abs. 332 in PLR1-22.12.19).

Ein weiterer angesprochener Aspekt betrifft eher den Bereich der **Segregation konsumierender Personen** innerhalb von sozialen Bezugsräumen. In einem problembehafteten Umfeld sei eine Stabilisierung schwieriger. Diese Problembeschreibung lässt weniger Rückschlüsse auf eine Anforderung an das Hilfesystem erkennen als auf durch soziale und strukturelle Benachteiligung ausgelöste Schwierigkeiten der Klient:innen, die jedoch die Arbeit und Ziele des Hilfesystems unmittelbar gefährden können.

„B2: Was dann halt allerdings für uns auch nicht so gut war, weil das war dann so ein ganzes Viertel in dem Ort, wo wir wohnen halt, und da immer mehr Suchtkranke gekommen sind und man [...] Bei vielen war es einfach so, dass es keinen guten Verlauf genommen hat und wir das dann natürlich immer gleich direkt gesehen haben, ja? Also das war dann" (Abs. 143-145 PLR1-22.12.19).

Gibt es Besonderheiten hinsichtlich der Schwierigkeiten für die kooperativ erbrachte Leistungserbringung bzw. für spezialisierte Angebote für suchtbelastete Familien?

Besondere Herausforderungen für spezialisierte Angebote sehen die Teilnehmenden an den Interviews in einer unzureichenden Bekanntheit dieser Angebote im restlichen Hilfesystem. Zusätzlich gibt es die Wahrnehmung, dass **die Angebote der anderen Hilfesysteme untereinander nicht hinreichend bekannt** sind bzw. auch grundlegende Wissenslücken über suchtspezifische Bedarfe bestehen, die eine zielgerichtete Verweisberatung erschweren.

„I: Also, hatten Sie auch nicht das Gefühl, dass die irgendwie miteinander vernetzt sind? B1: Doch, der eine hat immer gesagt, „gehen Sie mal da hin, dann können Sie das machen". Oder, es wurde mir auch eine Seite ausgedruckt von dem Weglaufhaus, da hätte ich auch hingehen können. Da ist dann aber Drogen und Alkohol erlaubt worden. Es wäre in meinem Fall, wenn ich überhaupt nichts mit so/ ich muss ja/ fürs Jugendamt muss ich ja wirklich fern von allem bleiben. Für solche Aktionen wäre das Weglaufhaus eigentlich nicht praktisch gewesen. [...] Das Jugendamt wusste zum Beispiel auch nicht, was [SUCHTHILFE] genau ist. Also, das habe ich mir alles selber rausgesucht" (Abs. 131-133 in 191203_BB4).

Auch die kooperative Leistungserbringung wird aus Sicht der Gesprächspartner:innen durch verschiedene Faktoren erschwert. Selbstkritisch wird bemerkt, dass die **Zusammenarbeit** zwischen Jugend- und Suchthilfe **durch die Klient:innen selbst blockiert** wird. Dabei wird vor allem der Austausch zwischen Jugendhilfe und Suchthilfe von den Elternteilen nicht gewünscht.

„B: Ja, da war überhaupt kein Austausch. I: Hm, okay. B: Das ist ja gut. I: Wie bitte? B: Da war überhaupt kein Austausch, das war gut. I: Ja, ja. Das war gut, sagen Sie? B: Ja, das war super gut, weil man hat ja auch einige Sachen, die die nicht wissen sollen [...]" (Abs. 66-72 in WRN5_200123_Stadt 1).

Ein mögliches Hindernis für die Vernetzung und Kooperation von Jugend- und Suchthilfe kann das Erleben des Jugendamts (evtl. auch andere Mitarbeiter:innen der Jugendhilfe) als Bedrohung darstellen (vgl. den Punkt *Welche Haltungen / Emotionen / Zuschreibungen / Bedarfe lassen sich in Bezug auf die unterschiedlichen Systeme identifizieren?).* Diese dichotome Einteilung der Helfersysteme in gute und schlechte Helfende birgt möglicherweise auch Rollenschwierigkeiten für die Mitarbeiter:innen der Suchthilfe.

Das Hilfsnetzwerk wird darüber hinaus teilweise als **zu ausdifferenziert** beschrieben, woraus sich eine **Überforderung** für die Hilfeempfänger ergibt. Als Lösungsansatz wird hier durch die Klient:in ein ambulantes multiprofessionelles Komplexangebot vorgeschlagen. Dieses führe dazu, dass zum einen Schnittstellen bereinigt würden und so zum anderen eine abgestimmte Leistungserbringung ermöglicht wird, die für die Klienten eine höhere Übersichtlichkeit bzw. Nachvollziehbarkeit generierte.

„Und vielleicht sollte man auch mal anfangen, irgendwie bessere Vernetzungen aufzubauen zwischen Einrichtungen. Oder es sollte eine kompakte Einrichtung geben. Ich meine, jetzt muss ich z.B. zur [ANGEBOT/SUCHTHILFE] wegen des Alkoholproblems, muss mir parallel einen Therapeuten suchen, da werden die einen mir wieder was erzählen, was der andere wieder anders macht. Auch da sollte man zusehen, dass solche Leute, solche Vereine mehr Fachkräfte für einzelne, spezielle Sachen haben“ (Abs. 90 in YB5-Teil1-undYB5-Teil2).

Bei der Analyse der Interviews entstand der Eindruck, dass vielfach Angebote für Kinder, welche in Kooperation zwischen Jugend- und Suchthilfe angeboten werden, von Eltern/-teilen überwiegend nicht als spezialisierte Angebote wahrgenommen werden, sondern durch die Gesprächspartner:innen jeweils einem der beiden Hilfebereiche zugeordnet werden.

Welche Haltungen/Emotionen/Zuschreibungen/Bedarfe lassen sich in Bezug auf die unterschiedlichen Systeme identifizieren?

Allgemein wird der Wunsch ans Hilfesystem formuliert *„aufzufangen“* und *„zu versorgen“*. Eigenes Scheitern wird so auch mit einem Versagen des Helfernetzes begründet.

„Also bei mir ist ja gefühlt alles vor den Baum gefahren, was zum Baumfahren ging. Mehr Achtsamkeit auf die Patienten. Einfach mal mehr aufpassen. Also alles ist mir ein Rätsel. Therapeut, Arzt, Suchtberatung. Alle haben sie mich immer nur weiter reinreiten lassen“ (Abs. 86 in YB5-Teil1-undYB5-Teil2).

Aus den Aussagen wird auch ein Wunsch nach Interventionen von außen deutlich.

„Da war Polizei auch da, aber noch nicht mal die haben eine Meldung gemacht ans Jugendamt. Also da ist wirklich die Augen zugemacht worden bei uns" (Abs. 62 in PLR1-22.12.19).

Diese Aussage steht im Kontrast zu anderen Aussagen im selben Interview, die mitunter gleichzeitig ein Erleben des Systems als Bedrohung verdeutlichen, vor allem in Hinblick auf die Sorge, eigene Kinder zu verlieren.

„Und dann hat er [Mitarbeiter vom Jugendamt] mich immer bedroht. Hat er gesagt, wenn ich bis da und da das nicht mache, dann holt er mir die Kinder aus der Wohnung. Hat gesagt, dann holt er mir die Kinder" (Abs. 213 in PLR1-22.12.19).

Jugendamt

Das Jugendamt wird in den Interviews überwiegend mit negativen Gefühlen und Zuschreibungen verknüpft. Dabei war ein zentraler Topos, dass sich die Gesprächpartner:innen im Kontakt mit der Institution *nicht gesehen* fühlten. Dies äußerte sich darin, dass sie das Jugendamt als bürokratische Institution beschrieben, die keinen Bezug zu den Lebensrealitäten ihres Gegenübers herstellen könnten. Daraus lässt sich der Wunsch nach individuellem Verständnis für die eigene Situation rekonstruieren.

Darüber hinaus wird dem Jugendamt vorgeworfen zu wenig Kenntnisse über suchtspezifische Fragestellungen und die verschiedenen Ausprägungen einer Suchterkrankung zu besitzen. Dieser Wunsch ist mit der Erfahrung oder teilweise der Sorge verknüpft, dass das Jugendamt eine Inobhutnahme erwirkt, obwohl die Betroffenen die Situation anders bewerteten bzw. bewerten würden. Hieraus wird das Bedürfnis nach angemessener Partizipation, auch in Krisensituationen, deutlich.

„I: (...) Okay. Ich stelle noch mal ein bisschen diese Wie-hätten-Sie-es-sich-gewünscht-Fragen? Wie hätten Sie sich den Kontakt zum Jugendamt gewünscht?
B: (...) Weiß ich gar nicht. Vielleicht eher mal einem erst mal eine Chance gegeben, zu Hause es zu beweisen, mit einer Familienhilfe zur Seite gestellt oder Hebamme" (Abs. 65-66 in HCS2_100120).

Die durch das Jugendamt eingeleiteten Maßnahmen würden aus Sicht der Betroffenen nicht offen und transparent genug kommuniziert, was zu einer geringen Akzeptanz geführt hat. So wurde das Vorgehen des Jugendamtes teilweise als druckgeleitet oder als *„Zwang“* beschrieben. Dabei wurde wiederholt das Machtgefälle zwischen der Institution und sich selbst adressiert. So wurde vor allem beschrieben, dass man sich in den Kontakten nicht als gleichwertiges Gegenüber gefühlt habe. Dies führte vereinzelt zu grenzüberschreitenden Äußerungen, welche aber den Grad der Wut und Verzweiflung erkennen lassen, die in den Gesprächen wiederholt ihren Ausdruck fanden:

„I: Was waren das da für Gespräche? Wie muss ich mir das vorstellen?
B: Dass ich die abgeben soll. Dass ich das Sorgerecht abtreten soll. Und nur damit haben die mich genervt. Nur damit, in einer Tour. Dass ich damit überfordert wäre. Ich könnte es nicht und bla bla bla. Ich sage: Ihr wisst es auch. Dann ist die Frau auch gestorben (lacht) vom Jugendamt, ja. Ich habe ihr den Tod gewünscht für die (lachend) ganze blöde Nerverei. Und irgendwie ist sie dann auch noch gestorben, Jupidu“ (Abs. 58-60 in AS2).

Demgegenüber stehen aber auch vereinzelte Äußerungen, in denen das Jugendamt aber z.T. auch im Hinblick auf konkrete Unterstützungsbedarfe als Hilfe wahrgenommen wird. Dabei ging es vor allem um Bereiche, die den alltagspraktischen Bereich berühren.

„B: Also ich hatte ja damals eine Wohnung, die war sehr verschimmelt. Und das Jugendamt und die Familienhilfe haben mir echt geholfen innerhalb von zwei Monaten eine neue Wohnung zu finden. Und die Sachen hier dann auf die Reihe zu kriegen alle“ (Abs. 44 in WRN5_200123_Stadt 1).

Zusammenfassend lässt sich festhalten, dass das Jugendamt mit tlws. starken Gefühlsäußerungen beschrieben wurde. Auf Grundlage dieser Äußerungen lassen sich verschiedene Hypothesen aufstellen:

1. Das Jugendamt scheint auf der einen Seite als eine Projektionsfläche für die Unzufriedenheiten mit strukturellen Problemen des gesamten Hilfesystems zu fungieren. Schuldzuschreibungen für Fehler des Helfernetzes betreffen eher das Jugendamt als die anderen Akteuren des Systems.
2. Aus Perspektive suchtbelasteter Eltern wird das Jugendamt durch das bestehende Machtgefälle (v.a. staatliches Wächteramt) als latente Bedrohung wahrgenommen.
3. Der Wunsch, vom Hilfesystem *gesehen zu werden,* kann gleichzeitig als Bedürfnis nach Verständnis für die eigenen Schwierigkeiten gelesen werden und formuliert gleichzeitig den Anspruch auf Mitbestimmung in wichtigen Hilfeentscheidungen, die das eigene Kind bzw. die eigene Elternschaft betreffen.

Suchthilfe

Im Kontrast zur Institution ‚Jugendamt' werden Mitarbeiter:innen der Suchthilfe (und auch der Familienhilfe) überwiegend als unterstützende Bezugspersonen wahrgenommen:

„I: (...) Und wenn Sie die ganze Zeit betrachten: Was hat Ihnen in der Suchthilfe so überhaupt GAR nicht gefallen und hat eher Widerstände ausgelöst? B: Gar nichts. Also war alles gut. Hätte ich das vorher vielleicht ernster genommen, wäre es noch besser gewesen. (...) Aber Sie waren alle immer bemüht, das Richtige für einen zu machen" (Abs. 273-274 in HCS2_ 100120).

Die Mitarbeiter:innen der Suchthilfe wurden als „Anwälte" und Vertrauenspersonen in der Kommunikation mit dem Jugendamt wahrgenommen. Diese Tatsache macht eine Herausforderung der überinstitutionellen Zusammenarbeit deutlich, nämlich den Rollenkonflikt der verschiedenen Akteur:innen innerhalb der Zusammenarbeit. Das, was in einfachen Hilfekonstellationen als sozialrechtliches Dreiecksverhältnis beschrieben wird, mutiert im Kontext suchtbelasteter Familien schnell zu einem Fünf- bzw. Sechseckverhältnis, wenn man die Kinder und Eltern als eigene Interessensgruppen definiert. Auch wenn bspw. die Suchthilfe keinen leistungsrechtlichen Anspruch ggü. dem Jugendamt besitzt, ist sie im Sinne einer familiensystembezogenen Versorgung dennoch i.d.R. auf Zusammenarbeit angewiesen.

„B: Ja, eben da der Zeitpunkt, wo ich/ wo die Polizei hier (eingeflogen?) ist. Also wo die Polizei hier reinkam. Da war die [NAME1] für mich wie ein Anwalt. Sie hat mir sehr viel mit Gesprächen mit dem Jugendamt auch/ mich unterstützt, dem Jugendamt zu erklären, dass ich/ dass ich trotzdem mein Leben auf der Reihe habe, obwohl ich Drogen konsumiere. Und trotzdem alle meine Termine wahrnehme und so" (Abs. 152 in WRN5_200120_Stadt 1).

Sozialpädagogische Familienhilfe

Bezogen auf die SPFH divergieren die Darstellungen in den Interviews. Überwiegend wird diese dabei als vertrauenswürdige Begleitung und Unterstützung wahrgenommen, die auch in schwierigen suchtspezifischen Notsituationen kontaktiert wird.

„B1: Und gehört. Ja, dann bin ich rein, hatte ich den ganzen Tag ein komisches Gefühl und dann habe ich auch die Familienhilfe angerufen, habe mit der kurz gesprochen und ihr erklärt, was abgeht, was los ist, und wir haben dann zusammen gesprochen und dann ging es wieder. Die hat mich dann wieder zurückgeholt auf den Boden" (Abs. 164-166 in PLR1-22.12.19) (! Auslassung von K.K.).

Es ließen sich auch konkrete Äußerungen finden, in denen sich ein:e Familienhelfer:in, die:der Erfahrungen/Ausbildung und Kenntnisse mit ‚Sucht' hat gewünscht wird bzw. diese:n bereits als wichtige Unterstützung erleben (siehe HCS2_100120 und PLR1-22.12.19).

Demgegenüber stehen vereinzelte Berichte, die eine SPFH als verlängerten Arm des Jugendamtes wahrnehmen und deshalb analoge Aversionen entwickelt haben.

Resümee und Ausblick

Die Befunde der bisherigen Auswertung der Interviews machen deutlich, dass von Seiten der Klient:innen eine Unterstützung umfassend als notwendig erachtet wurde, was zudem größtenteils mit konkreten Bedarfen und Wünschen hinterlegt werden konnte. Dabei wurden auch eigene Defizite hinsichtlich verschiedener Erziehungs- und anderer Fragestellungen benannt, wobei teilweise auch konkrete Problembearbeitungen durch das Hilfesystem angedacht wurden. Festgehalten werden kann auch, dass nahezu alle Eltern einen besonderen Unterstützungsbedarf ihrer Kinder feststellen und die Auswirkungen der eigenen Suchterkrankung auf die Entwicklung der Kinder, teilweise sehr explizit, als problematisch anerkennen. Vor allem eine Störung der Beziehung zu ihren Sprösslingen wird als Gegenstand einer gewünschten Bearbeitung benannt. Gleichzeitig wird das Hilfesystem immer wieder mit dem Wunsch nach Entlastung in Bezug auf Erziehungsaufgaben adressiert. Der Wunsch nach autonomer, kinderfreier Zeit sowie die generell hohen Anforderungen, das eigene Leben zu organisieren, finden in diesen Äußerungen einen Ausdruck. Bedenklich sind aber vor allem die Beschreibung zur Reproduktion eigener destruktiver Erfahrungen und Muster sowie die Schilderungen darüber, dass die Suchterkrankungen die eigenen Familien häufig schon über Generationen begleiten.

Demgegenüber stehen verschiedene Äußerungen, die auf verschiedene Schwierigkeiten bei der Hilfeannahme hinweisen. Dabei lässt sich zwischen (Hilfe-)Systembedingten Hindernissen und Hindernissen unterscheiden, die in der Haltung der Eltern begründet sind. Vor allem eine schlechte interinstitutionelle Kommunikation und Verweisberatung in die indizierten Angebote bewirke aus Sicht der Klient:innen zu lang andauernde Hilfeverläufe und erschwere eine

Gesundung des Hilfesystems. Uneindeutig waren die Gesprächspartner:innen in der Frage, ob sie ein gut abgestimmtes Hilfesystem mit Spezialisierung der einzelnen Akteur:innen bevorzugen oder Komplexangebote mit einem breiten Angebotsspektrum befürworten.

Bereits diese ersten Befunde zu den Bedarfen und Wünschen sowie zu Hindernissen und Schwierigkeiten bieten bereits wertvolle Ansatzpunkte für die Praxis und die Strukturebene des Hilfesystems, wenngleich die Ergebnisse hinsichtlich ihrer Tiefe und Implikationen noch deutlich weiter geschärft und kontextualisiert werden müssen. Besonders sollen durch einen Vergleich zwischen der Regelversorgung und der Versorgung durch spezialisierte Angebote Unterschiede inklusive der Stärken und Schwächen der verschiedenen Ansätze verdeutlicht werden.

Weiterhin bemerkenswert sind die stark divergierenden Zuschreibungen und Emotionen hinsichtlich der unterschiedlichen Akteur:innen des Helfernetzes. Während die (Mitarbeiter:innen der) Suchthilfe überwiegend positive Konnotationen erfahren und als Unterstützung wahrgenommen werden, die die besonderen Bedarfe und Herausforderung einer Suchtbelastung erfassen kann, werden die Jugendhilfe und insbesondere das Jugendamt häufig in einem Gegner-Schema konstruiert. Hier wird mangelndes Vertrauen, Machtungleichgewicht und Unkenntnis in fachlichen Fragestellungen zugeschrieben. Die Gründe hierfür sind divers, sollten aber im Zuge der Analyse noch weiter geschärft werden und müssen auch durch weitere Forschungen bzw. anhand von Ergebnissen bestehender Forschungen überprüft werden. Ein möglicher Grund für diese große Divergenz lässt sich darin vermuten, dass die Suchterkrankung und die (negativen) Konsequenzen häufig ein lebensbestimmendes Thema der Interviewpartner:innen repräsentierten und damit die Bearbeitung dieses Themas zentrales Anliegen ist. Diese Hypothese wird unterstützt durch die deutlich positivere Beschreibung von SPFHs, die über suchtspezifische Kenntnisse verfügen, als SPFHs ohne diese Kenntnisse.

LEITFADEN-FRAGEBOGEN

Wir haben nun noch einige Fragen zu verschiedenen Themen, die uns interessieren.

A.) Fragen zu den Erfahrungen mit der Hilfe

Zuerst möchten wir gern von Ihnen wissen, was Sie zu den Angeboten, die für Sie im Moment wichtig sind, erzählen wollen.

Fragen an suchtbelastete Eltern(teile)
Welche Unterstützungsangebote nehmen Sie und Ihr/e Kind/er in Anspruch?
Wie nehmen Sie das spezialisierte Angebot für Ihr Kind/Ihre Familie wahr? Können Sie ein Beispiel nennen, was Ihnen gut gefällt und was Ihnen nicht so gut gefällt?
Sie bekommen Unterstützung durch die Jugendhilfe für Sie und Ihr/e Kind/er. Wie kam der Kontakt zustande?
Gab es vorher schon andere Angebote für Sie und ihr/e Kind/er?
Wie erleben Sie die Angebote der Jugendhilfe? Können Sie mir ein typisches Beispiel für etwas nennen, das Ihnen gut gefällt und etwas das Ihnen nicht gut gefällt.
Können Sie Ihren Kontakt mit dem Jugendamt beschreiben? Gab es Unterschiede in der Vergangenheit? Was lief dabei aus Ihrer Sicht gut? Was lief aus Ihrer Sicht nicht so gut?
Sie (und ihr:e Partner:in) bekommen aktuell Unterstützung durch die Suchthilfe. Welche Angebote nehmen Sie derzeit wahr? Wie kam der Kontakt zustande?
Wie erleben Sie die Angebote der Suchthilfe? Können Sie mir ein typisches Beispiel für etwas nennen, das Ihnen gut gefällt und etwas, das Ihnen nicht gut gefällt?
Fühlen Sie sich von der Jugendhilfe gut unterstützt? Können Sie Ihre Antwort mit einem Beispiel unterstützen?
Fühlen Sie sich von der Suchthilfe gut unterstützt? Können Sie Ihre Antwort mit einem Beispiel unterstützen?
Wie erleben Sie die Zusammenarbeit mit den Fachkräften der Jugendhilfe und den Fachkräften der Suchthilfe? Können Sie jeweils eine Situation beschreiben, die typisch ist?
Wie nehmen Sie die Zusammenarbeit der Mitarbeiter:innen der Jugendhilfe und der Suchthilfe wahr? Funktioniert der Austausch gut?
Gibt es einen besonders eindrücklichen Moment in der Zusammenarbeit zwischen den verschiedenen Hilfesystemen, von dem Sie gerne berichten möchten?
An welchen Punkten in Ihrem Leben erleben Sie die Jugendhilfe und Suchthilfe als wichtige Unterstützung? Können Sie dafür ein Beispiel berichten?
Gibt es etwas, das Ihnen an der Jugendhilfe und Suchthilfe nicht gut gefällt? Können Sie davon mit einem Beispiel berichten?
Haben Sie eine Idee, wie die Zusammenarbeit zwischen Jugendhilfe und Suchthilfe besser funktionieren könnte? Wie würden Sie sich diese wünschen?
Fühlen Sie sich gut beteiligt, wenn es um die Gestaltung der Hilfen geht? Wenn ja: Wie würden Sie die Beteiligung beschreiben. Wenn nein: Woran liegt das? Was würden Sie sich wünschen?
Wenn Sie sich ein Angebot zusammenbasteln könnten, das Sie super gut unterstützen würde, wie sähe das aus?
Wenn Sie sich eine optimale Situation mit Ihren Hilfen wünschen könnten, was sollte anders sein?

Die Thematisierung von Vaterschaft im Rahmen der Sucht- und Drogenberatung als möglicher Zugangsweg für Unterstützungsleistungen von Eltern und Kindern in suchtbelasteten Familien

Brigitta Lökenhoff und Martina Tödte

Ausgangssituation und Fragestellungen

Bestrebungen, die Versorgungsstrukturen für Kinder, die in suchtbelasteten Familien aufwachsen, zu verbessern, sind immer auch mit der Frage nach der Erreichbarkeit der Kinder und der Einbindung ihrer Eltern konfrontiert. Häufig kommen die Kinder, und darüber die Familien, erst in den Unterstüzungssystemen an, wenn sie bereits auffällig geworden sind und die Familie beim Jugendamt aktenkundig ist.

Eine gute Kooperation zwischen Jugendamt und Eltern zum Wohle der Kinder bringt viele strukturelle und persönliche Herausforderungen mit sich. So werden Väter mit einer Suchterkrankung insbesondere dann, wenn sie illegale Substanzen konsumieren, von den öffentlichen Unterstützungssystemen selten als relevante oder gar zentrale elterliche Ressource adressiert. Häufig findet eine Fokussierung auf die Mutter in ihrer Elternrolle statt oder die Väter werden gar als tendenzielle Bedrohung für die Kinder wahrgenommen.[1] Auf der Seite der Eltern, auch hier vorrangig der Väter[2], besteht umgekehrt ein tiefes Misstrauen gegenüber der öffentlichen Jugendhilfe – sei es aufgrund negativer Vorerfahrungen wie beispielsweise der subjektiv erlebten Bevormundung und dem damit einhergehenden Autonomieverlust, sei es aus Angst vor der drohenden Inobhutnahme der Kinder.

Ein Weg wäre, Menschen, die Beratungs- bzw. Unterstützungsleistungen im Suchthilfesystem in Anspruch nehmen, auf eine mögliche Elternschaft anzusprechen. Eine bereits bestehende oder wachsende Vertrauensbeziehung zwischen Berater*in und Klient*in könnte einen Rahmen bieten, die familiäre Situation, die Lebensbedingungen und die Versorgungssituation der Kinder wie auch die eigene Elternrolle zu reflektieren. Nicht nur könnte Elternschaft als zentrales Lebensthema in der Suchtberatung wichtige Ressourcen in der Aktivierung und Motivation zur Veränderung des elterlichen Konsumverhaltens

1 Siehe Fußnote 18
2 Siehe weiter unten die Ausführungen zum Verhältnis von Vätern und Hilfesystem

und der Verhaltensstabilisierung mobilisieren,[3] sondern es kämen zugleich die Kinder mit in den Blick. Idealerweise würde damit auch die Bereitschaft wachsen, Unterstützungsangebote zur Stärkung der eigenen Elternkompetenz in Anspruch zu nehmen wie auch der Teilnahme der Kinder an Unterstützungsangeboten zuzustimmen.

Ein Blick in nationale und internationale Arbeiten zu problematischem Substanzkonsum und Elternschaft zeigt, dass der Fokus auf den Drogen gebrauchenden schwangeren Frauen oder Müttern liegt und die Vaterschaft drogenkonsumierender Männer weitgehend ausgeblendet wird (Bernhard/Tödte, 2016). Gleichzeitig zeigt ein Blick auf die in NRW über den Deutschen Kerndatensatz[4] – im Folgenden kurz KDS – und das NRWKIDS-Modul[5] für NRW in den Jahren 2017 und 2018 erhobenen Daten, dass etwa 33% (in 2017) bzw. 35% (in 2018) der Männer, die als Klienten in den Sucht- und Drogenberatungsstellen beraten werden, eigene Kinder haben. Es wurden 60,8% (bzw. 63,8% in 2018) der insgesamt 4.193 (bzw. 4.034 in 2018) erfassten Kinder-Datensätze, die anhand der Fragen des NRWKIDS-Moduls in den Suchthilfeeinrichtungen NRWs erstellt wurden, durch die Väter der Kinder zusammengetragen.

Die Zahlen legen die Vermutung nah, dass mit der Vernachlässigung des Blicks auf die mögliche Vaterschaft von Männern mit problematischem Substanzkonsum auch eine wichtige Chance vertan wird, Familien mit einer Suchtbelastung und Kinder, die in einer solchen Familie aufwachsen, zu erreichen. Voraussetzungen, die Kinder und Familien durch die Väter zu erreichen, wären, die betroffenen Männer überhaupt als Väter zu adressieren, also das Thema Vaterschaft im Beratungskontext aufzugreifen und auf eine Weise zu bearbeiten, die einer Zusammenarbeit der Väter mit dem Hilfesystem dienlich wäre. Im Umkehrschluss stellen sich folgende Fragen, denen im vorliegenden Beitrag nachgegangen wird: Werden Männer, die aufgrund eines problematischen Substanzkonsums Beratungen in Einrichtungen der Sucht- oder Drogenhilfe in Anspruch nehmen, als mögliche Väter wahrgenommen und adressiert? Ließe sich über eine systematische Thematisierung der Vaterschaft in der Suchthilfe ein Zugang zu den Kindern etablieren, der die Vernetzung mit den Versorgungsstrukturen für die betroffenen Kinder und damit den Zugang der Kinder zu den Hilfesystemen nennenswert voranbringen würde?

Für die Auslotung erster Antworten stehen uns die Ergebnisse aus zwei explorativen Forschungsprojekten zur Verfügung, die in den Jahren zwischen 2015 und 2019 bei der Landeskoordinierungsstelle Frauen und Sucht NRW, BELLA DONNA, umgesetzt wurden: In den Jahren 2015 und 2016 wurde in Zusammenarbeit mit dem ZIS Hamburg[6] eine explorative Annäherung an das Thema

3 Siehe hierzu die Ausführungen zum Projekt „Problematischer Substanzkonsum und Vaterschaft“ im vorliegenden Beitrag
4 Deutscher Kerndatensatz zur Dokumentation im Bereich der Suchtkrankenhilfe (KDS)
5 Siehe Fußnote 7
6 Projektförderung: Bundesministerium für Gesundheit; Projektdurchführung: Landeskoordinierungsstelle Frauen und Sucht

„Problematischer Substanzkonsum und Vaterschaft“ unternommen. Mit dem Modellprojekt NRWKIDS-Modul[7] liegen erstmals Daten zu den Kindern der Klient*innen der Sucht- und Drogenhilfe in NRW in einem Detaillierungsgrad vor, der Aussagen über die Sichtbarkeit der Kinder im Hilfesystem, ihre Einbindung in öffentliche Betreuungseinrichtungen oder auch ihre alltägliche Wohn- und Betreuungssituation zulässt. Die Ergebnisse beider Projekte werden im vorliegenden Beitrag erneut unter einer spezifischen, durch die genannten Fragen herbeigeführten Fokussierung beleuchtet und die Ergebnisse dieser Re-Analyse im Folgenden vorgestellt. Ein anschließendes Resümee leitet erste Schlussfolgerungen für die Beratungspraxis der Sucht- und Drogenhilfe ab.

Problematischer Suchtkonsum und Vaterschaft

Das BMG-geförderte, in den Jahren 2015 und 2016 umgesetzte Forschungsprojekt „Problematischer Substanzkonsum und Vaterschaft“ leistet durch die Aufarbeitung des Forschungsstandes (Literaturrecherche), die Erfassung der Expert*innensicht (Fokusgruppen) sowie der Erfahrungen betroffener Männer (Leitfadeninterviews) eine fundierte Erhebung des Forschungsstandes sowie eine explorative empirische Annäherung an das Thema.

Das methodische Konzept des Projekts ist ein dreiteiliges, bestehend aus einer Literaturrecherche incl. Sichtung und Aufbereitung nationaler und internationaler Studien zum Stand der Forschung, der Durchführung zweier Fokusgruppen und der Durchführung qualitativer leitfadengestützter Interviews mit betroffenen Vätern. Die Ergebnisse der Fokusgruppen und der Interviews werden in der Auswertung analytisch aufeinander bezogen. Die leitfadengestützten Interviews mit 25 problematisch Drogen konsumierenden Vätern enthalten Fragen zu folgenden Themenbereichen: eigene Vaterschaft und Beziehung zu den Kindern, Auswirkungen des Drogenkonsums auf Vaterschaft und umgekehrt, eigenes soziales Umfeld, Beziehung zur Kindsmutter/-müttern, eigene Kindheit und Beziehung zu den Eltern, Nutzung von Angeboten der Drogenhilfe und deren Bewertung sowie Erfahrungen mit anderen Institutionen. Im Anschluss an die Gespräche erfolgten deren Transkription sowie die qualitative Analyse in Anlehnung an die Methodik der qualitativen Inhaltsanalyse nach Mayring.

Für die Auslotung der Thematisierung von Vaterschaft im Rahmen der Sucht- und Drogenberatung als möglicher Zugangsweg für Unterstützungsleistungen von Eltern und Kindern in suchtbelasteten Familien werden für den vorliegenden Bericht die Ergebnisse der Projektrecherche zu folgenden Fragen heraus-

NRW, BELLA DONNA in Zusammenarbeit mit dem Zentrum für Interdisziplinäre Suchtforschung der Universität Hamburg; Projektlaufzeit: 01. März 2015 – 31. August 2016; Projektleitung: Martina Tödte

7 Projektförderung: Ministerium für Arbeit, Gesundheit und Soziales NRW; Laufzeit Anfang 2017 bis Mitte 2019 mit einer Analyse der aus 2017 und 2018 erhobenen Daten; Initiative für Projektumsetzung: NRW-Netzwerk Kinder süchtiger Mütter und Väter; Projektdurchführung: Landeskoordinierungsstelle Frauen und Sucht NRW, BELLA DONNA; Projektleitung: Martina Tödte

gearbeitet: Welche Haltung zur Vaterschaft lässt sich ausmachen, wie wird die Vaterrolle ausgefüllt? Wie stellen sich die Familien- und Wohnsituation sowie die Beziehung zu den Kindern und deren Müttern dar? Wie lässt sich das Verhältnis zwischen Vätern mit problematischem Substanzkonsum und dem Hilfesystem beschreiben? Welche Forderungen an die Praxis leiten Forscherinnen und Forscher aus ihren Forschungserkenntnissen ab?

Ein zentrales Ergebnis der Literaturrecherche sei dabei vorab erwähnt, da es die Erkenntnisse zu den folgenden Einzelaspekten in ihrer Gesamtheit betrifft: Vaterschaft und illegaler Substanzkonsum aus der Perspektive der betroffenen Männer betrachtet ist ein Forschungsdesiderat. Die wenigen empirischen Studien, die mittlerweile vorliegen, liefern erste Erkenntnisse dazu, wie der Konsum illegaler Substanzen das Erziehungsverhalten und die Ausübung der Vaterrolle beeinflusst, welche Entwicklungsbelastungen der väterliche Drogenkonsum für die Kinder bedeutet. Auch lassen sich durchaus protektive und Resilienzen der Kinder fördernde Faktoren erkennen und benennen. Aufgrund der insgesamt noch sehr überschaubaren Datenlage mangelt es derzeit jedoch an dezidiertem, gesichertem Wissen darüber, wie Väter erfolgreich in Erziehung und Präventionsbemühungen einbezogen werden können.

Der Blick auf die Väter: Lebenssituation, Beziehung zur Kindsmutter und den Kindern, Vaterbild

Väter mit einer Drogenproblematik leben oftmals in prekären sozialen und ökonomischen Situationen, haben von psychischer und physischer Gewalt geprägte Biographien und ein hoher Anteil von ihnen verfügt über Inhaftierungs- und Kriminalisierungserfahrungen oder läuft Gefahr, solche Erfahrungen zu machen.[8]

Die familiäre Situation sieht so aus, dass sich drogenkonsumierende Väter durchaus häufig das Sorgerecht für die gemeinsamen Kinder mit den Müttern teilen und auch gerade in der ersten Zeit nach der Geburt mit den Kindsmüttern und dem gemeinsamen Kind zusammenleben. Diese Zeit ist durch die Motivation und das Bemühen gekennzeichnet, sich als Vater einzubringen, den eigenen Vorstellungen eines guten Vaters zu entsprechen und eine Bindung zu den Kindern aufzubauen. Konflikte oder Trennungen von der Kindsmutter, aber auch die mit der Vaterschaft verbundenen Überlastungsgefühle oder Versagensängste können zum Rückfall in alte Konsummuster bzw. einer Intensivierung des Konsums führen. Auch Schuld und Schamgefühle den Kindern gegenüber oder die Sorge, sie durch den Substanzkonsum und damit zusammenhängende Aspekte zu schädigen, führen zu Rückzug und Kontaktabbrüchen – welche wie-

8 McMahon et al., 2007; 2008, Fals-Stewart et al., 2004; Hogan, 1998; Söderström/Skarderud, 2013; Rosenkranz et al., 2013

derum der Auslöser für eine Intensivierung des Konsums sein können.[9]

Nach den Ergebnissen vorliegender Studien gestalten sich die Einflüsse der Vaterschaft auf den Drogenkonsum unterschiedlich: Während bei einigen der Männer das Vaterwerden keine Auswirkungen auf den Drogenkonsum hat, verbindet sich bei anderen mit der Geburt des Kindes die Hoffnung, die eigene Abhängigkeit überwinden und ein besseres, weniger sozial stigmatisiertes Leben führen zu können. Auch der Wunsch, die Familie sowohl finanziell als auch emotional zu unterstützen und somit den gesellschaftlichen Normen eines guten Vaters zu entsprechen, ist verbreitet. Gleichzeitig streichen etliche Studien vor allem negative Einflüsse des Drogenkonsums auf die Vaterschaft und die Elternkompetenz heraus: Insbesondere der fortgesetzte Drogenkonsum stellt ein wesentliches Hindernis für die Ausübung der Vaterrolle dar.[10]

Der Blick auf die Kinder: Auswirkungen des Drogenkonsums auf Erziehungsverhalten und kindliche Entwicklung

Sehr viel häufiger, als die Rolle von Vaterschaft aus der Perspektive von drogenkonsumierenden Männern betrachtet wird, werden die Auswirkungen des väterlichen Drogenkonsums auf Erziehungsverhalten und kindliche Entwicklung untersucht. Vergleichbar mit den Ergebnissen der Alkoholforschung konstatieren Studien für Kinder von drogenabhängigen Vätern ein zum Teil mehrfach erhöhtes Risiko, internalisierende und externalisierende Symptome auszubilden oder selbst eine Substanzproblematik zu entwickeln.[11]

Forschungsergebnisse deuten darauf hin, dass sich ein problematischer Drogenkonsum insbesondere auf zwei Kernmerkmale des väterlichen Erziehungsverhaltens auswirkt: das Monitoringverhalten und Disziplinierungspraktiken. Studien kommen hier zu dem Ergebnis, dass drogenkonsumierende Väter ein geringes Monitoring ihrer Kinder sowie inkonsistente, affektive und dysfunktionale Disziplinierungspraktiken ausbilden.[12] Der väterliche Drogenkonsum beeinträchtigt die kindliche Entwicklung zudem auch indirekt durch seine Auswirkungen auf die elterliche Beziehung, wenn es vermehrt zu elterlichen Konflikten bis hin zu häuslicher Gewalt kommt und die Kinder diese miterleben.[13] Auch ein Zusammenhang zwischen väterlichem Substanzkonsum und innerfamiliärer Gewalt gegen Kinder kann nachgewiesen werden,[14] wie auch ein erhöhtes Risiko betroffener Kinder für allgemeine Entwicklungsbelastungen.[15] Darüber

9 McMahon et al. 2007 und 2008

10 McMahon et al. 2007 und 2008; Taylor 2012; Arenas/Greif 2000; Söderström/Skarderud 2013

11 Nunes et al. 1998; Stanger et al. 1999 und 2002; Fals-Stewart et al. 2004a; Biederman et al. 2000; Brook et al. 2003; Kirisci et al. 2005.

12 Fals-Stewart et al. 2004; Amato/Fowler 2002; Stanger et al. 2002

13 Fals-Stewart et al. 2003 und 2004; Moore et al. 2011; Kindler 2013; Walsh et al. 2003

14 Guterman/Lee 2005; Hartley 2002; Moss et al. 1995; Murphy et al. 1991

15 Sartor et al., 2013; Banducci et al., XXX; Schäfer et al., 2015

hinaus zeigt sich auch eine transgenerationale Weitergabe von innerfamiliären Gewalterfahrungen.[16]

Andererseits lässt sich beobachten, dass ein nennenswerter Anteil von Kindern drogenabhängiger Väter gute Resistenzen aufweist. Ein protektiver Faktor kann hier die Mutter oder eine andere verlässliche erwachsene Bezugsperson sein, zu der eine intensive und gesunde Bindung aufgebaut werden kann. Die Kinder zeigen umgekehrt ein signifikant höheres Risiko für die Entwicklung von Verhaltensauffälligkeiten, wenn die Mutter ebenfalls eine Substanzproblematik oder psychische Störungen aufweist. Mütter ohne derartige Beeinträchtigungen können insofern einen moderierenden Faktor bezüglich des väterlichen Substanzkonsums, der familiären Bedingungen und kindlichen Entwicklungsrisiken darstellen.[17]

Der Blick auf das Hilfesystem: Verhältnis zum Hilfesystem
Die Aufrechterhaltung oder Verstärkung eines negativen Selbstbildes als Vater wird auch im Zusammenhang mit der Haltung der helfenden Institutionen thematisiert. Diese ordnen den Vätern selten eine nennenswerte Relevanz für die Sorge und Erziehung der Kinder zu. Als Steigerungsform der Nichtbeachtung der Väter durch die Kinder- und Jugendhilfe ist der „schlechte Ruf" drogenkonsumierender Väter zu bewerten. Diese werden oftmals als Risiko für das Kindeswohl wahrgenommen und für das Familienleben als zentraler Problemträger identifiziert.[18] Umgekehrt lassen sich seitens der Väter Skepsis und Misstrauen gegenüber den Hilfesystemen feststellen. Einer Umfrage von Fals-Steward (2005) zufolge wären lediglich ein Drittel der befragten Väter bereit, ihre Kinder an individuellen oder familienbasierten Hilfsprogrammen teilhaben zu lassen, während mehr als die Hälfte der Mütter ihre Zustimmung geben würde.

Forderungen an die Praxis und die Hilfesysteme
Übereinstimmend fordern die vorliegenden Studien eine stärkere Berücksichtigung des Themas Vaterschaft in den Konzepten der Sucht- und Drogenhilfeeinrichtungen. Diese Forderung fußt auf der begründeten Annahme, dass sich die bewusste Adressierung von Männern in ihrer Vaterrolle sowie die ressourcenorientierte Thematisierung von Vaterschaft und Erziehungsverantwortung positiv auf den Beratungs- bzw. Behandlungserfolg auswirken würden – ganz zu schweigen vom zu erwartenden Nutzen für die betroffenen Kinder.
Erkenntnisse aus der integrierten Analyse von Fokusgruppengesprächen und Leitfadeninterviews mit drogenkonsumierenden Vätern:

16 Merrill et al., 1996
17 Fals-Stewart et al., 2004; Dierker et al., 1999
18 Brown et al., 2008, Strega et al., 2009, Twomey, 2007

- *Einfluss der Vaterschaft auf das Konsumverhalten*
  Für eine Vielzahl von Vätern stellt die Vaterschaft eine bedeutsame Motivation dar, den Konsum zu reduzieren, was ein optimistischeres Ergebnis gegenüber der in diesem Punkt zurückhaltenderen Einschätzung aus der Literaturrecherche ist. Andererseits werden die mit der Vaterschaft verknüpften, subjektiv erlebten Belastungen aber auch als konsumverstärkendes Moment genannt. Die Auswirkungen des Drogenkonsums auf die Vaterschaft, das Erziehungsverhalten und die Kinder werden überwiegend als negativ bewertet, was wiederum bei einigen betroffenen Vätern die Behandlungsmotivation steigert.

- *Vaterrolle und Erziehungskompetenz*
  Drogenabhängige Männer haben einen Kinderwunsch wie andere Männer auch. Eine an der aktuellen Lebenssituation ausgerichtete Familienplanung findet dagegen eher selten statt. Nicht wenige Väter sind mit der Vaterschaft überfordert, insbesondere wenn sie als ungeplantes Lebensereignis auftritt, und haben das Gefühl, der Vaterrolle und ihren Kindern nicht gerecht werden zu können. Ein nicht selten gewählter Weg ist dann der Abbruch des Kontakts zum Kind.

- *Thematisierung von Vaterschaft und Kindern im Rahmen der Sucht-/Drogenberatung*
  Eine Thematisierung von Vaterschaft und eigenen Kindern scheint sowohl von Seiten der Väter als auch von Seiten der Berater*innen gerne „umschifft" zu werden. Die Ansprache durch die Klienten selber wird durch Schuldgefühle und Scham, nicht die elterliche Sorge übernehmen zu können oder zu wollen, und somit nicht den eigenen Vorstellungen eines „guten Vaters" zu entsprechen, gehemmt. Umgekehrt wird seitens der Berater*innen in den Drogen- und Suchthilfeeinrichtungen oft nicht intensiv genug nachgefragt. Eine Thematisierung von Vaterschaft in der Sucht- und Drogenhilfe geht nur in seltenen Fällen über die Ermittlung der Anzahl der eigenen Kinder hinaus. Noch seltener gibt es greifbare Resultate solcher Gespräche. Als hemmende Faktoren werden in diesem Zusammenhang unter anderem genannt: die Scham aufgrund des eigenen Versagens als Vater, auch wird der Kontext nicht unbedingt mit dem Thema assoziiert, sondern die Väter sehen eher hierfür das Jugendamt als primären Ansprechpartner an – mit den entsprechenden Vorbehalten und Zurückhaltungen aufgrund subjektiv negativer Vorerfahrungen. Weitere Faktoren, die genannt werden, sind die wahrgenommene Geringschätzung der Bedeutung der Väter im Vergleich zu den Müttern sowie eine mangelnde Kommunikation zwischen den Institutionen.

- *Förderliche und hemmende Faktoren der Inanspruchnahme von Angeboten der Sucht-/Drogenhilfe und der Thematisierung von Vaterschaft im Beratungskontext*
  Konnte die Bindung zum Kind nie aufgebaut werden oder wurde sie in Folge eines langen Kontaktabbruchs oder einer langen Fremdunterbringung geschwächt, so stellt sie auch keine Motivation (mehr) dar, den Konsum zu reduzieren. Schlechte Erfahrungen mit Berater*innen sowie eine allgemeine Skepsis gegenüber dem Jugendamt und die Angst vor einer drohenden Inobhutnahme der Kinder führen eher zu einer Vermeidung als zur Inanspruchnahme von Unterstützungsangeboten. Umgekehrt können die Einsicht in den eigenen Hilfebedarf und der Wunsch, das Kind wieder selber betreuen zu können oder die eigene Erziehungskompetenz zu entwickeln, starke Motivatoren zur Kooperation mit dem Hilfesystem sein.

- *Das Verhältnis zum Jugendamt*
  Wenngleich von den interviewten Vätern durchaus vereinzelt über positive Erfahrungen mit dem Jugendamt berichtet wird, überwiegt der Eindruck, dass das Jugendamt insbesondere alleinerziehenden Vätern mit einer Drogenproblematik deutlich mehr misstraue als den Müttern in der gleichen familiären Situation. Auch mit Blick auf drohende Kindeswohlgefährdungen entsteht der Eindruck, dass Väter einer stärkeren Kontrolle unterliegen und ihnen tendenziell weniger Erziehungskompetenzen in ihrer Rolle als Sorgeberechtigte zugesprochen werden. Zugespitzt lässt sich konstatieren: Väter werden weder gefordert noch gefördert!

Zahlen und Fakten zu Klient*innen der Sucht- und Drogenberatungsstellen in NRW und der Lebenssituation ihrer Kinder

Das Modellprojekt „Dokumentation der Kinder der betreuten Klientinnen und Klienten, NRWKIDS-Modul" verfolgt die Ziele, Daten über die Lebenslagen der betroffenen Kinder zu generieren, Kenntnisse über ihre Sichtbarkeit oder Unsichtbarkeit im Suchthilfesystem zu gewinnen, um auf der Basis dieser Erkenntnisse die Erreichbarkeit der Kinder durch die zuständigen Unterstützungssysteme zu verbessern.

Eine kontinuierliche Dokumentation, Auswertung und Weiterentwicklung der von den Suchthilfeeinrichtungen erhobenen Betreuungsdaten ist die Voraussetzung für eine exakte und einheitliche Datenbasis, mit der erfasst werden kann, welche Bedarfe tatsächlich vorliegen. Der Deutsche Kerndatensatz (im Folgenden kurz „KDS" genannt) dient genau diesem Interesse - bundesweit einheitlich. Bezüglich der Situation der Kinder der Klient*innen stellt sich die Dokumentation jedoch als unzureichend dar, da mit dem KDS wesentliche Aspekte der Lebenssituation von Kindern aus suchtbelasteten Familien nicht erfasst werden, trotz der Erweiterungen des KDS ab 2017. Mit dem hinzugefügten NRWKIDS-Modul wird erstmals in diesem Detaillierungsgrad erfasst, wie viele Kinder die Klient*innen in den ambulanten Sucht-/Drogenhilfeeinrichtungen in NRW haben, wie alt diese Kinder sind, welchem Geschlecht sie angehören, wie sich ihre häusliche Lebenssituation darstellt und ob weitere Hilfen (Jugendhilfe) erbracht werden. Insbesondere die einrichtungsübergreifende Gesamtauswertung ermöglicht einen Erkenntnisgewinn bezüglich der Zielgruppe „Kinder in suchtbelasteten Familien" in NRW, da die Daten zu den Kindern individualisiert erhoben werden. Im Unterschied zur aggregierten Erfassung der Kinder im bisherigen KDS wird mit dem NRWKIDS-Modul ein Datensatz pro Kind generiert.

Im Folgenden werden Ausschnitte der Auswertungsergebnisse aus den Jahren 2017 und 2018 vorgestellt. Die Zahlen aus dem Erhebungsjahr 2018 stehen jeweils in Klammern. Die Auswahl der Ergebnisse konzentriert sich auf Daten zur Lebenssituation der Kinder mit Bezug zum Vater.

Beteiligte Einrichtungen der ambulanten Sucht- und Drogenhilfe in NRW
Die Teilnahme am Modellprojekt erfolgte auf freiwilliger Basis und stand allen interessierten ambulanten Sucht- und Drogenhilfeeinrichtungen in NRW offen.[19] Am NRWKIDS-Modul beteiligten sich 57 (47) Einrichtungen der ambulanten Sucht- und Drogenhilfe in NRW.

*Klient*innen-Daten: Geschlechterverteilung, Alter und Elternschaft*
Alle Klient*innen mit eigener Suchtproblematik und Mehrfachkontakt zur Beratungsstelle wurden zum Vorhandensein und ggf. der Anzahl der eigenen Kinder befragt. Die Geschlechterverteilung in diesem Klient*innen-Sample, für die das NRWKIDS-Modul zur erweiterten Dokumentation Anwendung fand, weist mit einem Verhältnis von 74,5% (73,5%) zu 25,5% (26,5%) einen deutlich höheren Männer- als Frauenanteil auf.[20] Zum Betreuungsbeginn waren die Klient*innen im Mittel 36,1 (36,9) Jahre alt.

Insgesamt haben 38,8% (40,6%) der betreuten Klient*innen eigene Kinder. Die Geschlechterverteilung unter den Klient*innen, die Eltern sind, stellt sich so dar, dass 38,0% (36,8%) der Klient*innen mit eigenen Kindern Frauen sind und 62% (63,2%) Männer. Bei einer Bewertung dieser Zahlen ist die Geschlechterverteilung in der gesamten Untersuchungsstichprobe der Klient*innen mit Suchtproblematik und Mehrfachkontakt in Rechnung zu stellen, die einen Männeranteil von 74% aufweist.

Um ein Bild davon zu bekommen, wie viele der Klientinnen jeweils Mütter und wie viele der Klienten jeweils Väter sind, muss sich der Blick also zusätzlich auf die jeweilige Geschlechterkohorte richten: Der Mütteranteil aller Klientinnen[21] beläuft sich auf 55,0% (55,0%), der Anteil der Klienten[22], die Väter sind, liegt bei 32,9% (35,2%). Das bedeutet: Mindestens jede zweite Klientin ist Mutter und etwa jeder dritte Klient ist Vater.

Im NRWKIDS-Modul werden aus Datenschutzgründen lediglich die Daten zu den minderjährigen Kindern der Klient*innen erhoben. Insgesamt haben 28,7% (29,5%) der Klient*innen aus der oben genannten Stichprobe (eigener Konsum und Mehrfachkontakt) eigene minderjährige Kinder. Der Mütteranteil mit eigenen minderjährigen Kindern unter den Klientinnen insgesamt beläuft sich auf 37,7% (36,7%), der Anteil der Väter mit eigenen minderjährigen Kindern unter den Klienten insgesamt beträgt 25,3% (26,7%), d. h. jede dritte Klientin und jeder vierte Klient hat eigene minderjährige Kinder.

19 Details zur Methodik und eine ausführliche Darstellung der Ergebnisse finden sich im Abschlussbericht des Projekts, welcher auf den Internetseiten der Landeskoordinierungsstelle NRW, BELLA DONNA, sowie auf der Informationsplattform w-kis.de veröffentlicht ist.

20 Die Geschlechterverteilung weicht somit nur geringfügig von der Beschreibung der „Erhebung und Analyse der ambulanten Suchthilfestrukturen in Nordrhein-Westfalen" (Hrsg. MAGS NRW, Februar 2019) ab. Der Anteil der Männer unter den Klient*innen des ambulanten Suchthilfesystems in NRW wird hier mit 71,2 % und der Anteil der Frauen mit 28,8 % angegeben.

21 Klientinnen: n = 2.875 (2.803)

22 Klienten: n = 7.849 (7.527)

Kinder-Daten: Geschlecht, Alter, Lebenssituation in Bezug zum Vater
48,1% (47,3%) der Kinder, zu denen NRWKIDS-Datensätze vorliegen, sind weiblich, 51,9% (52,7%) der Kinder sind männlich; im Mittel sind die Kinder 8,5 (8,7) Jahre alt (Mindestalter 0, Höchstalter 17).

Von allen Kindern, die mit den Klient*innen im selben Haushalt leben, leben 42,9% (39,8%) mit ihren Müttern und 57,1% (60,2%) der Kinder mit ihren Vätern im selben Haushalt. Insgesamt leben 55,5% (55,5%) und damit die Mehrheit aller im NRWKIDS-Modul erfassten Kinder jedoch nicht mit der/dem betreuten Klient*in im gleichen Haushalt. Dieser Anteilswert ist vor dem Hintergrund der Geschlechterverteilung der Klient*innen, denen die Kinderdatensätze zugeordnet werden können, so zu interpretieren, dass die meisten Kinder unseres Untersuchungssamples bei ihren Müttern leben.

17,1% (17,4%) dieser Kinder leben mit dem/der Klient*in alleine. Von den Kindern, die mit dem/der Klient*in alleine leben, leben 72,5% (74,7%) bei ihren Müttern und 27,5% (25,3%) bei ihren Vätern.

Kinder, die nicht bei der betreuten Klient*in, sondern beim anderen Elternteil leben, leben in 86,1% (85,5%) der Fälle bei ihrer Mutter und in 13,9% (14,5%) der Fälle bei ihrem Vater.

78,4% (82,2%) der Kinder leben mit der Klient*in und ihrem anderen Elternteil im gleichen Haushalt. 73,0% (68,9%) der Kinder leben darüber hinaus mit anderen minderjährigen Kindern zusammen.

Die Betrachtung der Teilstichprobe „Kinder, deren Eltern alleiniges Sorgerecht haben“, zeigt, dass bei 88,2% (87,2%) der Kinder die Klientin, also die Mutter der Kinder, das Sorgerecht hat und bei 11,8% (12,8%) der Kinder der Vater.

Von den Kindern, die in Familien leben, die Erziehungshilfen erhalten, wurden 64,9% (61,8%) durch ihre Mutter und 35,1% (38,3%) durch ihren Vater erfasst. Es lässt sich daraus die vorsichtige Vermutung ableiten, dass Klientinnen mit Kindern etwas häufiger Hilfen zur Erziehung erhalten. Dass zu diesem Item relativ häufig keine Angabe gemacht wurde, könnte zugleich darauf hindeuten, dass Klient*innen, die nicht mit ihren Kindern zusammenleben, und das sind hier vorrangig die Väter, auch keine Kenntnis darüber haben, ob die Familie, in der das Kind oder die Kinder leben, Erziehungshilfen erhält.

Die Wahrscheinlichkeit, dass die Berater*innen der Sucht- und Drogenhilfeeinrichtungen einen direkten Einblick in die Lebenssituation der Kinder haben, ist höher, wenn das Kind durch eine Klientin erfasst wurde: Von den wenigen Kindern, bei denen ein direkter Einblick in die Lebenssituation besteht, wurde mit 74,0% (72,4%) der größere Teil über ihre Mütter erfasst.

Resümee und Ausblick

Die Ergebnisse des Projekts „Problematischer Substanzkonsum und Vaterschaft“ zeigen die Randständigkeit des Themas Vaterschaft in Drogenforschung und Hilfepraxis auf: Erziehung und Elternschaft werden weitgehend als frauenbezogene Themen definiert. Dies schlägt sich in einem Mangel an dezidierten, praxisrelevanten Forschungserkenntnissen nieder. Die für die Konzeption bedarfsgerechter Angebote wichtigen Fragen, wie sich problematische Drogenkonsummuster auf Vaterschaft, Vaterrolle und Erziehungsverhalten sowie die Entwicklung von Kindern bzw. Töchtern und Söhnen auswirken, bleiben weitgehend offen. Auch fehlen Erkenntnis und Erfahrungen dazu, welche Barrieren für betroffene Männer hinsichtlich der Übernahme der Vaterrolle bestehen und wie sie darin gestärkt werden können, welche Kompetenzen und Defizite sie mitbringen, wie sie in Erziehung einbezogen werden können und wie die Thematisierung von Vaterschaft im Hilfe- und Behandlungsprozess gestärkt werden kann. Damit fehlt auch die Grundlage für die Konzipierung von Hilfsangeboten für drogenkonsumierende Väter, die auf Verbesserungen von Erziehungsverhalten und -kompetenzen sowie damit zusammenhängende Aspekte abzielen. Darüber hinaus ist zu vermuten, dass gerade dieses Ausblenden der Vaterschaft von Männern mit einer Drogenproblematik und der entsprechende Mangel an evidenzbasierten Erkenntnissen zu einer weiteren Verstärkung des negativen Stereotyps von Drogenkonsumenten/-abhängigen als abwesende, verantwortungslose Väter und als Gefahr für das Wohl ihrer Kinder führt und damit eine Sichtweise begünstigt wird, die – im Sinne einer selbsterfüllenden Prophezeiung – den Ausschluss von Vätern aus dem Leben ihrer Kinder und aus familienbezogenen Hilfeprozessen festigt.

Mit der vorliegenden Studie wurden diese Defizite aufgegriffen. Erstmals für Deutschland wurde die Perspektive von Mitarbeitenden des Hilfesystems, vor allem aber die Subjektperspektive von betroffenen Vätern mittels eines qualitativen Forschungsdesigns erfasst. Die Narrative der interviewten Väter eröffnen dabei eine differenzierte Sicht auf das Forschungsthema. Durchaus im Einklang mit internationalen Forschungsbefunden zeigen die Interviews einerseits auf, dass drogenabhängige Väter differenzierte Auffassungen darüber haben, was eine gute Vaterschaft ausmacht. Ihre Bilder eines guten Vaters speisen sich jedoch nicht selten aus der Abgrenzung gegenüber dem eigenen Vater und eigenen Kindheitserfahrungen – bei vielen lässt sich das Fehlen einer positiven Vaterfigur feststellen. Andererseits besteht oftmals eine deutliche Diskrepanz zwischen den Intentionen der Befragten, ein guter Vater zu sein, und ihrer Fähigkeit, den eigenen Anforderungen und Vaterbildern gerecht zu werden. Der

Drogenkonsum erweist sich dabei für die Mehrheit als die größte Hürde, ihre eigenen Vorstellungen von Vaterschaft zu erfüllen. So decken sich die Berichte der Befragten darüber, welche Auswirkungen ihr eigener Substanzkonsum auf das Erfüllen der Vaterrolle hat bzw. hatte, oftmals mit ihren Beschreibungen eines „schlechten" Vaters.

Während insbesondere negative Auswirkungen des Drogenkonsums auf die Ausübung der Vaterrolle und das väterliche Engagement beschrieben werden, liefern die erhobenen Daten durchaus Hinweise dazu, dass die Befragten eine hohe Motivation aufweisen, ihre Vaterrolle besser auszufüllen. In diesem Sinne bietet Vaterschaft durchaus die Chance, als „Wendepunkt" im Leben von drogenabhängigen Männern zu fungieren. Dies nicht nur hinsichtlich einer Reduzierung/Beendigung des Substanzkonsums, sondern auch hinsichtlich einer weiterführenden psychosozialen Stabilisierung.

Angesichts dieser Befunde lässt sich schlussfolgern, dass drogenabhängige Männer, die Väter sind, von Angeboten und Programmen im Hilfesystem profitieren könnten, die nicht nur ihre Drogenproblematik, sondern vor allem auch ihr Vatersein und die damit zusammenhängenden Belastungen, Defizite, aber auch Kompetenzen adressieren. Damit könnte auch dem in den Interviews häufig formulierten Wunsch an die Drogenhilfe nach einer Thematisierung von Vaterschaft gerecht werden. Mit der Unterstützung ihrer Bemühungen als Väter könnte eine verantwortungsvollere Vaterschaft gefördert werden, die letztlich sowohl für die betroffenen Männer als auch für ihre Kinder gewinnbringend sein könnte. Um die Entwicklung von Angeboten, deren Implementierung ebenso wie die Evaluation ihrer Wirksamkeit voranzubringen, bedarf es der klaren Anerkennung der Vaterrolle von drogenabhängigen Männern und eines entsprechenden Transfers in zukünftige Forschungsbemühungen und Behandlungsansätze.

Zusammenfassend lässt sich für die Ergebnisse des Projekts „NRWKIDS-Modul" konstatieren, dass die Mehrheit der minderjährigen Kinder, die mit dem/der Klient*in im gleichen Haushalt leben, zusätzlich mit dem jeweils anderen Elternteil und/oder mit einem oder mehreren weiteren minderjährigen Kindern im gleichen Haushalt leben. Kinder, die nur bei einem Elternteil leben, leben in der überwiegenden Mehrheit der Fälle bei ihren Müttern, nur ein sehr geringer Anteil der Väter ist alleinerziehend und lebt mit dem Kind alleine, die Anbindung der Kinder an ihre substanzkonsumierenden Mütter ist enger und ihre Sichtbarkeit im Hilfesystem durch die Mütter ist höher als durch ihre substanzkonsumierenden Väter. Im Umkehrschluss haben substanzkonsumierende Frauen in ihrer Elternrolle, d.h. als Mütter mit Kindern, eine höhere Sichtbarkeit im Hilfesystem als substanzkonsumierende Männer in ihrer Vaterrolle. Gleichwohl gibt aus auch bei letzteren eine Sichtbarkeit und folglich einen ausbaufähigen Zugang zu den Kindern und dem Familienkontext. Dieser Zugangsweg über den Vater ist auch deshalb keinesfalls zu unterschätzen, da die genannten Ergebnisse in ihrer Verhältnismäßigkeit zu den absoluten Zahlen differenziert zu betrachten sind: Es ist richtig, dass diejenigen Frauen, die Hilfeleistungen der Sucht- und Drogenhilfe in Anspruch nehmen, eher auch in ihrer Elternrolle wahrgenommen werden und auch etwas häufiger eigene Kindern haben als die Väter. Da jedoch insgesamt deutlich weniger Frauen im Suchthilfesystem „ankommen", ist in rein quantitativer Hinsicht die Nichtbeachtung der Väter als Zugangsweg zu den Kindern als vertane Chance zu bewerten. Denn, dies zeigen die im vorliegenden Beitrag zusammengetragenen Projektergebnisse deutlich:

- Väter mit problematischem Substanzkonsum sind durch die Einrichtungen der ambulanten Sucht- und Drogenhilfe erreichbar.
- Durch Thematisierung der Vaterschaft und der Kinder können wichtige Informationen über die Lebensbedingungen der Kinder gewonnen werden.
- Die Bearbeitung der mit der Vaterschaft verbundenen Belastungen und die Integration der an sie gekoppelten Hoffnungen können den Beratungs- und Stabilisierungsprozess der Männer voranbringen und ihre Bereitschaft, zum Wohle der Kinder mit dem Hilfesystem zusammenzuarbeiten, fördern.
- Unter der Voraussetzung einer konstruktiven und vertrauensvollen Bearbeitung des Themas Vaterschaft mit all seinen Implikationen sind auch die Kinder der Väter mit problematischem Substanzkonsum erreichbar.

Handlungsempfehlungen für die Praxis

Eine Öffnung und Sensibilisierung des Suchthilfesystems für männerbezogene Belange und Unterstützungsbedarfe sowie die entsprechende Implementierung bzw. Ausweitung der geschlechtsbezogenen Arbeit mit Männern ist sowohl für die Stabilisierung der Männer als auch der Familien und somit den Schutz der Kinder zielführend. Die folgenden, im Rahmen des Projekts „Problematischer Substanzkonsum und Vaterschaft" entwickelten Handlungsempfehlungen für die Praxis unterstützen diese Zielverfolgung und haben ungemindert Gültigkeit:

- Die Väter sollten seitens der Suchthilfe dahingehend gefördert werden, dass sie sich mit der Familienplanung (wenn möglich gemeinsam mit den Partnerinnen) und einer stärkeren Verantwortungsübernahme auseinandersetzen. Zudem ist die Begleitung beim Übergang zur Vaterschaft angeraten.
- Aus der Geburt eines Kindes erwächst bei vielen Vätern eine große Motivation, den Substanzkonsums zu reduzieren oder ganz zu beenden. Ein solcher Abstinenzwunsch erhöht die Chancen des Erfolgs von entsprechenden Behandlungsmaßnahmen erheblich und sollte seitens der helfenden Institutionen unterstützt werden.

- Stabile, verlässliche, emotional befriedigende elterliche Beziehungen stellen eine wichtige Grundlage für eine gesunde Entwicklung von Kindern dar. Für die Praxis der Drogenhilfe lässt sich hieraus der Bedarf nach einer Verbesserung der Beziehungsqualität bzw. der Unterstützung einer positiven Partnerschaftsentwicklung von drogenabhängigen Vätern und ihren Partnerinnen durch die gezielte Förderung partnerschaftlicher Kommunikation, Konflikt- und Problemlösungsfähigkeit und gemeinsamer Stressbewältigung ableiten.
- Es sollten innerhalb der Suchthilfe Möglichkeiten für die Reflexion von Geschlechterrollenverständnissen, geschlechtsbezogener Rollenzuschreibungen und darauf aufbauender subjektiver Vaterschafts- und Mutterschaftskonzepte geschaffen werden. Darin einbezogen werden müssen die Auseinandersetzung mit der eigenen geschlechtlichen Identität und deren Prägung durch gesellschaftliche Vorgaben, ebenso wie die Thematisierung von widersprüchlichen Männlichkeits-, Männer- und Vaterbildern und dadurch entstehende innere Spannungen und Konflikte.
- Viele Drogenkonsumierende nehmen das Jugendamt als Institution wahr, welche vorrangig auf die Mütter fokussiert und suchtmittelabhängigen Vätern per se misstraut. Insofern sind nicht nur Angebote angezeigt, die Väter bei der Kontaktaufnahme und -anbahnung zu ihren Kindern unterstützen und begleiten, sondern es gilt vor allem auch die Angst vor dem Jugendamt abzumildern. Drogenabhängige Väter sollten von den Jugendämtern in Bezug auf ihre Vaterrolle stärker und regelhaft gefordert und gefördert werden. Abgesehen davon ist eine systematisch verankerte Kooperation zwischen Drogenhilfe- und Jugendhilfe zu entwickeln und zu praktizieren.
- Ein relevanter Teil der Männer (und Frauen) mit einem problematischen Substanzgebrauch weisen Bindungsstörungen aufgrund traumatischer Erfahrungen auf, die dazu führen können, dass keine Sensibilität (Feinfühligkeit) für die emotionalen Bedürfnisse und Signale ihrer Kinder besteht und nur begrenzte Ressourcen für die Vermittlung von Bindungssicherheit existieren. Entsprechend muss die komplexe Thematik „Trauma, Bindungsstörungen und Sucht" geschlechtersensibel in die fachliche Qualifizierung, Konzipierung und Umsetzungen von Angeboten einbezogen werden.
- Die Lebenserfahrungen von Vätern mit einer Drogenproblematik beinhalten häufig keine Vorerfahrungen aus der eigenen Biografie – positive (Vater-)Vorbilder liegen oftmals nicht vor, sodass es den betroffenen Männern an einem Fundament für eine positive Väterlichkeit fehlt, auf dem sich die erforderliche emotionale Einfühlung oder eine väterliche Identität entwickeln kann. Hier sind Angebote nötig, die einen emotional feinfühligen Umgang von Vätern mit ihren Kindern über die Vermittlung von Beziehungs- und

Erziehungskompetenzen (Ebene: Vater-Kind-Beziehung) wie auch eine Verbesserung der individuellen Kompetenzen bezogen auf die Versorgung von Kindern fördern.

Ausblick: Geschlechtervielfalt und Elternschaft
Seit der Durchführung des Projekts „Problematischer Substanzkonsum und Vaterschaft" hat das Thema Geschlechtervielfalt eine zunehmende Bedeutung für die Sucht- und Drogenhilfe gewonnen, da die Anzahl queerer Personen, welche die Leistungen des Hilfesystems in Anspruch nehmen, steigt. „Natürlich gibt es schwangere Männer!", nämlich dann, wenn Menschen mit einer männlichen Geschlechteridentität und einem weiblichen Körper Kinder bekommen. Die Unterstützung von Eltern mit problematischem Substanzkonsum, die sich nicht in einfache heteronormative Schemata einfügen, sieht sich mit neuen, in den vorliegenden Studien noch gar nicht thematisierten Fragen konfrontiert.

Literaturverzeichnis

Amato, P. R. & Fowler, F. (2002): Parenting practices, child adjustment, and family diversity. Journal of Marriage and the Family, 64: 703-716

Banducci, A. N., Hoffman, E. M., Lejuez, C.W. & Koenen, K. C. (2014): The impact of childhood abuse on inpatient substance users: Specific links with risky sex, aggression, and emotion dysregulation. Child abuse & neglect, 38, 5: 928-938

BELLA DONNA (Hrsg.) (2013): Implementierung von Angeboten für suchtbelastete Mütter/Väter/Eltern und deren Kinder - Voraussetzungen und Anforderungen an die ambulante Sucht- und Drogenhilfe. Dokumentation der Arbeitsergebnisse des Fachgesprächs vom 14. März 2013 im Auftrag des Bundesministeriums für Gesundheit. Online verfügbar unter: http://www.belladonnaessen.de/fileadmin/user_upload/documents/Publikationen/Dokumentation_Fachgespraech_Maerz_2013_01.pdf (02.02.2016)

Bernhard, C. & Tödte, M. (2016): Problematischer Substanzkonsum und Vaterschaft. Abschlussbericht zum gleichnamigen, BMG-geförderten Projekt. Online verfügbar unter: https://w-kis.de/problematischer-substanzkonsum-und-vaterschaft/ (25.10.2020)

Biederman, J., Faraone, S. V., Monuteaux, M. C. & Feighner, J. A. (2000): Patterns of Alcohol and Drug Use in Adolescents Can Be Predicted by Parental Substance Use Disorders. Pediatrics, 106, 4: 792-794

Brook, D. W., Brook, J. S., Rubenstone, E., Zhang, C., Singer, M. & Duke, M. R. (2003): Alcohol Use in Adolescents Whose Fathers Abuse Drugs. Journal of Addictive Diseases, 22, 1: 11-34

Brown, L., Callahan, M., Strega, S., Walmsley, C. & Dominelli, L. (2009): Manufacturing ghost fathers: The paradox of father presence and absence in child welfare. Child and Family Social Work, 14: 25-34

Fals-Stewart, W., Fincham, F. D. & Kelley M. L. (2005): Substance-Abusing Parents' Attitudes Toward Allowing Their Custodial Children to Participate in Treatment: A Comparison of Mothers Versus Fathers. Journal of Family Psychology, 18, 4: 666-671

Fals-Stewart, W. & Kelley, M. L. (2004): Adding parent skills training to couples therapy and to individual treatment for substance abusing men: Effects on parenting behavior and children's adjustment. Alcoholism, Clinical and Experimental Research, 28, 5: 181

Fals-Stewart, W., Kelley, M. L., Cooke, C. & Golden, J. C. (2003): Predictors of the psychosocial adjustment of children living in households of parents in which fathers abuse drugs: The effects of postnatal parental exposure. Addictive Behaviors, 28: 1013-1031

Fals-Stewart, W., Kelley, M. L., Fincham, F. D., Golden, J. & Logsdon, T. (2004): Emotional and Behavioral Problems of Children Living With Drug-Abusing Fathers: Comparisons With Children Living With Alcohol-Abusing and Non-Substance-Abusing Fathers. Journal of Family Psychology, 18, 2: 319-330.

Guterman, N. B. & Lee, Y. (2005): The Role of Fathers in Risk for Physical Child Abuse and Neglect: Possible Pathways and Unanswered Questions. Child Maltreatment, 10, 2: 136-149.

Hartley, C. C. (2002): The Co-occurrence of Child Maltreatment and Domestic Violence: Examining Both Neglect and Child Physical Abuse. Child Maltreat, 7: 349-358

Hogan, D. M. (1998): Annotation: The psychological development and welfare of children of opiate and cocaine users: Review and research needs. Journal of Child Psychology and Psychiatry, 39: 609-619

Kindler, H. (2013): Partnergewalt und Beeinträchtigungen kindlicher Entwicklung: Ein aktualisierter Forschungsüberblick. In: Kavemann, B. & Kreyssig, U. (Hrsg.): Handbuch Kinder und häusliche Gewalt. 3. Auflage. Springer VS: Wiesbaden

Kirisči, L., Vanyukov, M. & Tarter, R. (2005): Detection of youth at high risk for substance use disorders: A longitudinal study. Psychology of Addictive Behaviors, 19, 3: 243-252

Klein, M. (2003): Kinder drogenabhängiger Eltern: Fakten, Hintergründe, Perspektiven. In: Report Psychologie, 28, 6: 358-371

Klein, M. (2006): Kinder drogenabhängiger Mütter. Risiken, Fakten, Hilfen. S. Roderer: Regensburg

Klein, M., Ferrari, T. & Kürschner, K. (2003): Kinder (un-)behandelter suchtkranker Eltern: Eine Situationsanalyse und mögliche Hilfen. Abschlussbericht. Im Auftrag des Bundesministeriums für Gesundheit und Soziale Sicherung: Berlin

Klein, M. & Zobel, M. (1999): Kinder in suchtbelasteten Familien - Psychologische Suchtforschung unter transgenerationaler und ätiologischer Perspektive. In: Fachverband Sucht (Hrsg.): Suchtbehandlung, Entscheidungen und Notwendigkeiten. Geesthacht: Neuland: 244-257

Lee, S. J., Bellamy, J. L. & Guterman, N. B. (2009): Fathers, physical child abuse, and neglect: Advancing the knowledge base. Child Maltreatment, 14, 3: 227-231

McCrady, B. S. & Raytek, H. (1993): Women and substance abuse: Treatment modalities and outcomes. In: Gomberg, Edith S. Lisansky/Nierenberg, Ted D. (Hrsg.): Women and substance abuse. Ablex: Norwood, NJ: 314-338

McMahon, T. J., Winkel, J. D. & Rounsaville, B. J. (2008): Drug-abuse and responsible fathering: A comparative study of men enrolled in methadone maintenance treatment. Addiction, 103: 269-283

McMahon, T. J., Winkel, J. D., Suchman, N. E. & Rounsaville, B. J. (2007): Drug-Abusing Fathers: Patterns of Pair-Bonding, Reproduction and Paternal Involvement. Journal of Substance Abuse Treatment, 33, 3: 295-302

Merrill, L. L., Hervig, L. K. & Milner, J. S. (1996): Childhood parenting experiences, intimate partner conflict resolution, and adult risk for child physical abuse. Child Abuse and Neglect, 20, 11: 1049-1065

Moore, B. C. & Easton, C. J. & McMahon, T. J. (2011): Drug Abuse and Intimate Partner Violence: A Comparative Study of Opioid Dependent Fathers. American Journal of Orthopsychiatry, 81, 2: 218-227

Moss, H. B., Mezzich, A., Yao, J. K., Gavaler, J. & Martin, C. S. (1995): Aggressivity among sons of substance-abusing fathers: Association with psychiatric disorder in the father and son, paternal personality, pubertal development, and socioeconomic status. American Journal of Drug and Alcohol Abuse, 21, 2: 195-208

Nunes, E. V., Weissman, M. M., Goldstein, R. B., McAvay, G., Seracini, A. M., Verdeli, H. & Wickramarante, P. J. (1998): Psychopathology in children of parents with opiate dependence and/or major depression. Journal of the American Academy of Child & Adolescent Psychiatry, 37: 1142-1151

Rosenkranz, M., Neumann-Runde, E., Buth, S. & Verthein, U. (2013): Suchthilfe in Hamburg: Statusbericht 2012 der Hamburger Basisdatendokumentation in der ambulanten Suchthilfe und der Eingliederungshilfe. BADO e.V.: Hamburg

Sartor, C. E., Waldron, M., Duncan, A. E., Grant, J. D., McCutcheon, V. V., Nelson, E. C., Madden, P. A.F., Bucholz, K. K. & Heath, A. C. (2013): Childhood Sexual Abuse and Early Substance Use in Adolescent Girls: The Role of Familial Influences. Addiction, 108, 5: 993-1000

Schäfer, I., Barnow, S. & Pawils, S. (2015): Substance use disorders as a cause and consequence of childhood abuse: Basic research, therapy and prevention in the BMBF-funded CANSAS-Network. Bundesgesundheitsblatt - Gesundheitsforschung – Gesundheitsschutz, 59, 1

Söderström, K. & Skaderut, F. (2013): The good, the bad, and the invisible father: a phenomenological study of fatherhood in men with substance use disorder. Fathering: A Journal of Theory, Research & Practice about Men, 11, 1: 31-51

Stanger, C., Kamon, J., Dumenc, L., Higgins, S. T., Bickel, W. K., Grabowski, J. & Amass, L. (2002): Predictors of internalizing and externalizing problems among children of cocaine and opiate dependent parents. Drug and Alcohol Dependence, 66: 199-212

Stanger, C., Higgins, S. T., Bickel, W. K., Elk, R., Grabowski, J., Schmitz, J., Amass, L., Kirby, K. C. & Seracini, A. M. (1999): Behavioral and emotional problems among children of cocaine- and opiate-dependent parents. Journal of the American Academy of Child & Adolescent Psychiatry, 38: 421-428

Strega, S., Brown, L., Callahan, M., Dominelli, L. & Walmsley, C. (2009): Working with Me, Working at Me: Fathers' Narratives of Child Welfare. Journal of Progressive Human Services, 20, 1: 72-91

Taylor, M. (2012): Problem drug use and fatherhood. PhD thesis. University of Glasgow

Tödte, M. et al. (2016): Schwangerschaft und Mutterschaft bei drogenabhängigen Frauen. In: Tödte, M./Bernhard, C. (Hrsg.): Frauensuchtarbeit in Deutschland. Eine Bestandsaufnahme. Bielefeld: 163 - 183)

Twomey, J. E. (2007): Partners of Perinatal Substance Users: Forgotten, Failing, or Fit to Father? American Journal of Orthopsychiatry, 77, 4: 563-572

Walsh, C., MacMillan, H. L. & Jamieson, E. (2003): The relationship between parental substance abuse and child maltreatment: findings from the Ontario Health Supplement. Child Abuse & Neglect, 27: 1409-1425

„Und jedem Anfang wohnt ein Zauber inne, der uns beschützt und der uns hilft, zu leben.[1]"

Roland Helsper und Anonym

Im Folgenden werden wir einen Erfahrungsbericht einer Betroffenen lesen, die auf sehr eindrückliche Art und Weise ihren Fokus richtet auf die eigene Suchtmittelabhängigkeit, die süchtigen Eltern, Jugendamt, Jugendhilfe und Suchthilfe.

Sie ist Tochter zweier extrem suchtmittelabhängiger Eltern, sie wird selber abhängig und konsumiert gemeinsam mit dem Vater unterschiedlichste Drogen, sie wendet sich an das Jugendamt und die Polizei, um dem Ganzen ein Ende zu setzen, Zeit vergeht, unvorstellbare Vorschläge werden ihr gemacht, wie sie mit der Situation umgehen soll. Wieder vergeht Zeit.

Nachdem sie das Jugendamt informiert hat, sprechen die Eltern nicht mehr mit ihr und werfen ihr Verrat vor. Als sie dann endlich in einer Jugendhilfe-Einrichtung war, bestraften sie ihre Tochter mit Kontaktverbot zum Bruder.

In ihrem Bericht wird sehr deutlich, wie sehr sie sich vom Jugendamt und der Jugendschutzstelle allein gelassen fühlt, wie sie in die Beweisführung gebracht werden soll und wie leicht es den Eltern gemacht wird, mit vorangekündigten Kontrollen einen guten Eindruck zu machen.

Nach Zeiten des eigenen harten Suchtmittelkonsums wendet sie sich an eine Suchtberatungsstelle und wird in eine stationäre Entwöhnungseinrichtung vermittelt. Da sie aus dem Umfeld der dysfunktionalen Beziehungen weg will, bewirbt sie sich in der Adaptionseinrichtung der nado gGmbH in Dortmund. Hier wird sie im Februar 2020 kurz vor dem Corona-Lockdown aufgenommen.

Thematisch im Vordergrund stand zunächst die desolate Situation ihrer Eltern und ihres 15-jährigen Halbbruders. Die Eltern standen, selbst verschuldet, vor der Kündigung ihrer Wohnung und dem Umzug in eine Notwohnung. An dieser Stelle wurde die enorme Parentifizierung im familiären System deutlich.

Die Eltern schienen den Anforderungen des Alltags überwiegend nicht gewachsen zu sein, und Frau M. hatte sukzessive immer mehr die Verantwortung, insbesondere für den Bruder übernommen, zu dem sie ein sehr inniges und vertrautes Verhältnis habe.

Sie habe sich gewünscht, dass er sie hier besuchen könne, was aber aufgrund dessen, dass er selber auch schon kiffe, nicht möglich war. Sie machte sich große Sorgen um ihn.

1 *Hermann Hesse* (1941): Stufen

Durch den „Lockdown" im März war der persönliche Kontakt dann sowieso nicht mehr möglich. Beruhigung trat dann später dadurch ein, dass die Familie eine sehr gute neue Wohnung angeboten bekam und auch den Umzug gut bewältigte. Ihr Bruder habe ihr versprochen den Cannabiskonsum einzustellen, was sie ihm auch glauben wolle.

Frau M. beschäftigte sich nun mit Themen der Abstinenzerhaltung, der Klärung der künftigen Berufstätigkeit bzw. eines weiteren Schulbesuchs und der Finanzierung des Lebensunterhaltes (Schüler-BAföG), mit ihren Zukunftsängsten sowie ihrer Lebensgeschichte.

Zu diesem Zeitpunkt, mitten im Lockdown, war die psychische Situation der Rehabilitandin geprägt von Ängsten und Sorgen. Frau M. reagierte zunehmend depressiv, weil sie sich von Obdachlosigkeit bedroht fühlte und die Wohnungssuche zudem auch durch die Ausgangsbeschränkungen erschwert war.

Die bewilligte Behandlungszeit reichte vor dem Hintergrund des geschilderten Verlaufs nicht aus, um den bisherigen positiven Rehabilitationsprozess erfolgreich abzuschließen. Frau M. benötigte für die weiteren, obengenannnten Integrationsschritte und die weitere therapeutische Bearbeitung ihrer Thematik Begleitung und Unterstützung, um die bisher erreichten Therapieerfolge nicht zu gefährden. Vor diesem Hintergrund wurde ein Verlängerungsantrag gestellt und bewilligt.

Zunächst ging es in 1. Linie um psychische Stabilisierung, den Abbau von innerer Unruhe, Zukunftsängsten und Leidensdruck, sowie die Unterstützung beim Finden von Wohnraum.

Innerhalb der Einrichtung nahm sie, während der Lockdown Phase, trotz ihrer eigenen Problematik, eine zentrale, stabilisierende Rolle unter den Patienten ein. Durch ihre kreative Begabung initiierte sie viele Projekte, und trug maßgeblich zu einer positiven Stimmung und einem guten Gemeinschaftsgefühl bei.

Frau M. bewarb sich, gemeinsam mit einem Mitpatienten, zu dem sie eine gute freundschaftliche Beziehung aufgebaut hatte, um eine unserer Wohnungen im Betreuten Wohnen. Diese konnte zum Entlassungszeitpunkt zur Verfügung gestellt werden.

In der letzten Phase der Behandlung, nachdem auch der Schulplatz bewilligt wurde, stabilisierte sich die Patientin zusehends.

Frau M. verhielt sich sehr konform und zeigte, im geschützten Rahmen, eine klare Abstinenzhaltung.

Frau M. wechselt nach der Adaptionszeit in eine Wohngemeinschaft des betreuten Wohnens und besucht das Westfalen Kolleg in Dortmund, um ihr Abitur zu erwerben. Sie erweist sich als ausgesprochen gute Schülerin. Sie lebt suchtmittelfrei und setzt sich weiterhin gut mit ihrer Erkrankung auseinander.

Erwähnt werden sollte noch, dass Namen und Örtlichkeiten verändert wurden, um die Persönlichkeit von Frau M. zu schützen.

„Betroffen"

Mit diesem Begriff werde ich des Öfteren konfrontiert. Und wenn man es wörtlich nimmt, dann ist das eine ziemlich passende Bezeichnung. Denn als „Betroffener" wird man **durch etwas innerlich berührt**. Und als Kind süchtiger Eltern trafen andere Menschen Entscheidungen, die mein Leben nachhaltig beeinflussten. Entscheidungen, die mich berührten, manchmal auch verletzten, oftmals benachteiligten, vor allem aber waren dies Entscheidungen, auf welche ich keinen Einfluss ausübte. Ich wurde **durch Menschen und deren Taten innerlich berührt**.

„Ausgangsposition"

Meine Eltern, sprich meine Mutter und mein Stiefvater, sind beide abhängig von unterschiedlichen Suchtmitteln. Meine Mutter ist alkoholabhängig und konsumiert Cannabis täglich in kleinen Mengen. Mein Stiefvater konsumiert täglich Cannabis in größeren Mengen, regelmäßig Amphetamine, gelegentlich verschiedene Halluzinogene und trinkt natürlich auch jeden Abend seine 6 bis 8 Bier. Da er jedoch, seit ich denken kann, an der Seite meiner Mutter war, nenne ich ihn meinen Vater.

Mein leiblicher Vater verließ meine Mutter noch während der Schwangerschaft und besuchte uns nach meiner Geburt nur gelegentlich, um bei meinem Stiefvater Gras zu kaufen. Als dieser seinen Verkauf einstellte, stellte mein leiblicher Vater auch seine Besuche bei uns ein. So zumindest die Erzählung meiner Mutter, als ich 12 Jahre alt war.

Die ersten 6 bis 7 Jahre meines Lebens verliefen recht normal, so sagte ich es mir lange Zeit. Aber im Nachhinein wird mir bewusst, dass ich es einfach nur für normal hielt, weil es bei **mir** normal war. Zwar hatten meine Eltern zu dieser Zeit noch soziale Kontakte, ab und zu Besuch von „Freunden" und vor allem meine Großeltern leisteten ihren wichtigen Beitrag zu einem halbwegs stabilen Familienleben, jedoch weiß ich inzwischen, dass diese so genannten „Freunde" im Endeffekt auch nur Konsumenten waren, dass das soziale Umfeld meiner Eltern aus Trinkern und Kiffern bestand (oder Leuten, bei denen man sich Geld leihen kann) und dass die Alkoholabhängigkeit wohl in der Familie zu liegen schien. Erst, als ich in die Grundschule kam und selbst gewählte Freunde fand, welche ich dann auch mal besuchte, deren Eltern ich kennen lernte, erst da begriff ich langsam den Unterschied zwischen ihrem Zuhause und meinem. Den Unterschied zwischen meinen und ihren Eltern, die ab und zu mal Essen oder ins Kino gingen und mit ihren eigenen Bekanntschaften Dinge unternahmen, anstatt nur Zuhause auf der Couch zu sitzen. Menschen, die zwar beim Grillen mit Nachbarn auch mal ein, zwei Bier tranken, jedoch dabei nicht ausfallend wurden und noch geradeaus laufen konnten. Klar gab es bei uns auch mal Grillabende mit Bekannten meiner Eltern, oder man traf sich mal im Volksgarten in Oberhausen, aber diese Unternehmungen endeten nicht selten in Streitereien oder gelegentlichen Prügeleien. Ein großer Teil der Menschen, die meine Eltern kannten, die nicht aus dem familiären Umfeld stammten, waren Menschen, die ihre eigenen Grenzen nicht kannten, oder aber sich keine setzen wollten. Und verkauft haben sie sich als die „Jung-Gebliebenen". Menschen, die nie erwachsen werden wollten und deshalb aus der Rolle fielen, über die Stränge schlugen, hinfielen und sich mit einander schlugen.

Ich erkannte langsam, dass ich eine andere Ausgangsposition hatte als die meisten anderen meiner Klasse. Ich erkannte, dass meine Normalität eine andere war.

„Realität"

Als ich 9 war, zogen wir weg aus Oberhausen, in ein kleines Örtchen ganz in der Nähe. Mein Bruder, Paul, war zu dem Zeitpunkt noch nicht ganz 3 Jahre alt. Meine Oma wurde krank. Und meine Mutter begann immer mehr zu trinken. Jeder Streit meiner Eltern wurde ein bisschen heftiger als der zuvor.

Zu dieser Zeit gab es noch Familie. Damit meine ich nicht meine Eltern und auch nicht meine Großeltern. Damit meine ich Onkels und Tanten, welche uns die Wohnzimmereinrichtung spendierten, uns zum Essen einluden, uns mit Töpfen und Pfannen versorgten oder einfach mal zu Besuch kamen. Wir wurden noch zu Geburtstagen eingeladen und zu Hochzeiten oder Familientreffen.

Das war eben auch jene Zeit, in der meine Oma, also die Mutter meiner Mutter, an COPD erkrankte. Da meine Mutter auch da schon immer gerne ein Gläschen zu viel trank, bereits auf Wodka pur umgestiegen war und sich nicht gerne mit ihren Problemen auseinandersetzte, war das die Phase, in der es anfing, unerträglich zu werden.

Je mehr meine Mutter trank, desto weniger Zeit verbrachte mein Stiefvater mit ihr. Er verschwand immer öfter im Schlafzimmer, um sich einen Kopf zu rauchen, wie ich später herausfand.

Da ich nun auch vermehrt bei Freunden übernachtete und noch mehr Einblick in ein bürgerliches Leben bekam, wurde die Erkenntnis immer klarer. Es waren keine Phasen, es waren keine schlechten Tage oder nur ein Monat, wo man mal etwas schleifen ließ. Konsum, Drogen, Selbstaufgabe und verdrehte Prioritätensetzung waren meine Realität.

„Familie"

Ich erinnere mich gut an einen Moment mit meinem Großcousin Jannis, wo wir am Wohnzimmertisch saßen und versuchten uns davon abzulenken, dass meine Eltern gerade mal wieder stritten. Jannis war der Cousin meiner Mutter, aber nur knapp 10 Jahre älter als ich.

Am Abend zuvor hatte meine Mutter Besteck und Gläser nach meinem Vater geworfen. Davon waren Rotweinflecken und Macken in der Wohnzimmerwand übrig geblieben. Mein Vater hatte an diesem Abend seine Wut an der Küchentür ausgelassen, in welcher von da an ein faustgroßes Loch zu sehen war. Jannis fragte mich, was passiert sei, und ich erzählte ihm von dem Streit und dass mein Vater meine Mutter eine Säuferin nannte. Anschließend fragte ich Jannis, ob das stimmt.

Ich fragte ihn: „Weißt du eigentlich, ob meine Mama schon immer so viel Alkohol getrunken hat?" und er antwortete sichtlich bekümmert: „Ja, auch früher hatte sie den Alkohol schon gerne."

In der Nacht darauf stritten meine Eltern schon wieder, oder aber immer noch, ich kann es nicht genau sagen. Auf jeden Fall wurde es diesmal besonders laut und ich hörte meinen Bruder weinen. Paul war damals 5, ich 11 Jahre alt. Also wollte ich mich in sein Zimmer schleichen, damit wir, wie so oft in dieser Zeit, zusammen schlafen konnten. Als ich meine Zimmertür öffnete, sah ich meine Eltern im Flur. Meine Mutter beschimpfte meinen Vater und umgekehrt. Als meine Mutter ausholte, um meinem Vater zu schlagen, schubste er sie. Und da sie natürlich alles andere als nüchtern war, fiel sie rückwärts mit dem Kopf voran gegen einen Schreibtisch. Dieser dumpfe Aufprall und ihr schmerzverzerrtes Stöhnen sorgten dafür, dass mein Bruder vor Schreck aufhörte zu weinen und ich zu meiner Mutter lief, um mich vor sie zu stellen. Seinerzeit hielt ich meinen Vater für unglaublich böse und aggressiv. Ich verstand erst einige Zeit später, dass beide für diesen Abend verantwortlich waren. Und noch viel später verstand ich, dass die Sucht der beiden für diesen Abend verantwortlich war.

Es dauerte von diesem Zeitpunkt an nicht mehr lange, bis die Familie sich vollkommen abwendete. Bis auf meine Großeltern, die zwar verzweifelt, aber zuverlässig waren, hatte jeder andere meine Eltern aufgegeben. Und somit auch uns. Bis heute verstehe ich nicht, warum wir für das Fehlverhalten meiner Eltern bestraft wurden. Bis heute fühle ich mich von diesen vielen Menschen, meiner Familie, im Stich gelassen. Sie waren alle nah genug dran, um zu merken, was los ist. Ich weiß, dass sie es wussten. Sie hätten alle handeln können. Aber niemand tat es.

„Konsum"

Es war inzwischen kurz vor meinem 14. Geburtstag. Wir waren ein Jahr zuvor aus Oberhausen weggezogen und lebten nun in Wuppertal. Paul, damals fast 8 Jahre alt, zeigte mir den Bong im Schlafzimmer meiner Eltern. Er wusste damals natürlich nicht, wie das heißt. Er nannte es eine stinkende, komische Vase.

Und in diesem Augenblick verstand ich vieles. Ich verstand, warum mein Vater oft so früh schlafen ging, warum er manchmal nachts über Kabel stolperte und sich die Nase brach, ich verstand, warum wir so wenig Geld hatten, ich verstand, warum er so war, wie er war.

Meine Mutter trank 2 Flaschen Wodka am Tag. Zwei Jahre vorher hatte sie aufgehört aus diesen 2cl Gläsern zu trinken, inzwischen setzte sie die Flasche direkt an. Immer wieder haute sie besoffen einfach ab. Immer wieder fragten mich Mitschüler oder Freunde meines Bruders, warum meine Mutter so stinkt. Immer wieder hatte ich Angst, dass sie ungünstig fällt oder sich mit Halbwüchsigen anlegt, gegen die sie auf jeden Fall verloren hätte, da sie gerne nachts, stark alkoholisiert irgendwelche Menschen draußen auf der Straße anpöbelte. Immer wieder wurde ich damit konfrontiert, was Alkohol aus Menschen macht.

Und sie war zwar sehr oft betrunken, aber nicht immer. Manchmal saß sie weinend im Flur und entschuldigte sich, sagte, sie wolle ja etwas ändern, wüsste aber nicht wie. Es dauerte meistens keine 2 Stunden, bis sie wieder auf ihrem Pegel war und anfing uns die Schuld daran zu geben, wie es ihr ging. Wenn wir nicht geboren worden wären, dann wäre vieles besser gelaufen. Wenn wir uns mehr um sie kümmern würden, sie mehr lieb haben würden, ihr mehr Last abnehmen würden, dann wäre vieles besser gelaufen.

Zu der Zeit begann ich zu rauchen. Das war mein persönlicher Einstieg in den Konsum.

„Sucht"

Nach den Zigaretten kam das Gras. Es dauerte nicht lange, bis ich jeden Abend mit meinem Vater im Schlafzimmer saß und zwei oder drei Köpfchen rauchte. Mit Mitte 14 war ich quasi jeden Abend high.

Zu dieser Zeit versprach mein Vater, er würde uns bald, wenn Ferien sind, zu seinen Eltern bringen und meiner Mutter ein Ultimatum setzen. Wir saßen Abend für Abend zusammen, lachten, weinten und versuchten einen Ausweg zu finden. Eines Abends bekam meine Mutter mit, worüber wir sprachen. Sie stürzte ins Wohnzimmer, warf uns Verschwörung vor und sagte dann "Ach, fickt euch doch. Obwohl, tut ihr wahrscheinlich eh schon".

Dieser Satz gab mir den Rest. Abgesehen davon, dass es für mich und meinen Vater ein hochgradig kränkender und beleidigender Vorwurf war, war das auch der Tiefpunkt meiner Mutter. Zumindest aus meiner Sicht. Wer so traurig und verbittert ist, hat schon kein Mitleid oder Hilfe mehr verdient. Zumindest war das in diesem Moment mein Gedanke.

An einem super sonnigen Wochenende im Frühsommer 2013, kurz vor meinem 15. Geburtstag, fuhr ich mit meinem damaligen Freund, meinem Vater und meinem Bruder zu meinen Großeltern väterlicherseits. Am ersten Abend fuhr mein Vater mit mir und meinem Freund kurz nach Holland, um Gras zu holen, welches mein Freund und ich dann in unseren Socken versteckten, als wir uns auf die Rückfahrt begaben. Doch an diesem Wochenende habe ich nicht nur wirklich viel gekifft. Am zweiten Abend nahm mein Vater mich mit zu seinen „alten Freunden". So saß ich dort, mit 14 Jahren, in einer versifften Wohnung mit einem Pep-abhängigen 35-Jährigen, mit einem 50jährigen, der die Hälfte seines Lebens im Gefängnis saß, dem besten Freund meines Vaters, der 4 Jahre später an einer Heroin-Überdosis starb, und meinem Vater. An diesem Abend zog ich meine erste Nase Amphetamine. Dieses erste Mal „Wach-Kick" werde ich nie vergessen. Und es blieb nicht bei dieser einen Nase. Ich habe, bis es hell wurde auf dieser Couch gesessen, gelacht und ohne Ende geredet. Und ich habe mich nicht einen Moment unsicher gefühlt. Ganz im Gegenteil, ich wurde von den Männern nicht einmal irgendwie dumm angesehen, habe mich nie eingeengt oder belästigt gefühlt. In dieser Nacht, unter diesen Leuten, fühlte ich mich akzeptierter als in meiner Klasse unter Gleichaltrigen mit ganz, ganz anderen Problemen. Ich fühlte mich meinem Vater nahe, ich hatte die Hoffnung, diese Verbindung damit stärken zu können, dass ich mitmache. Und irgendwie schien diese Hoffnung wahr zu werden.

An diesem Morgen verstarb der Vater meiner Mutter – mein Opa, mein Lieblingsmensch, meine Insel, mein Held. Ich erfuhr es als Erste.

Auf dem Weg nach Hause hatte ich kein spezifisches Gefühl. Zwar trieb mich die Angst umher, dass meine Mutter sich in diesem Moment zu Tode trinkt, aber diese Angst war kein Gefühl, sondern nur ein Gedanke. Das Pep war immer noch in mir und nahm der Angst den Raum. Und zu dem Zeitpunkt war das gut. Das war der Zeitpunkt, an dem ich von einem Kiffer zu einem hochgradig suchtgefährdeten Jugendlichen wurde.

Nachdem wir meine Mutter nicht erreichen konnten, legten wir die Strecke von den Eltern meines Vaters zurück nach Hause in Rekordzeit zurück.

"Zuständigkeit"

Als wir ankamen, schlief meine Mutter gerade ihr Wochenende aus. Die Wohnung stank nach Erbrochenem und Alkohol. Die Katzen waren hungrig. Die Flaschen stapelten sich. Eigentlich war alles wie immer, aber doch ganz anders. Mein damaliger Freund, der nahezu alles aus meinem Alltag miterlebte, schlug mir vor zum Jugendamt zu gehen. Meine Mutter war am Boden, mein Vater war quasi ohnmächtig und mein Bruder machte jede Nacht ins Bett.

Also rief ich eine dieser „Jugend-Hilfe-Telefon"-Nummern an. Die rieten mir auch, ich solle mich ans Jugendamt wenden.

Im Nachhinein kann ich nicht einschätzen, ob es aus der Überforderung oder der Unfähigkeit der einzelnen Behörden resultierte, aber es schien, als wäre niemand für mich zuständig. Kein Jugendamt fühlte sich angesprochen. Einmal wollte die Dame am Telefon meine Eltern sprechen. Ein anderes Mal lag unsere Adresse angeblich im falschen Stadtteil, außerhalb der "Zuständigkeit". Es dauerte fast 2 Monate, bis ich eine Adresse bekam, einen Namen, einen Menschen an den ich mich wenden konnte. Ich werde sie hier „Frau W." nennen. Frau W. war eine respekteinflößende, bestimmte, junge Mitarbeiterin des Jugendamtes. Ich hatte die letzten 9 Wochen lang eine Art Protokoll über alles geführt, was so in meinem Alltag passierte. Ich erzählte ihr von meinen Schulproblemen, von den Auffälligkeiten meines Bruders, von fast allem.

Frau W. forderte von mir, meine Eltern foto- oder besser videografisch aufzuzeichnen. Das konnte ich nicht. Würde ich auch jetzt nicht können. Ich kann niemanden in solch privaten, prekären und schlichtweg peinlichen Situationen aufnehmen. Das war schon damals nicht mit meinem Gewissen zu vereinbaren.

Schließlich wurden irgendwann Besuche bei uns zuhause angekündigt. Da sie angekündigt waren, war es natürlich auch nie "schlimm genug". Flaschen verschwanden in Schränken, es wurde ordentlich gelüftet und niemand nimmt Kinder aus der Familie oder leitet ein Familienhilfe-Plan ein, aufgrund von Unordnung oder einem "leichten Müllproblem". Nachdem sich mein Klassenlehrer, ehemalige Vermieter meiner Eltern, unsere Nachbarin und Freunde von mir ans Jugendamt wandten, bekam ich von Frau W. Folgendes gesagt: "Wenn es zu schlimm wird, dann ruf die Polizei." Das war das Maximum, was ich damals von ihr zu erwarten hatte. Mehr bekam ich zu dem Zeitpunkt nicht.

"Verantwortung"

Ich begann darüber nachzudenken, einfach von zuhause abzuhauen. Aber dieses unglaublich starke Verantwortungsgefühl meinem Bruder und eben auch dem Familienzusammenhalt gegenüber, hielt mich davon ab. Bis zum 01. Januar 2015.

An diesem Tag packte ich eine Tasche mit den nötigsten Dingen und begab mich in „die 10", einem Jugendschutzhaus und Notschlafstelle für junge Erwachsene. Der diensthabende Mitarbeiter, Udo, rief beim Jugendamt an, die informierten meine Eltern und brachten mich wieder nach Hause. Das Ganze war schneller vorbei, als es anfing. Von da an war ich bei meinen Eltern, vor allem bei meiner Mutter, unten durch. Nach allen Versuchen, ihr zu helfen, fasste sie diese Aktion als Angriff auf, als einen Angriff gegen sie als Person, gegen sie als Mutter, als eine Beleidigung. Es wurde immer schlimmer, ich wurde in der Wohnung eingesperrt, kontrolliert und immer wieder als "Verräterin" beschimpft. Mein Vater hatte aufgegeben, trank auch täglich und redete eigentlich mit keinem mehr.

Wir, als Familie, wurden von Frau W. zu einem Gespräch ins Jugendamt gerufen. In diesem Gespräch verdrehte Frau W. sowohl mir als auch meinen Eltern die Worte im Mund. Machte aus meiner Sorge um mein Bruder Sätze wie: „Ja und der Paul pisst sich wohl immer noch ein und scheint auch sonst ein ziemlich anstrengendes Kind zu sein, wenn man ihrer Tochter glauben kann". An diesem Tag lernte ich die Bedeutung des Wortes Diffamierung kennen. Und die Reaktion meiner Eltern auf dieses Gespräch war vorprogrammiert.

Ich war die Böse, die Verräterin, die ihren kleinen Bruder da mit reinzieht.

Dann kam der Abend des 11. Februar 2015. Mein ganz persönlicher Unabhängigkeitstag. An diesem Abend eskalierte die Situation zuhause so extrem, dass ich den „Rat" von Frau W. in die Tat umsetzte und die Polizei rief. Abgesehen von der Tatsache, dass der Polizist mir keinen Glauben schenkte, mich „manipulativ" nannte und meinte, ich bräuchte „nicht auf die Tränendrüse zu drücken", war das das Beste, was ich hätte tun können. Denn dadurch, dass die Flaschen nicht im Schrank versteckt waren, nicht gelüftet war, Gras und Amphetamine zuhause zu finden gewesen wären, war das genug für meine Eltern, mich gehen zu lassen. Aus Angst um sich selbst. Aus Angst vor der Entlarvung.

Während ich also auf dem Weg zur Bushaltestelle war, kam mir ein Streifenwagen entgegen und hielt an. Zwei junge Beamte, eine Polizistin und ein Polizist, stiegen aus und fragten mich, ob ich den Notruf gewählt hatte. Nach dem ich das bejahte, baten die beiden mich einzusteigen. Im Wagen eröffneten sie mir dann, dass sie dazu verpflichtet sein, mich jetzt zurück zu meinen Eltern zu bringen. Es war inzwischen halb 2 in der Nacht und ich war 16. Als wir bei mir zuhause ankamen, klingelten und warteten, sagte die Polizistin zu mir, dass ich vielleicht eine Nacht in der "10" verbringen kann, wenn keiner aufmacht, aber morgen wieder nach Hause müsste. In dem Moment öffnete meine Mutter sturzbetrunken die Tür. Als sie die Polizisten sah, rief sie meinem Vater zu: "Die hat echt die Bullen gerufen!". Mein Vater kam und sagte irgendwas wie: „Ja, nehmen Sie sie erst mal mit, wir gucken dann morgen weiter."

Während er das sagte schaffte es meine Mutter mir mit einer einzigen Geste eine riesige Angst zu machen und gleichzeitig einen großen Gefallen zu tun. Sie stand hinter meinem Vater und strich mit ihrem Finger über ihre Kehle. Sie drohte mir. Und die Polizistin sah diese Geste und stimmte meinem Vater nur zu, wir drehten um und gingen.

Nachdem die Polizisten mit der, in dieser Nacht anwesenden, Mitarbeiterin der „10" sprachen, stand fest, dass ich keine Nacht mehr zuhause verbringen musste. Am nächsten Tag – ich weiß noch ganz genau, dass es ein Donnerstag war - holte ich mit der Leiterin der Jugendschutzstelle meine wichtigsten Sachen, meine Katze und meine Spinne aus der Wohnung meiner Eltern. Meine Mutter stand weinend, mit aufgequollenem Gesicht daneben und funkelte mich mit einer wütenden Mischung aus Angst und Enttäuschung an. Die Katze und die Spinne brachte ich zu meinem damaligen Freund.

Jetzt kam die Angst. die Angst vor der Veränderung, die Angst um meinen Bruder, die Angst vor den Reaktionen meiner Mitschüler. die Angst vorm Leben.

Mit der Veränderung kam ich schnell zurecht, lernte dort Leute kennen, mit denen ich konsumierte, die ähnliche Geschichten hatten, die genauso verloren waren wie ich zu der Zeit.

Die Angst vor den Reaktionen meiner Mitschüler konnte ich einfach „überwinden", indem ich nicht mehr zur Schule ging.

„Die Angst um meinen Bruder blieb. Also gab ich zusammen mit Frau H., der Leiterin der „10" alles, um auch ihn da rauszuholen. Das gelang auch, für ca. 3 Monate. Diese Zeit, welche für einen 10-Jährigen eine halbe Ewigkeit darstellte, verbrachte Paul in einem schlecht organisierten und nicht familiären Heim. Ich durfte ihn nur alle zwei Wochen besuchen, meine Eltern durften ihn nur alle zwei Wochen besuchen. Er verbrachte dort seinen 11. Geburtstag. Und dann kam er auf eigenen Wunsch zurück nach Hause, unter der Bedingung, dass meine Eltern eine "flexible Familienhilfe" in Anspruch nahmen.

Diese Auflage wurde von meinen Eltern auch für ungefähr 2 Monate eingehalten. Dann zogen meine Eltern zusammen mit meinem Bruder weg.

Das war's dann mit der Familienhilfe. Mit dem Umzug war meine Familie außerhalb der Zuständigkeit. Ich bekam keine Auskunft vom örtlichen Jugendamt, da ich ja "kein Teil der Familie" mehr sei. Da war wieder die Angst. Und die Wut.

Bis dahin fanden in regelmäßigen Abständen so genannte „HPGs", also Hilfeplangespräche mit der Leitung der Schutzstelle, sowie Frau W. und meiner Mutter statt. Zumindest war das der Plan. Aber meine Mutter zeigte sich bei keinem einzigen dieser Gespräche. Stattdessen rief sie an manchen Tagen bis zu 120 Mal an, sprach mir betrunken auf die Mailbox, stand sogar manchmal vor der Tür der "10" und versuchte durch lauthalse Forderungen und Beleidigungen an mich heranzukommen, was jedoch immer verhindert werden konnte.

Ich begann immer mehr Amphetamine zu konsumieren, fand Gefallen an Ecstasy, Koks und halluzinogenen Pilzen. Der Konsum half mir, die Angst und die Wut nicht zu fühlen, zu schlafen, wenn ich schlafen wollte, wach zu sein, wenn ich wach sein wollte – glücklich zu sein, wenn ich glücklich sein wollte.

Pünktlich zu meinem 18. Geburtstag wurde ich aus der Jugendhilfe "entlassen", fand eine kleine Dachgeschosswohnung, sprang von einer Arbeitsstelle zur nächsten, in die Arbeitslosigkeit, verlor meine Wohnung, zog bei Freunden ein, vorzugsweise bei denen, die Drogen verkauften, und stagnierte. Ich war schlichtweg mit mir und meinem Leben überfordert. Irgendwann nahm ich das an, als eine absurde Art von "Anders-Sein" und "Nicht-in-die-Gesellschaft-Passen". Irgendwann wollte ich anders sein.

"Heute"

Nach mehreren, von toxischen Beziehungen geprägten Jahren, die nur noch aus Gelegenheitsjobs, Grasanbau, Tellern voller Koks und Party bestanden, entschied ich mich, dass dies nicht der Anfang vom Ende meines Lebens sein kann. Ich suchte die Drogenberatung auf, wurde in eine stationäre Einrichtung für Suchterkrankungen vermittelt, und durfte dort ein halbes Jahr lang lernen, was Selbstfürsorge und Achtsamkeit eigentlich bewirken können. Ich habe Fähigkeiten und Ressourcen entdeckt, von denen ich vorher nur träumte, obwohl sie die ganze Zeit in mir waren. Meine Freude, mein Humor, meine Ehrlichkeit, meine Kreativität, das alles waren schon immer meine Charakterzüge. Ich erlebte viele Dinge das erste Mal nüchtern. Und die meisten davon waren nüchtern einfach noch viel schöner. Klar, die harten Zeiten, die schwierigen Entscheidungen, die schlechten Nachrichten, das wurde natürlich nicht leichter, weil ich nüchtern war. Ganz im Gegenteil. Diese Tage sind die wahre Prüfung. Und wenn man solche Tage meistert, ohne auf eine Pille, einen Joint oder eine Nase zurückzugreifen, wenn man diese Tage aus eigener Kraft hinter sich bringt, dann fühlt man wahren Stolz. Durch diese Prüfungen und durch die Menschen, die mich auf diesem Weg begleiteten, konnte ich mein Selbstbewusstsein wiederfinden und es stärken. Und inzwischen bin ich so stark, wie ich nie zuvor war.

Mein Lieblingssatz, um zu beschreiben, was die Therapie mir gebracht hat, lautet: Ich bin immer noch der Mensch, der ich vorher war. Nur weiß ich jetzt, wer ich bin.

Ich habe gelernt auf meine Stärken zu bauen, mit meinen Fehlern zu leben, die Welt und das Ungleichgewicht in ihr zu akzeptieren und immer mein Bestes zu geben, um die Welt um mich herum und mein Leben jeden Tag ein Stück mehr so zu gestalten, wie ich es möchte. Ich habe die verschiedensten Menschen kennen lernen können und eine ganz wichtige Lektion gelernt: Jedermanns Realität ist eine andere. Urteile nicht. Versuche zu verstehen.

Die Vergangenheit eines Menschen rechtfertigt nicht alle Taten und Worte, aber sie ist oftmals der Grund dafür. Es liegt an jedem selbst, seine eigenen Taten und Worte zu hinterfragen, aus Fehlern zu lernen und die guten Dinge zu schätzen.

Ich mache nun mein Abitur nach, schreibe durchweg gute Noten, etabliere mich in der Klassengemeinschaft als hilfsbereite und humorvolle Klassenkameradin, finde Freunde in einer neuen Stadt, in der ich vorher nicht einen Straßennamen kannte, finde zurück zu alten Hobbys, entdecke neue, probiere Unbekanntes aus, gönne mir ab und zu eigenen kleinen Luxus – ich lebe.

Ich kann darauf bauen, dass ich weiß, dass jedes Gefühl echt ist. Dass Trauer vorbeigeht. Dass Wut beflügeln und antreiben kann. Dass die Freude meine ganz eigene ist und aus meinem Körper kommt, ohne sie durch irgendwelche chemischen Zusammensetzungen ausgelöst zu haben.

Und dennoch ruhe ich mich darauf nicht aus. Ich bin demütig gegenüber meiner eigenen Veränderung, denn ich habe verstanden, dass man etwas tun muss, um zufrieden zu werden. Das kann niemand anders für einen übernehmen. Das ist mein ganz persönliches Ziel im Leben geworden. Zufriedenheit. Und Ziele sind nicht gleich Träume. Für beides muss man arbeiten, ja. Aber für mich persönlich ist ein Ziel etwas Greifbares, realistisch. Um Träume wahr werden zu lassen, braucht man nun mal auch manchmal ein wenig Glück. Und Glück kann man nicht erzwingen. Nur erleben. Gefühle kann man erleben. Man sollte sie nicht krampfhaft festhalten, sie willkommen heißen, um sie dann verabschieden zu können.

Heute weiß ich, ich bin mehr als die Summe meiner Erlebnisse. Mehr als die Entscheidungen, die andere Menschen für mich trafen. Morgen werde ich mehr sein als das, was ich heute bin.

Es gibt jemanden, dem ich ganz besonders danken möchte: mir selbst. Und meinem Opa.

Kinder aus suchtbelasteten Familien – warum die Erwachsenenpsychiatrie sich damit beschäftigen sollte: ein persönlicher Erfahrungsbericht

Antje Niedersteberg

Über mich und meine persönlichen Erfahrungen:

Ich bin 56 Jahre alt, verheiratet und habe drei Kinder. Nach dem Abitur 1983 habe ich ein freiwilliges soziales Jahr in den Von-Bodelschwingschen Anstalten in Bielefeld-Bethel durchgeführt. Danach begann ich das Medizinstudium an der Universität Köln. Nach Abschluss des Studiums fand ich eine Anstellung als Ärztin im Praktikum in einer allgemeinärztlichen Praxis in Köln.

Im April 1995 wechselte ich dann an das St. Marien-Hospital in Duisburg, Psychiatrie-Abteilung, wo ich eine Suchtstation und später auch die Institutsambulanz aufbaute. Hier durchlief ich alle Abteilungen der Psychiatrie (Gerontopsychiatrie, sowohl vollstationär als auch tagesklinisch) und war zuletzt oberärztlich leitend tätig.

2009 übernahm ich zusätzlich die Leitung der ambulanten Rehabilitation Sucht des Suchthilfezentrums Nikolausburg in Duisburg in Teilzeit und war gleichzeitig Oberärztin und Beauftragte im Qualitätsmanagement des katholischen Krankenhauses Duisburg (St. Marien-Hospital, St. Vinzenz-Hospital). Promoviert habe ich bei Professor Klosterkötter an der Universität zu Köln (2010) zum Thema „Hilfesuchtverhalten bei schizophrenen Ersterkrankten" im Rahmen der in Köln angesiedelten Früherkennungsstudie.

Ich bin Fachärztin für Allgemeinmedizin, Fachärztin für Psychiatrie und Psychotherapie sowie Suchtmedizinerin.

Während meiner Leitung der ambulanten Reha Sucht in Duisburg nahmen wir am Bundesforschungsprojekt zu „Kindern aus suchtbelasteten Familien" teil und evaluierten das Trampolin-Modul.

Seit Oktober 2011 bin ich Chefärztin der Abteilung für Abhängigkeitserkrankungen und Psychotherapie der LVR-Klinik-Düren, habe dort eine Suchtfachambulanz aufgebaut und bin beteiligt an übergreifenden Kooperationen mit allen Institutionen und Jugendämtern, die für Hilfen für Kinder/Familien mit Suchtkrankheiten oder psychischen Belastungen zuständig sind. In Erweiterung des Trampolin Modells konnten wir eine eigene Therapiegruppe für Kinder psychisch- und suchtkranker Eltern implementieren: „Trampolin PLUS Dürener Modell", was als Präventionsangebot seitens der Krankenkassen anerkannt wurde. Im Jahr 2019 wurde uns dafür der zweite Preis der AOK im Rahmen der „starke Kids“ Aktion verliehen.

Warum ich mich persönlich für diese Kinder und ihre Familien einsetze: Noch während meiner Tätigkeit als diakonische Helferin in den Von-Bodelschwingschen Anstalten in Bielefeld-Bethel hat sich mein Begriff für „Normalität“ erweitert:

Was in Bethel, als Dorfgemeinschaft, „normal war“, wie schwerstmehrfach behinderte Menschen und junge Erwachsene dort leben und integriert werden und trotz aller Einschränkungen kleine Erfolge und Fortschritte erzielen konnten, hat meinen Horizont und meine Denkweise beeinflusst und möglicherweise auch meine spätere Haltung gegenüber Suchtpatienten.

Im Krankenpflegepraktikum während des Studiums suchte ich mir die kinderneurologische Station des städtischen Krankenhauses in Wuppertal aus und hier habe ich erstmals Kinder kennengelernt, die unter FASD (Fetal Alcohol Spectrum Disorders) litten, mit Krampfanfällen eingewiesen wurden und massive Verhaltensauffälligkeiten zeigten. Das Bindungsverhalten zu den oft problematischen Eltern war aber eindeutig:

Beispiel eines neunjährigen Jungen: M. wurde von seinem Vater zur Station gebracht, der dann die Station mit den Worten „der macht wieder nur Mist und krampft“ verließ. Der Vater holte seinen Sohn erst nach sechs Wochen wieder ab; bis dahin bekam M. keinen Besuch. Er zeigte massive Verhaltensauffälligkeiten, war aggressiv gegenüber anderen Kindern und zerstörte oft mutwillig Gegenstände, wie z.B. die gerade frisch angefertigten bunten Wandgemälde, die die Kinderstation verschönern sollten. Bekam er Aufmerksamkeit und war im Einzelkontakt, so konnte er auch sehr liebenswürdig sein, getroffene Absprachen konnte er dennoch nicht einhalten. Als er nach sechs Wochen von seinem Vater abgeholt wurde, bekam M. von seinem Vater erst einmal Ohrfeigen, die wir so schnell gar nicht abwenden konnten: „Du hast es bestimmt verdient und wieder Unsinn gemacht“ waren die Worte des Vaters. M. strahlte aber über das ganze Gesicht – auch wenn er hier nur negative Zuwendung erfuhr. Vermutlich kannte er es auch nicht anders…auch eine Form der Bindung?

Im Studium hatte ich zunächst den Wunsch Kinderärztin zu werden und entsprechend meine Famulaturen und auch das Wahlfach im praktischen Jahr ausgerichtet. Während einer Famulatur in der Kinderuniversitätsklinik lernte ich dann Säuglinge von drogenabhängigen Müttern kennen, die kaum versorgt wurden. Daher haben mein späterer Mann und ich uns entschieden, Kinder aus suchtbelasteten Familien in Kurzzeitpflege zu nehmen. Unser erstes Pflegekind wurde bereits nach 3 Wochen in eine Adoptivfamilie vermittelt, sodass wir hier nur den Übergang gestalteten. Unser zweites Pflegekind blieb circa zehn Wochen in unserer Familie. Die heroinabhängige, junge Mutter war in der LVR Klinik Köln-Merheim in stationärer Behandlung und wartete auf einen Langzeittherapieplatz mit ihrer Tochter. Noch in Unkenntnis dessen, was ich später im Rahmen der Suchtbehandlung „erlernte", waren hier die ersten Erfahrungen eher beunruhigend:

Mehrfach standen wir mit gepackten Sachen für die sechs Wochen alte Tochter der Patientin bereit, um diese in die Therapie zu begleiten. Die Mutter hatte es oftmals nicht geschafft in der „Entgiftung" bis zum Antritt der Langzeit-Therapie zu verbleiben, war weggelaufen, auch einmal zu uns nach Hause gekommen und unsere Ängste waren groß. Sie wollte ihre Tochter aber nur sehen und sie nicht mitnehmen – das hätte sie vom Jugendamt auch gar nicht gedurft. Letztendlich traf sie eine mutige Entscheidung, vor der ich bis heute noch Hochachtung habe: Sie schrieb uns einen Brief und teilte mit, dass es verantwortungsvoller sei ihre Tochter in die Hände von Pflege- oder Adoptiveltern zu geben.

Während meines Tertials in der Kinderuniklinik im Rahmen des praktischen Jahres wurde ich dann erneut gefragt, ob ich mich um einen Säugling kümmern könnte, der von drogensüchtigen Eltern stammte.

Hierbei handelte es sich um unseren späteren Adoptivsohn, den wir mit 10 Wochen zunächst in Pflege nahmen. Er litt unter einem schwersten Heroinentzugssyndrom und in Deutschland waren Medikamentenschemata für Säuglinge noch nicht bekannt, so dass Schemata aus Amerika eingesetzt wurden. A. entwickelte Krampfanfälle, er zeigte sich psychomotorisch auffällig, brauchte Krankengymnastik und war an einen Monitor angeschlossen, da ein erhöhtes Risiko, am plötzlichen Kindstod zu versterben, bestand. A. musste lange medikamentös behandelt werden, zeigte Defizite in der Wahrnehmung als auch Entwicklungsstörungen und entwickelte später ein ADHS. Die Beschulung in der Grundschule erfolgte zunächst integrativ, später musste er auf eine entsprechende Förderschule. Eine im ersten Lebensjahr durchgeführte OP machte eine Gabe einer Narkosemenge für Erwachsene notwendig, was vermutlich an einer höheren Dichte der Opiatrezeptoren lag. Unterstützung oder Hilfen durch Institutionen oder Jugendamt waren insgesamt begrenzt.

1 Die Sichtweise der Suchtmedizin

1.1 Statistik/Epidemiologie

Die Alkoholabhängigkeit ist immer noch die weitverbreitetste Suchterkrankung weltweit. Seit 1968 ist sie als Erkrankung durch die Weltgesundheitsorganisation anerkannt worden, zuvor gab es nur Laienhilfe für Alkoholiker oder Unterbringung in Trinkerheilanstalten. Erst durch zunehmende neurobiologische Forschung und bildgebende Verfahren konnten Zusammenhänge zu neurobiologischen Vorgängen, dem Belohnungszentrum und Transmitter-Systemen bei Suchterkrankung erforscht werden. In Deutschland gibt es circa 1,3-1,8 Millionen Alkoholabhängige und zu jedem Abhängigkeitserkrankten gehören zwei Angehörige, darunter auch Kinder. Laut Drogen- und Suchtbericht 2017 haben ca. 2,65 Millionen Kinder und Jugendliche unter 18 Jahren im Laufe ihres Lebens mit einem Elternteil mit Alkoholmissbrauch oder -abhängigkeit zusammengelebt (*Drogen- und Suchtbericht der Bundesregierung,* 2017).

Seit nun mehr als 25 Jahren gibt es ein Monitoring zur Entwicklung von Drogen in der europäischen Union und jährlich erscheint der europäische Drogenbericht: In den Schätzungen zum Drogenkonsum in der europäischen Union gibt es zu Cannabis eine Jahresprävalenz von 25,2 Millionen, bei Kokain 4,3 Millionen, MDMA 2,7 Millionen, Amphetamine 2,0 Millionen bei den Erwachsenen zwischen 15 und 64 Jahren. 1,3 Millionen sind Hochrisiko-Opiatkonsumierende, davon 660.000 in Substitutionstherapie im Jahr 2018. Bei 82% aller tödlichen Überdosierungen wurden Opioide nachgewiesen.

Aktuell ist zu beobachten, dass der Kokainkonsum erneut ansteigt, was sich auch in Kokainnotfällen in Krankenhäusern zeigt. Der Heroinkonsum ist leicht rückläufig. Die Prävalenz des Hochrisiko-Opiatkonsums unter Erwachsenen wird auf 0,4 % der EU-Bevölkerung geschätzt. Die Zahl der Heroinerstklienten/Klientinnen hat sich gegenüber den im Jahr 2017 festgestellten „Rekordwerten" erfreulicherweise mehr als halbiert. Die Heroinkonsumenten werden deutlich älter, was sicherlich auch an der Ausweitung der Substitutionsangebote liegt.

Die niedrigere Einstiegsquote ist sicher auch auf den Wechsel auf andere Substanzen zurückzuführen.

Die Mehrzahl der Konsumenten ist unter 35 Jahre alt und ¾ davon sind männlich. In den meisten Ländern gab es einen Anstieg des Cannabiskonsums und auch die Gesamtzahl der Personen, die sich erstmals wegen Cannabis-bedingter Probleme in Behandlung begaben, stieg um 64% bis 2018. Die Verfügbarkeit von Cannabidiol-Produkten, die nun auf dem Markt sind, und die Auswirkungen müssen noch weiter untersucht werden.

MDMA, Amphetamine und neue psychoaktive Substanzen sowie synthetische Cannabinoide nehmen weiterhin zu (*European Drug Report*, 2020)

Laut Drogen- und Suchtbericht 2017 haben ca. 60.000 Kinder in Deutschland einen opiatabhängigen Elternteil, wobei die wirkliche Anzahl der Kinder durch den Dunkelbereich um einiges höher liegen soll. Auf 1.000 Geburten in Deutschland werden 2 Kinder mit neonatalem Drogenentzugssyndrom (neonatales Abstinenzsyndrom NAS) geboren, das wären für das Jahr 2017, bei 785.000 Lebendgeburten, 1.600 Säuglinge mit NAS (*Statistisches Bundesamt*, 2017).

1.2 Inanspruchnahme des Hilfesystems und Dauer bis zur ersten Hilfe

Die Inanspruchnahme des Hilfesystems und die Dauer bis zur Annahme der ersten Hilfe sind bei Suchterkrankungen weiterhin als problematisch einzustufen: Dazu tragen unterschiedliche Faktoren bei. Es gehört zum Erkrankungsbild, dass viele Betroffene immer noch im Glauben sind „ihre Sucht im Griff zu haben". Zudem werden Abhängigkeitserkrankungen erst seit 52 Jahren seitens der Krankenkassen als behandlungsbedürftige Erkrankung anerkannt und entsprechende Therapien bezahlt.

Nicht selten finden wir gerade bei Alkoholabhängigen Verläufe von 10 bis 15 Jahren, bis erste Hilfsmaßnahmen in Anspruch genommen werden. Und auch dann dauert es bis zu sieben Jahre, bis therapeutische Hilfen auch wirken und eine Abhängigkeit erkannt und behandelt wird. Nur ein Prozent aller Alkoholkranken nimmt eine Entwöhnungsbehandlung in Anspruch.

Seit Langem befassen sich aber verschiedene Forschungsabteilungen und Institutionen wie z.B. das Deutsche Institut für Sucht- und Präventionsfragen (DISuP), die Katholische Hochschule NRW und das Deutsche Zentrum für Suchtfragen im Kindes- und Jugendalter (DZSKJ), das Zentrum für psychosoziale Medizin der Universität Hamburg-Eppendorf als auch die Deutsche Hauptstelle für Sucht zunehmend mehr mit den Gründen für das fehlende Hilfesuchverhalten, Maßnahmen zur Prävention, zur Entstigmatisierung und seit circa 15 Jahren auch mit dem Thema „Kinder aus suchtbelasteten Familien".

Spätestens seit den „Skandalen" um Todesfälle im Kindesalter im Zusammenhang mit Methadon ist diese Klientel mehr in den Fokus geraten, in allen Hilfesystemen als auch bei den Jugendämtern. Aber auch hier ist die Inanspruchnahme von Hilfsmöglichkeiten sehr unterschiedlich, da immer wieder Scham- und Schuldgefühle bei den Betroffenen überwiegen. Ebenso bestehen Ängste – trotz Aufklärung und Beratung – seitens betroffener Familien, dass ihnen ihre Kinder vom Jugendamt „entzogen werden könnten".

Sind Familien dem Jugendamt bekannt, gibt es meist klare Auflagen, die die betroffenen Eltern erfüllen müssen. Eine gelingende Unterstützung kann dann nur in einer guten Kooperation von Jugendamt, Suchtmedizin, Psychiatrie, Kinder- und Jugendpsychiatrie und Erziehungsberatungs- und Unterstützungsstellen erfolgen.

1. 3 Behandlungsmöglichkeiten stationär – akut – Reha – ambulant

Im Rahmen der Behandlungsmöglichkeiten unterscheiden wir zunächst die Akutbehandlung bei einer akuten Intoxikation oder einem Rauschzustand, die eine körperliche Entgiftung notwendig machten. Viele Entgiftungen erfolgen aber auch in somatischen Krankenhäusern, oftmals in der inneren Abteilung, bei komorbiden somatischen Folgestörungen oder in der Chirurgie bei Unfällen und Stürzen.

In Fachabteilungen der Erwachsenenpsychiatrie erfolgt die qualifizierte Entzugsbehandlung. Hierbei erhalten Patienten medikamentöse Unterstützung, die Suchtdruck vermindert und Behandlungsabbrüche reduziert. Neben der medikamentösen Behandlung wird der Patient motiviert die Hintergründe seiner Suchterkrankung zu beleuchten und erhält eine Beratung über das Spektrum stationärer, ambulanter und rehabilitativer Hilfen.

In suchtmedizinischen Abteilungen werden neben der Suchterkrankung auch alle auftretenden somatischen Erkrankungen mitbehandelt und psychische Begleiterkrankungen festgestellt. Nach Abklingen der Entzugssymptomatik erfolgt oft die medikamentöse Mitbehandlung psychiatrischer Erkrankungen wie Depressionen, Ängsten oder Psychosen. Psychoedukative Elemente als auch die Anbindung an das ambulante Suchthilfesystem sind ständiges Thema im Rahmen des qualifizierten Entzugs. Die Behandlungsdauer im stationären Bereich unterscheidet sich, je nach Schweregrad der Abhängigkeitserkrankung und der konsumierten Substanzen sowie komorbider psychischer oder somatischer Erkrankungen, von einer akuten Krisenintervention von nur wenigen Tagen bis hin zu maximal vier Wochen **qualifizierter Entzugsbehandlung**. Dabei besteht in manchen Fällen die Möglichkeit, der nahtlosen Vermittlung in eine Rehabilitation für Abhängigkeitskranke.

Eine **Rehabilitation** – eine sogenannte Langzeitentwöhnungsbehandlung - kann sowohl stationär, teilstationär als auch ambulant erfolgen. Ein spezielles Verfahren in Kooperation der Krankenkassen und Rentenversicherungsträger ermöglicht das sogenannte „Nahtlosverfahren", in welchem die Patienten direkt aus der akuten Entzugsbehandlung in eine Langzeitentwöhnungsklinik vermittelt werden. Eine spezielle Klinik kann hierbei allerdings nicht ausgewählt werden, sodass eine Nahtlosvermittlung nur in Einzelfällen ohne besondere Komplikationen und Begleiterkrankungen erfolgen kann. Eine Langzeitentwöhnungsbehandlung im Rahmen der Rehabilitation über den Kostenträger Rentenversicherung kann über 16 bis 26 Wochen (je nach Substanz) erfolgen. Ein spezielles Antragsverfahren ist dafür bei den Suchtberatungsstellen notwendig. Vor Antritt der Rehabilitation ist in den meisten Fällen eine Entgiftung Voraussetzung. Nur wenige Rehabilitationskliniken bieten auch eine ganztägige ambulante/teilstationäre Rehabilitation an. In einigen wenigen Kliniken können auch Kinder in die Langzeittherapie mitgenommen werden.

Ausgewiesene örtliche Suchtberatungsstellen bieten eine „**Ambulante Rehabilitation Sucht**" mit Einzel- und Gruppengesprächen, jeweils einmal pro Woche an. Dies eignet sich insbesondere für berufstätige Menschen. Die Abstinenzfähigkeit muss im Vorhinein durch Orientierungs- und Motivationsgruppen vor Ort nachgewiesen werden. Als langfristige, berufsbegleitende Maßnahme können bis zu 24 Monate bewilligt werden.

Im ambulanten Bereich sind viele Suchtpatienten bei niedergelassenen Psychiatern in Behandlung. Inzwischen gibt es – angebunden an Institutsambulanzen großer psychiatrischer Kliniken – auch **spezialisierte Suchtfachambulanzen**, die im multiprofessionellen Team-Setting arbeiten.

Ärzte mit der Bezeichnung „Suchtmedizin" sind hauptsächlich für die **Substitution** von Heroinabhängigen zuständig. Im Rahmen der Substitutionsbehandlung ist eine psychosoziale Beratung einmal im Quartal notwendig, die dann über die ambulanten Suchthilfeträger/Suchtberatung erfolgen kann.

1.4 Behandlung / Einbeziehung der Angehörigen

„Auch Kinder sind Angehörige, die berücksichtigt werden müssen".

Lange Zeit war die Aufmerksamkeit der Suchtbehandlung nur auf den „Suchtkranken" in der Familie gerichtet und Angehörige wurden zunächst nicht miteinbezogen. Seit einigen Jahren sind auch Angehörigenberatung, Aufklärung und Behandlung von Co-Abhängigkeit Thema in der Suchtmedizin. Zahlreiche Selbsthilfegruppen bieten inzwischen Angehörigengruppen an und in der „Ambulanten Reha Sucht“ sind Angehörigengruppen – und -schulungen zwingend von der Rentenversicherung vorgegeben.

Seit ungefähr 15 Jahren ist nun der Fokus auf Kinder „als Angehörige“ gerichtet worden: Mit der Abfrage nach zu versorgenden Kindern im Aufnahmegespräch sowie Schaffung von Angeboten in Krisenfällen, wenn eine stationäre Aufnahme des erkrankten Elternteils notwendig ist und Kinder untergebracht werden müssen, waren erste Schritte getan. Aber auch eigene Beratungs- und Gruppenangebote für Kinder aus suchtbelasteten Familien konnten entwickelt werden.

In unserer Klinik besteht bereits seit langem ein Angebot der Mutter/Vater/Eltern-Kind-Behandlung im Rahmen der qualifizierten stationären Entzugsbehandlung: Hier können Kinder im Gaststatus bis zum Schulalter stationär mitaufgenommen werden, um dem betroffenen Elternteil die notwendige Behandlung zu ermöglichen und die Bindung zu den kleineren Kindern dabei aufrechtzuerhalten.

2 Das Störungsbild „Abhängigkeitserkrankung“ und Co-Abhängigkeit

2.1 Diagnostische Kriterien der Abhängigkeitserkrankungen

Abhängigkeitsstörungen sind noch nicht lange als „Krankheit“ anerkannt. Dank zunehmender neurobiologischer Forschung und bildgebender Diagnostik wie SPECT (Single Photon Emission Computed Tomography, einem diagnostischen Verfahren zur Herstellung von Schnittbildern lebender Organismen) konnten inzwischen verschiedenste Areale im Gehirn ausgemacht werden, die bei Substanzabhängigkeit aktiviert oder deaktiviert werden. Auch die neueren Erkenntnisse zu Transmitter- und Rezeptorfunktion im Gehirn haben aus meiner Sicht zur Änderung der Perspektive auf die Substanzstörungen geführt: Es gibt ein „Organ“ und eine nachgewiesene „Funktionsstörung“ und die „Sucht“ ist damit nicht mehr nur „Charakter- oder Willensschwäche“.

Süchtiges Verhalten kann aber auch mit einer einfachen Formel beschrieben werden: Durch Substanzen oder Verhaltenssüchte ist der betroffene Mensch bestrebt, von einem schlechten in einen besseren Zustand zu gelangen.

Diagnostische Kriterien der Abhängigkeitserkrankung:

- Ein starker Wunsch oder Art Zwang zu konsumieren
- Verminderte Kontrollfähigkeit in Bezug auf Beginn, Ende und Menge des Konsums
- Körperliches Entzugssyndrom nach Reduktion oder Beendigung des Konsums
- Toleranzbildung
- Vernachlässigung anderer Interessen zugunsten des Konsums
- Anhaltender Konsum trotz des Wissens um die eindeutig schädlichen Folgen

Die Kriterien der Abhängigkeit lassen sich auch auf Verhaltenssüchte oder die „neue Sucht" pathologischer Mediengebrauch/PC-Abhängigkeit/Smartphone-Abhängigkeit anwenden. Klassifiziert werden alle Abhängigkeitsstörungen im ICD10. Neben den einzelnen Substanzstörungen werden noch folgende Erkrankungen verschlüsselt:

- Intoxikation
- Missbrauch
- Abhängigkeit
- Entzugssyndrom
- Delir mit oder ohne Krampfanfälle
- Psychotische Störungen
- Amnestisches Syndrom
- Sonstige/Persönlichkeitsveränderungen

Bei den Substanzen Alkohol, Heroin, Kokain und Amphetaminen spielt insbesondere die Intoxikation eine größere Rolle, da bei Mischintoxikationen ein höhergradiges Risiko besteht, daran zu versterben. Ein Alkohol-Delir stellt in seiner höchstgradigen Ausprägung einen lebensbedrohlichen Zustand dar, der intensivmedizinisch behandelt werden muss.

Am Beispiel der Alkoholabhängigkeit – Alkohol als eine „legale Substanz" und Nahrungs- und Genussmittel – lässt sich die Entwicklung einer Suchterkrankung gut darstellen: vom Genuss zur Abhängigkeit.

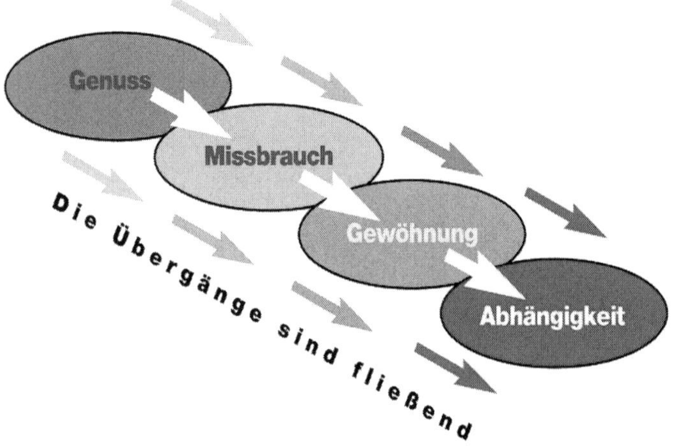

Abbildung: Vom Genuss zur Abhängigkeit (Niedersteberg, 2020)

Alkohol wird zunächst zum Genuss getrunken und gute Gefühle wie Entspannung, Euphorisierung sowie „schnelles Einschlafenkönnen“ werden wahrgenommen. Das eine abendliche Glas Rotwein hat zu einem verbesserten Schlaf verholfen. Anhaltende und quälende Schlafstörungen veranlassen das Suchtgedächtnis, sich an die „gute Wirkung des Alkohols“ zu erinnern und Alkohol wird funktionalisiert als „Schlafmittel“. Bei zunehmender Toleranzentwicklung und Gewöhnung muss dann die Menge gesteigert werden, um die gleiche Wirkung zu erzielen. Statt einem Glas Rotwein wird eine gesamte Flasche getrunken, um den gewünschten Effekt der Entspannung und des In-den-Schlaf-Findens oder Schlafanstoßes zu erzielen. Nach anfänglichem Missbrauch des Alkohols als Schlafmittel und der Gewöhnung mit Dosissteigerung stellt sich dann die Abhängigkeit ein: Bei ersten Versuchen, den Alkohol wegzulassen, treten Entzugssymptome, Suchtdruck und Suchtverlangen auf, sodass der Konsument weitermacht. Die Balance der intrazerebralen Botenstoffe ist völlig gestört und im Belohnungszentrum sind die Zellen mutiert, sodass keine normale Reaktion auf einen auslösenden Reiz mehr erfolgt. Die Zeiten des Konsums, der Beginn des Konsums als auch die Mengen des Konsums werden weiter gesteigert, sodass Abhängigkeitserkrankte auch über Tag weiterkonsumieren, um einen sogenannten „Pegel“ zu erreichen, bei dem keine Entzugssymptome auftreten und sie im Alltag nicht durch Zittern oder Schweißigkeit auffallen. Die berühmte „Fahne“ wird mit Pfefferminzbonbons überdeckt und der Abhängige glaubt lange, dass er seine Sucht unter Kontrolle hat und Angehörige als auch Arbeitskollegen von seiner Sucht nichts bemerken.

Soziale Folgen sind vielleicht noch nicht eingetreten und Angehörige „decken" in Co-Abhängigkeit das Verhalten oder die Schwierigkeiten des Partners/der Partnerin. Selbstversuche, den Konsum zu beenden, gelingen über begrenzte Zeiträume, sind aber oftmals nicht von länger anhaltender Dauer. Häufig ist eine schon 4-wöchige „abstinente Phase" für den Betroffenen ausreichend, um für sich die vermeintliche „Gewissheit" zu erleben, dass er „noch alles im Griff hat" und seinen Konsum kontrollieren kann. Der Wunsch nach Normalität und genussvollem Konsum ist gerade bei Alkohol sehr groß und wer nicht mehr mittrinkt, fällt genauso auf wie derjenige, der auffällig viel zu unpassenden Zeiten trinkt.

2.2 Ein Blick ins Gehirn

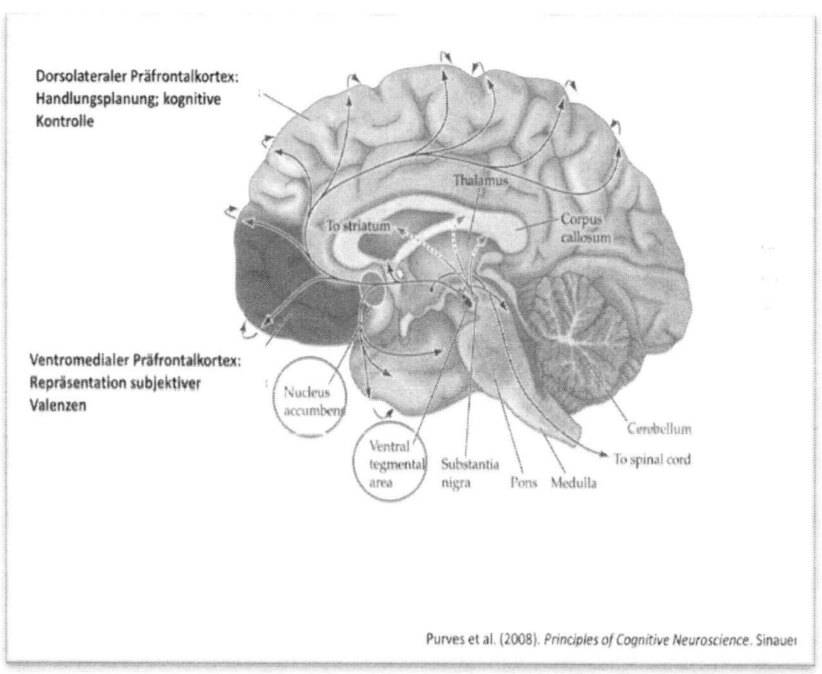

Purves et al. (2008). *Principles of Cognitive Neuroscience*. Sinauer

Im ventralen Tegmentum und Nucleus accumbens sitzt das sogenannte „Belohnungssystem“: Es wird bei positiven Ereignissen stimuliert und schüttet unsere Glücksbotenstoffe, insbesondere Dopamin, aus und wir erleben Freude, Euphorie und Wohlbefinden. Es besitzt einen Plus- und einen Minus-Pol, d.h. Lust- als auch Unlustgefühle können hier „an- und ausgeschaltet“ werden. Alle Suchtstoffe bewirken eine positive Aktivierung und führen zu Dopaminausschüttung, die Zellen des Belohnungszentrums werden dauerstimuliert und verändern sich, die normale „Reiz-Antwort-Reaktion“ durch Selbststimulation kann nicht mehr erfolgen.

Alle unsere Erinnerungen werden auf allen Sinnesebenen gespeichert und eine positive Substanzwirkung wird im „Suchtgedächtnis“ mit allen Sinneseindrücken „eingraviert“. Tritt eine Triggersituation für den Suchtkranken auf, wie z.B. das Geräusch beim Öffnen einer Bierflasche, so kann dieses Geräusch das Suchtgedächtnis aktivieren und es werden positive Erinnerungen an die „gute Wirkung“ des Alkohols erzeugt. Eine direkte Bahnung zum Belohnungszentrum entsteht und der Suchtkranke entwickelt Suchtdruck und Craving, was zum Rückfall führen kann.

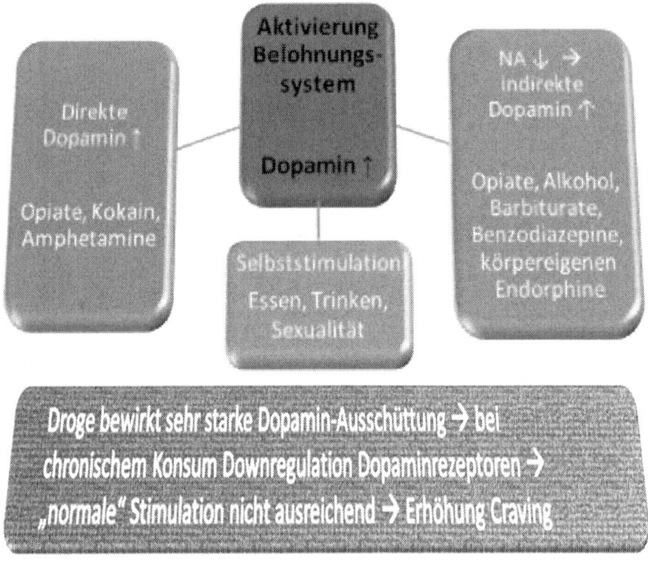

Abbildung: Suchtgedächtnis (Niedersteberg, 2020)

2.3 Sucht-Trias – Entstehungsbedingungen der Sucht

Die Entwicklung einer Suchterkrankung hängt mit 3 Faktoren – der sogenannten Sucht-Trias zusammen:

- der **Person** selber und deren persönlichen Ressourcen, Entwicklung in der Kindheit, Vorbildern in der Familie, Vorbelastung durch suchtkranke Elternteil(e)
- den **Umweltfaktoren,** wie die aktuelle Lebenssituation, Arbeit, Einfluss der Gesellschaft und
- **Suchtmittel,** Wirkungserwartung, Wirkungswunsch und Abhängigkeitspotential

Wie Menschen mit den Belastungen umgehen und welche Schutzfaktoren es gibt, stellt die nächste Abbildung dar:

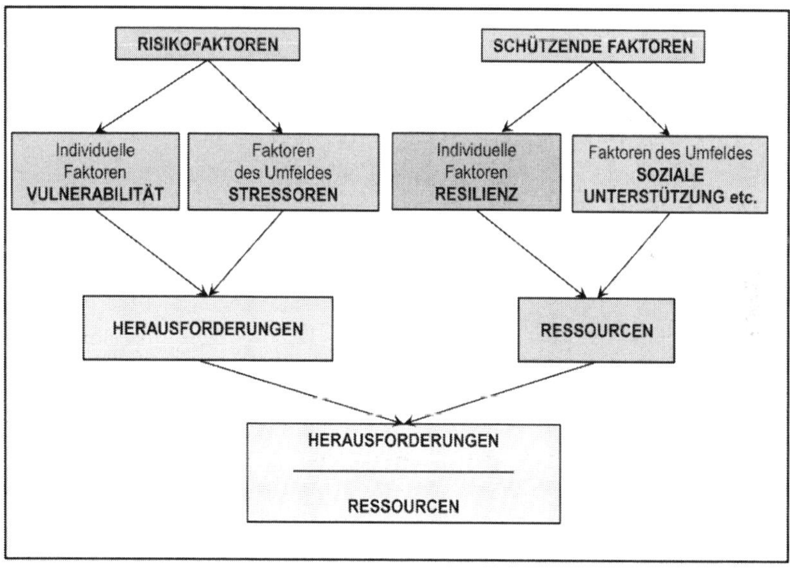

Abbildung: Schutzfaktoren (Niedersteberg, 2020)

2.4 Folgen der Abhängigkeit von Alkohol und illegalen Substanzen

Nach Nikotin ist die Alkoholabhängigkeit die am weitesten verbreitete Suchterkrankung. Erhebliche Auswirkungen auf Körper, Psyche und Soziales haben auch Opiate und illegale Substanzen, wobei Cannabis hier oft noch verharmlost wird.

In **Intoxikationszuständen** besteht durch Atemdepression oder Steigerung der Herzfrequenz oft Lebensgefahr. Bei allen Substanzen werden durch Toleranzbildung deutlich größere Mengen vertragen, „Promillegrenzen" werden deutlich gegenüber dem Normalen überschritten. Bei Wegfall der Substanzen entsteht ein oft schweres **Entzugssyndrom** mit erheblichen vegetativen Symptomen als auch psychischen Auffälligkeiten mit Zuständen der Erregung, Angespanntheit, Aggressivität bis hin zu psychotischem Erleben und Suizidalität.

Körperliche Folgeerkrankungen betreffen oftmals alle Organsysteme. Beispielhaft am Alkohol der „Passageweg" des Alkohols vom Mund bis zum Darm: Mundboden-Carzinome, Speiseröhrenvarizen mit Blutungsgefahr, Magenschleimhautentzündung und Carzinomentwicklung, Vitaminmangel durch verminderte Aufnahme im Darm, resultierend daraus Polyneuropathien und Leberzirrhose, dies sind nur einige komorbide Erkrankungen.

Konsumenten illegaler Drogen haben zusätzliche Erkrankungsrisiken – abhängig von der Art des Konsums (intravenös, inhalativ oder nasal) – Spritzenabzesse, Hepatitiden, Lungenerkrankungen und Nasenscheidewandveränderungen sind nur ein geringer Teil an körperlichen Folgen.

Und was bei illegalen Substanzen noch hinzukommt: Beschaffungskriminalität, Prostitution und daraus resultierende Folgen für die Betroffenen sind im Blick auf die Auswirkungen auf deren Kinder eher besorgniserregend.

Die Möglichkeit der **Substitutionsbehandlung** hat insgesamt zu einer Verbesserung der Gesamtsituation geführt, was sich auch an den rückläufigen Zahlen der Erstkonsumenten von Heroin zeigt. Die Lebensdauer der Betroffen ist deutlich verlängert: Inzwischen werden auch Opiatabhängige bereits in Alten- und Pflegeheimen substituiert.

Auch wir substituieren in unserer Klinik einige Mütter und Väter und bei stabiler „Beikonsumfreiheit" konnten wir für viele Familien deren Situation verbessern. Das Ziel, über die Substitution in die Abstinenz zu gelangen, erscheint nach wie vor für viele Konsumenten „unerreichbar".

2.5 Co-Abhängigkeit

Co-Abhängigkeit oder co-abhängiges Verhalten tritt gerade in Familien immer wieder auf, hilft den Betroffenen aber nicht, sondern verlängert eher den Suchtverlauf und den Weg in das Hilfesystem. Co-abhängig bedeutet, Suchtprobleme nicht anzusprechen, „zu übersehen", zu verharmlosen oder zuzudecken. Co-abhängig können Freunde, Familie, hier insbesondere die Ehepartner, aber auch die Kinder (deren spezielle Verhaltensmuster und Reaktionen im unteren Teil erläutert werden), Arbeitskollegen, aber auch Ärzte und Therapeuten sein.

Mütter von suchterkrankten Kindern geraten oftmals in die „Co-Abhängigen-Falle", weil sie aus „Mutterliebe", Fürsorglichkeit, aber eventuell auch aus eigenem erlebtem Versagen in der Rolle, immer wieder versuchen, ihren Kindern zu helfen. Teilweise werden gerade junge Erwachsene, die von Drogen abhängig sind, maximal unterstützt, zeitweise nahezu verwöhnt. Vieles wird ihnen abgenommen, immer wieder wird versucht; den Weg zu ebnen, mit Arbeitgebern oder Ausbildern zu sprechen, die verlorene Wohnung durch „Hotel Mama" zu ersetzen, ohne dass der Betroffene sich aber ändert. Die Gewissheit des Süchtigen, von den Angehörigen, insbesondere von den Eltern, nicht alleine gelassen zu werden und schwierige Situationen aus der Hand geben zu können, bewirkt keine Veränderungsmotivation und der Suchtkranke schafft es selten, auf die Handlungsebene zu kommen.

Fallbeispiel: Ich habe im letzten Jahr eine Mutter eines suchtkranken, aber auch psychose-ekrankten Sohnes, der mit 30 Jahren noch zuhause lebte, wegen Co-Abhängigkeit behandelt und sie motiviert, angekündigte Konsequenzen durchzusetzen.

Der Sohn lebte in seinem Zimmer im Haus der Mutter und war für nichts verantwortlich. Er musste weder pünktlich aufstehen noch sich im Haushalt beteiligen oder sich um Wäsche und Nahrungsmittel kümmern. Hatte er nicht ausreichend genug Geld für Drogen, ging er im Dorf „drei Häuser weiter" zur Großmutter, die er teilweise auch unter Druck setzte. Aufgrund der Psychose zeigte er dann häufig angstvolles Verhalten, fühlte sich verfolgt und bedroht, sodass die Großmutter „Mitleid hatte" und ihrem Enkel immer wieder mit Geld und Essen half. Mit Zunahme des Konsums und Zunahme der psychotischen Symptomatik kam es aber zu bedrohlicheren und unaushaltbaren Situationen. Die Großmutter, zunehmend pflegebedürftig, fürchtete sich immer mehr, wusste sich nicht zu helfen und zu schützen, Notfalleinsätze wurden veranlasst und Polizei wurde hinzugerufen. Erst als die Mutter des Patienten sich dazu entschied, ihre eigene Mutter in eine Pflegeeinrichtung zu bringen und somit aus der „Schusslinie" zu holen, gelang es dieser dann selber, ihrem Sohn Grenzen zu setzen und Konsequenzen aufzuzeigen.

Mit unserer Unterstützung machte sie dem Sohn klar, dass sie weder für ihn koche noch einkaufe oder Wäsche waschen würde und seine Sucht nicht mehr mitfinanzieren wolle. Verhaltensmöglichkeiten im Notfall und bei drohender Eskalation – wie z.B. Einschalten des sozialpsychiatrischen Dienstes des Gesundheitsamtes – waren bereits vorbesprochen worden. Frau X hatte ihrem Sohn dann auch deutlich mitgeteilt, dass er nicht mehr länger bei ihr leben könne.

Eine Motivation für die co-abhängige Mutter war unter anderen auch die schwangere Tochter. Diese drohte an, dass sie der Mutter das Enkelkind nicht anvertraue, solange der Bruder noch im Haus lebe. Dies begründete die Tochter mit der unbehandelten Suchterkrankung und Psychose des Bruders.

Auch die Schwester des Patienten hatte alles ihr Mögliche getan, um den Bruder zu unterstützen. Sie hatte dann aber eingesehen, dass sie nur für sich und ihre eigene Familie Verantwortung übernehmen kann, sich abgegrenzt und auch ihrer Mutter Konsequenzen aufgezeigt.

Letztendlich rief Frau X dann den sozialpsychiatrischen Dienst an, als bei ihrem Sohn zunehmendes Rückzugsverhalten, Verwahrlosung und akut psychotisches Erleben unter Amphetaminkonsum auftraten. Sohn X wurde dann per Betreuungsbeschluss eingewiesen und untergebracht und hatte die „Chance", neben einer Entzugsbehandlung auch auf eine antipsychotische Medikation eingestellt zu werden. Er zeigte sich einsichtig (compliant), nahm alle Hilfen an und entschied sich, in eine Wohneinrichtung zu ziehen.

Aktuell lebt der Sohn noch in einem Wohnheim und wartet auf den Umzug in eine spezielle WG in einer Einrichtung der Alexianer. Aufgrund von Corona wurde der Umzug aber zurückgestellt. Trotzdem „hält er durch", hat guten Kontakt zur Mutter, darf sie auch am Wochenende besuchen und konnte auch Kontakt zur Schwester und der neugeborenen Nichte aufnehmen. Herr X zeigt wieder Interesse am Leben, ist nicht mehr auf Substanzkonsum und Beschaffung zentriert, gelangte auf die Handlungsebene und zeigt auch Interesse für andere. Im letzten Gespräch berichtete Frau X, dass er sogar angeboten hatte, am Wochenende einzukaufen und für sie zu kochen, was sie sehr berührte und erfreute.

Betrachtet man die **Co-Abhängigkeit im Familiensystem**, was für unser Thema bedeutsam ist, so ist sicher ein Motiv und ein Satz, den alle Familienangehörigen und Co-abhängigen Partner, aber auch die Kinder immer wieder sagen: „Niemand von außen soll etwas mitbekommen". Viele Mütter und Väter glauben: „Meine Kinder haben doch nichts davon gemerkt". Auch die Betroffenen selbst sind bis zuletzt überzeugt, dass weder Arbeitskollegen noch ihre Kinder etwas von ihrem Trinken oder Substanzkonsum mitbekommen.

In den bei uns durchgeführten „TRAMPOLIN"-Therapiegruppen (Definition s.u.) haben wir wiederholt festgestellt, wie viel die Kinder über Situationen zuhause und auch beobachtetes heimliches Trinken der Eltern berichteten. Natürlich ist es auch nicht einfach, wenn der suchtkranke Vater als „Ernährer der Familie" seinen Arbeitsplatz verlieren würde. Daraus resultierend agieren viele Frauen co-abhängig und rufen beispielsweise in der Firma an, um Verspätungen oder Ausfälle aufgrund von Konsum, Rückfälligkeit oder Wochenendtrinken mit anhaltenden Folgen am Montag zu entschuldigen und passende Ausreden zu erfinden.

Auch die **Kinder** lernen schon früh, wie sie sich am „besten verhalten", um nicht aufzufallen, der Mutter nicht noch zusätzliche Sorgen zu machen oder ihren Beitrag und Hilfe in der Familie zu leisten. Für Eltern, die auf Elternabenden nicht erscheinen, „erfinden" diese Kinder Ausreden, laden keine Freunde nach Hause ein und Ältere kümmern sich um die jüngeren Geschwister (selbstverständlich ohne, dass ihnen bewusst ist, dass sie sich „co-abhängig verhalten).

Suchterkrankte in einem **Team oder unter Arbeitskollegen** sind oftmals besonders bemüht, es den Arbeitskollegen recht zu machen. Sie springen häufig ein, wenn Ausfälle sind, sodass sie oft sehr beliebt sind. Daher sprechen Arbeitskollegen auffälliges Verhalten und Sucht nicht an, da sie dann möglicherweise selbst mehr arbeiten müssten. In der Team-Dynamik können die Suchterkrankten aber auch in die Position des „schwarzen Schafes" und „Sündenbockes" geraten. Hier ist es für die anderen Teammitglieder sehr einfach, alles, was falsch gemacht wurde und nicht gelingt, auf den Betroffenen zu schieben. Der Betroffene selbst wehrt sich nur selten, da er seine eigene Unzulänglichkeit und seinen heimlichen Konsum verdecken will und resultierende Scham- und Schuldgefühle ihn an Änderungen hindern.

Blick auf **Co-Abhängigkeit bei uns Ärzten**: Alle im Gesundheitssystem Tätigen sind eher „Helfer" und möchten auch betroffenen Kolleginnen und Kollegen Unterstützung anbieten. Hierarchische Strukturen, beispielsweise im Krankenhaus, verhindern oft, dass bei Vorgesetzten auffälliges Verhalten und mögliches Suchtverhalten thematisiert werden.

Fallbeispiel: Erst vor 4 Wochen rief mich ein Chirurg eines somatischen Krankenhauses an und berichtete, dass sein leitender Anästhesiepfleger mit 2,7 Promille aufgrund von Rückenbeschwerden aufgenommen worden sei. Das gesamte Krankenhaus wisse Bescheid, dass er Alkoholprobleme habe. Er wisse nicht, was er machen solle. Der Chirurg konnte seinen leitenden Anästhesiepfleger direkt zu uns verlegen und wir konnten eine qualifizierte Entzugsbehandlung durchführen. In der Chefvisite habe ich diesem Kollegen dann mitgeteilt, dass in seinem Heimatkran-

kenhaus alle bereits über ihn gesprochen haben und er blieb dabei, dass niemand sein Trinken mitbekommen hätte, er niemals im Dienst getrunken habe, sodass wir erneut psychoedukativ über Restalkohol und Punktnüchternheit und Folgen in der Leistungseinschränkung durch Alkoholkonsum Aufklärung betreiben mussten. Als er zunehmend realisierte, dass auch Betriebsrat und Betriebsarzt bereits involviert waren, konnte er eine Veränderungsmotivation entwickeln und Hilfen annehmen.

Aber was ist mit den behandelnden Hausärzten? Ein Hausarzt spricht vielleicht die erhöhten Leberwerte nicht direkt an, tut sich schwer konkret nach Alkoholkonsum zu fragen, könnte aber damit schon erste Sensibilisierung bewirken. Der Süchtige hat aber jederzeit die Möglichkeit den Arzt zu wechseln, sodass auch viele unserer Kollegen das Thema Sucht nicht ansprechen, um keine Patienten zu verlieren.

3 Kinder mit Folgestörung der Suchterkrankung ihrer Eltern im Rahmen der Schwangerschaft: FASD und Kinder mit (Heroin)-Entzugssyndrom nach der Geburt – „Die vergessenen Kinder“

Fetale Alkoholspektrumstörung (FASD – fetal alcohol spectrum disorders) fassen alle Störungen zusammen, die durch Alkoholkonsum der Mutter in der Schwangerschaft am Ungeborenen entstehen können. Diese Schädigungen werden durch intrauterine Alkoholexposition hervorgerufen und zeigen sich beim Kind in mannigfaltigen Auffälligkeiten: Es gibt Auffälligkeiten des Wachstums, craniofaciale, kardiale renale Ausfälle und okuläre Malformation, Störung der Entwicklung, der Kognition und des Verhaltens sowie Einschränkung in Teilleistungen und somit globalen Einschränkungen im Alltag. Inzwischen werden unter FASD vier verschiedene Krankheitsbilder zusammengefasst: Das Vollbild „Fetales Alkoholsyndrom (FAS)“, das partielle fetale Alkoholsyndrom, die alkoholbedingte entwicklungsneurologische Störung und die alkoholbedingten angeborenen Malformationen.

Die fetalen Alkoholspektrumstörungen entsprechen einem organischen Psychosyndrom oder einer sogenannten statischen Enzephalopathie. Die Funktions- und Alltagsbeeinträchtigungen der betroffenen Kinder können jedoch durch frühe individuelle Förderung deutlich beeinflusst werden.

Schon lange gibt es Aufklärungskampagnen zu Alkoholkonsum in der Schwangerschaft. Im Rahmen der S3 Leitlinie FASD wurde über das Bundesministerium für Gesundheit als erster Schritt das Projekt „STOP-FAS" zur Erstellung diagnostischer Leitlinien initiiert. Auch Überlegungen, in die Schwangerschaftsvorsorge auch beispielsweise Alkoholmarker wie den CDT-Wert einzubeziehen, sind diskutiert worden (*Landgraf, Heinen*: S3-Leitlinie Diagnostik des Fetalen Alkoholsyndroms).

Die aktuellste deutsche Studie (GEDA 2012) weist einen 20-prozentigen moderaten und achtprozentigen riskanten Alkoholkonsum der Mütter in der Schwangerschaft auf (Erhebung durch „AUDIT-Fragebogen). Die Prävalenz eines fetalen Alkoholsyndroms in Europa liegt zwischen 0,2 bis 8,2 pro 1.000 Geburten. Damit ist und bleibt die fetale Alkoholspektrumstörung eine der Hauptursachen für Entwicklungsstörungen bei Kindern, Behinderungen bei Kindern sowie Lernschwierigkeiten bei Kindern.

Zahlreiche FASD-Kinder werden adoptiert oder leben in Pflegefamilien – vielfach wird hierüber aber nicht aufgeklärt und Adoptiv- und Pflegefamilien sind mit der Versorgung überfordert, da sie teils nichts über die Hintergründe der Adoptivkinder erfahren haben.

Da das FASD sehr unterschiedlich und in mannigfaltigen Ausprägungen auftreten kann, gestaltet sich die Diagnostik oftmals schwierig. Gerade bei Adoptiv- und Pflegekindern kann oftmals der mütterliche Alkoholkonsum **nicht** belegt werden, sodass dann auch Förderung, Unterstützung und Hilfen nur begrenzt bewilligt werden. Medizinische Behandlung und Therapien erfordern weiterhin durch den Kostenträger „Krankenkasse" eine verifizierte und nachgewiesene Diagnose. Kann diese nicht eindeutig gestellt werden, zahlt der Kostenträger keine Behandlung und die Einschränkungen, die als „behindernd" einzustufen sind, schlagen sich im Grad der Behinderung nicht nieder.

Hilfen für betroffene Kinder sind aber oftmals noch über sozialpädiatrische Zentren, Beratungsstellen als auch Jugendämter und auch über die Sozialgesetzbücher vorhanden und werden auch finanziert.

Am Übergang zum Erwachsenenalter und spätestens ab Volljährigkeit wird es dann aber schwieriger, wie ich aus vielen Gesprächen mit Adoptiveltern und betroffenen Kindern erfahren habe: oftmals wirken die Betroffenen nach außen „normal", können aber Teilleistungen nicht erbringen und sind emotional schnell überfordert, reagieren impulsiv und werden immer wieder zurück- und abgewiesen, sind Außenseiter und die Vermittlung in eine für sie angemessene Ausbildung und Beruf oder Wohn- und Betreuungsform ist wiederum vom Grad der Behinderung und einer „Diagnose“ abhängig. Nicht selten werden diese Kinder bei genetischer Vorbelastung selbst suchtkrank.

Das neonatale Drogenentzugssyndrom bzw. neonatale Abstinenzsyndrom (NAS) wird in Deutschland auf etwa 2 Fälle pro 1.000 Lebendgeburten geschätzt. Bei in Deutschland lebenden 50.000 drogenabhängigen Frauen haben ca. 33% nach durchschnittlich zehn Jahren intravenöser Drogenabhängigkeit ca. ein bis zwei Kinder (Backmund et al, 2002). Neben dieser alarmierend hohen Zahl an drogenexponierten Neugeborenen kommt im weiteren Verlauf noch das Aufwachsen in suchtbelasteten Familien mit den damit verbundenen Problemen während der kindlichen Entwicklung hinzu. Die Lebensverhältnisse einer drogenabhängigen Schwangeren basieren auf zahlreichen medizinischen, psychischen und sozialen Schwierigkeiten, oftmals bei eigener problembelasteter Biografie und Erfahrungen mit körperlicher und sexualisierter Gewalt. Die Schwangerschaft wird oft erst nach dem ersten Trimenon bemerkt und in den allermeisten Fällen konsumiert die werdende Mutter multiple Substanzen, die sie durch Prostitution „finanziert“. Dabei spielen dann alle generischen Erkrankungen wie Hepatitis oder HIV eine Rolle und nicht selten haben diese Schwangeren auch gegen das Betäubungsmittelgesetz verstoßen, Diebstähle begangen und haben Hafterfahrung.

In den meisten Fällen besteht bei den drogenabhängigen Schwangeren dann aber eine hohe Motivation, sich und dem ungeborenen Kind ein drogenfreies Leben zu ermöglichen und die Schwangerschaft ist ein Kriterium oder eine Indikation für den Einsatz von Substitutionsstoffen. Belastend sind aber die Schuldgefühle, weil ihr Kind abhängig auf die Welt kommt, und die Ängste, dass das eigene Kind einen Entzug durchmachen muss.

Teratogenität mit direkter Zellschädigung, erhöhte Abortrate, Frühgeburtlichkeit und intrauterine Mangelentwicklung sind abhängig von den konsumierten Substanzen. Langfristig zeigen 805 der betroffenen Kinder neurologische Spätfolgen und Entwicklungsrückstände sowie in 40% der Fälle schwere Verhaltensauffälligkeiten. Je nach Art und Anzahl der konsumierten Substanzen zeigt sich in 50-95% der Fälle ein neonatales Drogenentzugssyndrom: Die Säuglinge fallen durch schrilles Schreien, extreme Unruhe, vermehrtes Schwitzen, Trinkschwäche und Schlaflosigkeit auf. Auch Krampfanfälle können auftreten. Inzwischen wird der „Finnigan Score“ zur Bewertung des Entzugssyndroms bei Kindern eingesetzt und darüber die Indikation für eine medikamentöse Behandlung gestellt.

Geburtshilfe und Perinatalstationen sowie Kinderärzte halten es für dringend erforderlich, diese Kinder (und Familien/Mütter/Väter) frühzeitig in ein strukturiertes, interdisziplinäres und fürsorgliches Hilfesystem einzubinden um das medizinische als auch psychosoziale Risiko für diese schwer belasteten Kinder in ihrer Entwicklung zu minimieren (*Berghaus*, 2020: Das neonatale Drogenentzugssyndrom).

Die vielerorts bereits implementierten „frühen Hilfen" sind sicher eine Möglichkeit, das psychosoziale Risiko zu minimieren. Trotzdem werden immer wieder Kinder und deren abhängige Mütter/Eltern durch die Hilfenetzwerke nicht aufgefangen und niedrigschwellige Angebote mit empathischer Hinwendung zu Müttern und Vätern müssen ausgebaut werden.

4 Kinder und deren Familien im Fokus – der Beginn mit dem Forschungsprojekt „TRAMPOLIN"-Modell

Kinder psychisch und/oder suchtkranker Eltern wurden lange nicht als Angehörige und Betroffene angesehen.

Erst seit mehr als 15 Jahren geraten sie in den Fokus. Verschiedenste Institutionen wie Suchtberatungsstellen, das Deutsche Zentrum für Suchtfragen im Kindes- und Jugendalter (DZSKJ) Universitätsklinikum Hamburg-Eppendorf und das Deutsche Institut für Sucht- und Präventionsforschung (DiSuP) Katholische Hochschule NRW, haben dazu Studien und Untersuchungen durchgeführt - gefördert durch das Bundesministerium für Gesundheit und im Auftrag der Drogenbeauftragten der Bundesregierung.

Prof. Klein (DISuP) und *Prof. Thomasius* (DZSKJ) haben dann gemeinschaftlich mit verschiedenen Mitarbeitenden das „TRAMPOLIN-Modul – ein Gruppenangebot für Kinder suchtkranker Eltern" – entwickelt.

Im Rahmen des Bundesmodellprojektes „Modularisierte Hilfen für Kinder aus suchtbelasteten Familien" wurde es wissenschaftlich von Februar 2010 bis September 2011 evaluiert und an 27 Projektstandorten bundesweit durchgeführt. Zur Evaluierung dieses gruppentherapeutischen Angebotes wurden an den Projektstandorten sowohl eine Trampolin-Gruppe als auch eine Kontrollgruppe „Hüpfburg" durchgeführt. Im Rahmen meiner Tätigkeit als Leitung der ambulanten Rehabilitation Sucht in Duisburg (Nikolausburg), in welchem auch ein Kinderheim sowie Tagesgruppen angeschlossen waren, entschieden wir uns zur Teilnahme und wurden ein Projektstandort. Wir konnten bundesweit die meisten Kinder rekrutieren. Die betroffenen Eltern, die sich in der ambulanten Reha Sucht befanden, als auch die in der Klinik von mir behandelten Patientinnen und Patienten konnten gut motiviert werden, ihre Kinder in die Gruppentherapie, welche 9-mal für 1,5 Stunden stattfand, anzumelden. In enger Kooperation mit Mitarbeitenden der Katho Köln erfolgten dann die Erhebung und Auswertung der Daten und die Prozessevaluation. Die Durchführung der Gruppeneinheiten und die begleitete Dokumentation wurden von den geschulten Mitarbeitenden durchgeführt.

Ausschlaggebend für die Teilnahme zahlreicher Kinder war, dass ein Fahrdienst zur Verfügung stand, der die Kinder an den Schulen oder von zu Hause abholte. Für alle in der Sucht Tätigen war klar, dass abhängigkeitserkrankte Menschen es oftmals nicht schaffen ihre Kinder täglich zu Freizeitangeboten, Elternabenden oder auch Gruppentherapie-Angeboten zu begleiten, da der Konsum von beispielsweise Alkohol das Autofahren „unmöglich" macht.

4.1 Hintergrund und Forschungsstand, Kurzbeschreibung und Ablauf des „Trampolin" Programms

In internationalen Untersuchungen zum Thema „Kindswohl und Entwicklungspathologie" gilt eine elterliche Alkoholabhängigkeit als einer der gefährlichsten Risikofaktoren für eine gesunde körperliche und psychische Entwicklung des Kindes (*Klein* 2008). In Hinblick auf die Entwicklung einer eigenen substanzbezogenen Störung werden Kinder aus suchtbelasteten Familien als Hochrisikogruppe betrachtet und Studien zu Folge haben die betroffenen Kinder ein bis zu 2,4 bis 6-fach erhöhtes Risiko, später selbst eine Abhängigkeitserkrankung zu entwickeln (*Klein*, 2005, *Thomasius* et al., 2009, *Ulrich* et al., 2010, *Grant* et al., 2000). Kinder aus alkoholbelasteten Familien beginnen früher mit dem Alkoholkonsum, haben früher als Vergleichsgruppen Betrunkenheitserfahrungen gemacht und betreiben mehr „binge drinking" (Trinken von großen Mengen Alkohol in kurzer Zeit). Die Mechanismen der Transmission sind noch nicht ausreichend erforscht, aber auch eine genetische Komponente wird beschrieben. Neben substanzbezogenen Störungen gibt es auch einen hohen Anteil an psychischen Störungen mit klinischer Relevanz, die diese Kinder entwickeln (*Klein*, 2008, *Thomasius* 2005), wie Störungen des Sozialverhaltens, ADHS als externalisierende Verhaltensauffälligkeiten, die als stabile Prädiktoren für spätere alkohol- oder substanzbezogene Störungen gelten. Bezüglich internalisierender Störungsbilder entwickeln betroffene Kinder Depressionen oder Angststörungen (*Hill* et al., 2011, *Klein* et al., 2002) und werden später substanzabhängig, da sie die Substanzen als eine Form der „Selbstmedikation" benutzen.

Vielfältige theoretische Modelle zur Fundierung von „Trampolin" wurden berücksichtigt, um das Manual zu erstellen. Der Forschungsstand zu Wirksamkeit von Präventionsinhalten bei Kindern aus suchtbelasteten Familien wurde einbezogen. Insgesamt gibt es viele Studien zu Auswirkungen von elterlicher Abhängigkeit auf deren Kinder, aber eher wenige zu evaluierten Programmen für Kinder, die dann zumeist alle in den USA durchgeführt wurden.

Mit der Evaluation des „Trampolin“ Programms konnten erstmalig auch Nachhaltigkeit und Effektivität „erforscht“ werden, da die Kinder nach sechs Monaten erneut standardisiert befragt und untersucht wurden.

Das Gruppenprogramm wurde für acht bis zwölfjährige Kinder (bzw. 7-13 Jahre, je nach Entwicklungsstand der Kinder) konzipiert und Ausschlusskriterium zur Teilnahme am Forschungsprojekt war z.B. auch ein vorliegendes FASD. Das Modul umfasst neun Gruppenstunden à 90 Minuten und zwei Elternabende. Der Ablauf jedes Kinder-Moduls war vorgegeben und wie folgt gegliedert:

1. Begrüßungsritual (Wetterkarten)
2. Bekanntgabe des „Motto des Tages“
3. Besprechung der „Idee der letzten Woche“
4. Thematische Arbeitsphase (inklusive Bewegungsspiele/ Auflockerungseinheit)
5. Entspannungsphase
6. “Idee für die kommende Woche“
7. Abschiedsritual (Glückstein)

Insgesamt konnten acht bis zehn Kinder am Trampolin-Programm teilnehmen, sie mussten mit dem suchtbetroffenen Elternteil in den letzten zwei Jahren für mindestens ein halbes Jahr zusammengelebt haben und durften bisher noch keine Gruppentherapie besucht haben.

4.2 Wie verhalten sich Kinder aus suchtbelasteten Familien?

Kinder aus suchtbelasteten Familien zeigen oftmals spezielle Verhaltensweisen, um sich, aber auch ihre Familie zu schützen – im weitesten Sinne könnte man dies als „co-abhängiges Verhalten“ werten, was den Kindern selbstverständlich nicht bewusst ist. In der Übersichtstabelle nach Wegscheider sind die verschiedenen Rollen und dazugehörige Verhaltensmuster aufgezeigt. Die zweite Auflistung zeigt auf, was diese Kinder in ihren „Rollen“ von den Helfenden, d.h. zum Beispiel von Therapeuten einer Gruppe „brauchen“, um gestärkt zu werden.

Rolle	So verhalten sich die Kinder in der Rolle
Held	▪ sehr diszipliniert, frühreif, hochkompetent ▪ erhalten dadurch Anerkennung und kompensieren das Suchtproblem der Eltern ▪ vermitteln den Eindruck Probleme selbst lösen zu können ▪ Angst vor Abwertung, falls sie die Rolle aufgeben ▪ Familie wird durch seine Rolle nach außen hin aufgewertet
Sündenbock	▪ ausagierendes Verhalten, negative Aufmerksamkeit ▪ bei drohenden Eskalation erfahren diese Kinder oft große Zuwendung, so dass der Konflikt außen vor gelassen wird ▪ dadurch stabilisiert das Kind die Beziehungsgefüge in der Familie

Rolle	So verhalten sich die Kinder in der Rolle
Verlorenes Kind	▪ wollen um keinen Preis auffallen ▪ ziehen sich eher zurück ▪ werden dadurch zu Einzelgängern ▪ leben oft in einer Traumwelt ▪ schützt sich vor unkontrollierbaren Reaktionen der Eltern und entlastet die Familie
Clown	▪ glänzt durch Lustigkeit und Clownerie, die allerdings oft eher aufgesetzt als ehrlich spontan wirkt ▪ wirkt oft unreif ▪ leisten einen wichtigen Beitrag zum emotionalen Überleben der Familie (Ablenkung von Alltagssorgen durch Freude und Humor), dies wird oft verkannt

Was diese Kinder brauchen und welche Interventionen ihnen helfen, aus der Rolle „herauszukommen“ und Kind sein zu dürfen, ist in die Module des Trampolin-Programmes mit eingeflossen und findet sich in unterschiedlichsten Interventionsarten (Rollenspiel, Entspannung, Selbststärkung und Selbstfürsorge, Psychoedukation etc.) wieder.

Rolle	Diese Kinder brauchen…
Held	... Hilfe, Verantwortung für anderen abzusagen und für sich selbst zu sorgen ... Unterstützung um eigene Schwächen zuzulassen ...die Erfahrung, dass es in Ordnung ist zu spielen und Spaß zu haben.
Sündenbock	... eine vertrauensvolle Beziehung ... eine Wahrnehmung ihrer positiven Seiten ... die Möglichkeit zu lernen, kontrolliert Aggressionen abzubauen ... die Erfahrung, dass sie auch anders sein können.

Rolle	Diese Kinder brauchen…
Verlorenes Kind	... die Erfahrung, dass sie wichtig sind und wahrgenommen werden ... die positive Erfahrung, dass sie eigene Bedürfnisse haben dürfen und deswegen nicht von anderen abgelehnt werden ... eine aktive Beziehungsgestaltung, die die Kinder behutsam fördert und nicht überfordert.
Clown	... viel Zeit zum Aufbau einer vertrauensvollen Beziehung ...den Anstoß von außen, ob das lustige Verhalten echt ist oder nur gespielt ... die Erfahrung, dass Gefühle gelebt werden dürfen.

Abbildung: Co-abhängiges Verhalten (vgl. Wegscheider, 1988)

4.3 Kurzbeschreibung der Forschungsergebnisse

Die in Duisburg durchgeführte Trampolin-Gruppe und Kontrollgruppe „Hüpfburg“ waren sehr erfolgreich. Die begleitenden Elternabende wurden durch mich persönlich durchgeführt, insbesondere da der Kontakt zu den betroffenen Elternteilen durch die ambulante Reha oder die Behandlung in der psychiatrischen Klinik/Institutsambulanz des St. Marien-Hospitals bestand. Unser damaliges Fazit zum Trampolin-Manual war positiv bezogen auf die Effekte für die Kinder, aber die Zeiten für die Beschäftigung mit bestimmten Themen – die unter Forschungsbedingungen vorgegeben waren – schienen nicht auszureichen. Auch auf die auftretenden „Störfaktoren“ durch die „mitgebrachten“ Auffälligkeiten dieser Kinder konnte nur begrenzt eingegangen werden, sodass insgesamt klar wurde, dass für die betroffenen Kinder ein anderes Tempo und auch mehr Zeit für sie belastende Themen und individuelle Fragen notwendig erschien.

Trotz alledem konnten wir eine positive Bilanz ziehen. Die Abschlussbefragungen der Kinder und deren Eltern zeigten zufriedenstellende Ergebnisse. Am letzten Elternabend bilanzierten die meisten Eltern, dass sie in der „gesamten Familie profitieren" konnten, „Regelungen im Alltag besserliefen" und einige der Kinder sich auch getraut hatten, Eltern nach deren Erkrankungen zu fragen.

Die Empirische Qualitätssicherung in der Evaluation des Gruppenangebots „Trampolin" für Kinder aus suchtbelasteten Familien (*Haevelmann* et al., 2013) erbrachte folgende Ergebnisse: In 84,1% zeigte sich eine hohe adhärente Ausführung der Gruppensitzungen. Die Kinder, Kursleiter und Eltern zeigten insgesamt eine hohe Akzeptanz und Zufriedenheit bezüglich des „Trampolin"-Programms, so dass der Evaluationsprozess als hoch bewertet wurde. Der Wirksamkeitsnachweis des „Trampolin"-Moduls konnte auf die Interventionsmaßnahme zurückgeführt werden. Das Trampolin-Manual wurde auf Grundlage der Prozessevaluation überarbeitet und optimiert.

Das Trampolinprogramm zeigte sich dahingehend wirksam, das Wissen, um Suchterkrankungen bei Kindern zu erweitern und die Handlungs- und Bewältigungskompetenz der Kinder langfristig zu erhöhen (*Bröning* et al., 2012). Diese günstigen Programmeffekte wurden sechs Monate nach Beendigung der Maßnahme erhoben und zeigten eine signifikante Zunahme des Wissens um Suchterkrankungen und Abnahme der psychischen Belastung durch die elterliche Sucht und eine marginal geringere Ausprägung destruktiver Emotionsregulationsmuster. Die Akzeptanz der Programminhalte und der Durchführungsbedingungen wurde insgesamt als hoch bewertet (*Klosterkötter, Maier* aus „Handbuch Präventive Psychiatrie").

Fallbeispiel: Besonders eindrücklich in Erinnerung ist mir ein Fall einer Bankkauffrau, die langjährig alkoholabhängig war. Nach 2 ½ Jahren durchgeführter, ambulanter Rehabilitation besprach sie erst im Abschlussgespräch, dass sie sehr froh gewesen sei, dass ihre beiden Kinder am Trampolin-Projekt teilnehmen durften. Im Rahmen ihrer eigenen Therapie waren bei ihr eine Depression als auch Schlafstörungen diagnostiziert worden, die im Zusammenhang mit ihrem verantwortungsvollen Beruf, dem „Funktionierenmüssen" und dem Bestreben, die Familie „unter einen Hut zu bekommen", standen. Neben der ambulanten Reha wurde sie auch in der psychiatrischen Institutsambulanz mitbehandelt und erhielt ein Antidepressivum zur Nacht, was den Schlaf regulierte und die Stimmung stabilisierte. Frau B. konnte eine dauerhafte Abstinenz und Zufriedenheit entwickeln und war stolz auf das Erreichte.

Im Abschlussgespräch fragte sie allerdings dann, ob ihre Kinder „normal" seien oder es „Auffälligkeiten in der Gruppe" gegeben habe. Sie fand erst jetzt den

Mut, auszusprechen, dass sie auch in den Schwangerschaften heimlich getrunken und immer Angst hatte, dass ihre Kinder dadurch geschädigt worden seien. Frau B. konnte beruhigt werden, ihre Kinder konnten beide gut von der Gruppe profitieren. Sie hatten ihre anfängliche Schüchternheit überwunden und sich getraut, Szenen aus dem Alltag einer „trinkenden Mutter" zu berichten. Die Erleichterung, dass „Mama nicht mehr trinkt" und sie selbst auch die Erfahrung machen konnten „nicht damit allein zu sein" und vor allem auch nicht „Schuld" am Trinken der Mutter zu haben, hatte sie entlastet und deutlich gestärkt. Auch Frau B. merkte man ihre Erleichterung an, als sie hörte, wie gut ihre Kinder profitierten und wie wenig auffällig sie waren.

Auch abhängigkeitserkrankte Eltern wollen gute „Mütter und Väter sein". Der Konsum von Substanzen und Alkohol in der Schwangerschaft ist aber nochmal ein gesondertes Thema, was sicherlich eher dann die Frauen betrifft. Die Auswirkungen von Suchterkrankungen auf Kinder und die erbliche Komponente, mit der Kinder suchtkranker Eltern mit circa 40 % an einer eigenen Sucht erkranken, machen es notwendig, die gesamte Familie in den Blick zu nehmen und sowohl Betroffene als auch Angehörige gleichsam zu unterstützen und zu behandeln.

4.4 Implementierung einer Kindergruppe in der Erwachsenenpsychiatrie und aufgebaute Kooperationen

Bereits seit vielen Jahren besteht in Düren durch den Arbeitskreis „Kinder psychisch kranker Eltern" eine gute Zusammenarbeit der Einrichtungen in der Region. Jedoch wurde zeitgleich mit der Installation des „Trampolin- Projektes" auch die Kooperation ausgebaut und gestärkt. Seitens der LVR-Klinik Düren wurde bereits 2012 zur Einrichtung des Projekts zu einer großen Auftaktveranstaltung geladen. Im darauffolgenden Jahr wurden sogleich in einer Inhouse-Schulung in der LVR-Klinik Düren durch *Prof. Klein* 27 Fachkräfte im ursprünglich entwickelten Manual „Trampolin" geschult und sind zertifiziert. Daraufhin bildete sich eine Arbeitsgruppe, um die Implementierung durchzuführen und an die Bedürfnisse der Region anzupassen. In regelmäßigen Treffen der Projektgruppe und jährlich stattfindenden Kooperationstreffen entstand das Projekt „Trampolin PLUS Dürener Modell". Dieses entzerrt die Gruppenstunden und erweitert das ursprüngliche Modul um psychoedukative Einheiten zu psychischen Erkrankungen, eine Natur- und Kreativeinheit, sowie um ein Elterngespräch. Seit

2018 ist „Trampolin Plus Dürener Modell – Ein Stressbewältigungsprogramm für Kinder" ein zertifizierter Präventionskurs in der Datenbank der Zentralen Prüfstelle Prävention der gesetzlichen Krankenkassen. Regelmäßige Treffen und intensiver Austausch zwischen den Einrichtungen garantierten stete Überprüfung der Bedürfnisse und Anpassung der Inhalte, wenn nötig. Seit 2014 konnten so in 13 Gruppen bereits 88 Kinder erreicht werden.

Durch die enge Zusammenarbeit verbesserte sich auch die allgemeine Kooperation in der Versorgungslandschaft für belastete Familien. Einmal jährlich findet ein Kooperationspartner-Treffen in der Klinik statt, um gemeinsam das „Trampolin PLUS Projekt" zu überprüfen und Neuerungen oder Anpassungen (zum Beispiel im Anmeldeverfahren) vorzunehmen. Gleichzeitig werden zu der zuletzt durchgeführten Gruppe bei vorliegender Schweigepflichtentbindung, Rückmeldungen durch die Therapeuten an die zuweisenden Stellen gegeben und gegenseitig über die Entwicklung der Kinder/Familien berichtet, was immer zu einem regen Austausch führt.

Ein weiterer Meilenstein folgte 2015 mit der Einführung der „Elternsprechstunde". Zweimal in Monat kommen familientherapeutische Fachkräfte in die LVR-Klinik Düren, um vor Ort eine Beratung anzubieten. Die Hemmschwelle zum Aufsuchen von Familienberatungsstellen wird gesenkt und bereits während des Klinikaufenthalts können Patienten und Patientinnen sich bezüglich familienbezogener Themen beraten lassen.

Aktuell steuert der Arbeitskreis „Kinder psychisch kranker Eltern" in Düren die Einsetzung eines verbindlichen Leitfadens zur Zusammenarbeit von Jugend- und Erwachsenenhilfe. Hieraus soll eine Kooperationsvereinbarung erwachsen. Auch die Abteilung für Abhängigkeitserkrankungen der LVR-Klinik Düren ist hier maßgeblich beteiligt.

4.5 Erfahrung aus der Kindergruppe und den Elternabenden

Die bisher durchgeführten Trampolin PLUS-Gruppen waren sehr unterschiedlich und abhängig von der „Reife" und dem Entwicklungsstand der teilnehmenden Kinder. Daher hatten wir uns nach drei Durchläufen entschieden, eine Altersunterteilung vorzunehmen und auch die psychoedukativen und spielerischen Inhalte anzupassen. Im ersten Halbjahr fand dann eine Gruppe für ältere Kinder und im zweiten Halbjahr für jüngere Kinder statt, so dass weder Unter- noch Überforderungssituationen auf beiden Seiten eintraten. Auch die Gruppenleitungen waren – je nach Störungsbild der Kinder – oftmals sehr gefordert und bewerteten unsere Aufteilung als sehr positiv. Trotzdem ließen sich herausfordernde Situationen nicht vermeiden und in einer Gruppe berichtete ein teilnehmender Junge über erneute Vernachlässigung und physische und psychische Gewalt im Elternhaus, so dass wir zum Kindeswohl ein Verfahren nach § 8 einleiten mussten und das Kind den Eltern entzogen wurde.

Die Inhalte der Gruppenstunden:

- Vertrauen herstellen
- Selbstwert fördern
- Psychoedukation (Informationen über die Erkrankung der Eltern)
- Lernen mit Emotionen umzugehen
- Problemlösestrategien
- Selbstwirksamkeit erhöhen
- Lernen Hilfe und Unterstützung einzuholen

Die Inhalte der Elternabende:

- Stärkung der Eltern im Hinblick auf ihr Selbstvertrauen in der Elternrolle
- Förderung der Erziehungskompetenz
- Zunehmende Sensibilisierung für die Auswirkungen elterlicher Erkrankungen (psychische Erkrankung/Sucht) auf die Kinder

Beispielhaft anhand von Bildern möchten wir einige Eindrücke aus unseren Gruppen anschaulich vermitteln. Die Nutzung der Fotos wurde uns von allen Kindern und Eltern erlaubt.

... mit Schwung in die Gruppenstunde ...

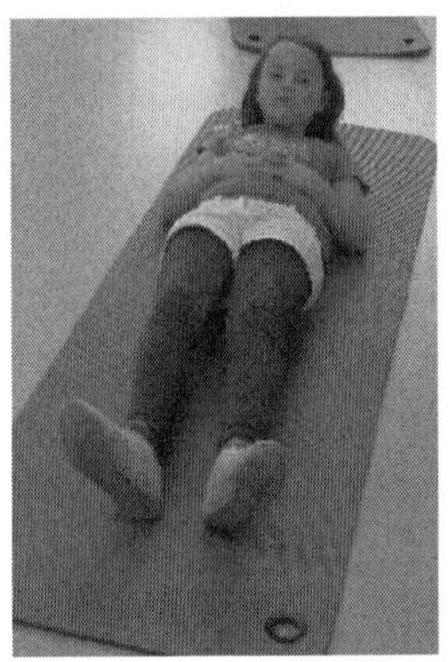

... oder auch mal ruhig und entspannt

... oder spielerisch

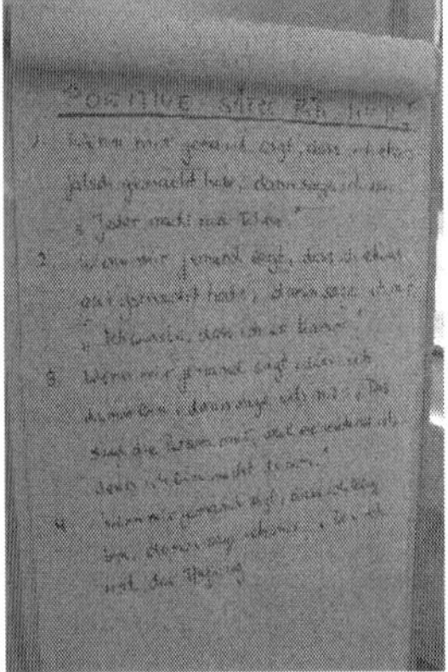

... Wichtige Themen werden spielerisch besprochen

Die Ergebnisse unserer eigenen Befragung am Ende eines Programms:

Evaluationsbogen

Was ich von Trampolin PLUS halte

Wie fandest Du insgesamt die Trampolin PLUS Gruppe? Und warum fandest Du sie so?

Ich fande sie gut ich habe viel gelert über alkoholischeerkrankungen Suchterkrankungen und Depresionen.

Was hat Dir am besten gefallen?

Eigendlich alles Aber die Spiele waren gut. Und ich fand es gut das wir uns am anfang erst kennen gelernt haben.

Was hat Dir am wenigsten gefallen?

Wir hatten oft stress konnten kaum spiele spielen.

Was hättest Du Dir noch gewünscht?

Mehr Zeit zum Spielen

Wie könnte man es besser machen:

Nicht so viel für einen Tag planen. Und langsam machen.

Würdest Du Trampolin PLUS auch einem Freund empfehlen?

- X Ja
- ○ Nein

um ehrlich zu sein weiß nicht jemandem. Aber eigendlich...

LVR-Klinikverbund LVR Qualität für Menschen

4.6 „Die gesamte Familie im Blick"

Was für Konsequenzen haben wir in der Erwachsenenpsychiatrie aus den oben geschilderten Erfahrungen gezogen?

Zunächst wurden in allen Aufnahmegesprächen und Anamnesen die Kinder als Angehörige miteinbezogen. Explizit wird bei Aufnahme eines Patienten in die Erwachsenenpsychiatrie abgefragt, ob Kinder betreut werden und wie diese untergebracht sind. In einigen Kliniken, so auch in Duisburg, gibt es Patenschaft-Projekte, wo Kinder während eines stationären Aufenthaltes ihrer psychisch oder suchterkrankten Eltern in ihnen bekannten Patenfamilien untergebracht werden können. Für alle akuten Aufnahmesituationen gibt es ein geregeltes Prozedere, damit zu versorgende Kinder erfasst und Regelungen getroffen werden können. Im „Notfall" wird das Jugendamt miteinbezogen. Durch die Miteinbeziehung aller Hilfesysteme, Beratungsstellen und Institutionen, die sich um Familien und Kinder kümmern, können geplante stationäre Behandlungen im Vorhinein gut organisiert werden, sodass Kinder vorher untergebracht, betreut und sicher versorgt sind.

„Die gesamte Familie im Blick zu haben" heißt aber oft auch, Ausnahmen im Behandlungssetting möglich zu machen und z.B. Eltern mit Kindern gemeinsam stationär aufzunehmen. Veränderungsprozesse in der Gesamtfamilie und bei den Betroffenen selbst benötigen Zeit, die sie im aktuellen „Krankenkassensystem" aber nicht haben. Leider wird auch in der Psychiatrie und insbesondere in der Suchtbehandlung nur nach „Diagnose" behandelt und die Behandlungskosten finanziert. Sozialpsychiatrische Aspekte werden oftmals außer Acht gelassen und möglichst viele Behandlungen sollen nur noch ambulant stattfinden. Nichtsdestotrotz versuchen wir, Familien zu entlasten und Behandlungen zu ermöglichen – insbesondere, wenn wir die Gesamtsituation der Familie überblicken können.

„Die gesamte Familie im Blick" bedeutet aber auch, dass möglichst alle Helfenden und unterstützenden Institutionen und Beratungsstellen bekannt sein müssen und übereinander Bescheid wissen sollten.

Fallbeispiel: Die Erfahrungen einer Patientin waren hier sehr eindrücklich. Diese Patientin litt an einer Borderlinestörung und Alkoholabhängigkeit. Sie hatte zwei Kinder und wurde durch einen Träger der Eingliederungshilfe (betreutes Wohnen) betreut.

Die Patientin, welche selbst innerlich durch ihre Borderline-Erkrankung zerrissen war, erhielt von den unterschiedlichen Helfern gegenteilige Aussagen. So besprach die BeWo-Betreuerin mit ihr eine Intervention und die SPFH (Sozialpädagogische

Familienhilfe) gab ihr andere Handlungsempfehlungen in Bezug auf die Kinder. Dadurch konnte die Patientin sich nicht orientieren und empfand die Hilfsangebote als wenig hilfreich. Da die Hilfesysteme von unterschiedlichen Kostenträgern finanziert wurden, gingen damit diverse Zielsetzungen einher. Dies führte bei der Patientin zu der Wahrnehmung, dass unterschiedliche Ansprüche an sie gestellt wurden, welche sich nicht miteinander vereinbaren lassen. Folglich führte dies bei ihr zur Rückfälligkeit, da sie keine andere Möglichkeit sah, sich zu entlasten, was wiederum die Gesamtsituation verschärfte. Die SPFH schlug sich auf die Seite des Ehemannes, die Kluft wurde größer, zeitweise drohte aus Sicht einiger „Akteure" Kindswohlgefährdung und der Entzug der Kinder durch das Jugendamt. Erst nachdem sich alle Beteiligten an einem „runden Tisch" zusammenfanden und die Gesamtsituation erörtert wurde, so dass es zu einem Wechsel der SPFH kam, gelang eine vorsichtige Stabilisierung des gesamten Familiensystems. Die Kinder konnten damals in ein therapeutisches „Kinderkunstprojekt" eingebunden werden, sich darüber stabilisieren und erfuhren in dem begleitenden therapeutischen Setting etwas über die Erkrankung ihrer Mutter. Die Mutter war eng angebunden an die Institutsambulanz und wurde dort im multiprofessionellen Behandlungsteam durch verschiedenste begleitende Therapeuten, Sozialarbeiter und Psychologen stabilisiert. Nur begrenzt konnte der Vater miteinbezogen werden. Trotz alledem gelang eine gute Stabilisierung der familiären Situation, sodass die Kinder in der Familie verbleiben konnten und die Patientin eine stabile Abstinenz erreichte.

Die gesamte Familie mit allen helfenden Unterstützern und Institutionen im Blick und alle in einer transparenten und sich gegenseitig wertschätzenden Kommunikation am „runden Tisch" zusammenzubringen, ist das Ziel einer system- und kostenübergreifenden Kooperation.

5 System- und Kostenträgerübergreifende Kooperationen: Vom Leitfaden zur Kooperationsvereinbarung

Im Rheinland gab es in den letzten Jahren zahlreiche Initiativen, die sich für Kinder suchtkranker Eltern oder psychisch kranker Eltern einsetzten. Zahlreiche Projekte wurden ausgelobt durchgeführt, teilweise auch wissenschaftlich begleitet, so z. B. das „KipE Rheinland" Projekt (KipE Rheinland Hilfen für Kinder psychisch erkrankter Eltern in neun Modellregionen, Stand 2012) durch den Landschaftsverband Rheinland. In vielen Städten und Standorten der LVR-Kliniken wurden Arbeitsgruppen und Arbeitskreise gegründet, um sich mit den Belangen dieser speziellen Gruppe auseinanderzusetzen.

Auch in Düren gibt es einen Arbeitskreis, übergreifend über alle Beratungsstellen, Institutionen, Stadt und Kreis Jugendamt, zum Thema „Kinder psychisch kranker Eltern". In diesem Arbeitskreis wurde dann das Thema Kinder suchtkranker Eltern miteinbezogen und gemeinschaftlich das „TRAMPOLIN PLUS Projekt Dürener Modell" umgesetzt. Zunächst fanden zweimal jährlich Sitzungen des Arbeitskreises statt. Hinzu kamen dann noch die Kooperationspartnertreffen im Rahmen des „TRAMPOLIN" Projektes in unserer Klinik. Gemeinsame Fortbildungen und Fachtagungen führten zu zunehmender Kompetenzentwicklung und gegenseitiger Kennerschaft. Ein Fachtag, geleitet von Dr. Michael Hipp (ehemaliger Leiter des sozialpsychiatrischen Dienstes im Kreis Mettmann/Hilden, der als Vorreiter für system- und kostenübergreifende Kooperation gilt), war der Beginn der Planung eines Unterarbeitskreises zur Entwicklung eines gemeinsamen Handlungsleitfadens.

Im Rahmen eines gemeinsamen Workshops konnte er uns Vorgehensweisen, „Stolpersteine" und Hinweise auf eine gelingende Kooperation geben. Wir gründeten einen Unterarbeitskreis und trafen uns circa einmal alle vier bis sechs Wochen, um eine gemeinsame Kooperation möglichst mit Kooperationsvereinbarung und verbindlichen Regeln aufzustellen. Alle beteiligten Akteure haben dann unterschätzt, wie schwierig es ist, eine gemeinsame Sprache zu finden und „das Gleiche zu meinen". Ein langer Prozess, in dem jede Institution (Beratungsstellen, die Kliniken als auch Kinder- und Jugendpsychiatrien) ihr System vorstellen musste, sich einander bekannt machten und die verschiedenen Herangehensweisen deutlich wurden, war notwendig, um einen Leitfaden zu entwickeln. Die Mediziner sprechen von Diagnosen, die in Beratungsstellen noch gar nicht gestellt sind. Die Beratungsstellen erleben Familien in schwierigen Situationen und mit Problemfällen, ohne eine Diagnose stellen zu müssen, und auch das Jugendamt braucht keine Diagnosen, sondern sieht oftmals nur die akute Gefahr und muss den Paragrafen der Kindswohlgefährdung „anwenden".

Die Entwicklung von gegenseitigem „Verständnis und Verstehen" musste immer wieder vergegenwärtigt werden. Hierbei ging es zum Beispiel darum, klarzumachen, dass unterschiedliche Kostenträger unterschiedliche Dinge bezahlen: Der Kostenträger Krankenkasse bezahlt medizinische Behandlung und verlangt dafür „Diagnosen". Leistungen nach Sozialgesetzbuch werden für Maßnahmen durch das Jugendamt bewilligt (ohne Diagnose) und Beratungsstellen dürfen „beraten", ohne dass eine Kostenzusage vorliegt, da sie von der Kommune finanziert werden.

Unterschiedliche „therapeutische Herangehensweisen“ (Systemtherapie, klassische Allgemeinpsychiatrie oder Kinder- und Jugendpsychiatrie, die Sicht der Psychotraumatologie und vieles mehr) musste miteinbezogen werden. Eine gemeinsame Sprache konnte zeitweise nicht gefunden werden. Immer wieder mussten „Übersetzungshilfen“ geleistet werden. Letztendlich konnten wir von 2017 bis 2019 einen Leitfaden erarbeiten. Ziel des Leitfadens ist die systemübergreifende Zusammenarbeit im Interesse der betroffenen Familien zu verbessern und abzustimmen. Wissen, Kenntnis der jeweiligen Angebote und gemeinsame Fallkonferenzen sowie Weiterentwicklung und Verbesserung nach gemachten praktischen Erfahrungen sind ebenfalls im Leitfaden festgelegt.

Leitfaden

für die Zusammenarbeit bei der Betreuung von psychisch-/suchtkranken und/oder traumabelasteten Erwachsenen und ihren Kindern in Stadt und Kreis Düren

„Haltung ist eine kleine Sache, die einen großen Unterschied macht.“

Sir Winston Churchill
(Deckblatt des Leitfadens)

Aktuell war der Arbeitskreis damit beschäftigt diesen Leitfaden nun umzusetzen und Fallbesprechungen am „runden Tisch“ einzuberufen. Die in unserem Handlungsleitfaden vereinbarten Vorgehensweisen und miteinander abgestimmten Fallbesprechungsinhalten sollten erprobt und überprüft werden. Aufgrund der Corona-Pandemie konnten die „runden Tische“ nicht einberufen werden und auch der Arbeitskreis tagte bislang nicht, sodass der Austausch hier unterbrochen wurde. Im Rahmen des Handlungsleitfadens war aber sichtbar geworden, dass es dafür eines „Fallmangements“ bedarf. Im Februar 2019 bewarb sich das Jugendamt der Stadt Düren über die Ausschreibung des LVR für das Projekt „Förderung eines Kooperationsverbundes „Seelische Gesundheit von Kindern und Jugendlichen in einer Modellregion“. Das Förderprojekt wurde bewilligt und für die Kooperation und Koordination wird eine Fallmanagerin im Jugendamt eingestellt. Ziel ist es nun Erfahrungen zu sammeln, in den Austausch zu kommen, über die Fallmanagerin Fälle gemeinschaftlich mit allen Kooperationspartnern zu erörtern und Notwendigkeiten für eine gelingende Kooperation und daraus resultierende gemeinschaftliche Kooperationsvereinbarungen zu identifizieren und auf den Weg zu bringen.

6 ... und was wir uns aus Sicht der Erwachsenenpsychiatrie für „unsere Familien/Patienten“ wünschen:

von den Kostenträgern:
Von den Kostenträgern wünschen wir uns eine unkomplizierte Finanzierung und Finanzierungszusicherung von gemeinsamen Fallbesprechungen und institutionsübergreifenden Maßnahmen. Von den Krankenkassen als Kostenträger für medizinische und psychiatrische Behandlung wünsche ich mir persönlich für suchterkrankte Patientinnen und Patienten mehr finanzierte Behandlungszeit – im Jargon der Krankenkassen – mehr genehmigte „Verweildauer“. Der Medizinische Dienst der Krankenkassen prüft immer noch überproportional häufig die stationäre Behandlungsnotwendigkeit von Abhängigkeitserkrankten und oft wird nur die Hauptdiagnose kassenseits betrachtet. Psychische Begleiterkrankungen, schwere körperliche komorbide Störungen und insbesondere auch eine oft desolate soziale Situation werden nur selten in einem Zusammenhang gesehen, der betroffene Mensch in seiner Gesamtheit mit all seinen Schwierigkeiten bleibt unbeachtet.

von Stadt und Kommunen:
Von Stadt und Kommunen wünschen wir uns Gehör für unser Klientel, für suchtbelastete Familien. Dass suchtbelastete Patienten unvoreingenommen betrachtet werden und nicht stigmatisiert oder ausgegrenzt werden. Dass kommunale Möglichkeiten ausgeschöpft werden, sowohl zeitlich, räumlich, Orte für Konsumenten, aber auch für Familien gegeben sind, an denen diese aufgefangen werden können. Städtische und kommunale Unterstützung in der Umsetzung der Förderprojekte im Rahmen der Modellregion und eine Art „Willensbekundung", sich für dieses Klientel einzusetzen, möglicherweise auch gegen die Einschränkungen durch Kostenträger und ohne Abhängigkeit von der aktuellen „politischen Gewolltheit". Projekte, wie eine Ambulanz für Pflegekinder wie in Ulm oder Forschung zu Kindern suchtkranker Eltern, Kindern mit FASD oder NAS, die in Adoptivfamilien leben, sollten ausgebaut werden.

von der Politik:
Von der Politik wünschen wir uns mehr Transparenz, mehr Kennerschaft über die Situation suchtbelasteter Familien und betroffener Kinder. Unterstützung auf politischer Ebene, um angemessene Krankenhausbehandlung, ambulante Behandlung als auch Rehabilitationsbehandlungen umzusetzen. Leitfäden für gute Behandlung und systemübergreifende Kooperation zu entwickeln und die Umsetzung zu unterstützen.

Von der Gesundheitspolitik wünschen wir uns, dass auch Einfluss auf die Krankenkassen genommen wird, damit stationäre Behandlung ausreichend lange bezahlt wird und durchführbar ist. Dass nicht Diagnosen die Behandlungsdauer „diktieren", sondern der gesamte Patient mit all seinen sozialen, psychischen und somatischen Belangen. Dass Suchterkrankungen mehr in den Blick kommen und nicht immer tabuisiert oder bagatellisiert werden und schlimmstenfalls den Betroffenen noch „Schuld an ihrer Erkrankung gegeben wird".

von der Gesellschaft:
Von der Gesellschaft wünschen wir uns, dass Stigmatisierung und Vorurteile gegenüber Suchtkranken abgebaut werden. Dass Suchtkranke „normal integriert und behandelt werden", wie andere psychisch Erkrankte, beispielsweise Menschen mit Depressionen, und sich suchtkranke Patientinnen und Patienten nicht „schämen müssen". Wenn es gelingt, durch systemübergreifende Kooperationen belastete Familien bzw. betroffene Patienten schneller zu identifizieren und an das Hilfesystem anzubinden, kann möglicherweise der Suchtverlauf schneller gestoppt werden und viel Leid erspart bleiben. Kinder suchtkranker Eltern, Adoptiv- und Pflegekinder, die oftmals von suchterkrankten Eltern stam-

men und eigene Entwicklungsschwierigkeiten und Behinderungen mit sich bringen, sollten in den Blick genommen werden und hierfür Konzepte, frühe Hilfsangebote als auch Unterstützungsangebote für Kinder, Eltern, Großeltern als auch Adoptiv- und Pflegeeltern bereitstehen.

Abschließend noch einmal meine persönliche Erfahrung mit unserem Adoptivkind: Fast wie in der Studie aus München aufgelistet, sind alle Schwierigkeiten bei unserem Adoptivsohn eingetreten: Krampfanfallneigung, Entwicklungsverzögerung, ADHS und Störung des Sozialverhaltens. Im Kindergarten- und Grundschulbereich konnte er noch integriert unterrichtet und betreut werden. Er musste dann auf eine weiterführende Schule für Kinder mit Erziehungsschwierigkeiten wechseln und machte dort sehr schlechte Erfahrungen. Erster Cannabiskonsum, sozial auffälliges Verhalten und Delinquenz führten dann zu einer notwendigen Unterbringung in einer Heimeinrichtung. Mehrfache stationäre Aufenthalte in der Kinder- und Jugendpsychiatrie und später in der Erwachsenenpsychiatrie erfolgten. Letztendlich konnte A. trotz alledem eine Lehre im Garten- und Landschaftsbau mit Unterstützung beenden und arbeitete 7 Jahre stabil bei einem Unternehmen. In dieser Zeit war er auch in einer Beziehung, die sehr wechselhaft war, aber ihm irgendwie Halt gab. Nach Beendigung der Beziehung kam es zu zunehmender Suchtentwicklung mit psychotischen Schüben, Verlust des Führerscheins, Verlust des Arbeitsplatzes und sozialem Abstieg und aktuell zu Wohnungslosigkeit. Eine gesetzliche Betreuung wurde eingerichtet, aber nach Reform der Unterbringung psychisch Kranker im Jahr 2017 sind die Möglichkeiten, ihn zu Heilbehandlungszwecken betreuungsrechtlich in ein psychiatrisches Krankenhaus einzuweisen, begrenzt. Damit ist die Chance gering, dass er eine ausreichend lange Zeit in stationärer Therapie verbringt, in der er eine Entzugsbehandlung und Behandlung seiner Psychose durchführen könnte und das „Chaos der Neurotransmitter in seinem Kopf" – wie er selbst sagt: „die Blitze und alles was ihn in seinem Kopf flasht" – zur Ruhe und auf ein geordneteres Niveau zurückkommt.

So erlebe ich selbst die Angehörigenperspektive und bin auch manchmal coabhängig, bekomme das Ausmaß von Suchterkrankung und Psychose für unseren Adoptivsohn selbst als auch für die gesamte Familie mit.

Das ist auch ein Teil meiner Motivation, die Situation für suchtbelastete Familien, suchtkranke Elternteile, deren Kinder, aber auch für Adoptiv- und Pflegeeltern, die ein vorbelastetes Kind aufgenommen haben, zu verbessern, und weshalb ich mich aus der Erwachsenenpsychiatrie für diese Menschen in ihrer herausfordernden Komplexität engagiere.

Elternperspektive: Unterstützungsangebote von suchtbelasteten Eltern – Auswertung eines Interviews von betroffenen Eltern –

Peter Schay, Roland Helsper und Kristin Dürre

Eltern, die „in Einrichtungen der Suchthilfe behandelt werden, haben meist einen sehr spezifischen und komplexen Hilfebedarf, der eine interdisziplinäre Zusammenarbeit erfordert, um auf individuelle Bedarfe eingehen zu können. Dazu gehört, dass die Rehabilitation in enger Verbindung zu vor- und nachgelagerten Angeboten stehen muss. Bei der Behandlung von suchtkranken Menschen mit Kindern besteht häufig auch ein Bedarf an nebengelagerten Angeboten, z.B. an-Erziehungs- und Jugendhilfen" (*GVS*, 2014, 4).

Merke

In Deutschland leben ca. 3,25 Millionen Kinder unter 18 Jahren bei suchtbelasteten Eltern; 60.000 dieser Eltern sind drogensüchtig, 2,65 Millionen sind alkoholabhängig.

Die ungünstigen Lebensbedingungen von Kindern aus suchtbelasteten Familien sind aus Forschungssicht eindeutig belegt.

Für die Kinder aus suchtbelasteten Familien besteht ein erhöhtes physisches und psychisches Risiko infolge von Vernachlässigung, Beziehungsdiskontinuität, Weitergabe von Traumata und der erhöhten Wahrscheinlichkeit, später selbst eine Suchterkrankung zu entwickeln.

In suchtbelasteten Familien sind höhere Raten an Arbeitslosigkeit und ein niedrigerer sozioökonomischer Status zu beobachten als in Familien ohne Suchtbelastung, sowie eine schlechtere schulische Leistung und häufiger Trennungen der Eltern.

Suchtbelastete Eltern können wie „normale" Eltern genauso ein günstiges oder ungünstiges Erziehungsverhalten aufzeigen (vgl. auch *Klein,* 2007, *Moesgen,* 2014, *Serec* et al., 2012, *Thomasius* et al., 2008).

„Was bisher jedoch nicht ausreichend berücksichtigt wird, ist die Tatsache, dass bis zu zwei Dritteln der suchtkranken Eltern sind und dass mehr als ein Drittel selbst aus einer suchtbelasteten Familie stammt" (*Klein,* 2019).

Eltern und ihre Kinder müssen bei der Beantragung des sozialen und medizinischen Rehabilitationsprozesses eine entsprechende Berücksichtigung erfahren, um eine Stabilisierung der Eltern und eine positive Entwicklung der Kinder zu erreichen.

Die medizinische Rehabilitation eröffnet die Möglichkeit, nicht nur die Eltern zu behandeln, sondern auch die Kinder in ihrer psychischen, sozialen, körperlichen und kognitiven Entwicklung zu fördern.

Suchtkranke Eltern sind *insbesondere* auf eine Zusammenarbeit der Suchthilfe (soziale und medizinische Rehabilitation) und der Jugendhilfe angewiesen, um für sich und ihre Kinder ein optimales Unterstützungsangebot zu erhalten:

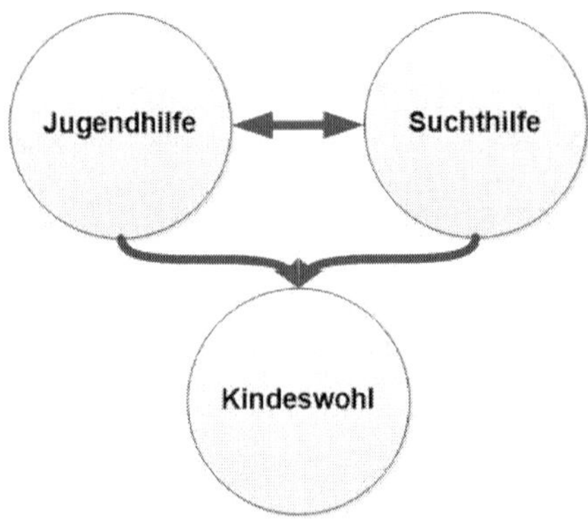

Schaubild: Schnittstellenproblematik (Schay, 2020)

Ein großer Teil der Eltern, die „sich im Beratungs- und Behandlungsprozess der Suchthilfe befindet, trägt Verantwortung für Kinder. […] Die Erweiterung des Fokus auf das gesamte Familiensystem zieht zwangsläufig die Notwendigkeit eines multiprofessionellen Netzwerkes nach sich, um den komplexen Unterstützungsbedarfen der Familien gerecht werden zu können“ (*GVS*, 2014, 4ff).

Mögliche Gründe für eine Schnittstellenproblematik (*Hardeling*, 2016):

- *Suchthilfe:*
  - psychosoziale Behandlung vs. Hilfen zur Erziehung
  - Hilfen vs. Kontrolle
- *Jugendhilfe:*
  - Sucht kein offenes Thema
  - Kontrolle vs. Hilfen

Elternperspektive

Da Kinder aus suchtbelasteten Familien häufig früher mit dem Suchtmittelkonsum beginnen und mehr als 30% selbst suchtkrank werden, haben wir alleinerziehende Eltern (Mütter/Vater), die in unseren Einrichtungen der medizinischen Rehabilitation behandelt und anschließend im Rahmen der sozialen Rehabilitation betreut wurden, nach ihren Erfahrungen in der stationären Entwöhnungsbehandlung und den Unterstützungsangeboten in den sozialen Rehabilitationsmaßnahmen befragt.

Wir haben 2 Frauen und 4 Männer nach ihren Erfahrungen mit der Suchthilfe und Jugendhilfe befragt:

Klientin A

30 Jahre
2 Kinder (Söhne 7 und 3 Jahre)
alleinerziehend
Diagnosen: ICD 10-F19.20, F60.6
lebt in einer betreuten WG
regelmäßige Betreuung durch die Suchthilfe und situativ durch das Jugendamt

Klient B

37 Jahre
2 Kinder (Töchter 5 und 2 Jahre)
Kindern, leben bei der Mutter
Diagnosen: ICD 10-F19.20, F60.3
lebt in einer betreuten WG
regelmäßige Betreuung durch die Suchthilfe und situativ in durch das Jugendamt

Klient C

46 Jahre
1 Kind (Sohn 12 Jahre)
Kind, lebt bei der Mutter
Diagnosen: ICD 10-F19.20, Z51.83 (Substitution)
lebt in einer eigenen Wohnung
Behandlung durch die Suchthilfe (Ganztägig Ambulante Rehabilitation)

Klient D

34 Jahre
1 Kind (Tochter 4 Jahre)
alleinerziehend
Diagnose ICD 10-F19.20 (Mutter psychisch krank)
im ABW und in einer betreuten WG
Tochter bekommt Fördermaßnahme und Sozialpädagogische Familienhilfe

Klient E

37 Jahre	1 Kind (Tochter) alleinerziehend Diagnose ICD 10-F19.20 (Mutter akut drogenabhängig) im ABW Tochter bekommt eine Ergotherapie

Klientin F

32 Jahre	1 Kind (Sohn 17) alleinerziehend Diagnose ICD 10-F19.20, Z51.83 (Substitution) im ABW Anbindung an das Jugendamt

Fragebogen und Antworten:

1. *Wie fühlt ihr euch als Eltern? Was bedeutet es für euch Vater bzw. Mutter zu sein?*
   - Für mein Kind Sorge zu tragen, für mein Kind immer da zu sein.
   - Für meine Kinder da zu sein und ein guter Ansprechpartner zu sein.
   - Vater sein hat mich gestärkt, bedeutet Verantwortung übernehmen.
   - Gut und sicher, da ich gut unterstützt werde.
   - Ich gehe in meiner Vaterrolle auf und identifiziere mich damit.
   - Ist das Tollste überhaupt Vater zu sein. Manchmal wachse ich täglich über mich hinaus.

2. *Wie lebt ihr zurzeit? Mit dem Kind? Alleinerziehend, Partner, neuer Partner?*
   - Alleinerziehend und mit neuem Partner. Ein Kind lebt bei mir und eins beim Vater.
   - Alleine in einer WG. Ich habe in der Woche 2x Besuchskontakt für 2 Stunden. Alle zwei Wochen die Kinder am Wochenende bei mir.
   - Sohn lernt bei Mutter und schläft ab und zu bei mir. Die Mutter hat das alleinige Sorgerecht, das Aufenthaltsbestimmungsrecht haben wir beide.
   - Alleinerziehend. Mutter psychisch krank. Unterstützt mich wenig.
   - Alleinerziehend.
   - Mit Kind und Kindesvater, einmal im Monat übers Wochenende kommt mein Erstgeborener

3. *Was glaubt ihr, könnt ihr als Eltern besonders gut? Woran merkt ihr das?*
   - Einfühlsam und sehr empathisch, können Gefühle sehr gut nachvollziehen.
   - Nein sagen ist für mich sehr schwierig.
   - Handwerkliches Geschick vermitteln: mein Sohn hat auch Spaß daran und man merkt, dass er glücklich ist.
   - Dinge erklären (Tochter befindet sich gerade in der Warum-Phase), Essen machen, auf Bedürfnisse eingehen, aufmerksam sein, Liebe.
   - Die Erziehung meiner Tochter gelingt gut, ich sehe es am Verhalten und Feedback.
   - Liebe geben, Dasein, Vertrauen, ich sehe es an der guten Beziehung.

4. *Was gelingt euch vielleicht noch nicht so gut?*
   - Konsequent sein ist sehr schwierig.
   - Konsequent zu sein.
   - Bin sehr ungeduldig: Manchmal wäre es besser, etwas ruhiger zu sein.
   - Tagesstruktur könnte besser laufen, Aufräumen.
   - Konsequent sein, auf andere Eltern zugehen.
   - Geduldig sein führt öfter mal zu Stress, aufeinander eingehen.

5. *Welche Rolle spielt eure Suchterkrankung für eure Elternschaft? Bringt diese Erkrankung besondere Herausforderungen mit sich?*
   - Durch Konsum sehr nachlässig, was sich auch jetzt auf die Erziehung auswirkt.
   - Meine Suchterkrankung hat nichts mit der Erziehung zu tun.
   - Im Konsum war ich teilweise genervt von meinem Kind. Die Droge war an erster Stelle. Für mich es traurig zu sehen, dass ich für mein Kind nicht da war, und in der Abstinenz musste lernen, mich um mein Kind zu kümmern.
   - Gesellschaftliches Trinken bei Feiern fällt weg, durch die Geburt der Tochter brauche ich dauerhafte Stabilität, Verantwortung und Motivation, fällt manchmal schwer.
   - In der Vergangenheit ja, derzeit nicht.
   - Ich muss mich immer wieder mit meiner Suchterkrankung konfrontieren und meinen Süchten stellen, auch Zigaretten.

6. *Durch wen werdet ihr bei der Erziehung eurer Kinder unterstützt? Bspw.: Partner*in, eigene Eltern, Freunde, Jugendhilfe, Jugendamt, Hausarzt, Suchthilfe? Mit welchen Angeboten helfen diese Personen/Institutionen euch besonders?*
   - Durch die Mitarbeiter der Suchthilfe, bspw. Frauengruppe.
   - Sozialpädagogische Familienhilfe und Austausch mit Partnerin.
   - Das Jugendamt hat sich nie wirklich für mich interessiert. Meine neue Partnerin ist für mich seelische Unterstützung.
   - Am Anfang durch Jugendamt (Familienhilfe), Oma, Hausarzt, nado, mein Arbeitgeber.
   - Großeltern, Kita, Ergotherapie, Freizeit haben.
   - Partner, vermittelt zwischen mir und meinem Sohn, gemeinsame Urlaube, BeWo.

7. *Welche Hilfe wünscht ihr euch zusätzlich bezogen auf die Erziehung?*
   - Eine Art „Schulung“: wie ich mein Kind erziehen soll.
   - Ich fühle mich teilweise nicht ernst genommen, d.h.: Es sollte mehr auf meine Äußerungen eingegangen werden.
   - Mehr Angebote für Eltern und Kinder.
   - Später Hilfe bei schulischen Fragen.
   - Treffen für Alleinerziehende.
   - Tipps gemeinsame Gespräche, bei schwierigen Themen weiterhin Unterstützung.

8. *An wen würdet ihr euch mit Fragen zu eurem Kind/der Erziehung eures Kindes wenden?*
   - An die Mitarbeiter der Suchthilfe und meine Oma (Vertrauenspersonen).
   - An die Mitarbeiter der Suchthilfe (Vertrauensperson).
   - An meine Mutter, die mich erzogen hat.
   - BeWo, Schwester, Kita.
   - Andere Eltern, Bücher, Internet.
   - Partner, Schwester, Tipps meiner BeWo-Betreuerin.

9. *Glaubt ihr, dass euer Kind besondere/andere/zusätzliche Unterstützung braucht im Vergleich zu Kindern von Eltern, die keine Suchterkrankung haben?*
   - Nein, keine besonderen Angebote.
   - Ja, da ich der Meinung bin, dass in die Erziehung bei der Mutter nicht alles gut läuft.
   - Ja, da mein Sohn eine andere Kindheit hatte, gefühlt schneller ‚erwachsenen' geworden ist und früh gelernt hat, Verantwortung zu übernehmen.
   - Bekomme ich schon, Frühförderung in drei Bereichen. Wir Suchtkranke sind unsicher, ängstlicher als Menschen, die keine Suchterkrankung haben.
   - Ich sehe nichts.
   - Positive Vorbilder.

10. *Was möchtet ihr zum Hilfesystem loswerden? Zur Jugendhilfe, zum Jugendamt, zur Suchthilfe, zu Ärzten etc.? Was läuft gut? Was könnte vielleicht noch besser laufen?*
    - Die Kommunikation zum Jugendamt ist schwierig und ich fühle mich dort nicht unterstützt.
    - Ich habe Bedenken und befürchte vom Jugendamt mehr ernst genommen zu werden.
    - Das Jugendamt auf keinen Fall, da es für meine Erkrankung kein Verständnis hat.
    - Ich kann nichts bemängeln, die Menschen, die mir bisher geholfen haben, waren alle kompetent.
    - So wie es ist, ist es gut.
    - Nach dem Tod meiner Mutter, zu wenig Unterstützung vom Jugendamt, danach war aber keine Unterstützung nötig.

11. *War es gut, dass du von Sucht- und Jugendhilfe getrennt betreut wurdest, oder wäre eine Hilfe aus einer Hand besser gewesen? Kannst du uns deine Meinung erklären?*
    - Besser wäre es, wenn die Suchthilfe die Hilfe übernehmen würde. Dann ist für mich die Kommunikation einfacher.
    - Es wäre einfacher, wenn die Hilfe von einer Stelle übernommen würde. Dann wäre die Kommunikation für mich einfacher. Ich habe das Gefühl, vom Jugendamt oft aufgrund der Suchterkrankung nicht ernst genommen zu werden.
    - Ich finde, dass meine Sucht „soweit" geht, dass meine Kinder von mir ferngehalten werden müssen.
    - Es ist gut zu wissen, kompetente Unterstützung hinter sich zu haben.
    - Getrennt ist es besser, Suchthilfe ist für mich, Jugendhilfe für mein Kind.
    - Ich fände es besser, wenn es nur eine Hilfe geben würde, mit nur einer Person, der man sich anvertrauen kann.

12. *Wenn ihr euch ein Angebot für euch, eure Familie und eure Kinder ausdenken würdet? Wie könnte es gestaltet sein? Welche Personen/Institutionen sollten beteiligt werden?*
    - Eine Elterngruppe zum Austausch oder eine Mutter-Kind-Gruppe.
    - Eltern-Kind-Gruppe, in der ich mich mit anderen Vätern austauschen könnte.
    - Eltern-Kind-Angebote und eine Gruppe für Eltern.
    - Ich und meine Tochter fanden es gut, wie es war, mit nado, Familienhilfe Jugendamt und Oma.
    - Ich kann mir nicht vorstellen, wie sowas aussehen soll.
    - Treffen mit Gleichgesinnten, Alleinerziehenden mit Kind.

Zusammenfassung:
Die Interviewten werden im Suchthilfesystem gut betreut und fühlen sich gut eingebunden. Zu unserer eigenen Überraschung kristallisiert sich eine Gruppe von alleinerziehenden Vätern heraus, die bisher von der Öffentlichkeit und auch der Fachwelt nicht genügend wahrgenommen wird, meist ist die Rede von alleinerziehenden Müttern.

Gerade von dieser Gruppe der Väter kam am stärksten der Wunsch nach Austausch mit anderen Vätern bzw. Treffen mit Gleichgesinnten. Hier prüfen wir jetzt als Anbieter, wie wir diesem Wunsch nachkommen können.

Die Soziale Rehabilitation/das Betreute Wohnen der Suchthilfe wird häufig als wohltuende Unterstützung empfunden: „Die sollen nur für mich da sein, deshalb wäre eine Trennung der Systeme besser." Allerdings werden Fragen der Erziehung, Fragen zu Einbindung weiterer Hilfen, eher an die Betreuung im Suchthilfesystem gestellt.

Wir glauben, dass unterschiedliche Personen für die unterschiedlichen Aufgaben (Eltern/Kinder) notwendig sind, am besten unter einer Trägerschaft mit der Möglichkeit des besseren Transfers von Wissen.

Hier ist eine Chance die Hilfen weiter zu optimieren und die unterschiedlichen Ansätze der Systeme zu verbinden (▶ Suchthilfe ist fokussiert eher therapeutisch, Jugendhilfe eher pädagogisch).

Alle unsere Interviewten haben sich in ihrer Kindheit allein durch das System boxen müssen. Sie waren betroffen von Trennungen im Elternhaus, Gewalt und Armut und vor allen Dingen auch von der Sucht ihrer Eltern bzw. eines Elternteils. Die langfristige Einbindung in das Suchthilfesystem bietet die Möglichkeit einer positiven Nachsozialisation.

Wie aus den Antworten herauszulesen ist, werden Kadesch gGmbH/nado gGmbH bzw. die Mitarbeitenden zum positiven, stabilisierenden Objekt, zu dem man mit allen Fragen kommen kann. Selbst Zukunftsfragen werden schon thematisiert: „Später brauche ich Unterstützung bei schulischen Fragen meiner Tochter."

Die Aussage kommt von einem Vater, der schon neun Jahre im Betreuten Wohnen betreut wird und wahrscheinlich noch langfristig da sein wird. D.h.: Hilfen dürfen keine Zeitbegrenzungen haben, nur Notwendigkeiten.

Die härteste Kritik geht in den Aussagen an das Jugendamt: Mangelndes Verständnis, nicht ernst genommen, die Kommunikation ist schwierig, ich fühle mich von dort nicht unterstützt.

Hier muss sich das gesamte Hilfesystem ernsthafte Gedanken machen, wie sich die Zusammenarbeit qualitativ verbessern kann.

Sucht und Gewalt in den Familien, sind nach wie vor ein hoch schambesetztes Thema. Das führt vielleicht dazu, dass die Mitarbeitenden des Jugendamtes die Andeutungen und Hinweise nicht immer verstehen (wollen oder dürfen).

Wissenstransfer und Sensibilisierung für die breite Palette der psychischen Störungen sind dringend erforderlich.

Literaturhinweise

Drogenbeauftragte der Bundesregierung (2017): Kinder aus suchtbelasteten Familien, Berlin

Gesamtverband für Suchthilfe e.V. (GVS) (2014): Herausforderungen in der Behandlung suchtkranker Familien, Positionspapier, Berlin

Hardeling, A. (2016): Daten und Fakten zum Umgang mit suchtkranken Eltern aus der Perspektive der Suchthilfe, Workshop Sucht- und Jugendhilfe in der gemeinsamen Sorge um Kinder und Eltern am 27.06.2016 der Brandenburgische Landesstelle für Suchtfragen e.V., Potsdam

Klein, M. (2007): Kinder und Suchtgefahren, Risiken-Prävention-Hilfen, Schattauer, Stuttgart

Klein, M. (2019): Kinder suchtkranker Eltern in der stationären Suchtrehabilitation, in: https://www.addiction.de/kinder-suchtkranker-eltern-in-der-stationaren-suchtrehabilitation/

Moesgen, D. (2014): Kinder und Jugendliche aus alkoholbelasteten Familien: Dysfunktionale Kognitionen und Verhaltensauffälligkeiten, disserta Verlag, Hamburg

Serec, M., Švab, I., Kolšek, M., Švab, V., Moesgen, D. & Klein, M. (2012): Health-related life-style, physical and mental health in children of alcoholic parents, Drug and alcohol review, 31 (7), 861-870

Thomasius, R. & Stolle, M. (2008): Substanzbezogene Störungen im Kindes- und Jugendalter und therapeutische Strategien, SuchtAktuell 2-2008, Zeitschrift des Fachverbandes Sucht e.V., Bonn

Die Fachklinik Villa Maria Entstehung eines Modellprojektes für suchtbelastete Familien

Helmut Schwehm und Dirk Kratz

Ende der 1980er Jahre hatte die stationäre medizinische Rehabilitation für Menschen, die von sogenannten illegalen psychotropen Substanzen wie Opiaten, Cannabinoiden oder Psychodelika abhängig waren, einen festen Platz im Hilfeangebot der Leistungsträger. Im allgemeinen Sprachgebrauch hatte sich für diese Zielgruppe der Begriff „Drogenabhängige“ in Abgrenzung zu alkoholabhängigen Menschen eingebürgert. Drogenabhängige waren in der Regel mehrfachabhängig, also Polytoxikomane. Zusätzlich zu den genannten Substanzen wurden auch legale Substanzen wie Alkohol, Nikotin und frei zugängliche Medikamente konsumiert.

Wegen des Konsums der illegalen Substanzen und der damit verbundenen Vergehen gegen das Betäubungsmittelgesetz (BtMG) musste die Behandlung drogenabhängiger Menschen immer auch im Spannungsfeld von Hilfe und Strafe weiterentwickelt werden. Abgesichert durch entsprechende Empfehlungsvereinbarungen der zuständigen Leistungsträger und flankiert von Maßnahmen, die in Verbindung mit dem BtMG erfolgten, konnten drogenabhängige Menschen Ende der 1980er Jahre bis zu 18 Monate im Rahmen medizinischer Rehabilitation stationär behandelt werden.

In der 1981 gegründeten Reha-Einrichtung „Fachklinik Ludwigsmühle“ in Lustadt, die damals noch „Therapiezentrum Ludwigsmühle“ hieß, hatte sich zu diesem Zeitpunkt bereits ein Drei-Phasen-Konzept etabliert: Eingangsphase – Therapiephase – Adaptionsphase. Es konnten Männer und Frauen aufgenommen und behandelt werden. Der Eingangs- und Adaptionsphase wurde eine besondere Aufmerksamkeit gewidmet. Erstere senkte die in manchen Reha-Einrichtungen sehr hohe, aber behandlungsethisch problematische Aufnahmeschwelle. Die Adaptionsphase, also die Vorbereitung auf die Teilnahme am Leben der Gemeinschaft ohne manifest abhängiges Verhalten, trug der Erkenntnis Rechnung, dass es manchen Rehabilitand*innen im Schutz der stationären Reha durchaus gelang, abstinent zu leben, aber sie unter realen Bedingungen dennoch häufig rückfällig wurden. Daher wurden bereits in den 1980er-Jahren die Rehabilitand*innen in der dritten Behandlungsphase in Wohngruppen außerhalb der Klinik verlegt. Dort wohnten sie relativ eigenständig, absolvierten in diversen Berufsfeldern

Praktika und wurden dabei psycho- und arbeitstherapeutisch begleitet.

Das Drei-Phasen-Konzept galt als wirksam. Es wurde von der damals zuständigen Landesversicherungsanstalt Rheinland-Pfalz (LVA) gefördert und von anderen Reha-Kliniken übernommen.

Die stärkere Betrachtung von Schwangerschaft und Elternschaft in der Suchthilfe

Dagegen wurde die gemeinsame Behandlung von Männern und Frauen in der medizinischen Rehabilitation drogenabhängiger Menschen nicht nur in der Fachklinik Ludwigsmühle kritisch diskutiert. Sexualität wurde im Kontext abhängigen Verhaltens betrachtet, so dass die Einbeziehung von süchtiger Sexualität, Suchtverlagerung in Sexualität, von Beziehungsabhängigkeit, sexueller Gewalt und Beschaffungsprostitution einerseits als notwendig erachtet wurde. Andererseits wurden aber auch die Schwierigkeiten der gemeinsamen Behandlung erkannt, beispielsweise die Interferenzen von Suchtdynamik und Sexualität, die die Behandlung oft erschwerten. Bis heute sind Frauen in der gemischten stationären medizinischen Reha meistens in der Minderzahl, so dass vor allem die Gefahr von ggfs. re-traumatisierenden Situationen immer zu beachten ist. Aus dieser Diskussion heraus wurden verstärkt geschlechtsspezifische Einrichtungen für Frauen sowie entsprechende Beratungsangebote gefordert und gefördert. Die Fachklinik Ludwigsmühle hielt an dem gemischt geschlechtlichen Konzept fest, entwickelte geschlechtsspezifische Behandlungsmodule und integrierte diese in das gesamte Behandlungskonzept.

Diese Entwicklung führte Ende der 80er und zu Beginn der 90er Jahre zur stärkeren Beachtung von Schwangerschaft und Elternschaft in der Suchthilfe allgemein und in der medizinischen Rehabilitation drogenabhängiger Menschen im Speziellen. Kinder kamen teilweise unter problematischen Bedingungen zur Welt. Mütter lebten unter schwierigen Verhältnissen und Beziehungen zusammen mit kleinen und teilweise auch schon älteren Kindern und zusammen mit abhängigen Partnern, die nicht immer die Väter der Kinder waren. Zunächst lehnten diese Mütter eine stationäre Reha ab. Die Furcht, dass Jugendämter in ihr Leben eingriffen und ihnen dann wegen Kindeswohlgefährdung die Kinder weggenommen würden, schaffte neben der Justiz ein neues „Feindbild". Motivierende Beratung in den Beratungsstellen, Auflagen von Seiten des Jugendamts und Auflagen im Kontext des BtMG führten schließlich dazu, dass grundsätzlich auch Frauen mit Kindern in die medizinische Reha aufgenommen werden konnten. In Folge davon sahen auch drogenabhängige Familien eine Chance, gemeinsam in die Behandlung aufgenommen zu werden.

So nahm auch die Fachklinik Ludwigsmühle Anfang der 90er Jahre Mütter und

Eltern mit ihren Kindern und auch schwangere Frauen auf. Jedoch eröffnete sich dadurch ein ganz neuer Fragehorizont für die Rehabilitation:

- Was geschieht mit den Säuglingen, Kleinkindern, Kindern und Jugendlichen während der Therapiezeiten für die Eltern?
- Sollen überhaupt Jugendliche aufgenommen werden?
- Was geschieht mit schulpflichtigen Kindern?
- Wer übernimmt die zusätzlichen Kosten für Betreuung und Unterkunft der Kinder?
- Was ist zu tun, wenn bei den Kindern infolge der Gefährdungsumgebung bereits Beeinträchtigungen festzustellen sind? Brauchen die Kinder eine eigenständige therapeutische oder heilpädagogische Behandlung?
- Hatten Neugeborene Entzugssymptome, wenn die Mutter während der Schwangerschaft Drogen konsumierte?
- Muss bei polytoxikomanem Drogenkonsum der Mütter während der Schwangerschaft differentialdiagnostisch bei den Kindern das Fetale Alkoholsyndrom (FAS) mit einbezogen werden?
- Welchen neuen oder zusätzlichen Gefahren sind Kinder ausgesetzt, wenn sie ihre Eltern in eine von Erwachsenen dominierte stationäre Reha-Umgebung begleiten?
- Wie reagieren Kinder, wenn Mütter in der gemischtgeschlechtlichen Reha-Klientel neue Partnerschaften eingehen oder wechselnde Partnerschaften pflegen?
- Welche Trennungsbegleitung brauchen Kinder, wenn suchttherapeutisch die Trennung der Eltern nicht nur eine sinnvolle, sondern auch notwendige therapeutische Maßnahme ist?
- Was geschieht, wenn bindungsinstabile Kinder mit vielen potenziellen Bezugspersonen in ständigem Kontakt sind?
- Wie kann man Mütter und Väter „heilen“ und gleichzeitig die Kinder fördern und schützen?

Die Entwicklung eines neuen Hilfeangebotes im praktischen Betrieb

Diese Fragen wurden in der Fachklinik intensiv diskutiert. Trotz dieser komplexen Lage, mit der sich auch zunehmend die zuständige Expert*innenlandschaft befasste, entschloss man sich vor Ort für eine erneute Erweiterung des bestehenden Hilfeangebotes. Hierfür wurde auf politischer und Leistungsträger-Ebene – in diesem Fall mit der federführenden LVA Rheinland-Pfalz und dem zuständigen Drogenreferat im Sozialministerium des Landes Rheinland-Pfalz – zunächst grundsätzlich geklärt, dass die gemeinsame Aufnahme von Müttern, Eltern und Kindern ein wichtiger Baustein der Versorgung drogenabhängiger Menschen werden sollte. Auf dem Gelände der Fachklinik in Lustadt entstand ein eigener

Ort für die Betreuung der Kinder: ein „Kinderhaus", in dem pädagogisches Fachpersonal angestellt wurde. Die Kosten wurden über die sogenannte „Haushilfe" der Reha gedeckt.

Das Hilfeangebot wurde angenommen, so dass die Nachfrage stetig stieg. Bald wurde jedoch klar, dass ein Familienangebot in dieser Form und Nähe zur regulären Drogen-Reha viele Probleme in der Umsetzung offenbarte. Etwa die Vermischung der Klientel, die nicht ausreichende fachliche Betreuung der Kinder mit unterschiedlichen Entwicklungsbeeinträchtigungen, die unklaren Grenzen zwischen Therapie für Erwachsene, Therapie für real anwesende Familien, die nicht ausreichend geklärten Zuständigkeiten von Reha, Haushaltshilfe und Jugendhilfe sowie die unsichere Lage der Kinder bei Therapieabbrüchen der Eltern erforderten ein vollkommen eigenständiges Behandlungskonzept.

Das Leitungsteam der Fachklinik entschloss sich daher, in gemeinsamer Aktion mit der Geschäftsführung der damaligen Therapiezentrum Ludwigsmühle gGmbH, der LVA Rheinland-Pfalz, dem zuständigen Ministerium in Rheinland-Pfalz und in Absprache mit dem Landesjugendamt eine neue sucht- und familientherapeutische Einrichtung aufzubauen, bestehend aus einer Fachklinik, an die ein eigenständiges Kinderhaus angeschlossen ist. 1992 wurde diese Einrichtung dann in einer alten Villa in Billigheim-Ingenheim eröffnet. Der Name der Villa wurde übernommen. Die Fachklinik heißt bis heute „Villa Maria".

Die Fachklinik Villa Maria ist ebenfalls bis heute eine sucht- und familientherapeutische Modelleinrichtung für suchtkranke Eltern, die zusammen mit ihren Kindern stationäre medizinische Reha in Anspruch nehmen wollen oder „müssen". Quasi unter einem Dach werden medizinische Reha und Kinder- und Jugendhilfe im Verbund angeboten. Die Eltern leben gemeinsam mit ihren Kindern in Apartments. Die Kinder werden professionell im Kinderhaus betreut, gefördert und heilpädagogisch behandelt. Für Eltern und Kinder wird ein spezifisches suchttherapeutisches Familientherapiekonzept entwickelt.

Während für die Eltern grundsätzlich als Leistungsträger die Rentenversicherung oder die Krankenkassen infrage kommen, wurde das Kinderhaus als eine vollstationäre Sondereinrichtung der Kinder- und Jugendhilfe angesehen. Dafür wurde ein Pflegesatz mit der Jugendhilfe vereinbart. Grundsätzlich wurde dabei dem tatsächlichen Kinder- und Jugendhilfebedarf Rechnung getragen, dass nämlich aus Jugendhilfesicht sowohl bei den Eltern als auch bei den durch den Lebenskontext der Eltern in ihrer Entwicklung beeinträchtigten Kindern ein Hilfebedarf vorliegt und deshalb die Kinder- und Jugendhilfe zwingend ihren materiellen Beitrag zur Unterstützung der Eltern und zur Förderung und Behandlung der Kinder leisten muss.

Hin und hergeworfen zwischen den Stühlen

Betrachtete man damals den tatsächlichen Jugendhilfebedarf, warf dieser ergänzend zu den o.g. Problemkreisen eine Reihe zusätzlicher diagnostischer, aber auch besonderer leistungsrechtlicher Fragen auf, die Anfang der 1990er Jahre bislang noch nicht in den Fokus gerückt waren:

- Kann man Kinder und Jugendliche in der Obhut abhängiger Eltern lassen?
- Wie ist das Sorgerecht, insbesondere das Aufenthaltsbestimmungsrecht zu regeln und zu handhaben?
- Was passiert bei einem Therapieabbruch der Eltern?
- Wer ist federführend verantwortlich für die Kinder?
- Wer ist leistungsrechtlich verantwortlich? Ist die „Einweisung" der Kinder eine originäre Jugendhilfemaßnahme oder eine Folgemaßnahme der medizinischen Reha?
- Ist leistungsrechtlich für die Kinder das entsendende oder das örtlich zuständige Jugendamt verantwortlich?
- Gilt für die Leistungen der Kinder der Schutz des Anstaltsortes?
- Haben Säuglinge und Kleinkinder einen Hilfebedarf?
- Wer ist leistungsrechtlich für Heilpädagogik und Kindertherapie zuständig?
- Wer ist leistungsrechtlich für Familientherapie in stationären Einrichtungen bei Familien mit Begleitkindern zuständig?
- Sind Begleitkinder, die bei ihren Eltern in Apartments einer stationären Einrichtung leben, stationär, teilstationär oder nur in Tagesgruppen untergebracht?

Diese Fragen begleiten das Management der Fachklinik Villa Maria seit ihrer Gründung, aber ebenso die hybride Leistungsträgerstruktur und der rechtliche Status des Kinderhauses. Zunächst wurde das Kinderhaus wie eine vollstationäre Sondereinrichtung der Kinder- und Jugendhilfe behandelt, für die ein spezifischer Sonderpflegesatz ausgehandelt wurde. Betriebswirtschaftlich führte das zu einigen Problemen: Hatten Eltern oder alleinerziehende Mütter oder Väter mehrere Kinder, war zwar die Jugendhilfeeinrichtung ausgelastet, es konnten dann aber nicht alle Plätze für Erwachsene belegt werden. Umgekehrt war es für das Kinderhaus schwierig, eine kostendeckende Belegung zu erreichen, wenn ein erwachsenes Paar nur ein Kind hatte oder eine Frau schwanger war und ohne Kind aufgenommen wurde.

Hinzu kam, dass Mitte der 90er Jahre der Status des Kinderhauses vom zuständigen Landesjugendamt infrage gestellt wurde. So sei das Kinderhaus keine vollstationäre Sondereinrichtung, und außerdem handle es sich bei den Maßnahmen im Kinderhaus nicht um eine originäre Jugendhilfemaßnahme, sondern um eine Folgemaßnahme der medizinischen Reha. Daher sei die medizinische Reha in Gänze für die Kosten verantwortlich. In der Folge gab es mehrere Verhandlungsrunden, in denen die leistungsrechtlichen Zuständigkeiten diskutiert wurden. Während die Reha ihre Zuständigkeit für Jugendhilfemaßnahmen strikt ablehnte, lehnte die Jugendhilfe die Zuständigkeit für das Kinderhaus ab. Eine äußerst unglückliche Patt-Situation.

Es gab schließlich eine grundsätzliche Vereinbarung, die als Grundlage für alle weiteren Agreements bzgl. der Aufnahme von Eltern mit Kindern diente. Die damalige LVA erklärte sich bereit, für jedes aufgenommene Kind Haushaltshilfe zu zahlen. Bei der Beantragung der stationären Reha für die Eltern konnte demnach für jedes aufgenommene Kind Haushaltshilfe beantragt und gewährt werden, obwohl die Haushaltshilfe ursprünglich nicht für die Aufnahme von Begleitkindern und schon gar nicht für die Deckung eines Kinder- und Jugendhilfebedarfes gedacht war. Die Mittel für Haushaltshilfe decken auch nicht den tatsächlichen Jugendhilfebedarf. Die Jugendhilfe akzeptierte das Kinderhaus der Villa Maria als Jugendhilfe-Einrichtung und entschied für das heilpädagogische Kinderhaus den Status einer Tagesgruppe unter Berücksichtigung der besonderen Schwierigkeiten bei der Zielgruppe zu erteilen. Für die Tagesgruppe wurde ein Entgeltsatz vereinbart, der jedoch die Haushaltshilfe-Mittel integrierte. Die Kinder- und Jugendhilfe sollte „nur" die Differenz zwischen Reha-Haushaltshilfe und Pflegesatzhöhe übernehmen.

Bis heute gilt diese Vereinbarung als Richtlinie. Sie wurde auf Landesebene in Rheinland-Pfalz getroffen und hat keine durchgreifende Rechtsverbindlichkeit auf die Jugendämter anderer Bundesländer und deren Kreise oder anderen Reha-Träger, wie die Deutsche Rentenversicherung im Bund und in den Regionen. So müssen in den einzelnen Fällen immer wieder fallbezogene Vereinbarungen für die Aufnahme von Kindern getroffen werden. Diese orientieren sich in der Regel an dem in Rheinland-Pfalz erarbeiteten Agreement, erfordern aber ein besonderes und aufwändiges Aufnahmemanagement, um die jeweiligen Familienkontexte professionell zu berücksichtigen:

- Macht die gemeinsame Aufnahme von Eltern und Kindern wirklich Sinn?
- Sind die Kinder vor Aufnahme vielleicht schon in guten Beziehungskontexten untergebracht, die nicht abgebrochen werden sollten?
- Gibt es gute Gründe, Kinder im schulpflichtigen Alter aufzunehmen?
- Macht die gemeinsame Aufnahme von Eltern bzw. Lebenspartnern in einer Einrichtung wirklich Sinn?
- Soll bis zu einem regulären Therapieabschluss das Aufenthaltsbestimmungsrecht für die Kinder den Eltern entzogen werden?

- Ist ein fachlich begleitender Kontext mit zuständigen Jugendämtern gesichert?
- Ist Bereitschaftspflege für den Fall eines Therapieabbruches gesichert?
- Sind die Bedingungen des §8a SGB VIII gesichert?
- Kann eine suchtspezifische sozialpädagogische Familienhilfe als Nachsorgebaustein bereits vor Therapiebeginn vereinbart werden?

In kleinen und großen Schritten Richtung Zukunft

Das Konzept der Villa Maria integriert die Lebenswirklichkeit von Eltern mit Kindern in den Kontext der stationären Reha. Es ist insofern realitätsnah und dadurch wirksam. Es fügt sich gut ein in das Konzert der Vereinbarungen und Empfehlungen der Leistungsträger der medizinischen Reha, von der Grundsatzentscheidung 1978 bis hin zur Nachsorgevereinbarung 2012, zur kombinierten Behandlung in 2015 und zur Nahtlosigkeit der Hilfeangebote in 2017. Die Kernzeiten der stationären Behandlung wurden in diesen Zeiten deutlich verkürzt. Das bedauern viele Rehabilitand*innen rückblickend. Gleichwohl ist aber die modulare Flexibilität und die gezielte indikative Zugriffsmöglichkeit auf diversifizierende Behandlungsangebote ein Gewinn.

In den zurückliegend fast 3 Jahrzehnten hat sich die Arbeit in der Fachklinik Villa Maria und dem mit ihr verbundenen heilpädagogischen Kinderhaus, also genau gesagt in der heilpädagogischen Tagesgruppe der Villa Maria, fachlich überzeugend weiterentwickelt und als Angebot der Suchthilfe etabliert. Zum überwiegenden Teil wird von den zuweisenden Institutionen das bestehende Agreement akzeptiert. Das entspricht auch insoweit der Philosophie des SGB IX, dass Leistungsträger Vereinbarungen zur Hilfeleistung treffen sollen, wenn die Zuständigkeiten im versäulten Leistungssystem nicht eindeutig geklärt sind.

Für das Zuweisungsmanagement haben viele Suchtberatungsstellen einen wichtigen Beitrag geleistet, indem sie das „Feindbild Jugendamt" bei der betroffenen Klientel umwandeln konnte von einer „Kind-Wegnahme-Institution" zu einer akzeptierten Hilfe-Institution. Für die Nachsorge konnten wirksame Betreuungsmodelle mit den zuständigen Jugendämtern entwickelt werden. Für die berufliche Wiedereingliederung wurden spezifische Module entwickelt, die gerade auch alleinerziehenden Müttern neue Job-Perspektiven eröffneten.

Mit einem wachsenden Hilfenetzwerk vor Ort konnte auch die Behandlung immer besser auf die Situation der suchtbelasteten Familien abgestimmt werden. Während der Behandlungsphase der Eltern werden die Kinder altersgemäß betreut, gefördert und heilpädagogisch behandelt. Bei Säuglingen und Kleinkindern steht die fachliche Unterstützung für eine gedeihliche Eltern-Kind-Interaktion im Vordergrund. Das entspricht dem grundsätzlichen Anspruch der frühen Hilfen. Mit fortschreitendem Alter der Kinder werden differentialdiagnostisch die passenden Behandlungsmodule entwickelt und in Kooperation mit einem kinder- und jugendpsychiatrischen Konsiliardienst eingesetzt. Nachwirkungen von neonatalen Entzugssyndromen, sozioemotionale Störungen, ADS und ADHS sind Beispiele für die Behandlungs- und Betreuungsanforderung im Kinderhaus der Villa Maria. Schulkinder werden aufgrund von Kooperationsabsprachen in den umliegenden Schulen aufgenommen. Schulische Elternarbeit wird realitätsnah trainiert.

Die begleitende Elternarbeit nimmt einen großen Raum ein. Die Elternkind-Interaktion wird sowohl in festen Settings wie beim Video-Feed-Back nach „Marte Meo", als auch bei der scheinbar zufälligen Beobachtung in Alltagssituationen vom Team des Kinderhauses aufgearbeitet. Die Feedback-Auswertungen haben einen nachhaltigen Effekt auf das Erziehungsverhalten der Eltern und die Entwicklung der Kinder. Zudem reagieren die meisten Kinder auffallend schnell auf die sichere Alltagsstruktur und die verlässlichen Rituale in der Gesamteinrichtung der Villa Maria.

Mit dem besonderen Blick auf frühe Hilfen in den 2000er Jahren änderte sich auch die Altersstruktur der zu fördernden Kinder. Schwangerschaften bei Aufnahme oder die Aufnahme von Säuglingen wurden die Regel, auch die Aufnahme von kinderreichen Familien oder Elternteilen, deren Kinder sich bereits teilweise in Obhut befinden. Das veränderte gleichzeitig den räumlichen und fachlichen Betreuungs- und Förderbedarf. Die Räume, in denen das Kinderhaus in den 90ern errichtet wurde, konnten diesem Anspruch nur noch sehr eingeschränkt gerecht werden. Mit einem Neubau und einer damit verbundenen Überarbeitung der Konzeption des Kinderhauses sollte diesem Defizit begegnet werden, jedoch war die fehlende Finanzierung eine große Hürde für dieses Unterfangen.

Alleine durch die Förderung der Herzenssache e.V., die Kinderhilfsaktion von SWR, SR und Sparda-Bank, konnte ein Neubau realisiert werden – und steht nun seit dem Frühjahr 2020 auf dem Gelände der Villa Maria und heißt „Herzenssache Kinderhaus". 2021 wird noch das Außengelände kindgerecht weiterentwickelt, u.a. mit einem Spiel- und Kletterturm.

Die Diskussion um die Finanzierung des Entgeltsatzes aus Reha-Haushaltshilfe und Jugendhilfe-Pflegesatz ist im Zuge mehrerer Gesetzesänderungen und politischen Entwicklungen, aber auch aus betriebswirtschaftlichen Gründen ein wiederkehrendes Thema. Durch das Flexirentengesetz etwa wurde ein eigener Reha-Anspruch für Kinder und Jugendliche definiert, so dass sich die Frage stellte, inwiefern die Leistungen im Kinderhaus damit abgedeckt oder erweitert werden konnten. Reha-Leistungen für Kinder aus suchtbelasteten Familien ohne eigene Indiktion existieren aber bislang nicht, da die Reha-Landschaft sich diesbezüglich als viel zu unbeweglich erweist. In der Praxis wurde zwar das Problem erkannt, dass Kinder und Jugendliche in der Reha häufig in problematischen und nicht selten suchtbelasteten Familiensituationen stecken, die Eltern aber nicht hinreichend behandelt oder wenigstens unterstützt werden, sondern lediglich als „Begleitpersonen" aufgenommen werden. Und umgekehrt erhalten Kinder als „Begleitpersonen" in der Reha in der Regel keine hinreichende heilpädagogische oder therapeutische Förder- oder Behandlungsplanung. Für die Villa Maria hat sich also durch das Flexirentengesetz genauso wenig wie für Kinder aus suchtbelasteten Familien geändert. Andererseits führt die prekäre Lage der kommunalen Finanzen vermehrt zu Konflikten bzgl. der Zahlung des Jugendhilfesatzes, und der Prozess von der Platzanfrage bis zur Aufnahme von Familien in die Fachklinik Villa Maria gestaltet sich noch immer so hürdenreich und zeitintensiv wie zu Beginn der 90er Jahre.

Modellprojekte zwischen sozialrechtlichen Säulen können sich in Deutschland nur auf dem Fundament des politischen Willens aller beteiligter Akteure langfristig halten – und auch weiterentwickeln. Familientherapeutische Hilfen existieren nicht flächendeckend und besitzen keine klare Kostenträgerzuschreibung. Im Zweifel müssen diese Angebote privat abgerechnet werden, was den Zugang für Familien in prekären Lebenslagen verunmöglicht. In Anbetracht dessen, dass wir in Deutschland von über zwei Millionen Kindern in suchtbelasteten Familiensituationen sprechen und die Dunkelziffer weit höher liegt, sollte es deswegen eine zentrale Aufgabe für die politischen Verantwortungsträger*innen sein, Angebote und Einrichtungen wie die Villa Maria von ihrem Modellcharakter in einen rechtlich sicheren Status zu führen und familientherapeutische Hilfen flächendeckend zu ermöglichen. Fatal wäre es dagegen, verantwortlichen Fachkräften auf Trägerebene immer wieder neue begrenzte Förderideen zu präsentieren mit dem Appell, sie sollten sich mehr engagieren. Denn das tun sie schon lange – im Fall der Villa Maria bereits seit weit über 30 Jahren.

Lauftherapie und ihr therapeutischer Nutzen für Kinder und Jugendliche mit einer Traumatisierung

Peter Schay und Fabian Peters

Zusammenfassung

Die Studien zur Lauftherapie zeigen, dass der Ausdauerlauf ein breites (positives) Wirkungsspektrum bei Menschen mit psychischen Erkrankungen und auch bei schwer depressiven Patienten eine positive Auswirkung auf die Lebensqualität, die Verringerung von depressiven Symptomen, Angst und komorbiden Schmerzen haben kann. Insbesondere früher Drogenkonsum hat verheerende Auswirkungen auf die psychische Gesundheit (vor allem Depressionen, Panikstörungen, Phobien und dissoziale Störungen).

Die Behandlung/Betreuung von suchtmittelkonsumierenden Kindern und Jugendlichen mit traumatischen Erfahrungen in ihrer Biografie stellt eine große Herausforderung an das Behandlungssystem dar. Notwendig ist ein langfristig angelegtes Behandlungssetting, das auf die individuelle Situation des Patienten abgestimmt werden kann.

Mit der Lauftherapie ist eine äußerst positive Methode auf die Psyche des Menschen entwickelt worden, sie trägt „zur positiven Beeinflussung der emotionalen und psychischen Gesundheit" von Kindern und Jugendlichen – präventiv, therapeutisch und rehabilitativ – bei.

Psychologische Studien mit sozial benachteiligten und traumatisierten Kindern und Jugendlichen zeigen, dass Lauftherapie ein ganzheitlicher Weg zur Prophylaxe ist und bei der Behandlung von erheblichen Beeinträchtigungen und Störungen und bei der Reduktion bei PTBS signifikante Erfolge aufweist.

Lauftherapie muss in Kombination mit klassischen Therapien (bspw. Intergrativer Therapie, Systemischer Therapie, Gesprächstherapie) angewendet werden.

1 Einleitung

In der Fachwelt wird seit ca. 30 Jahren beschrieben, dass die Lauftherapie therapeutische Wirkungen hat.

In empirischen Studien werden positive Effekte des Laufens auf die Psyche dokumentiert. Aber es mangelt an einer wissenschaftlichen Auseinandersetzung und die Ergebnisse zeigen divergierende Schlüsse zur (positiven) Wirkung der Lauftherapie.

Differente Erklärungsmodelle zur Wirkweise, die mitunter empirisch nicht (mehr) haltbar oder bestenfalls nicht belegt sind, postulieren eine gute Wirksamkeit des Ausdauerlaufens, die auf Erfahrungsberichten von ambitionierten Praktikern beruhen (vgl. *Stoll & Ziemainz,* 2012, 2ff.).

Während das therapeutische Potenzial der Lauftherapie im Hinblick auf die Verbesserung der physischen Gesundheit (bspw. auf das Herz-Kreislauf-System, die Lunge und das Körpergewicht) als empirisch überprüft und gesichert gilt (vgl. *Stoll, Ziemainz,* 2012, 15ff.; *Marquardt,* 2012, 13ff.; *Aderhold, Weigelt,* 2012, 2ff.; *Bartmann,* 2009, 15ff.), sollte die Wirkung von Ausdauerläufen auf psychische Parameter und dessen salutogenetische Einflussnahme auf die psychische Gesundheit noch weiter erforscht werden, insbesondere bei Kindern und Jugendlichen.

2 Auswirkungen des Suchtmittelkonsums bei Kindern und Jugendlichen

Der Konsum von Drogen verursacht – je nach Disposition des Konsumenten, Intensität und Dauer des Konsums und Qualität der Droge(n) – somatische, neurologische und psychische Schäden. Häufig zeigen sich ausgeprägte komorbide Störungen wie Persönlichkeitsstörungen, Depressionen, PTBS etc.

Nach *Thomasius* et al. (2001) kann insbesondere früher Drogenkonsum verheerende Auswirkungen auf die psychische Gesundheit haben. Von kinder- und jugendpsychiatrischer Relevanz sind vor allem Depressionen, Panikstörungen, Phobien und dissoziale Störungen. Zunehmend finden sich bei Cannabiskonsumenten auch Reifungs- und Entwicklungsstörungen (vgl. *Fegert, Häßler,* 2004).

Thomasius et al. (2003) bezeichnen Suchtstörungen als epidemiologisch wichtigste entwicklungsbezogene Störungen im Kindes- und Jugendalter.

Zu Beginn des Konsums psychotroper Substanzen kommt es zu positiv bewerteten Erlebnissen und die Zugehörigkeit zu einer bestimmten Gruppe wird als Aufwertung empfunden.

Negative Auswirkungen (u.a. familiäre Konflikte, abnehmende schulische Leistungsfähigkeit/Teilhabe am sozialen Leben etc.) werden oft nicht reflektiert und führen nicht zu Verhaltensänderungen.

Wenn sich aus dem sporadischen Konsum ein schädlicher Gebrauch entwickelt, stehen nicht mehr Neugier und Zugehörigkeit im Zentrum der Motivation, sondern die gewünschte Beeinflussung der Stimmung. Veränderungen im Bereich der Normen und Werte (deviante Entwicklungen) sind festzustellen.

Die Behandlung/Betreuung von suchtmittelkonsumierenden Kindern und Jugendlichen „mit traumatischen Erfahrungen in ihrer Biografie stellt eine große Herausforderung an das Behandlungssystem dar. Intensiver fachlicher Austausch und weitgehende Lernprozesse sind erforderlich, um die [Angebote] kontinuierlich und systematisch so zu verbessern, dass ein traumaspezifischer Behandlungsansatz bei komplex-traumatisierten Patienten einen hoch wirksamen und effizienten Behandlungsrahmen schafft. [...] Notwendig ist ein langfristig angelegtes Behandlungssetting, das auf die individuelle Situation des Patienten abgestimmt werden kann“ (*Schay* et al., 2009).

Eine Einsicht in Behandlungsbedürftigkeit entwickelt sich bei Kindern und Jugendlichen üblicherweise erst im Verlauf von Jahren. Entsprechend werden in Konsumzeiten adoleszente Entwicklungsaufgaben nur eingeschränkt wahrgenommen.

3 Sucht als Folge von Traumatisierungen

Psychische Störungen und Abhängigkeitserkrankungen gehören „zu den wichtigsten Folgestörungen nach Traumatisierungen“ (*Reddemann*, 2005, 5).

Um die Jahrtausendwende wurden psychische Traumatisierungen bei Kindern und Jugendlichen deutlich unterschätzt, weil man davon ausging, dass die kognitiven und psychischen Strukturen im Kindes- und Jugendalter noch nicht ausgereift sind und das „Geschehene in all seinen Dimensionen bewusst nicht begreifen“ (vgl. *Sonnenmoser*, 2009).

Merke
Bei Kindern und Jugendlichen werden mit einer Diagnose von Persönlichkeitsstörungen negative Verhaltensmuster stigmatisiert, die sich negativ auf die Entwicklung des Kindes, sein Selbstkonzept und auf sein familiäres Umfeld auswirken.

Die diagnostischen Kriterien für die Erfassung von Persönlichkeitsstörungen im Jugendalter unterscheiden sich nicht von denen für Erwachsene. Eine differenzierte Diagnostik wird helfen, speziell für Persönlichkeitsstörungen im Kindes- und Jugendalter entwickelte Behandlungsverfahren einzusetzen, um eine Chronifizierung der Störung so weit wie möglich zu verhindern (vgl. *Schmeck* et al., 2014, 13).

Untersuchungen haben gezeigt, „dass sich zentrale Aspekte des Störungsbilds (Symptomatik, Prävalenz, Stabilität, Behandelbarkeit) zwischen Jugendalter und Erwachsenenalter kaum unterscheiden. Folgerichtig gibt es im 2013 veröffentlichten amerikanischen Diagnosemanual DSM-5 keine Altersbeschränkung mehr für die Klassifikation von Persönlichkeitsstörungen (mit Ausnahme der antisozialen Persönlichkeitsstörung, die nicht vor dem 18. Lebensjahr diagnostiziert werden soll), und auch für die 11. Revision des internationalen Klassifikationsschemas ICD ist eine Aufhebung der Altersbeschränkung geplant. Das ist sehr zu begrüßen, da es inzwischen ausreichend viele Therapieoptionen für die Behandlung von Persönlichkeitsstörungen im Jugendalter gibt (ebenda, 13ff).

Traumatisierungen bei Kindern haben schwerwiegende Kurz- und Langzeitfolgen, die sich bis ins Erwachsenenalter auswirken (*DIPT,* 2020). „Studien belegen [...], dass [...] mit höheren Inzidenzraten gerechnet werden muss [und] als Folge von sexueller Traumatisierung in der Kindheit [...] bei 35-55% aller Betroffenen zu einer klinisch relevanten PTSD [führt]" (*Flatten,* 2004, 404).

Im Kindes- und Jugendalter werden u.a. Verhaltensweisen entwickelt:

- deprimiert und teilnahmslos, ängstlich
- übertrieben aktiv (hyperaktiv) und tyrannisch
- ständig wiederholte Verhaltensweisen
- veränderte Einstellungen zu Menschen
- Vertrauensverlust und negative Lebenserfahrungen

„Das individuelle Leid der betroffenen Kinder, ihrer Familien, die tiefe Krise [...] lässt sich schwer mit Zahlen beschreiben." Erstaunlich ist, dass sich die „Jugendhilfe in Deutschland [...], die u.U. lebenslang mit den diversen Folgeschäden [auseinandersetzt, nicht] mit allen verfügbaren Mitteln [die Betroffenen] in der Bewältigung ihrer Lebensgeschichte unterstützt" (*Habetha* et al., 2012, 132ff).

Aber: Die kinder- und jugend-psychosoziale Versorgung insgesamt wird als unzureichend betrachtet. Dementsprechend muss festgestellt werden, dass die Ausbildung der Mitarbeiter in der Jugendhilfe (und z.T. auch in der Suchthilfe) für diese Problematik nicht ausreichend ist.

Es muss ein relevanter Versuch unternommen werden, die deutlichen Versorgungslücken für die Betroffenen mit ihren Folgen auszuschließen und die Mitarbeiter mit entsprechender Kompetenz im Traumabereich zu spezialisieren.

Repräsentative Untersuchungen haben offenbart, dass 49,3% der Kinder und Jugendlichen emotional bzw. 48,4% körperlich vernachlässigt wurden. Emotionale Misshandlung betraf 14,9%, körperliche Misshandlung 12,0% und sexueller Missbrauch 12,5% der Befragten. Lebenslange Folgeerscheinungen zeigen sich bei „vielen, vielleicht sogar den meisten" in der sozialen, emotionalen und körperlichen Entwicklung, „verbunden mit einem erhöhten Risiko u.a. für psychische Störungen, Alkohol- und Drogenprobleme".

Krausz, Schäfer, Lucht und Freyberger (2005, 498) kommen nach Auswertung zahlreicher Studien im Zusammenhang zwischen belastenden Bedingungen in der Kindheit und Substanzmittelmissbrauch bzw. -konsum zu folgendem Fazit: „Im Sinne der skizzierten Risikokonstellationen ist Traumatisierung in Kindheit und Jugend gerade in der Verbindung mit Sucht in der Herkunftsfamilie ein Risikofaktor von hohem Gewicht. Das anfangs Lustvolle beim Konsum psychotroper Substanzen, die Reduktion von Spannung, Schmerz und Angst, die Betäubung – vielleicht die Distanz zur eigenen Geschichte, der Abstand zur Erinnerung, zur traumatischen Verletzung – wird sehr schnell zur dysfunktionalen Selbstbetäubung und schließlich zum sich selbst aufrechterhaltenden System der Abhängigkeit. Lust spielt schließlich keine Rolle mehr in der Sucht, es dominiert der Versuch der Reduktion von Leid."

Lüdecke, Sachsse und Faure (2005, 372) betonen die Relevanz von belastenden Faktoren in der Kindheit und sprechen aber eindeutig dafür, dass „traumatisierende Kindheitserfahrungen ein ätiologisch relevanter Faktor für die Entwicklung einer Suchterkrankung sind".

Merke

Die Lebensgeschichten von Kinder und Jugendlichen sind durch Traumatisierungen geprägt, wie Deprivation, sexueller Missbrauch, körperliche oder emotionale Misshandlung (vgl. *Schäfer, Reddemann,* 2005, *Moggi,* 2007, *RKI,* 2008, 2012, *DPWV,* 2018): ca. 15% der Kinder und Jugendlichen zeigen Anhaltspunkte für psychische Probleme.

Jungen sind mit 17,8% deutlich stärker betroffen als Mädchen mit 11,5%. Jungen sind insbesondere mit unaufmerksamem und hyperaktivem Verhalten (10,8%) und aggressiv-dissozialem Verhalten (17,6%) betroffen, Mädchen mit Ängstlichkeit und Depressivität (9,7%).

Typische Risikofaktoren für Kinder und Jugendliche sind familiäre Probleme, Trennung der Eltern, schwere Erkrankungen oder Todesfälle in der Familie, schulische Über- oder Unterforderung, Mobbingerfahrungen, sexueller Missbrauch und körperliche Misshandlung und Alkohol- und Drogenmissbrauch. Als deutliche Defizite sind hier zu nennen:

- Niedriger Sozialstatus, mit einem alleinerziehenden Elternteil (90% Mütter) und arbeitslosen Eltern.
- Ca. 20% haben unzureichende personale, soziale und familiäre Ressourcen.
- Mit psychisch kranken Eltern ist ein besonders hohes Risiko verbunden.

Anmerkung: Die Zahlen der *Bundesdrogenbeauftragten der Bundesregierung* (vgl. Sucht- und Drogenbericht, 2019) und des *DPWV* (2018) zeigen, dass diese Zahlen sich aufgrund der gesellschaftlichen und sozialen Gegebenheiten in den letzten Jahren erhöht haben.

„Je früher die Traumatisierung beginnt, desto mehr wird die Persönlichkeit des Kindes zerstört. Ihr Grundvertrauen [wird] ihnen genommen. Es ist sehr schwer, dies wiederaufzubauen [...] und ihnen dabei zu helfen, wieder am Leben teilzunehmen" (*Lüdke,* 2020).

Ressourcen

Unter *persönlichen Ressourcen* verstehen wir alle gesundheitsfördernden Kompetenzen, Aktivitäten und Einflüsse, mit denen eine Grundhaltung dem eigenen Leib und der Umwelt gegenüber geprägt wird. Hierbei ist es wichtig, sich nicht auf Negatives und Belastendes, sondern auf die eigenen Fähigkeiten zu konzentrieren, d.h. gegenwärtige Stärken, persönliche Ziele, positive Erfahrungen.

Die Arbeit mit Ressourcen, Ressourcenbeständen und Ressourcenpotenzialen beinhaltet, „das Auffinden bzw. Neu-Erfinden von Situationen, die dem Patienten guttun, bzw. die er sogar als „heilsam" erlebt. [... D.h.] ausreichende Fürsorge für sich selbst aufbringen zu können. […] Das Spektrum reicht dabei von der Ermutigung zu achtsam liebevollem Umgang mit dem eigenen Körper, über […] Naturerleben in verschiedenster Form, maßvoller sportlicher Aktivität, […] bis hin zu imaginativen Methoden wie „sicherer innerer Ort" (*Hofer-Moser,* 2005, 23).

Personenbezogene Ressourcen sind persönliche Leistungsvoraussetzungen, die als Personale Ressourcen aufgrund von Charaktereigenschaften vorhanden sind. Beispiele: Zuversicht, Optimismus, Kontaktfähigkeit, Selbstwertgefühl/Selbstvertrauen, Bildung, Geduld, innere Ruhe und Gelassenheit.

Soziale Ressourcen besitzen einen hohen Stellenwert, um mit Belastungen erfolgreich umzugehen. Beispiele: Unterstützung durch die Familie, soziale Unterstützung durch soziales Netzwerk (Freunde, Bekannte).

Das Ziel ist „eine gesunde psychische Entwicklung von Kindern und Jugendlichen zu stärken und psychische Auffälligkeiten frühzeitig zu erkennen und zu behandeln. […] ***Präventionsmaßnahmen*** [müssen] darauf abzielen, die personalen Ressourcen […] ***weiterzuentwickeln.*** […] Besonders günstig ***ist eine Verbindung mit der Förderung der körperlichen Aktivität***" (*RKI,* 2008, 25).

4 Die Wirkweise des Laufens auf psychische Parameter

Warum das Laufen positiv auf die Psyche des Menschen einwirkt, interessiert Wissenschaftler seit Mitte des letzten Jahrhunderts. In frühen Erklärungsansätzen der sechziger Jahre, welche sich auf US-amerikanische Forschungen stützten, war die Rede von „second wind" oder „spin out", womit man die temporäre Stimmungsaufhellung eines Langstreckenläufers zu beschreiben versuchte. Mit der Entdeckung des Beta-Endorphins im Jahr 1977 glaubte man die oft beschriebenen Glücksgefühle der Langstreckenläufer entmystifizieren zu können (vgl. *Marlovitz,* 2004, 46f.). Die Beta-Endorphinhypothese als ein physiologisches Erklärungsmodell konnte einer empirischen Prüfung nicht standhalten, zumal das entspannte und harmonische Gefühl, welches sich nach wenigen Kilometern bei einem geübten Läufer einstellt, nicht durch Beta-Endorphinausschüttung erklärt werden kann, da diese sich erst nach ca. dreißig Kilometern Dauerlauf zuträgt (vgl. ebenda, 46ff.). Nach *van der Mei, Petzold und Bosscher* (1997, 401) sind die Leistungsdauer, die Art der Aktivität, geschlechtsspezifische Effekte, Unterschiede in den Beta-Endorphinanalysetechniken, das Niveau des Trainingszustandes, Umgebungsfaktoren und die Grundwerte der Beta-Endorphinkonzentrationen noch sehr unzureichend erforscht, so dass keine fundierte Stellungnahme möglich erscheint.

Neben der Beta-Endorphinhypothese fungierten ebenso die Thermoregulationshypothese (bzw. das sog. physiologische Aktivierungsmodell) und die Katecholaminhypothese als Erklärungsansätze; auch sie beanspruchen die Entstehung von Wohlbefinden mit physiologischen Prozessen begründen zu können. Die Thermoregulationshypothese erklärt die entspannende Wirkung des Laufsports mit der Zunahme der Durchblutung peripherer Organe und dem Anstieg der Körpertemperatur, während die Katecholaminhypothese kongruent zur Beta-Endorphinhypothese eine Ausschüttung von Katecholamin für die entsprechende Wirkung verantwortlich macht (vgl. *Stoll & Ziemainz,* 2012, 22; *Bartmann,* 2009, 67ff.). Als die physiologischen Modelle zur Erklärung der Wirkweise des Laufens auf psychische Parameter als nicht mehr ausreichend bzw. nicht aussagekräftig angesehen worden waren, etablierten sich nach und nach psychologische Erklärungsansätze.

Zu den ersten sportspezifisch formulierten psychologischen Modellen zählt die Selbstwirksamkeitshypothese; basierend auf einer Annahme *Banduras* begründet sie die Wirkung des Laufens damit, dass das Individuum im und durch Sport Barrieren überwinden und subjektive Kontrollerfahrungen machen kann (vgl. *Stoll & Ziemainz,* 2012, 23; *Schwenkmezger,* 1993, 204ff.).

Andere psychologische Modelle konzentrieren sich auf die Ablenkung vom alltäglichen Stress (Ablenkungshypothese) oder auf meditative Bewusstseinszustände (sog. Flow-Erfahrungen). Die Ablenkungshypothese fokussiert das „time out", das den Patienten von den Sorgen ablenkt. Es stellt sich die Frage, ob die körperliche Aktivität beim Laufen eine so dominante Ablenkung bereithalten kann, dass negative Gedankenspiralen und Gedankenschema unterbrochen werden und Gedanken verlagert werden können.

Die Theorie der Wirksamkeit unspezifischer Begleitzustände setzt den positiven Effekt des Laufens mit den Begleitumständen, bspw. mit der Anwesenheit einer attraktiven Trainerin (vgl. *Stoll & Ziemainz,* 2012, 23) in Beziehung.

In den vergangenen 25 Jahren sind diese Erklärungsversuche auf den Prüfstand gekommen, so dass deren Alleinvertretungsansprüche nach der heute vorherrschenden Meinung als illusorisch umschrieben werden können.

Es haben sich zwei Erklärungsansätze herauskristallisiert, welche derzeit den Ruf genießen, tragfähig und empirisch fundiert zu sein: Die Endocannabinoid-Hypothese und die Transiente Hypofrontalitätshypothese (vgl. ebenda, 24ff.).

Beide können der Erkundung der komplexen Wirkweise des Laufens auf die Psyche nicht in Gänze gerecht werden, liefern aber wertvolle Anhaltspunkte für die weitere Forschungsarbeit auf eben diesem Gebiet.

„*Russo* (2004) konnte (mit seiner Empirie zur Endocannabinoid-Hypothese; d. Verf.) zeigen, dass die Aktivierung des Endocannabinoid-Systems nachweislich zu sehr intensiven subjektiven Erfahrungen, zu Schmerzlinderung sowie verringerter situativer Ängstlichkeit, einem Zustand der ruhigen Introspektion, einem allgemeinen Wohlbefinden und der Empfindung des Verlusts der Wahrnehmung von Zeit und Raum führt" (ebenda, 25). Auf der Suche nach den Endocannabinoid-Rezeptoren (vgl. auch *Matias, Pochard, Orlando, Salzet & DiMarzo,* 2002) ist es *Dietrich* (2006) gelungen, herauszufinden, dass das System von Endocannabinoiden durch Ausdauersport aktiviert werden kann. Die Transiente Hypofrontalitätshypothese, der kognitiven Neuropsychologie entstammend, begründet die Laufwirkung nicht mit einer Veränderung im Neurotransmitter-System, sondern mit der Herunterregulierung präfrontaler Hirnregionen durch Ausdauersport, in dem Sinne, dass durch den Laufsport mehrere bestimmte Hirnareale derart stark aktiviert werden, dass andere Hirnareale in Folge einer Verschiebung dieser Ressourcen derart unterbeansprucht werden, dass meditative Bewusstseinszustände ablaufen und bewusste, kognitive Prozesse wie Grübeln, negative Selbstgespräche, Problemlöseversuche o.Ä., bspw. häufig bei depressiven und ängstlichen Menschen zu finden, verringert werden können (vgl. *Stoll & Ziemainz,* 2012, 24ff., 58f.). „Der psychologisch-gesundheitliche Gewinn, den der Mensch aus regelmäßiger, sportlicher Aktivität erzielt, liegt im Wesentlichen in dem Aufwand, den das Gehirn aufbringen muss, um eine Aktivierung großer Muskelgruppen zu bewerkstelligen" (ebenda).

Beide Modelle gelten derzeit als geeignet, um kurzfristige positive Effekte des Laufens zu erklären. Sie können jedoch nicht herangezogen werden, um langfristige positive Wirkweisen auf psychische Parameter zu identifizieren.

Merke
Lauftherapie trägt „zur positiven Beeinflussung der emotionalen und psychischen Gesundheit" von Kindern und Jugendlichen bei – präventiv, therapeutisch und rehabilitativ (ebenda, 31).

5 Bewegungs- und sporttherapeutische Angebote

(vgl. *Schay et al., 2006, Schay, 2011/2013)*

Bewegungs- und sporttherapeutische Maßnahmen vermitteln eine Strategie der Lebensbewältigung. Dazu zählt nicht nur die individuelle Psychohygiene, das gedankliche und emotionale Aufarbeiten von Konflikten des Alltags während des Laufens, das Wiedergewinnen der in unseren kopflastigen Berufen häufig verlorenen Körperidentität, sondern auch die soziale Funktion der Gruppe. Möglicherweise wird der Stellenwert dieser sozialen Funktion dadurch noch gesteigert, dass sich die sozialen Beziehungen zunächst nonverbal vollziehen. Mit anderen Worten: Die Beteiligten müssen nicht reden, aber sie sind dennoch nicht allein und können sich öffnen, wenn der Leidensdruck etc. sie dazu drängt.

Die Angebote sind in *differenzieller* Weise auf den „ganzen Menschen" gerichtet und fördern die Entwicklung der Persönlichkeit mit vielfältigen Instrumenten der Gesundheitsförderung und Krankheitsbewältigung. Als Dimensionen dieses Ansatzes sind im Besonderen herauszustellen (vgl. auch Inhalte und Ziele der sozialen und medizinischen Rehabilitation gem. SGB V, VI, VIII, IX und XII):

1. eine **kurative Dimension** zur Heilung und Linderung seelischer und psychosomatischer Störungen und Leidenszustände mit Krankheitswert.
2. eine **gesundheitsfördernde Dimension** zur Entwicklung einer gesundheitsbewussten Lebensführung und eines gesundheitsaktiven Lebensstils.
3. eine **persönlichkeitsentwickelnde Dimension**, um die eigene Lebensführung aktiv zu planen, zu gestalten und voranzubringen, d.h. seine persönliche Souveränität zu entwickeln.

Das Ziel ist das „Durchführen regelmäßiger körperlicher Aktivität, um einen Rückfall und ein erneutes Aufflammen der psychischen Symptome zu verhindern" (vgl. *Schay*, 2006, 2011, 2013).

Merke
Der Nutzen von körperlicher Aktivität ist im Kindes- und Jugendalter unbestritten: Die *WHO* (2010) hat eine umfangreiche Analyse für die gesundheitliche Wirkung von Bewegung für Kinder und Jugendliche veröffentlicht und empfohlen, dass körperliche Aktivitäten von mindestens 60 Minuten/Tag mit moderater bis hoher Intensität stattfinden sollen, d.h: Körperliche Aktivität fördert im Kindes- und Jugendalter die körperliche, psychische und soziale Gesundheit (vgl. *RKI*, 2020, 1).

Die gewonnenen Erkenntnisse für Kinder und Jugendliche müssen auf die jeweiligen Zielgruppen bzw. Altersbereiche differenziert und in das Alltagshandeln umgesetzt werden: Für *Kinder* (6-11 Jahre) und *Jugendliche* (6-18 Jahre) eine Bewegungszeit von 90 Minuten/Tag in mittlerer bis hoher Intensität.

Multifaktorielles Betreuungskonzept psychischer Störungen

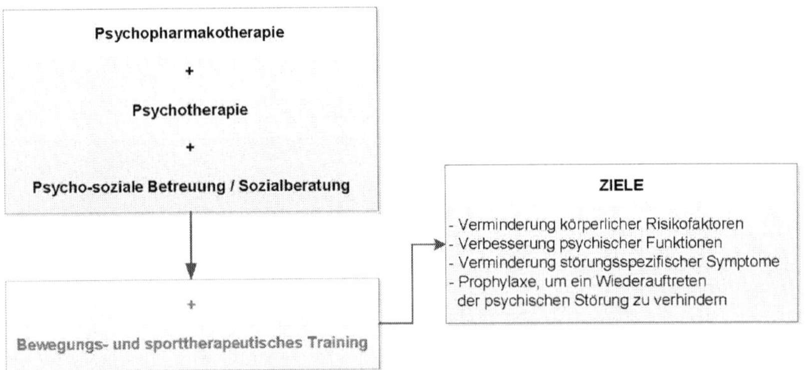

Abbildung: Ziele körperlicher Trainings (vgl. Schay, 2020)

Kinder und Jugendliche sollen befähigt werden, die gewonnenen neuen Erfahrungen zu verstehen und zu verwirklichen, d.h. die Entwicklung spezifischer Kenntnisse wie

- Förderung der Ich-Stärke (Selbstwahrnehmung, Selbstverständnis), Ich-Flexibilität,
- Förderung der Sinnerfassungskapazität i.S. einer Verbreiterung der Bewusstheit und Steigerung des Bewusstseins,
- Förderung der emotionalen Differenziertheit,
- Explorieren „alltäglicher" Situationen,
- Durchspielen von Lösungsmöglichkeiten,
- Aufbau von Willenskräften,

um auf dieser Grundlage Neuorientierung zu ermöglichen.

Durch „körperliche Aktivität [werden] psychologische Prozesse angestoßen. Dazu zählt insbesondere eine subjektive Wahrnehmung von körperlichen Anpassungsprozessen (z.B. Leistungssteigerung), die die Selbstwahrnehmung, das Selbstwertgefühl, die Motivation, Gefühle wie Stolz und Freude und soziale Anerkennung, Unterstützung, Gruppenzugehörigkeit beinhalten" (vgl. *Schay*).

Ausgehend von diesen Grundannahmen wird durch den sporttherapeutischen Ansatz die Förderung der personalen, sozialen und sportspezifischen *Kompetenz* und *Performanz* integriert:

Teilbereiche der Förderung der personalen Kompetenz und Performanz

- Entwicklung und Sensibilisierung von Körperbewusstsein
- Verbesserung der Selbstkontrolle
- Steigerung des Selbstvertrauens und des Selbstwertgefühls
- Verbesserung der psychophysischen Regulationsfähigkeit
- Herstellung eines optimalen Aktivierungsniveaus
- Verbesserung der Leistungsmotivation durch Vermittlung individueller Erfolgserlebnisse
- Herausbildung von Problem- und Konfliktlösungsverhalten
- Fördern der Willenskräfte (Entscheidungs- und Durchhaltevermögen)

Teilbereiche der Förderung sozialer Kompetenz und Performanz

- (Wieder-)Erlangung der Fähigkeit soziale Gegebenheiten adäquat zu erfassen, zu bewerten und entsprechend zu handeln
- Abbau von Isolationstendenzen
- Förderung der Kommunikations- und Interaktionsfähigkeit
- Wahrnehmung, Mitteilung und Vertretung eigener Bedürfnisse in sozialen Kontexten

Teilbereiche der Förderung bewegungs- und sportspezifischer Kompetenz und Performanz

- Verbesserung bzw. Wiederherstellung der physischen Belastungs- und Leistungsfähigkeit
- Vermittlung motorischer Fähigkeiten zur besseren Alltagsbewältigung
- Entwicklung von aktivem Freizeitverhalten als Integrationshilfe

Die Entwicklung, Stabilisierung und Förderung der personalen, sozialen und sportspezifischen Kompetenz und Performanz bilden eine wesentliche Grundbedingung für eine erfolgreiche Reintegration der Betroffenen in die Gesellschaft.

Ein wesentlicher Anspruch an die Betreuung ist, die Motivation der Kinder und Jugendlichen aufrechtzuerhalten, um „einen Transfer von Bewegung in den Alltag zu ermöglichen“ (ebenda).

5.1 Lauftherapie, Erlebnispädagogik, Entspannungstechniken

Lauftherapie als übungs- und erlebniszentrierte Behandlungsmethode in der medizinischen Rehabilitation Abhängigkeitskranker „unterstützt den Rehabilitations- und Reintegrationsverlauf und beeinflusst psychosoziale Funktionen durch Aktivierungs- und Handlungsprozesse, indem die Bezugsfähigkeit des Patienten zu sich selbst entwickelt bzw. wiederhergestellt wird und damit Regulationsmöglichkeiten hinsichtlich der eigenen Befindlichkeit möglich werden. Vor allen Dingen wird es möglich, die bei dieser Patientenpopulation in der Regel beeinträchtigten volitionalen Fähigkeiten zu stärken. [...] Sport- und bewegungstherapeutische Maßnahmen gehören zu den herausragenden Möglichkeiten, die Willenskräfte zu entwickeln, die gerade bei Drogenabhängigen oft sehr beeinträchtigt sind. Der Aufbau von Kondition, das „Meistern einer Strecke”, regelmäßiges Training sind effektive Wege, Wollen und Willen zu schulen und eine neue „Willenssozialisation” zu beginnen“ (*Schay et al., 2006, 165)*.

Indikationen und Ziele der Lauftherapie
(Beispiele zur Verdeutlichung der Möglichkeiten des moderaten Laufens, vgl. auch Schuler 1996*)*

Therapie	Indikation	Ziele
Aktivierung/ Aktivität	Stereotypien	Vitalisierung, Abnahme der stereotypen Verhaltenweisen
Motorik	geringe Belastbarkeit	körperliche Fitness und Ausdauer
Emotion	Mangelndes Selbstvertrauen Depressive Stimmungen Anspannung Aggressivität körperlich-seelisches Unwohlsein	Steigerung des Selbstwertgefühls Abbau negativer Affekte psychische Entspannung Aggressionskontrolle, Entspannung psycho-physisches Wohlbefinden

Motivation	negative Gefühle Versagensängste Unrealistische Leistungsziele	positive Gefühle Leistungsbereitschaft, Entschlusskraft Entwicklung eines realistischen Handlungsniveaus
Kognition	Selbstwertprobleme	Steigerung des Selbstwertgefühls Abbau negativer Affekte psychische Entspannung
Kommunikation/ Interaktion	Mangelnde Anpassungsfähigkeit soziale Isolation	Entwicklung von Kommunikationsfähigkeit und Sozialverhalten Umgang mit Nähe, soziale Integration

Ein Lauftherapie-Standardprogramm umfasst vier Phasen. Die ersten drei Phasen haben eine Länge von ca. 60 Minuten:

1. **Warming-Up-Phase (ca. 10 Min.)**
   Physiologische Mobilisierung (Anpassung der Herz-Kreislauftätigkeit und Atmung, Einstimmung der Muskeltätigkeit und des Muskelstoffwechsels) – Lauf-, Stretch- und Lockerungsübungen in der Gruppe, um Muskeln und Bänder gut zu durchbluten und Muskelkater, Atemnot, frühzeitige Überlastung und Verletzungen zu vermeiden.

2. **Laufphase (ca. 40 Min.)**
   Die Patienten laufen ihr individuelles Schema, ab und zu durch einen Therapeuten begleitet.

3. **Cooling-down-Phase (ca. 10 Min.)**
   Wiederum Lauf-, Stretch- und Lockerungsübungen in der Gruppe, um den venösen Rück-, den Milchsäure- und den Wärmetransport zu beschleunigen:
   - immer nur aufgewärmte Muskeln dehnen,
   - nur so weit in die Dehnung gehen, bis ein Ziehen in der Muskulatur zu spüren ist,
   - Entwicklung von Körperwahrnehmung und Akzeptanz der eigenen Grenzen.

Die **vierte (Abschluss-)Phase** ist ein wichtiger sozialer Aspekt der Lauftherapie. Hier geht es in erster Linie um ein Beisammensein, das die Gemeinsamkeit verstärken soll“ (vgl. *Schay* et al., 2006, 188f).

Das Laufprogramm
In Anlehnung an das DLZ-Standardprogramm ist die Lauftherapie entsprechend den individuellen Voraussetzungen der Klienten modifiziert worden.

Was und Wer	Gruppe I	Gruppe II	Gruppe III
Was	Walking auf aerober Basis bis 30 Min./ Grundlagenausdauer*	Laufgruppe für Anfänger nach dem modifizierten DLZ-Standardlaufprogramm/ Grundlagenausdauer*	Laufgruppe für Fortgeschrittene, die ein aerobes Lauf- und Ausdauertraining von 40 bis 120 Min. ausüben können
Wer	Patienten, die physisch nicht in der Lage sind anatomisch, motorisch oder aus anderen gegebenen relevanten Aspekten langsames Laufen zu praktizieren.	Patienten, die physisch in der Lage sind zu laufen.	Patienten, die mit der Gruppe II „unterfordert" sind oder schon Lauferfahrung aus der vorbehandelnden Einrichtung mitbringen.

** Grundlagenausdauer: 5 Minuten durchgehendes Laufen/ 2x wöchentlich*

Lerneffekte für die Patienten:
Soziales Anpassen, Rücksicht auf den Schwächeren, Teamgeist, Fairness (ebenda, 188ff).

Erlebnispädagogische Maßnahmen
verbinden sich nahtlos mit den Grundgedanken der Lauftherapie. Die Erlebnispädagogik versucht im Sinne eines ganzheitlichen, handlungsorientierten Lernens Persönlichkeitsentwicklung und soziale Kompetenzen mit „Körper, Geist und Seele" zu fördern. Das heißt, nicht nur die kognitiven Fähigkeiten des Menschen werden angesprochen, sondern über das eigene Handeln, das die körperliche, emotionale und psychische Ebene erfasst, sollen soziale Kompetenzen erlernt werden.

„Erlebnispädagogik [will mit jungen] Menschen in überschaubaren erfahrungs- und interaktionsintensiven Aufgabenbereichen arbeiten und kooperieren [...] und ihnen zu unmittelbaren authentischen Erfahrungen verhelfen" (*Schüler,* 2014, 323).

Der erlebnispädagogische Ansatz geht davon aus, dass Erziehungs- und Bildungsprozesse wesentlich über affektiv besetzte Auseinandersetzungsformen laufen. Es wird dabei versucht, die gewonnenen Erlebnisse des Einzelnen in gemeinsamer Gruppenreflexion verhaltenswirksam zu machen, Verhalten zu stabilisieren, um sie letztlich zu verhaltensanleitenden Erfahrungen verarbeiten zu können. Es können folgende didaktische Kennzeichen festgehalten werden:

- die Individualität des Jugendlichen wird berücksichtigt.
- Lerninhalte knüpfen bei den Fähigkeiten des Jugendlichen sowie seiner Lebenswelt an.
- die psychische Stabilität wird gefördert.
- in der Interaktion der Gruppe entsteht eine Basis zur konstruktiven Konfliktbewältigung (vgl. *Güntner, 2007).*

Ziele

- individuelles Lernen/Selbsterfahrung
- soziales Lernen in Gruppenprozessen

Mittel

- erlebnis- bzw. abenteuerorientierte Natursportarten (z.B.: Felsklettern, Kajakfahren, Höhlen-touren, Wandern)
- Projekte im Bereich Theater, Tanz, Musik, Bewegung, ...

Erlebnispädagogik muss die Lebenswelten der Patienten zur ganzheitlichen Persönlichkeitsentwicklung berücksichtigen und mit aufnehmen. Beziehen sich die erlebnispädagogischen Interventionen auf die Lebenswelten und spezifischen Lebensformen, können Abenteuersituationen sowie gruppendynamische, erlebnispädagogische Spiele auch in die unmittelbare Umgebung integriert werden. Erlebnispädagogische Maßnahmen sind Bestandteil der alltäglichen pädagogischen Arbeit und werden als Einstiege für gruppenpädagogische Prozesse genutzt.

Durch ihre abenteuer- und wagnisbestimmten Aktivitäten, durch die Arbeit mit Herausforderungen und Grenzerfahrungen, im Sinne des Erlebens von Leistungsgrenzen, Ängsten und Beziehungen, trägt die Erlebnispädagogik zur Förderung und Entwicklung innerer Potenziale, individueller Ressourcen und Kompetenzen bei.

Entspannungstechniken

Die Stabilisierung der Patienten und die Arbeit an den eigenen Ressourcen werden in den Vordergrund gestellt. Mit verbalen und nonverbalen Methoden wie Malen, Geschichten hören, Entspannungsübungen, Bewegung oder sanfter Körperarbeit werden schöne und angenehme Bilder erschaffen, die Sinnesqualitäten erhöht, angenehme Bewegungen und Aktivitäten gefunden. Diese positiven Qualitäten werden mit Hilfe von Worten, Symbolen und Selbstberührungen gut verankert, so dass die guten Gefühle wieder erfahrbar werden.

Die Übungen sollen helfen, gezielt zu assoziieren und dissoziieren. Das Angenehme in der Erinnerung und Wahrnehmung soll kontrolliert verstärkt werden, das Unangenehme bewusst auf Distanz gebracht werden.

Ziele der Stabilisierungs- und Entspannungsübungen sind

- gezieltes assoziieren und dissoziieren lernen,
- Konzentrationsfähigkeit stärken,
- die Wahrnehmung unangenehmer Gefühle positiv verändern,
- innere Ruhe und Zufriedenheit finden,
- sich selbst trösten lernen,
- Wahrnehmung der eigenen Stärken verbessern,
- einen respektvollen und sorgfältigen Umgang mit sich selbst erlernen.

6 Das Laufen und sein therapeutischer Nutzen für Menschen mit einer Traumatisierung

Die ersten psychologischen Modelle fokussierten Stress und Stressbewältigung sowie die antidepressive Wirkung des Laufens, so dass sich ab den neunziger Jahren Bezüge zur Psychotherapie herstellen ließen und Laufen als Therapieform unwillkürlich in den Mittelpunkt der Betrachtungen gerückt worden ist. Von nun an interessierte die Wissenschaft nicht nur, wie und warum Dauerlaufen wirkt, sondern auch wie die positiv unterstellte Wirkung in der therapeutischen Arbeit nutzbar gemacht werden kann.

Seit den siebziger Jahren ist viel über aerobes Training in Zusammenhang mit depressiven Beschwerden und über positive Effekte bei Angststörungen geschrieben worden. Das „American National Institute of Mental Health" hat 1987 den Zusammenhang zwischen körperlicher Aktivität und psychischer Gesundheit untersucht und kam zu dem Ergebnis, dass körperliche Fitness positiv mit psychischer Gesundheit korreliert, dass körperliche Aktivitäten eine Verringerung der Stressgefühle hervorrufen und leichte bis mäßige Angst- und Depressionsbeschwerden verringern (vgl. *van der Mei, Petzold & Bosscher, 1997*, 399).

Bereits 1976 hat der Arzt *Thasseus Kostrubala* in dem Buch „The joy of running" über die Lauftherapie geschrieben und sie somit in den medizinisch-wissenschaftlichen Diskurs eingebracht (vgl. *Zybon*, 2013, 18). Acht Jahre später ist ein einschlägiges Werk erschienen, welches ebenso nicht ausschließlich die Wirkweise des Laufens an sich fixiert, sondern Laufen explizit als Therapieform diskutiert, „Running as therapy" ist von *Sachs und Buffone* 1984 verfasst worden. Die internationale Diskussion um Laufen als Therapieform erreichte Anfang der 90er Jahre auch Deutschland und wurde federführend von *Alexander Weber* vorangetrieben, welcher auch in den neunziger Jahren eine therapeutische Ausbildung mit dem Schwerpunkt Laufen entwickelte und 1988 das Deutsche Lauftherapiezentrum (DLZ) gründete.

Lauftherapie als ein (mehr oder weniger eigenständiges) ausdauersportbezogenes, sporttherapeutisches Konzept zur positiven Beeinflussung der emotionalen und psychischen Gesundheit wird also seit den neunziger Jahren deklariert und wissenschaftlich diskutiert. Viele Untersuchungsergebnisse beziehen sich derzeit jedoch lediglich auf Tierversuche, so dass eine Übertragung auf die Humanbiologie zwar durchaus möglich erscheint, aber noch nicht ausreichend zuverlässig erfolgt ist (vgl. *Stoll & Ziemainz,* 2012). Die meisten der frühen Untersuchungen zum Laufen als etwaige (ggf. eigenständige) Therapieform haben sich den Depressionen und den Angststörungen gewidmet und diesbezügliche Forschungsfragen aufgestellt, wie bspw. „Verringern sich die Depressionswerte der Aktivitätsgruppen mehr im Vergleich zur Placebo-Behandlung?" (*Blumenthal et al.,* 2007) oder „Ist die körperliche Aktivität eine effiziente Behandlungsmethode für Patienten mit mild-moderater Depression? (*Dunn et al.,* 2005) oder „Welche Form der körperlichen Aktivität (running therapy oder physiotraining therapy) ist effektiver in der Behandlung von Depressionen?" (*Haffmans et al.,* 2006). Sie sind zu dem Forschungsergebnis gelangt, dass Dauerlaufen bei den entsprechenden Krankheitsbildern – vorsichtig optimistisch formuliert – Erfolg versprechende Wirkungen erzielen kann (vgl. *Stoll & Zimainz,* 2012, 29ff).

Merke
„Traumatische Erlebnisse [...], deren Verarbeitung dem Betroffenen ohne fremde Hilfe nicht möglich ist, [führen] zu einer starken seelischen und psychischen Belastung. [Lauftherapie hat] eine positive Wirkung [...] auf depressive Erkrankung" (ebenda, 51ff).

Van der Mei, Petzold und Bosscher (1997, 374ff) schreiben dem therapeutischen Laufen bzw. der Runningtherapie die Möglichkeit zu, positive Wirkungen bei psychischen und psychosomatischen Störungen und Erkrankungen, insbesondere bei stressbedingten und depressiven Störungen, aufzuweisen. Sie beschreiben einen übungszentrierten Ansatz der Integrativen leib- und bewegungsorientierten Psychotherapie und postulieren ein multimodales Vorgehen sowie eine ganzheitliche und differenzierte Behandlung. Einerseits soll das Laufprogramm den individuellen Möglichkeiten des einzelnen Patienten Rechnung tragen, andererseits soll die Integration bzw. die wechselseitige Beeinflussung von psychischer und körperlicher Gesundheit Ausgangspunkt der Überlegungen sein (ebenda, 418). Dabei kommen der qualifizierten, sporttherapeutischen Anleitung und der Interaktion in der lauftherapeutischen Gruppe, eine besondere Bedeutung zu.

Untersuchungen von *Duke, Johnson und Nowicki* (1977) legen nahe, dass Menschen, die regelmäßig laufen, ein größeres Maß an interner Kontrolle aufweisen können. Folgt man *Rotters* Modell des „Locus of Control" (1975), so sind Läufer eher davon überzeugt, ihren Lebensweg selbst steuern zu können, Verantwortung für sich selbst zu übernehmen und persönlich unabhängiger zu sein (vgl. *Bartmann,* 2009, 28-29). Auch wenn die Untersuchungen keine Traumafolgeerkrankungen fokussiert haben, so legen sie diesbezüglich die Schlüsse nahe, dass insbesondere Patienten mit Traumafolgeerkrankungen von einem lauftherapeutischen Angebot profitieren können. Lauftherapeutische Angebote können im Idealfall stärker Einfluss auf Veränderungen nehmen und zu einem verbesserten Umgang mit posttraumatischen Symptomen sowie zu einer entsprechenden „Entstressung" führen.

Horne (1984) postulierte aufgrund seiner Untersuchungsergebnisse, dass Menschen, die regelmäßig laufen, ihr Selbstwertgefühl verbessern können, indem sie zu einem positiveren Selbstbild gelangen und sich ihrem Selbst- und Idealbild annähern. Sollte das Laufen das Selbstbewusstsein und die Selbstsicherheit erhöhen und das Selbstbild dem Idealbild näher bringen (vgl. *Bartmann,* 2009, 43), könnte ein entsprechendes Laufangebot den Rehabilitationszielen nach der Internationalen Klassifikation der Funktionsfähigkeit, Behinderung und Gesundheit (ICF-Modell der WHO) als Zieldimensionen dienlich sein, so dem Aufbau eines realistischen Selbstbild.

Bartmann kam 1989 mit Verweis auf Eysencks Persönlichkeitsmodell (1964) zu dem Schluss, dass Läufer ihre Persönlichkeit hin zu den Sanguinikern verändern und ergo psychisch stabiler und kontaktfreudiger werden.

1991 veröffentlichte *Bosscher* die Ergebnisse einer Studie zur Fragestellung, ob ein strukturiertes Runningprogramm einen antidepressiven Effekt bei depressiven polyklinischen Patienten hat. Die Ergebnisse von 30 Probanden deuten darauf hin, dass eine Besserung für die „Major Depression" zu verzeichnen ist. Eine auf dieser Studie aufbauende Folgestudie von *Bosscher* und *Petzold* mit 29 Probanden ergab im Jahr 1997 ähnliche Resultate hinsichtlich einer signifikanten Besserung der „Major Depression" (vgl. *van der Mei, Petzold & Bosscher,* 1997, 410ff.).

Eine Meta-Analyse von *Reule und Bartmann* (2002) beschäftigte sich mit den Forschungsergebnissen von 35 Erhebungen bezüglich des Laufens bei Depressionen; sie konstatierten einen positiven Einfluss des Laufens auf die Psyche, wiesen aber auch auf Mängel hinsichtlich der Methodik der ausgewerteten Studien hin. Dies waren fehlende Kontrollgruppen, ungeeignete Ziehung der Vergleichsgruppen, ausbleibende Nachtestungen u.Ä. (*Reule & Bartmann*, 2009, 17ff). Ihre Literaturanalyse ergab, dass 29 von 35 Studien zeigten, dass Läufer niedrigere Depressionswerte aufwiesen als Nichtläufer und dass sich durch das Laufen die Depressionswerte senken ließen. Dabei unterschieden sich die Studien deutlich hinsichtlich ihrer Klientel, des Stichprobenumfangs, der Kontrollgruppen, der Dauer der Laufangebote o.Ä. (ebenda).

Dass Laufen positive Effekte in der Behandlung von Depressionen hat, zeigen auch die praxisorientierten Studien von *S. Fischer* (2011) und von *von Ulardt* (2009). Neun (*Fischer*) bzw. fünf (*von Ulardt*) depressive Patienten nahmen an einer Lauftherapie als ergänzendes Verfahren mit dem Ergebnis teil, dass die Depressionswerte sanken und sich die Vitalisierung erhöhte.

2008 kamen *Neumann und Frasch* zu dem Ergebnis, dass Lauftherapie bei der Behandlung von Demenzerkrankungen und Depressionen hilfreich sein kann, da regelmäßige körperliche Aktivität einen Beitrag zur Gehirngesundheit leisten kann. Ihrer Ansicht nach wirkt Lauftherapie „einerseits den Faktoren des metabolischen Syndroms entgegen und mindert so auch das Depressionsrisiko, andererseits wirkt Lauftherapie (höchstwahrscheinlich) antidepressiv und verringert damit das Risiko der Entstehung des metabolischen Syndroms“ (ebenda, 32).

Stöckel befasste sich 2009 mit der Frage, ob Lauftherapie als unterstützende Maßnahme in der ambulanten verhaltenstherapeutischen Behandlung bei Depressionen und Angststörungen eingesetzt werden sollte, und kam nach der Durchführung eines achtwöchigen Laufprogramms mit neun Patienten zu dem Schluss, dass das Laufen die Depressionswerte verringert, die interne Kontrollüberzeugung erhöht und die Körperbewertung verbessert hat (vgl. *Bartmann*, 2009, 41ff.). Allerdings räumt sie methodische Probleme ihrer Erhebung ein (vgl. ebenda, 51f.).

Damit Laufen als Therapie bezeichnet werden kann, mussen nach *Bartmann* klar definierte Bedingungen erfüllt sein und das Laufangebot folgenden Prüfkriterien standhalten können (vgl. ebenda, 79):

- eines oder mehrere definierte zu behandelnde Krankheitsbilder
- präzisiertes Anwendungsschema der Betreuung
- empirische Belege für die Wirksamkeit der Betreuung, sei es allein oder in Kombination mit anderen Maßnahmen
- wissenschaftlich fundierte Theorie über den Wirkungsmechanismus der Betreuung
- Festlegung der Qualifikation derjenigen, die diese Betreuung ausüben wollen
- Befähigung der Kinder und Jugendlichen, sich langfristig selbst helfen zu können

- Präzisierung von Kontraindikationen
- Kontrolle unerwünschter Nebenwirkungen

Wenn das Laufangebot den obig aufgeführten Prüfkriterien entspricht und unter dem Gesichtspunkt der psychischen Wirkfaktoren, eingebettet in ein verhaltenstherapeutisches Gesamtbehandlungskonzept, eingesetzt wird, hält *Bartmann* (2008) es für gerechtfertigt, es als eine verhaltenstherapeutische Technik anzusehen.

Als verhaltenstherapeutische Einzelaspekte führt er beispielsweise das Imitationslernen (Sehen von Vorbildern), die kognitive Umstrukturierung (Entschluss zu laufen), die Selbstkontrolle (Verabredungen), den Abbau von Fehlattributionen (Akzeptanz der eigenen Leistungen), extrinsische Verstärkung (Bewunderung von Mitmenschen), intrinsische Verstärkung (Wohlbefinden, Stolz auf eigene Leistung), Biofeedback (verbesserte Körperwahrnehmung) und Entspannungsprinzipien (körperliche Ausgeglichenheit nach dem Laufen) an.

Indem sich der Läufer für das Laufen entscheidet, übernimmt er Verantwortung für sich und gewinnt Handlungskompetenz für seine Gesundheit (*Bartmann*, 2009, 69). Seine internale Kontrolle kann gesteigert werden. Mit dem Wissen, selbst etwas für sich tun zu können, kann der Läufer sein Denken verändern bzw. seine Kognitionen umstrukturieren. Auch das Prinzip des Imitationslernen kann beim Laufen greifen, indem der Läufer sich ein laufendes Vorbild sucht und sieht. Das Einhalten von Verbindlichkeiten, Eigensteuerungstechniken, Selbstkontrolle, operante Verstärkungsprozesse wie intrinsische Belohnungen, u.a. Erfolgserlebnisse und extrinsische Belohnungen, u.a. Lob, Gedankenstopps bzw. die Beendigung belastender Gedanken und auch die systematische Desensibilisierung in dem Sinne des Abbaus von Versagensängsten mit zunehmendem Laufpensum sind verhaltenstherapeutische Prinzipien und Zieldimensionen, welche durch das Laufen forciert werden können.

Merke

Psychologische Untersuchungen mit sozial benachteiligten und traumatisierten Kindern und Jugendlichen zeigen eindeutig, dass Lauftherapie ein ganzheitlicher Weg zur Prophylaxe ist und bei der Behandlung von erheblichen Beeinträchtigungen und Störungen und bei der signifikanten Reduktion bei PTBS signifikante Erfolge aufweist.

„Beziehungs- und Erziehungsverhältnisse, die Kinder [...] krank machen, [...] spiegeln verschiedene Arten der Benachteiligung von Familienmitgliedern wider – materielle, personale und soziale Benachteiligung. Zu ihnen gehören

- unzulängliche Lebensbedingungen in [...] schlechten, ghettoisierten Wohnverhältnissen,
- niedriges Einkommen des Ernährers [...],
- niedriger Bildungsstand

in Zusammenhang mit [...]

- defizitären Konfliktlösungsstrategien, und auch
- insuffizienten familiären Verhältnissen.

Diese Benachteiligung wird häufig verschärft durch [...]

- Erwerb oder Besitz sozial ‚unerwünschter' Eigenschaften von einzelnen Familienangehörigen: [...] Alkoholismus, ungesteuerte Aggressivität, Vorstrafen, frühere Einweisungen in Landeskrankenhäuser" (*Schüler*, 2014, 378).

In der Regel muss Lauftherapie nicht allein, sondern in Kombination mit *klassischen* Therapien (bspw. Intergrativer Therapie, Systemischer Therapie, Gesprächstherapie) angewendet werden.

Kinder und Jugendliche bedürfen gem. § 32 SGB VIII der „umfassenden Förderung", um an ihren „Problemen im emotionalen Bereich, [...] einer sehr begrenzten sozialkommunikativen Handlungskompetenz [und] an Bereitschaft bzw. an Fähigkeiten zur Kooperation und Integration" zu arbeiten und gefördert zu werden (ebenda, 198).

Als *lauftherapeutische Wirkungen* zeigen sich u.a. positive Effekte auf:

- Übergewicht
- mangelndes bzw. fehlendes Körperbewusstsein
- geringes Selbstwertgefühl
- seelische Erschöpfung
- Stimmungslabilität und Gereiztheit
- Alkohol-, Medikamenten- und Drogenabhängigkeit

Die Wirkungen der Lauftherapie können nur erzielt werden, wenn der Lauftherapeut eine entsprechender Qualifizierung (bspw. Berufsausbildung in der Psychologie, Pädagogik, Ausbildung beim Deutschen Lauftherapiezentrum und mehrjährige Lauferfahrung) hat, um den Verlauf der Veränderungen in der körperlichen-seelischen Veränderung bei Kindern und Jugendlichen erkennen zu können.

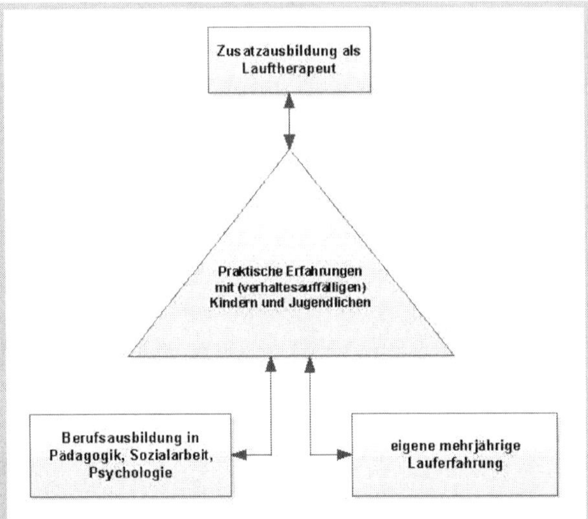

Schaubild:Fachliche Anforderungen an Kinder- und Jugendlichen-Lauftherapeuten (Schüler, 2014, 26; Grafik: Schay, 2020)

Lauftherapie ist äußerst „hilfreich bei verschiedenen affektiven, neurotischen bzw. Belastungsstörungen, bei diversen Entwicklungs-, Verhaltens- bzw. Persönlichkeitsstörungen. [Und] in der Breite [zeigen] sich die [positiven] Ergebnisse zur emotionalen Stabilität, zu Wohlbefinden und Aggressivität, zum Sozialverhalten [...] sowie zur Konfliktbearbeitung“ (ebenda, 148).

7 Lauftherapie im Kontext des Integrativen Verfahrens

Integrative Therapie ermöglicht Erleben und Handeln in sich verändernden Lebensstilen und Lebenskontexten (vgl. *Petzold,* 2005s). Ziel ist die Veränderung von dysfunktionalen Verhaltensweisen, weiterhin die Entwicklung von *Fähigkeiten/Kompetenzen* und *Fertigkeiten/Performanzen*, die der Bewältigung und Gestaltung des weiteren Lebensweges und seiner Absicherung durch das Erarbeiten von Ressourcen dienen soll (vgl. *Petzold,* 1997). All diese Zielsetzungen können nur über das Anstoßen und Begleiten von Lernprozessen erreicht werden.

Da Sucht eine komplexe Störung ist, steht hier besonders die Förderung der Regulationskompetenz und -performanz von Menschen im Vordergrund (vgl. *Scheiblich & Petzold,* 2006).

Das Integrative Verfahren bietet eine breite Auswahl an Theorien und Methoden, die die Wirksamkeit des Laufens erklärbar machen bzw. mit Hilfe derer ein lauftherapeutisches Angebot für Menschen mit einer Traumatisierung gestaltet und theoretisch untermauert werden kann.

Merke
Schon in den späten 60er Jahren hat der Gründer der Integrativen Therapie *H. G. Petzold* bei Jugendlichen mit einer Suchterkrankung lauftherapeutische Angebote in seine psychotherapeutische Praxis eingebaut. Ende der 70er Jahre integrierte er den Ausdauersport auch in die Behandlung von anderen psychischen Erkrankungen (vgl. *Petzold,* 2009b, 36). Ursprünglich aus eigener Erfahrung und dem Bewusstsein um die positiven Effekte des Ausdauersports motiviert, etablierte er entsprechende Therapieangebote bei seinen Patienten, welche er auf Psychiatrie und Psychosomatik ausweitete. Hier wurden therapeutisches Laufen, Gehen und Atemarbeit, aber auch Dehnübungen bzw. Streching aus dem Budosport den Patienten als Angebot offeriert (ebenda).

Lauftherapie wird im integrativen Ansatz als ein Teil des integrativen Bewegungstherapiekonzeptes (IBT) eingeordnet. In diesem Zusammenhang wurde der Begriff der „Ausdauertherapie" geprägt, da dieser sich aufgrund von Erfahrungen in der klinischen Praxis durchgesetzt hat. Der Begriff „Ausdauertherapie" implementiert nach *Waibel* und *Petzold* eben nicht die negativen sportiven Vorstellungen wie bspw. extreme Anstrengung oder Beschämung über konditionelles Unvermögen. Die Integrative Ausdauertherapie inkludiert neben das aerobe Ausdauertraining auch trainingpsychologische Aspekte, aktuelle Forschungsergebnisse aus der Neurobiologie sowie Ansätze der Sozialpsychologie und der Motivationsforschung. Auch psychodynamische und verhaltenstherapeutische Aspekte finden in der Integrativen Ausdauertherapie ihre Integration (vgl. *Waibel & Petzold,* 2009, 81ff.).

Innerhalb des Integrativen Verfahrens etablierte sich auch der Begriff des „kreativen Laufens". Dieser Ansatz sollte nicht nur in der Natur stattfinden, sondern hatte konkret die ökopsychosomatischen Effekte der Landschaft inne, bspw. das Erleben von Flora, Fauna und Witterung, die für Heilungsprozesse eine Rolle spielen können. Neben den ökopsychosomatischen Effekten spielen im integrativen Ansatz auch humanökologische Effekte wie zum Beispiel die soziale Gemeinschaft der Läufer eine Rolle und werden als Heilfaktor beschrieben (vgl. *Petzold, 2009a,* 22). Aber auch die Beziehung zum begleitenden Therapeuten (und zur Laufgruppe) als Alternative zu sozialen Stresserfahrungen (vgl. *Schay et al.,* 2004, 16) markiert einen wichtigen partnerschaftlichen, begleitenden und stützenden Effekt in der Integrativen Lauftherapie. Ausgehend, dass der Austausch über die Erfahrungen beim Laufen die Selbstwahrnehmung sensibilisiert, wird in diesem Zusammenhang eine Förderung des Bezuges zum eigenen Leibe postuliert (ebenda). Der Austausch über die Fortschritte, Erfolge und Überwindung stärken die Willenskraft des Patienten, welche maßgeblich für die Veränderungsmotivation und somit im kausalen Zusammenhang mit dem Therapieerfolg steht.

Merke
Ein Zentrales Thema in der Integrativen Lauftherapie/Ausdauertherapie und der Integrativen Traumatherapie ist der Stress. Hierzu führt *Petzold* (2004) aus: „Wir fassen unter den Begriff Trauma bzw. Traumatisierung eine extreme Stimulierungssituation (zuweilen außergewöhnlich kurz, zuweilen sequentiell verlängert), die für den Organismus bzw. das ‚personale System', die Persönlichkeit, derart existenzbedrohende, ohnmächtig machende, überwältigende und überlastende Wirkung hat (Hyperstress), dass sie zu bleibenden Strukturschäden führen kann [...]. Traumatisierungen können durch massive Über- oder Unterstimulierungen gesetzt werden [...]. Traumatisierungen sind niemals 'nur psychisch', subjektives Erleben, sondern immer auch intensive körperliche Prozesse mit Folgen innerhalb des gesamten Leibes (*Petzold* 2004, 29)." Die durch Stress ausgelösten Überlastungsreaktionen sind zum einen Übersteuerungen auf physiologischer Ebene (z.B. Hyperstress) und zum anderen auf der psychologischen (z.B. Angst) bzw. kognitiven (Gedankenchaos) Ebene auszumachen. Die ganzheitliche Sicht der Integrativen Therapie identifiziert hier auch eine soziale Ebene, die sich in Form von Gespanntheit oder Gereiztheit zeigen kann (vgl. *van der Mei, Petzold & Bosscher,* 1997, 384).

Die Lauftherapie bietet eine wirkungsvolle „Entstressung", die Menschen mit einer traumatischen Erkrankung in ihrem Vorhaben, ein nicht symptombelastendes Leben führen zu wollen, gut unterstützen kann. Ressourcen können ohne störende Stressoren wieder adäquat wahrgenommen, klassifiziert, bewertet, kognitiv eingeschätzt und in ein praktisches Handeln umgesetzt werden. Durch eine Stressreduktion mit entsprechender Entlastung wird somit prophylaktisch akkumulativem oder malingem Stress vorgebeugt (ebenda).

Im Rahmen eines integrativen sowie traumatherapeutischen Behandlungskonzeptes ist es ergänzend zu der lauftherapeutischen Komponente und den originär psychotherapeutischen Behandlungssequenzen günstig das traumaspezifische Format der „Integrativen und Differentiellen Relaxation" IDR-T zu integrieren. In der Praxis wird das integrative Entspannungsverfahren (IDR) seit über 40 Jahren genutzt und auch das traumaspezifische Format konnte sich über viele Jahre in der Praxis etablieren. Die IDR-T wird von einer stresspsychologischen Konzeption untermauert und eignet sich gut als ergänzende Behandlungsmethode von Hyperstressreaktionen (vgl. *Petzold,* 2000g, 370 ff.).

Um die Wirkungsweise der Integrativen Lauftherapie/Ausdauertherapie darzustellen, ist es unerlässlich den Leibbegriff in den Vordergrund zu rücken. Selten behandelt die „traditionelle" Psychotherapie das „Leib-Seele-Problem" so ausdifferenziert wie der Integrative Ansatz. *Petzold* präzisiert diese komplexe Thematik wie folgt: „Der wahrnehmungs-, handlungs-, speicherfähige menschliche Körper/Organismus, der eingebettet ist in die Lebenswelt, wird durch seine Fähigkeiten zur „Verkörperung", zur „Einleibung", zur „schöpferischen Gestaltung" in Enkulturations- und Sozialisationsprozessen zum „subjektiven Leib", zum „bewegten Leibsubjekt", das sich mit seinen Mitsubjekten kokreativ interagierend in seinem Kontext/Kontinuum bewegt [...]. Dieses anthropologische Konstrukt des „Leibsubjektes" wird definiert als die in der somatischen Basis und ihrer evolutionär-phylogenetischen Geschichte sowie in der autobiographisch-ontogenetischen Lebensgeschichte gegründete „Gesamtheit aller sensorischen, motorischen, emotionalen, volitiven, kognitiven und sozial-kommunikativen Schemata bzw. Stile" in ihrer aktualen Performanz. Darunter ist das fungierende und intentionale Zusammenspiel mit dem Umfeld zu verstehen, die bewusst und unbewusst erlebten Inszenierungen [...] und die in ihnen ablaufenden dynamischen Regulationsprozesse des Leibsubjekts. Sie werden als Prozesse „komplexen Lernens" mit ihren Lernergebnissen mnestisch im „Leibgedächtnis" archiviert. Der verleiblichte Niederschlag differentieller Information über das Zusammenwirken von somatischem Binnenraumerleben und Kontexterleben in der „Selbsterfahrung" [...] ist Grundlage des „informierten Leibes (*Petzold,* 2009a, 6)."

Im Zusammenhang mit dem stressregulierenden „Runningkonzeptes" der Integrativen Therapie bedeutet dies, dass das Leibsubjekt durch Stress Informationen nicht richtig wahrnehmen oder nicht präzise verarbeiten kann. Also wird der informierte Leib durch Informationsfehler wie z.B. Fehlinformation, Desinformation oder fehlgesteuerte Informationsprozesse beeintrachtigt. Was im Sinne eines ganzheitlichen Blicks die physiologische, psychische und kognitive Ebene betrifft. Im Besonderen wird durch traumatischen Stress das Informationsverarbeitungssystem fehlgesteuert, was zur Folge hat, dass normale, alltägliche Stressereignisse als hochgefährlich markiert werden und eine Alarmreaktion provoziert wird (vgl. *van der Mei, Petzold & Bosscher* 1997, 384).

Ein weiterer zentraler Begriff im Kontext der Integrativen (Lauf-)Therapie mit Menschen, die unter einer Traumatisierung leiden, ist der Begriff der Resilienz. *Petzold* definiert diese Widerstandsfähigkeit des Menschen so: „Mit „Resilienz" bezeichnet man die psychologische bzw. die psychophysiologische

Widerstandsfähigkeit, die Menschen befähigt, psychologische und psychophysische Belastungen (stress, hyper-stress, strain) unbeschädigt auszuhalten und zu meistern. Da Resilienz für unterschiedliche Belastungen differentiell ausgebildet wird, sprechen wir im Plural von Resilienzen. „Widerstandskräfte/Resilienzen können aufgrund submaximaler, bewältigbarer Belastungssituationen, welche ggf. noch durch protektive Faktoren abgepuffert und unterstützt wurden, ausgebildet werden. Sie haben eine Art psychischer Immunität gegenüber erneuten, ähnlich gearteten Belastungssituationen oder kritischen Lebensereignissen zur Folge und erhöhen damit die Selbstregulationsfähigkeit, die Bewältigungskompetenz und -perfomanz des Subjekts bei Risiken, bei ‚stressful life events' und Hyperstress" (*Petzold*, 2004l, 26).

Erklärungsmodelle für diese beschriebene Widerstandsfähigkeit reichen derzeit von „Disposition zu Robustheit und Vitalität" bis hin zu „durch Bewältigungsleistungen erworbenen Fähigkeiten, die im lebenslangen Lernen gestärkt oder geschwächt werden können". Auch wenn die Erklärung hierfür noch weiterhin kontrovers diskutiert wird, werden beide Faktoren, d.h. Anlage und Umwelteinflüsse als wirksam angesehen (vgl. ebenda, 5).

Um dieses durch seine Umwelt beeinflussbare psychophysiologische Immunsystem zu stärken, bietet sich der Ausdauersport nahezu an.

Es gilt es unbestritten, dass das Laufen positive Effekte auf die physische und psychische Gesundheit des Menschen und einen entsprechenden salutogenetischen Einfluss haben kann.

Insbesondere der bio-psycho-soziale Blick der Integrativen Therapie entspricht der immer noch als progressiv geltenden Lauftherapie und bietet sich als praxisorientierter theoretischer Unterbau für diese an.

8 Schlussbemerkungen

Die vorliegende Übersichtsarbeit hat gezeigt, welche vielfältigen Wirkungen das Ausdauerlaufen auf psychische Parameter haben kann und welch großen salutogenetischen Einfluss es auf die psychische (und physische) Gesundheit des Menschen ausüben kann. Diese Wirkmechanismen entsprechen zahlreichen therapeutischen Funktionen und werden seit Langem in der Psychotherapie gewinnbringend eingesetzt. Auch haben sich Laufangebote mehr und mehr zu therapeutischen Maßnahmen entwickelt, so dass die Bezeichnung „Lauftherapie" nach dem heutigen Forschungsstand durchaus ihre Berechtigung hat. Der Mehrwert der Lauftherapie wird zunehmend in der Behandlung psychischer

Erkrankungen wie Depressions- und Angsterkrankungen erkannt. Auch in der Behandlung von Traumafolgeerkrankungen sollte die Lauftherapie vermehrt praktiziert werden.

Betrachtet man das Krankheitsbild, so findet man genügend Indizien dafür, dass lauftherapeutische Angebote gut geeignet sind, Menschen mit posttraumatischer Symptomatik zu helfen.

Im Verlauf dieser Arbeit sind entsprechende Anhaltspunkte gegeben worden, welche die Möglichkeiten einer Lauftherapie als ergänzende und die originären Psychotherapien unterstützende Maßnahme belegen.

Die Lauftherapie hat ihre Grenze darin, dass sie kein Alleinstellungsmerkmal innehat, sondern vielmehr in ein ertragreiches Gesamttherapiekonzept eingebettet sein sollte. So verstanden haben lauftherapeutische Angebote in der Behandlung von Traumafolgeerkrankungen deutlichen Mehrwert sowie gesellschaftliche Relevanz und Aktualität.

Menschen, die durch ein Trauma belastet sind, können im Rahmen eines lauftherapeutischen Programms Fähigkeiten/Kompetenzen und Fertigkeiten/Performanzen erwerben und erweitern sowie Strategien zur Selbsthilfe erlernen und Methoden der Selbstregulation einüben, welche sie langfristig im Idealfall sukzessiv auf ihren Lebensalltag transferieren können.

So gelangen die Betroffenen durch die entstressende Wirkung des Laufens zu einem Mehr an Stabilität und durch die den Selbstwert unterstützenden Anteile der Lauftherapie an intrinsischer Sicherheit.

„Untersuchungen an laufenden Kindern und Jugendlichen zeigen [eindeutig] Verbesserungen in der körperlich-seelischen Befindlichkeit, des Selbstbildes und dem leistungsbezogenen Handeln, analog dazu eine Reduzierung von [...] Ängsten und Depressionen, Hyperaktivität und Stereotypien" (*VDL*, 2020).

Der „therapeutische Nutzen der Lauftherapie für Kinder und Jugendliche mit einer Traumatisierung" in Kombination mit einer *klassischen* Therapieform ist äußerst hilfreich bei der Behandlung von Entwicklungs-, Verhaltens- und Persönlichkeitsstörungen und führt zu positiven Effekten bspw. zur inneren Stabilität und Wohlbefinden sowie im Sozialverhalten (vgl. *Schüler*, 2014).

Literaturverzeichnis

Aderhold, L. & Weigelt, S. (2012). Laufen! ... durchstarten und dabeibleiben - vom Einsteiger bis zum Ultraläufer. Stuttgart: Schattauer

Bartmann, U. (1989). Lauftherapie bei Krankenpflegepersonal. Heidelberg: Asanger Verlag

Bartmann, U. (Hrsg.) (2007): Fortschritte in der Lauftherapie, Bd. 1, Schwerpunktthema: Lauftherapie bei Kindern und Jugendlichen, Tübingen

Bartmann, U. (2008). Joggen als verhaltenstherapeutisches Bewegungsprogramm http://www.dgvt-fortbildung.de/

Bartmann, U. (2009). Laufen und Joggen für die Psyche. Ein Weg zur seelischen Ausgeglichenheit. 5. Aufl. Tübingen

Blumenthal, J.A., Babyyak, M. A., Doraiswamy, P. M. et al. (2007). Exercise and pharmacotherapy in the treatment of major depressive disorder, in: Psychosomatic Medicine, 69, 587 - 596

Bosscher, R.J. (1985): Runningtherapie met depressieve patienten, *Bewegen & Hulpverlening* 2 (1985) 99-109

Bosscher, R.J. (1991a): Runningtherapie bij depressie, Thesis, Amsterdam

Bosscher, R.J. (1991b): Runningtherapie bij depressive: een experiment, *Bewegen & Hulpverlening* 4 (1991b), 234-260

Bundes-Psychotherapeuten-Kammer (BPtK) (2002): Psychische Gesundheit von Kindern und Jugendlichen Herausforderung für Sozial- und Bildungspolitik, Berlin

Bundesvereinigung für Prävention und Gesundheitsförderung e.V. (bvpg) (2019): Bewegung, Schlaf und Bildschirmnutzung, Neue WHO-Empfehlungen für Kleinkinder, Bonn

Deutscher Paritätischer Wohlfahrtsverband (DPWV) (2018): Wer die Armen sind. Der Paritätische Armutsbericht 2018, Berlin

Deutsches Institut für Psychotraumatologie e.V. (DIPT) (2020): Kindern mit einem Trauma helfen, in: http://psychotraumatologie.de/selbsthilfe/kinder.html

Dietrich, A. (2006). Transient hypofrontality as a mechanismus underlying the experience of flow. In: Consciousness and Cognition, 13, 746 - 761

Duke, M., Johnson, T. C. & Nowicki, S. (1977). Effects of Sports Fitness Camp Experience on Locus of Control Orientation in Children, in: Res. Quart. Amer. Ass. Health, 48, 280 - 283

Dunn, A. L., Trivedi, M. H., Kampert, J. B. et al. (2005). Exercise treatment for depression: Efficacy and dose response, in: American Journal of Preventive Medicine, 28, 1 - 8

Fegert, J. & Häßler, F. (2004): Abschlußbericht über das Bundesmodellprojekt Designerdrogen-Sprechstunde der Klinik für Kinder- und Jugendneuropsychotherapie der Universität Rostock, download: www.bmgs.bund.de/deu/gra/publikationen/p forschung.c/m

Fischer, D. (2009). Laufen bei Depressionen in einer psychiatrischen Praxis. In: Bartmann, U. (Hrsg.). Fortschritte in der Lauftherapie. Band 2. Schwerpunktthema: Lauftherapie bei depressiven Störungen. Tübingen: dgvt Verlag, 23 - 28

Fischer, S. (2011). Lauftherapie mit stationär behandelten Alkoholkranken. In: Bartmann, U. (Hrsg.). Fortschritte in der Lauftherapie. Band 3. Schwerpunktthema: Lauftherapie bei Abhängigkeiten. Tübingen: dgvt Verlag, 37 - 52

Flatten, G. (2004): Posttraumatische Belastungsreaktionen aus neurobiologischer und synergetischer Perspektive, in: *Schiepek, G.* (2004): Neurobiologie der Psychotherapie, Schattauer, Stuttgart, 404-422

Güntner, H.D. (2007): Korsika - oder „Wie man Pädagogik vermeidet", Erlebnispädagogik - begriffliche und inhaltliche Ortsbestimmung, in: http://www.schule-bw.de/unterricht/paedagogik/erlebnis-paedagogik/korsika/erlebnispaed.htm

Graf, Chr., Ferrari, N., Beneke, R., Bloch, W., Eiser, St., Koch., B., Lawrenz, W., Krug, S., Manz, K., Oberhoffer, R., Stibbe, G. & Wolf, A. (2017): Empfehlungen für körperliche Aktivität und Inaktivität von Kindern und Jugendlichen - Methodisches Vorgehen, Datenbasis und Begründung, Thieme Verlag, Gesundheitswesen 2017; 79(S 01), 11-19

Haffmanns, P. M. J.; Kleinsmann, A. C. M.; van Welden, C. et al. (2006). Comparing running therapy with physiotraining therapy in the treatment of mood disorders. In: Acta Neuropsychiatrica, 18, 173 - 176

Habetha. S., Bleich, S., Sievers, Ch., Marschall, U., Weidenhammer, J., Fegert, J.M. (2012) Deutsche Traumafolgekostenstudie. Kein Kind mehr - kein(e) Trauma(kosten) mehr?, in: Institut für Gesundheits-System-Forschung GmbH, Kiel

Hofer-Moser, O. (2005): Neurobiologie und Psychotherapie, in: *Deutsche Gesellschaft für Integrative Therapie, Gestalttherapie und Kreativitätsförderung e.V. (DGIK)*: Mitgliederrundbrief 1/2006, Herne, 23-73

Koinzer, K. (1997): Gesundheitssport mit Kindern und Jugendlichen. Prävention-Therapie-Rehabilitation. Heidelberg, Leipzig

Krausz, M., Schäfer, I., Lucht, M. & Freyberger, H.J. (2005): Suchterkrankungen, in: *Egle, U.T., Hoffmann, S.O., Joraschky, P.* (2005): Sexueller Missbrauch, Misshandlung, Vernachlässigung, Schattauer, Stuttgart, 483-498

Krokstad, S., Langhammer, A., Hveem, K., Holmen, T.L., Midthjell, K., Stene, T.R., Bratberg, G., Heggland, J. & Holmen, J. (2013): Cohort Profile: The HUNT Study, Norway. International Journal of Epidemiology, 42(4), 968-977

Kruisdijk et al. (2012). Effect of running therapy on depression (EFFORT-D). Design of a randomised controlled trial in adult patients. In: BMC Public Health, http://www.biomedcentral.com/1471-2458/12/50

Lüdecke, C., Sachsse, U., Faure, H. (2005): Zur Behandlung suchtkranker Traumatisierter oder traumatisierter Suchtkranker, in: *Sachsse, U.* (2005): Traumazentrierte Psychotherapie, Schattauer, Stuttgart, 372-383

Lüdke, C. (2020): Manche Kinder denken, dass sie eine Mitschuld haben, in: WAZ vom 09.06.2020, Nr. 132, 24. Woche, Essen

Marlovitz, A. M. (2004): Lauf-Psychologie. Dem Geheimnis des Laufens auf der Spur. 2. Aufl. Regensburg: LAS-Verlag.

Marquardt, M. (2012): Die Laufbibel. Das Standardwerk zum gesunden Laufen. 11. Aufl. Hamburg: spomedis Verlag

Matias, I., Pochard, P., Orlando, P., Salzet, M. & DiMarzo, V. (2002): Presence and regulation of the endocannabinoid system in humanic dendritic cells. In: European Journal of Biochemistry, 269, 3771 - 3778

Neumann, N.-U. & Frasch, K. (2008): Neue Aspekte zur Lauftherapie bei Demenz und Depression - klinische und neurowissenschaftliche Grundlagen. In: Deutsche Zeitschrift für Sportmedizin, 2, 28 - 33

Oertel, V., Bieber, M., Schmidt, D., Görgülü, E. & Zabel, K. (2019): Körperliches Training: eine additive Behandlungsmethode?, in: Psychotherapeuten Journal 4/2019, 18. Jahrgang, München, 373-379

Petzold, H.G. (2000g): Integrative Traumatherapie: Integrierende und Differentielle Regulation (IDR-T) für posttraumatische Belastungsstörungen - „quenching“ the trauma physiology. *Integrative Therapie* 2/3, 367-388; auch in *Petzold, H.G, Wolff, H.-U., Landgrebe, B. & Josic, Z.* (2002): Das Trauma überwinden. Integrative Modelle der Traumatherapie. Paderborn: Junfermann. http://www.fpi-publikation.de/artikel/textarchiv-h-g-petzold-et-al-/petzold-h-g-2000g-integrative-traumatherapie-integrierende-und-differentielle-regulation.html

Petzold, H.G. (2004l): Integrative Traumatherapie und „Trostarbeit“ - ein nicht-exponierender, leibtherapeutischer und lebenssinnorientierter Ansatz risikobewusster Behandlung. Bei: www. FPI-Publikationen.de/materialien.htm - POLyLOGE: Materialien aus der Europäischen Akademie für psychosoziale Gesundheit - 03/2004. http://www.fpi-publikation.de/polyloge/alle-ausgaben/03-2004-2004l-pezold-h-g-integrative-traumatherapie-und-trostarbeit.html

Petzold, H.G. (2006): Evolutionspsychologie und Menschenbilder - Neue Perspektiven für die Psychotherapie und eine Ökopsychosomatik, in: *Integrative Therapie* 1-2/2005, Krammer, Wien, 7-23

Petzold, H.G. (2009a): Evolutionäres Denken und Entwicklungsdynamiken im Feld der Psychotherapie - Integrative Beiträge durch inter- und transtheoretisches Konzeptualisieren, in: https://www.fpi-publikation.de/textarchiv-petzold/petzold-h-g-2009a-evolutionaeres-denken-und-entwicklungsdynamiken-im-feld-der-psychotherapie/

Petzold, H.G. (2009b): Der „Informierte Leib", in: *Waibel, M. & Jakob-Krieger, C.* (Hrsg.): Integrative Bewegungstherapie. Störungsspezifische und ressourcenorientierte Praxis. Stuttgart: Schattauer Verlag, 27-44

Reddemann, L. (Hrsg.) (2005): Trauma und Sucht, *ZPPM - Zeitschrift für Psychotraumatologie und Psychologische Medizin*, Asanger, Kröning

Reule, B. & Bartmann, U. (2002). Joggen zur Behandlung von Depressionen, in: Forum Krankenhaussozialarbeit, 2, 54 - 58

Reule, B. & Bartmann, U. (2009). Joggen zur Behandlung bei Depressionen, in: *Bartmann, U.* (Hrsg.). Fortschritte in der Lauftherapie. Band 2. Schwerpunktthema: Lauftherapie bei depressiven Störungen. Tübingen: dgvt Verlag, 11 - 22

Robert-Koch-Institut (RKI) (2008): Erkennen - Bewerten - Handeln: Zur Gesundheit von Kindern und Jugendlichen in Deutschland, Berlin

Robert-Koch-Institut (RKI) (2012): Studie zur Gesundheit von Kindern und Jugendlichen in Deutschland (KiGGS Welle 1), in: www.kiggs-studie.de/deutsch/ergebnisse/kiggs-welle-1.html

Robert-Koch-Institut (RKI) (2020): Themenblatt Körperliche Aktivität, Berlin

Rütten, A. & Pfeifer, K. (Hrsg.) (2016): Nationale Empfehlungen für Bewegung und Bewegungsförderung, Erlangen-Nürnberg

Sachs, M. L. & Buffone, G. W. (1984). Running as therapy. An integrated approach. Lincoln, London: University of Nebraska Press

Schäfer, I. & Reddemann, L. (2005): Traumatisierung und Sucht - eine Literaturübersicht, in: *Zeitschrift für Psychotraumatologie und Psychologische Medizin (ZPPM)* 3. Jg. (2005), Heft 3, Asanger, Heidelberg, 9-17

Schay, P. (2010): Abhängigkeitskranke Jugendliche behandeln - Konzeptionelle Überlegungen zu einer Einrichtung zur medizinischen Rehabilitation für junge Abhängigkeitskranke, Gesellschaft für Heimatkunde e.V., Herne

Schay, P. (2011): Sport als Möglichkeit der Stressbewältigung - Ein Leistungsangebot in der medizinischen und sozialen Rehabilitation, in: *Schay, P.* (2011): Innovative Hilfe- und Leistungsangebote in der Drogenhilfe - Inhaltliche Weiterentwicklung in der Beratung, Betreuung und Behandlung, VS Verlag für Sozialwissenschaften, Wiesbaden, 161-188

Schay, P., Helsper, R. & Birkholz, M. (2019): einfach.LEBEN - Die Gesichter der Sucht, Pabst Science Publishers, Lengerich

Schay, P. & Liefke, I. (2009): Sucht und Trauma - Integrative Traumatherapie in der Drogenhilfe, VS Verlag für Sozialwissenschaften, Wiesbaden

Schay, P., Lojewski, I. & Siegele, F. (2013): Integrative Therapie in der Drogenhilfe, Thieme Verlag, Stuttgart

Schay, P., Petzold, H.G., Jakob-Krieger, C., Wagner, M. (2006): Lauftherapie als übungs- und erlebniszentrierte Behandlungsmethode der Integrativen Therapie in der medizinischen Rehabilitation, in: *Petzold, H.G., Schay, P. & Scheiblich, W.* (2006). Integrative Suchtarbeit, VS Verlag für Sozialwissenschaften, Wiesbaden, 159-204

Scheiblich, W. & Petzold, H.G. (2006): Probleme und Erfolge stationärer Behandlung drogenabhängiger Menschen im Verbundsystem - Förderung von „REGULATIONSKOMPETENZ" und „RESILIENZ" durch „komplexes Lernen" in der Karrierebegleitung, in: *Petzold, H.G., Schay, P. & Scheiblich, W.* (Hrsg.) (2006): Integrative Suchtarbeit, VS Verlag für Sozialwissenschaften, Wiesbaden, 477-532

Schmeck, K. & Schlüter-Müller, S. (2009): Persönlichkeitsstörungen im Jugendalter, Springer Verlag, Heidelberg, Berlin, New York, Wien

Schmeck, K. & Schlüter-Müller, S. (2014): Persönlichkeitsstörungen im Jugendalter, Schweizer Zeitschrift für Psychiatrie und Neurologie 2/2014, Rosenfluh Publikationen AG, Neuhausen am Rheinfall, 13-18

Schüler, W.W. (1996): Lauftherapie bei verhaltensauffälligen Kindern und Jugendlichen, Begründungen - Bausteine - Konzeptentwurf, Oberhaching

Schüler, W.W. (1998): Lauftherapie mit Kindern und Jugendlichen, Plädoyer für ein offenes Praxiskonzept, in: DLZ-Rundschau, Ausg. 20, S. 2-8

Schüler, W.W. (1999): Zur lauftherapeutischen Beeinflussung von Verhaltensstörungen bei Kindern und Jugendlichen - aufgezeigt an US-amerikanischen Untersuchungen, in: *Weber, A.* (Hrsg.): Hilf dir selbst: Laufe!, Paderborn, S. 264-274

Schüler, W.W. (2006): Lauftherapie im Vorschulalter. Versuch einer Positionsbestimmung, in: *Bonnemann, A, Grell, J. & Richter, K.* (Hrsg.): Laufen und Lauftherapie, Ein Lesebuch, Regensburg, S. 70-82

Schüler, W.W. (2014): Lauftherapie mit Kindern und Jugendlichen - Psychische Gesundheit und Leistungsfähigkeit durch ausdauerndes Laufen, Meyer & Meyer Verlag, Aachen

Schwenkmezger, P. (1993). Psychologische Aspekte des Gesundheitssports. In: Gabler, H., Nitsch, J. R. & Singer, R. (Hrsg.). Einführung in die Sportpsychologie. Teil 2. Anwendungsfelder. Schorndorf: Hofmann Verlag, 204 - 221

Sonnenmoser, M. (2009): Posttraumatische Belastungsstörung: Ausmaß bei Kindern unterschätzt, in: https://www.aerzteblatt.de/archiv/65894/Posttraumatische-Belastungsstoerung-Ausmass-bei-Kindern-unterschaetzt

Stöckel, D. (2009). Lauftherapie zur Unterstützung der verhaltenstherapeutischen Behandlung bei Depressionen und Angststörungen für Patienten einer ambulanten Praxis. In: *Bartmann, U.* (Hrsg.). Fortschritte in der Lauftherapie. Band 2. Schwerpunktthema: Lauftherapie bei depressiven Störungen. Tübingen: dgvt Verlag, 41 - 53

Stoll, O. & Ziemainz, H. (2012). Laufen psychotherapeutisch nutzen. Grundlagen, Praxis, Grenzen. Berlin, Heidelberg: Springer Verlag

Thomasius, R., Obrocki, J., Adresen, B. & Schmoldt, A. (2001): Anhaltende neurotoxische Schäden durch Ecstasy. Dt. Ärzteblatt 98, Heft 47 vom 23.11.2001, Seite A-3132

Thomasius, R., Jung, M. & Schulte-Markwort, M. (2003): Suchtstörungen, in: *Herpertz-Dahlmann, B., Resch, F., Schulte-Markwort, M. & Warnke, A.* (2003): Entwicklungspsychiatrie - Biopsychologische Grundlagen und die Entwicklung psychischer Störungen, Schattauer, 693-726

von Ulardt, J. (2009). Laufen mit depressiven Menschen, in: *Bartmann, U.* (Hrsg.). Fortschritte in der Lauftherapie. Band 2. Schwerpunktthema: Lauftherapie bei depressiven Störungen. Tübingen: dgvt Verlag, 29 - 40

Waibel, M. & Petzold, H. G. (2009): Integrative Ausdauertherapie bei depressiven Erkrankungen, in: *Waibel, M. & Jakob-Krieger, C.* (2009): Integrative Bewegungstherapie. Stuttgart: Schattauer, 81-97

Weltgesundheitsorganisation (WHO) (2020): Bericht über das Gesundheitsverhalten von 11-15-jährigen in der Europäischen Union, in: WHO-Regionalbüro für Europa, Kopenhagen

Wolff, A. (2016): Bewegungsstrategien zur Prävention chronischer Erkrankungen - von den nationalen Bewegungsempfehlungen zur kommunalen Praxis. Vortrag. Zukunft Prävention. Neue Strategien zur Prävention chronischer Erkrankungen, Berlin, 23.11.2016

World Health Organization (WHO) (2010): Global recommendations on physical activity for health, Genf

van der Mei, S., Petzold, H.G. & Bosscher, R. (1997): Runningtherapie, Streß, Depression - ein übungszentrierter Ansatz in der Integrativen leib- und bewegungsorientierten Psychotherapie. Integrative Therapie 3, 374-428. http://www.fpi-publikation.de/images/stories/downloads/textarchiv-petzold/mei-petzold-bosscher-1997-runningtherapie-integrative-leib-und-bewegungs-orientierte-psychotherapiepdf.pdf

Verband der Lauftherapeuten e.V. (VDL) (2020): Zielgruppen-spezifische Angebote Lauftherapie für Kinder und Jugendliche in: https://www.lauftherapie-vdl.de/de/lauftherapie-zielgruppen-spezifisches-angebot/89-lauftherapie-fuer-kinder-und-jugendliche

Zybon, J. (2013). Teamgeist hellt die Stimmung auf, in: Laufmagazin Spiridon, 3, 18f

Die Zufriedenheit der Klient*innen mit den Hilfeleistungen und die Beurteilung und Zufriedenheit der Betreuer der Suchthilfe und Jugendhilfe

Peter Schay und Roland Helsper

„Die Theorie träumt,
die Praxis belehrt"
(Karl von Holtei (1798-1880), dt. Schriftsteller)

Die Corona-Krise 2020 hat noch einmal deutlich gezeigt, dass die „elementaren Schutz-, Fürsorge- und Beteiligungsrechte von Kindern und Jugendlichen verletzt worden sind. [...] Kinder in Armut und prekären Lebensbedingungen [sind] besonders hart von den Corona-Maßnahmen betroffen worden. Für die Kinderarmutsforschung [muss] festgehalten werden, dass Kinderarmut als eine politisch (mit) zu verantwortende Kindeswohlgefährdung und Kinderrechtsverletzung zu bezeichnen ist" (*Klundt* 2020, zitiert in: Welt am Sonntag vom 14.06.2020).

„Bei schwerwiegenden Eingriffen in die Lebenswelt und in die Grundrechte von Kindern [muss] das Kindeswohl als ein vorrangig zu berücksichtigender Gesichtspunkt mit einbezogen werden" (*Hofmann* 2020, zitiert in: Welt am Sonntag vom 14.06.2020).

Die Hilfeleistungen der Suchthilfe und Jugendhilfe *müssen* insbesondere für Kinder und Jugendliche die sozial- und behinderungsbedingten Nachteile ausgleichen, die Selbstbestimmung und ihre gleichberechtigte Teilhabe am Leben in der Gesellschaft nachhaltig fördern.

Um der *aktuellen* Realität von Kindern und Jugendlichen näher zu kommen, müssen wir ihre *tatsächlichen* Gegebenheiten und Bedarfe erfassen:

- *Peter Schay (Kadesch gGmbH in Herne)* und *Roland Helsper (Nado gGmbH in Dortmund)* haben Fragebögen entwickelt, um statistische Aussagen zur **Zufriedenheit der Klient*innen zu den Hilfeleistungen (N = 37)** und **zur Beurteilung und Zufriedenheit der Betreuer*innen (N = 35) der Suchthilfe und Jugendhilfe** zu erfahren.

Wichtig dabei sind folgende Fragestellungen:

- Was ist die Zufriedenheit der Klient*innen mit den Hilfeleistungen der Suchthilfe und Jugendhilfe?

und

- Wie beurteilen die Betreuer diese Hilfeleistungen und wie zufrieden sind sie mit der Zusammenarbeit der Suchthilfe und Jugendhilfe?

Klient*innenzufriedenheit 2020 (N = 37)

1 Persönliche Situation

Persönliche Situation	**abs.**	**%**
männlich	20	54,05
weiblich	17	45,95
Alter		
Jahre	DW	29,98
Soziales Netzwerk		
alleinerziehend	18	66,67
Lebenspartner	09	33,33
Kinder		
wie viele = gesamt	**38**	**100**
Alter	DW	5,65
bei ihnen lebend	11	28,95
fremduntergebracht	27	71,05
wo. Großeltern, Pflegefamilie, Vater/Mutter	27	71,05

2 Hilfeleistung

Suchthilfe		**%**
Ich habe mich als Betroffener an die Suchthilfe gewandt. = gesamt	**32**	**100**
wie alt	***DW***	***22,95***
Beratung	25	78,13
Sind Sie als Betroffener in einer Suchthilfeeinrichtung behandelt worden?	32	100
ambulant	09	28,13
ganztägig ambulant	02	06,25
stationär	21	65,63

Jugendhilfe		
Ich habe mich als Betroffener an die Jugendhilfe gewandt. = gesamt	**11**	**100**
wie alt	***DW***	***14,00***
Beratung	09	81,82
Sind Sie als Betroffener in einer Jugendhilfeeinrichtung betreut worden?	11	100
ambulant	06	54,55
Familienhilfe	04	36,36
stationär	07	63,64
Kinder- und Jugendpsychiatrie		
Sind Sie als Betroffener in einer Kinder- und Jugendpsychiatrie behandelt worden? = gesamt	**07**	**100**
wie alt	***DW***	***11,87***
ambulant	05	71,43
stationär	04	57,14

3 Arbeitssituation/-bedingungen

Mit der Unterstützung der Mitarbeiter der **Suchthilfe** bin ich voll und ganz zufrieden.
trifft voll zu 31 (83,78%)
trifft teilweise zu 06 (16,22%)
trifft eher nicht zu 0
trifft nicht zu 0

Mit der Unterstützung der Mitarbeiter der **Jugendhilfe** bin ich voll und ganz zufrieden.
trifft voll zu 10 (27,03%)
trifft teilweise zu 05 (13,51%)
trifft eher nicht zu 13 (35,14%)
trifft nicht zu 09 (24,32%)

Die von der **Suchthilfe** vorgeschlagenen Hilfeleistungen entsprechen meinen Vorstellungen.
trifft voll zu 28 (75,68%)
trifft teilweise zu 09 (24,32%)
trifft eher nicht zu 0
trifft nicht zu 0

Die von der **Jugendhilfe** vorgeschlagenen Hilfeleistungen entsprechen meinen Vorstellungen.

trifft voll zu	05 (13,51%)
trifft teilweise zu	06 (16,22%)
trifft eher nicht zu	08 (21,62%)
trifft nicht zu	18 (48,65%)

Habe ich als Betroffener erlebt, dass **Suchthilfe und Jugendhilfe gemeinsam** Hilfeleistungen abgestimmt und koordiniert haben?

trifft voll zu	02 (05,41%)
trifft teilweise zu	06 (16,22%)
trifft eher nicht zu	17 (45,95%)
trifft nicht zu	13 (32,42%)

Die fachlichen Bedingungen der **Zusammenarbeit** sind für mich angemessen und sachgerecht.

trifft voll zu	18 (48,65%)
trifft teilweise zu	11 (29,73%)
trifft eher nicht zu	03 (08,11%)
trifft nicht zu	05 (13,51%)

4 Beschreibung der Kernprozesse

Bei Veränderungen der Hilfeleistungen werde ich von der **Suchthilfe** umfassend beteiligt und informiert.

trifft voll zu	33 (89,19%)
trifft teilweise zu	04 (10,81%)
trifft eher nicht zu	0
trifft nicht zu	0

Meine Vorschläge und Ideen bei der Hilfeleistung der **Suchthilfe** werden berücksichtigt.

trifft voll zu	29 (78,38%)
trifft teilweise zu	08 (21,62%)
trifft eher nicht zu	0
trifft nicht zu	0

Bei Veränderungen der Hilfeleistungen werde ich von der **Jugendhilfe** umfassend beteiligt und informiert.
trifft voll zu 02 (05,41%)
trifft teilweise zu 08 (21,62%)
trifft eher nicht zu 13 (35,14%)
trifft nicht zu 14 (37,83%)

Meine Vorschläge und Ideen bei der Hilfeleistung der **Jugendhilfe** werden berücksichtigt.
trifft voll zu 03 (08,11%)
trifft teilweise zu 06 (16,22%)
trifft eher nicht zu 15 (40,53%)
trifft nicht zu 13 (35,14%)

5 „Klient*innen-Orientierung"

Die von der **Suchthilfe** zur Verfügung gestellten Informationen über die Hilfeleistungen sind angemessen und sachgerecht.
trifft voll zu 31 (83,78%)
trifft teilweise zu 06 (16,22%)
trifft eher nicht zu 0
trifft nicht zu 0

Sind/waren Sie mit den fachlichen Fähigkeiten mit Ihren Betreuern in der **Suchthilfe** zufrieden?
trifft voll zu 30 (81,08%)
trifft teilweise zu 07 (18,92%)
trifft eher nicht zu 0
trifft nicht zu 0

Sind/waren Sie mit der Betreuung der **Suchthilfe** in Krisenzeiten zufrieden? Wurden Sie ausreichend unterstützt?
trifft voll zu 27 (72,97%)
trifft teilweise zu 10 (17,03%)
trifft eher nicht zu 0
trifft nicht zu 0

Die von der **Jugendhilfe** zur Verfügung gestellten Informationen über die Hilfeleistungen sind angemessen und sachgerecht.
trifft voll zu 06 (16,22%)
trifft teilweise zu 07 (18,92%)
trifft eher nicht zu 16 (43,24%)
trifft nicht zu 08 (21,62%)

Sind/waren Sie mit den fachlichen Fähigkeiten mit Ihren Betreuern in der **Jugendhilfe** zufrieden?
trifft voll zu 10 (27,03%)
trifft teilweise zu 04 (10,81%)
trifft eher nicht zu 09 (24,32%)
trifft nicht zu 14 (37,84%)

Sind/waren Sie mit der Betreuung der **Jugendhilfe** in Krisenzeiten zufrieden? Wurden Sie ausreichend unterstützt?
trifft voll zu 05 (13,51%)
trifft teilweise zu 05 (13,51%)
trifft eher nicht zu 09 (24,32%)
trifft nicht zu 18 (48,66%)

Ich fühle mich im notwendigen Maß über die **Zusammenarbeit** der Suchthilfe und Jugendhilfe informiert.
trifft voll zu 09 (24,32%)
trifft teilweise zu 04 (10,81%)
trifft eher nicht zu 16 (43,25%)
trifft nicht zu 08 (21,62%)

Sind/waren Sie mit der Umsetzung der vereinbarten Hilfeplanziele zufrieden?
trifft voll zu 05 (13,51%)
trifft teilweise zu 05 (13,51%)
trifft eher nicht zu 19 (51,36%)
trifft nicht zu 08 (21,62%)

Als **wesentliche Ergebnisse der Befragung der Klientel** sind hervorzuheben:

- Sichtbar wird ein deutlich unterschiedliches Betreuungserlebnis zwischen Jugendhilfe und Suchthilfe. Die Suchthilfe ist im Erleben der Befragten fachlicher, strukturell und konzeptionell zielorientierter.
  In den Interviews wurde deutlich, dass die Betroffenen in der Jugendhilfe häufigere Beziehungswechsel hatten, mehrere Pflegeeinrichtungen und stationäre Jugendhilfeeinrichtungen durchlaufen sind und daher die Beziehungen als weniger tragfähig erlebt wurden.
  Die Suchthilfe hat aus ihrer historischen Tradition schon immer einen Focus auf Schnittstellenmanagement gelegt, als besonderes Merkmal von Krisensituationen. Bei Kadesch gGmbH und Nado gGmbH sind verschiedene Angebote in einem Trägernetzwerk gegeben und die Betreffenden wechseln innerhalb eines Trägers nur in ein anderes Angebot, erleben dies aber als eine Beziehungskontinuität.
  Die Träger und ihre Mitarbeiter*innen sind ein häufig benutzter Sprachgebrauch im Sinne einer Zugehörigkeit und Nachsozialisation.
- Die Ergebnisse der Befragung zeigen überaus deutlich, dass die Klient*innen sehr mit der *Unterstützung der Suchthilfe* (▶ 83,78%) und den *Hilfeleistungen* (▶ 75,68%) „zufrieden“ waren.
  - Anderseits erleben die Klient*innen, dass die *gemeinsame Hilfeleistung der Suchthilfe/Jugendhilfe* (▶ 05,41%) „nicht zufrieden“ war: Dies spricht deutlich dafür, dass ein abgestimmtes Konzept bei den Trägern nicht existiert!
- Dementsprechend waren die *Vorschläge der* Klient*innen in der *Jugendhilfe* „nicht berücksichtigt“ wurden (▶ 05,41% bzw. 08,11%).
- Die *Klient*innen-Orientierung in der Suchthilfe* zeigt ein ganz anderes Bild: 83,78% werden angemessen und sachgerecht informiert.
- In *Krisenzeiten*, wo die Klient*innen massiv auf Unterstützung angewiesen sind, sind die Ergebnisse „sehr erschütternd“: Zufriedenheit in der *Suchthilfe* = 100% und in der *Jugendhilfe* = 27,02%.

Mitarbeiter*innenzufriedenheit 2020 (N = 35)

Anmerkung: Wir konnten „nur" Mitarbeiter*innen der Suchthilfe befragen[1]!

1 Persönliche Situation

weiblich	21	63,14%
männlich	14	26,86%
Alter	DW	39,40
Berufsausbildung als ... Sozialarbeiter*in Psychologe*in Erzieher*in Pädagoge*in Sonstiges (bspw. Ergotherapeut)	 24 02 04 02 03	 68,57% 05,72% 11,42% 05,72% 08,57%
Fort- und Zusatzausbildung	17	48,57%

2 „Schnittstellen-Orientierung"

Ich profitiere in meiner Arbeit von den Erfahrungen der Mitarbeiter*innen der **Suchthilfe**.

trifft voll zu 27 (77,14%)
trifft teilweise zu 08 (22,86%)
trifft eher nicht zu 0
trifft nicht zu 0

Konnten Sie in Krisenzeiten mit der **Suchthilfe** mit den Mitarbeiter*innen gut zusammenarbeiten? Wurden Sie ausreichend unterstützt.

trifft voll zu 26 (68,57%)
trifft teilweise zu 08 (22,86%)
trifft eher nicht zu 01 (08,57%)
trifft nicht zu 0

Die Zusammenarbeit mit den Mitarbeiter*innen der **Suchthilfe** und der **Jugendhilfe** ist angemessen und sachgerecht.

trifft voll zu 15 (42,86%)
trifft teilweise zu 16 (45,71%)
trifft eher nicht zu 03 (11,43%)
trifft nicht zu 0

1 Die Autoren haben die Mitarbeiter*innen von drei großen Jugendhilfeträgern befragt und keine Antworten bekommen!

Die fachlichen Fähigkeiten der Mitarbeiter*innen in der **Suchthilfe** sind für die Erstellung eines Hilfeplanes sehr gewinnbringend.
trifft voll zu 17 (48,57%)
trifft teilweise zu 11 (31,43%)
trifft eher nicht zu 07 (20,00%)
trifft nicht zu 0

Von der Zusammenarbeit der **Suchthilfe** und **Jugendhilfe** profitieren die Hilfesuchenden.
trifft voll zu 25 (71,43%)
trifft teilweise zu 08 (22,86%)
trifft eher nicht zu 02 (05,71%)
trifft nicht zu 0

Ich fühle mich im notwendigen Maß über die **Maßnahmen** der **Suchthilfe** und **Jugendhilfe** informiert.
trifft voll zu 07 (20,00%)
trifft teilweise zu 21 (62,86%)
trifft eher nicht zu 06 (17,14%)
trifft nicht zu 0

3 Welchen Schwierigkeiten bestehen aus Ihrer Sicht für konkrete und intensive Zusammenarbeit:

▪ unterschiedliche gesetzliche Bestimmungen: **Suchthilfe:** es geht immer nur um Eltern	Ja	14,40%
▪ unterschiedliche gesetzliche Bestimmungen: **Jugendhilfe:** das Kindeswohl ist entscheidend	Ja	76,90%
▪ freie bzw. behördlichen Strukturen: freie Wohlfahrtpflege	ja	52,78%
▪ freie bzw. behördlichen Strukturen: behördliche Strukturen	ja	47,17%
▪ Unterschiede in der fachlichen Weiterbildung, Berufserfahrung	ja	52,16%
▪ unzureichende Kontrolle der erbrachten Leistungen durch die Leistungsträger: Jugendamt bzw. Landesjugendamt	ja	33,46%

▪ unterschiedliche Interessenlagen: medizinische Rehabilitation (SGB V/VI) und Kinder- und Jugendhilfe (SGB VIII)	ja	38,86%
▪ Konkurrenz	ja	33,27%
▪ Angst, Fehler zu machen zum Nachteil der Hilfesuchenden	ja	27,23%

Als **wesentliche Ergebnisse der Befragung der Mitarbeiter*innen** sind hervorzuheben:

- Die Mitarbeiter*innen *profitieren von ihren Erfahrungen* in ihrer Arbeit zu 63,78%.
  Ein möglicher Erklärungsversuch wird in der Tatsache liegen, dass die Mitarbeiter*innen in der medizinischen Rehabilitation (▶ Arzt, Psychologe, Sozialarbeiter, ...) verpflichtet sind, eine mindestens 3-jährige Ausbildung (▶ Sozial- und/oder Psychotherapie) zu absolvieren.
- Dementsprechend sind die *fachlichen Fähigkeiten* der Mitarbeiter*innen i.d.R. sehr gut (▶ 80%).
  Ein möglicher Erklärungsversuch kann in der Tatsache liegen, dass die Weiterbildung von Erziehern oder Ergotherapeuten (▶ 25,71% der Beschäftigten) noch verbessert werden muss.
- Die Unterschiede in der *Zusammenarbeit zwischen Suchthilfe und Jugendhilfe* werden insbesondere benannt:
  - Unterschiede in *Weiterbildung und Berufserfahrung*: 52,16%
  - *Unterschiede gesetzlicher Bestimmungen*: Suchthilfe = 14,40% und Jugendhilfe = 76,90%
  - *Unterschiede Interessenlagen*: 38,86%
- *Konkurrenz* ist immerhin für Mitarbeiter*innen zu 33,27% und *Angst, Fehler zu machen zum Nachteil der Betroffenen* für 27,23% ein „Problem".

Schlussbemerkungen

Gerade in der Corona-Pandemie werden die Mitarbeiter*innen der Suchthilfe und Jugendhilfe deutlich überfordert sein.

Die Suchthilfe wird damit konfrontiert, dass in dieser Corona-Pandemie ihre Rehabilitand*innen oder Klient*innen sehr verunsichert sind und oftmals ihren weiteren Lebensweg gefährdet sehen.

Merke
„Die Anforderungen an die Qualifikation in Weiter- und Fortbildung [an die Mitarbeiter*innen der Suchthilfe] erfüllen u.a. […] Psychotherapeuten, KuJ-Psychotherapeuten", die in den Einrichtungen der medizinischen Rehabilitation tätig sind (*Höhner*, 2020, 311b[2]).

In den medizinischen Einrichtungen der Suchthilfe werden die Träger jeden Tag mit Erlassen und Richtlinien der Leistungsträger konfrontiert, die sie in ihrer täglichen Arbeit umsetzen müssen und die am nächsten Tag wieder verändert werden.

Die Interessen und Bedürfnisse der Rehabilitand*innen und ihren Anspruch auf eine optimale soziale und medizinische Rehabilitation müssen die Träger und die Mitarbeiter*innen alleine „regeln".

Die Jugendhilfe wird damit konfrontiert, dass in dieser Corona-Pandemie das „Wohl der Kinder und Jugendlichen" massiv gefährdet wird und die Eltern oftmals überfordert sind.

Merke
„Die Mitarbeiter seien in der direkten Begegnung mit problematischen Kindern, Jugendlichen und Familien […] fachlich und auch psychisch überfordert. […] Psychische Überforderung und die daraus entstehenden persönlichen Belastungen sind in der Jugendhilfe – wie übrigens auch in ähnlichen Arbeitsfeldern […] – das typische Berufsrisiko" (ebenda, 310[3]).

„Junge Menschen wachsen heute in einer Zeit auf, die geprägt ist von tief greifenden gesellschaftlichen Entwicklungen. […]

Gemeinsame pädagogische Ansprüche und Prinzipien wie Offenheit, Freiwilligkeit, Partizipation oder auch Lebenswelt- und Sozialraumorientierung [sind] Handlungsfelder und Angebote. [Jugendhilfe] knüpft an die Interessen junger Menschen an, wird von ihnen mitbestimmt und mitgestaltet, befähigt sie zur Selbstbestimmung und regt zu gesellschaftlicher Mitverantwortung und zu sozialem Engagement an" (*BMFSFJ* 2020, 7 und 59[4]).

Diesen Anspruch in dieser Zeit in die tägliche Praxis umzusetzen, *muss* eine Überforderung sein. Und die Politik und die Leistungsträger lassen die Mitarbeiter*innen „im Stich".

---

2 *Höhner, G.* (2020): Kinderschutz in NRW: Wie können sich Psychotherapeuten beteiligen?, in: Psychotherapeuten Journal, 3/2020, Heidelberg, 310-311

3 siehe 2.

4 *Bundesministerium für Familie, Senioren, Frauen und Jugend (BMFSFJ)* (2020): 16. Kinder- und Jugendbericht, Förderung demokratischer Bildung im Kindes- und Jugendalter, Deutscher Bundestag, 19. Wahlperiode, Drucksache 19/24200, Berlin

Das erklärt aber nicht, dass es mit der gemeinsamen und konstruktiven Mitarbeit der Suchthilfe und Jugendhilfe weitgehend nicht funktioniert.

Die Suchthilfe versucht mit der Jugendhilfe bspw. einen Kooperationsvertrag zu schließen, um die gemeinsame Zielsetzung und die Inhalte der Arbeit verbindlich abzusprechen und zu „regeln". Die Erfahrung ist: i.d.R. besteht kein Interesse!

Die „Leidtragenden" sind die Betroffenen (▶ Kinder, Jugendliche, jungen Erwachsene und die Familien), die auf Unterstützung der Suchthilfe *und* Jugendhilfe massiv angewiesen sind und nicht mehr wissen, wem sie vertrauen können.

„Ich vertraue dir
auch deshalb,
weil du
mich
vor mir selbst
beschützt"
(Neuert, H-Chr. 2006)

Die Träger der Suchthilfe und Jugendhilfe müssen ihrer gemeinsamen Verantwortung gerecht werden und bürokratische „Hindernisse" überwinden, um *endlich* ihrer gemeinsamen Verantwortung für das „Wohl der Kinder und Jugendlichen, jungen Erwachsenen und Familien im Sinne der Menschlichkeit zu entsprechen.

Die Lage ist ernst! Diese Umschreibung ist immer ein Ausdruck für die Ratlosigkeit der Verantwortlichen.

Deshalb ist es immer umso wichtiger, dass die Leistungsträger *gemeinsam* planvoll vorgehen. Das war allerdings i.d.R. noch nie ihre Stärke.

Ein Beispiel aus den Erfahrungen der Suchthilfe

„Die Diagnose Sucht gibt isoliert betrachtet nur unzureichend Auskunft über die konkreten Beeinträchtigungen eines Menschen. [...] Das Gesamtbild [...] umfasst oftmals den gesamten Lebenshintergrund“ des Menschen, „auch familiäre, soziale und gesellschaftliche Lebensbezüge“ (*Schneider* et al., 2020, 60[5]).

„Ich bin J. und bin obdachlos. Ich bin 20 Jahre alt, in der 27. Woche schwanger und habe keinen Freund.

Ich bin nach meiner Geburt direkt zu Pflegeeltern gekommen, bei denen ich 13 Jahre nur geschlagen und misshandelt wurde.

Ich habe mit 6 Jahren angefangen, mich selbst zu verletzen, mit 9 Jahren habe ich Zigaretten geraucht, mit 10 Jahren MDMA und Speed konsumiert und mit 12 Jahren einen ersten Suizid versucht.

Ich bin mit 13 Jahren in eine Wohngruppe gezogen. Als ich gerade einen Monat da war, wurde ich von einem 30-jährigen Mann vergewaltigt. Danach bin ich in eine Klinik gekommen.

Mit 14 Jahren bin ich in eine andere Wohngruppe gezogen, wo ich bis 16 war. Dann bin ich wieder in eine andere Wohngruppe gezogen, wo ich bis 18 war. Dann bin ich auf der Straße gelandet.

Anfang 2019 habe ich einen Mann kennengelernt, der Heroin und Kokain konsumierte und mich zur Prostitution gezwungen hat. Danach habe ich angefangen Heroin und Kokain zu konsumieren.

Ich habe keinen Ausweg mehr gesehen und bin im Juli 2019 aus einem Fenster im 3. Stock gesprungen. Ich lag 16 Wochen im Krankenhaus und anschließend bin ich in eine Klinik zur Entgiftung gekommen. Seitdem lebe ich clean und habe aber immer Suchtdruck und Anspannungsmomente.

Ich möchte in eine Therapie, um abstinent zu bleiben und meine Tochter dort zu gebären. Die Tochter ist für mich das Wichtigste und ich möchte mir ihr zusammenleben. Dafür brauche ich dringend Hilfe.“

Diagnosen:

ICD-F33.2: Rezidivierende depressive Störung, gegenwärtig schwere Episode ohne psychotische Symptome
ICD-F60.31: Emotional instabile Persönlichkeitsstörung, Borderline-Typ
ICD-F19.20: Polyvalente Substanzabhängigkeit, gegenwärtig abstinent
Z. n.: Suizidversuch 2016 und 2019

„Gerade bei Abhängigkeitserkrankungen liegen zudem hohe Komorbiditäts-

5 *Schneider, D., Clausen, U., Kunz, D.* (2020): Aktivität und Teilhabe bei Drogenabhängigen – Muster der Beeinträchtigungen, in: SuchtAktuell, Zeitschrift des Fachverbandes Sucht e.V., Jg. 27/02.20, Bonn

raten an weiteren psychischen Störungen (z.B. Depression, Angststörungen, Persönlichkeitsstörungen, Traumafolgestörungen) vor" (*FVS* 2020, 76[6]). Dieses breite Indikationsspektrum stellt hohe Anforderungen an die Mitarbeiter, was nicht im Studium vermittelt wird, sondern einer intensiven berufsbegleitenden psychosozialen Weiterbildung bedarf.

„Tatsächlich gibt es [...] einen fachlich kritischeren Punkt in der Jugendhilfe, der die Strukturen und die Organisation der Jugendämter, die fachliche Führung und die Aufsicht und die Personalqualifizierung betrifft" (*Höhner* 2020, 310[7]).

Nach der Entlassung aus der Entgiftung haben sich die Mitarbeiter des Jugendamtes an die Suchthilfe gewandt, mit der Frage, ob sie J. einen Wohnraum zur Verfügung stellen könnten und die intensive Betreuung übernehmen könnten.

Deutlich wurde, dass die Mitarbeiter des Jugendamtes „das Wohl des noch ungeborenen Kindes stark gefährdet sahen" und ein starkes Interesse hatten, das Kind zur Adoption zu vermitteln.

Die Mitarbeiter der Suchthilfe haben folgendes vorgeschlagen:

- *J. kann ich einer betreuten WG wohnen*
- *J. nimmt an einem intensiven Therapievorbereitungsprogramm teil*
- *J. wird zeitnah in eine Therapie vermittelt*
- *Das Jugendamt übernimmt mind. 6 Fachleistungsstunden für die Mitarbeiter der Suchthilfe*

Die Mitarbeiter des Jugendamtes erklären sich hiermit ausdrücklich einverstanden. Dies wird schriftlich auch noch einmal festgehalten.

Erstaunlicherweise wird dies von der Fachbereichsleitung fernmündlich widerrufen, da mit dem Träger der Suchthilfe keine Kooperationsvereinbarung bestünde und man hier keine Einzelfallentscheidung treffen wollte. Die Mitarbeiter des Jugendamtes hätten hier einen Fehler begangen. Eine schriftliche Bestätigung dieser Entscheidung erfolgte nicht!

Da die Mitarbeiter der Suchthilfe ihre persönliche und fachliche Verantwortung für J. ernst nahmen, wurde J. – trotz erheblicher Schwierigkeiten – in 08/2020 in eine Mutter-Kind-Therapie vermittelt.

Diese musste bereits nach 10 Tagen wieder abgebrochen werden, da sich die Einrichtung mit den massiven Beeinträchtigungen von J. (z.B. erhebliche Suizidgefahr) nicht gewachsen fühlte.

Vor der Geburt des Kindes haben in einem „intensiven" Gespräch drei Mitarbeite-

6 *Fachverband Sucht e.V. (FVS)* (2020): Gesetz zur Reform der Psychotherapieausbildung - Praktische Ausbildung im Bereich der medizinischen Rehabilitation, in: SuchtAktuell, Zeitschrift des Fachverbandes Sucht e.V., Jg. 27/02.20, Bonn

7 siehe 2.

rinnen (Allgemeiner Sozial Dienst (ASD), Adoptionsvermittlung) des Jugendamtes J. sehr deutlich gemacht, dass sie ihr Kind nicht behalten könne und zur Adoption freigeben müsse.

Offensichtlich haben die Mitarbeiterinnen J. davon „überzeugt", diesem „Vorschlag" zuzustimmen.

Was für das Jugendamt (▶ ASD) bedeutet, dass keine Entscheidung des Familiengerichts eingeholt werden musste.

Der ASD hat dem Familiengericht umfassend darzulegen, dass bei J. andere Maßnahmen erfolglos geblieben wären, oder dies anzunehmen wäre, sowie andere Maßnahmen nicht ausreichen, die Gefährdung des Kindeswohls zu verhindern (▶ § 1666 BGB).

Anmerkung: Da ein Sorgerechtsentzug eine Maßnahme mit gravierenden Folgen für das Kind und die Mutter ist, müssen seine Grundlagen besonders sorgfältig abgeklärt werden. Bei § 27 SGB VIII liegt beispielsweise eine Mangellage in der Erziehung vor, welche die Gefährdungsschwelle des § 1666 BGB aber nicht notwendigerweise erreicht oder gar überschritten haben muss. Entscheidendes Abgrenzungskriterium ist die Bereitschaft und die Fähigkeit der Personensorgeberechtigten, bei der Beseitigung der Mangellage mitzuwirken.

Das Jugendamt trägt nach § 8 a Abs. 3 SGB VIII die Verantwortung dafür, dass das Familiengericht bei einer Kindeswohlgefährdung angerufen wird. Die Entscheidungsbefugnis zu einem Eingriff in das elterliche Sorgerecht besitzt jedoch allein das Familiengericht. Die elterliche Sorge kann nur dann entzogen werden, wenn die tatsächlichen Umstände, aufgrund derer auf die Gefährdung des Kindeswohls geschlossen wird, erwiesen sind. Ein bloßer Verdacht genügt nach dem Gesetz nicht.

Anfang 10/2020 wurde die Tochter von J. geboren und der ASD hat der Mutter nach eineinhalb Stunden das Kind „weggenommen" und in eine Pflegefamilie gegeben.

Über ihre Rechte als Mutter wurde J. von den Mitarbeitern der Suchthilfe aufgeklärt. Da J. völlig überfordert war, war sie nicht in der Lage, sich für ihre Rechte einzusetzen und zu kämpfen. J. war stark suizidgefährdet und wurde stationär in der Psychiatrie behandelt.

Der ASD sieht keine Veranlassung J. zu unterstützen. Die Mitarbeiter der Suchthilfe werden J. intensiv unterstützen und in eine erneute Therapie vermitteln.

Anmerkung: Es muss „überraschen", dass der ASD des Jugendamtes eine „gemeinsame Wohnform" (§ 19 Abs. 1 SGB VIII) offensichtlich nicht für geeignet hält.

J. und ihre Tochter hätten in einer „geeigneten Wohnform" betreut werden können, wenn J. auf Grund ihrer Persönlichkeitsentwicklung dieser Form der Unterstützung bei der Pflege und Erziehung des Kindes bedarf. Auch eine schwan-

gere Frau kann vor der Geburt des Kindes in dieser Wohnform betreut werden. Die „komplexen Hilfeleistungen" werden in Einrichtungen erbracht, die sich am individuellen Bedarf von J. und ihrer Tochter orientieren und darauf zielen, den spezifischen Hilfebedarf ganzheitlich abzudecken.

Das Leistungsspektrum umfasst u.a. tagesstrukturierende Maßnahmen und Hilfen im lebenspraktischen Bereich, sozialpädagogische Beratung zur Persönlichkeitsentwicklung von J., Anleitung und Förderung der Mutter-Kind-Beziehung und der Erziehungskompetenz von J. sowie die Gesundheitsvorsorge.

Da J. mehrere Risikofaktoren aufweist (psychische Instabilität, Suchtprobleme, Gewalterfahrungen u.a.), erhält sie umfassende Hilfen zur Überwindung persönlicher und sozialer Probleme und zur Entwicklung von Zukunftsperspektiven.

Erkenntnisse der Entwicklungspsychologie, der Bindungsforschung, der Psycho- und Traumatherapie und der Neuropsychologie sind zunehmend in die pädagogischen Konzepte für die Praxis eingeflossen. Ein wichtiges Leistungsangebot ist in den Einrichtungen z.B. die Entwicklungspsychologische Beratung, bei der J. durch die Besprechung ihrer eigenen Interaktionen mit dem Säugling für die Bedürfnisse des Kindes sensibilisiert und angeregt werden kann, sich adäquat mit dem Kind zu beschäftigen.

Fazit

Bei komplexen Problemlagen *müssen* die bestehenden Hilfs- und Unterstützungsangebote optimal ineinandergreifen. „Ziel einer systemübergreifenden Kooperation ist einerseits eine gemeinsame auf den Einzelfall zugeschnittene Hilfe- und Behandlungsplanung, [...] die eine individuelle Verzahnung vereinfachen. [...] Die komplexen Leistungen sind nur durch Anbieter aus dem Bereich des Gesundheitswesens [und] der Jugendhilfe [...] zu erbringen" (*DGPs* 2020[8]).

„Die Würde des Menschen ist unantastbar.
Sie zu achten und zu schützen
ist Verpflichtung aller staatlichen Gewalt" (Art. 1 Abs. 1 GG[9]).

Jeder hat das Recht auf die freie Entfaltung seiner Persönlichkeit
[und] jeder hat das Recht auf Leben
und körperliche Unversehrtheit" (Art. 2 Abs. 1 + 2 GG[10]).

8 *Deutsche Gesellschaft Psychotherapie (DGPs), Deutsche Gesellschaft für Systemische Therapie, Beratung und Familientherapie (DGSF), Deutsche Gesellschaft für Psychiatrie und Psychotherapie, Psychosomatik und Naturheilkunde e.V. (DGPPN) et al.* (2020): Notwendigkeiten für eine bedarfsgerechte Weiterentwicklung der Hilfen für Kinder psychisch kranker und suchtabhängiger Eltern in Anlehnung an die Empfehlungen der AG KipkE, Arbeitspapier 12.11.2020

9 *GG-Grundgesetz für die Bundesrepublik Deutschland*, Stand: 29.09.2020, Deutscher Bundestag, Berlin

10 siehe 9.

AUSBLICK: Bleiben wir zuversichtlich!

Jugendhilfe und Suchthilfe: GEMEINSAM stark werden.

Peter Schay, Roland und Niklas Helsper

> *„Es kommt auf jeden Augenblick an!*
> *Die Verantwortung ist immer da! [...]*
> *Gegen [...] die Nachgiebigkeit [und] gegen die Zugeständnisse müssen wir uns wehren.*
> *Es besteht für uns die moralische Forderung,*
> *den Klient*innen bei der Bewältigung ihres Alltages zu helfen“*
> *(H. Schweikart, 2014).*

Es müssen alle rechtlichen Regelungen und Maßnahmen getroffen werden, um Kinder und Jugendliche zu schützen.

In der Suchthilfe und der Jugendhilfe geht es darum, Kindeswohlgefährdung, Kindeswohlvernachlässigung und Kindesmisshandlung abzuwenden.

Im SGB VIII regeln die §§ 8a, 8b und 42 SGB VIII die Zuständigkeiten des Staates in Sachen Kinderschutz.

Das zuständige Jugendamt ist für alle Fälle (auch vermuteter) Gefährdungen und Verletzungen des Kindswohls zuständig.

Die verantwortliche und möglichst erfahrene Fachkraft kooperiert bspw. mit der Suchthilfe, Kinderärzten oder Schule.

Das Jugendamt wird nicht in jedem Fall selbst aktiv und kann (niedrigschwellige) Hilfsangebote der Suchthilfe organisieren, bspw. Vermittlung in psychosoziale Betreuung, medizinsche Rehabilitationsmaßnahmen (vgl. auch *Bundeskinderschutzgesetz*, 2012).

Das *Bundeskinderschutzgesetz* will einen breiten fachlichen Diskurs sichern und hat zentrale Grundlagen, bspw. einen intensiven Fachdialog mit Expertinnen und Experten aus Verbänden, der Wissenschaft sowie den Ländern und Kommunen, zu gewährleisten.

§ 4 KKG benennt die Berufsgruppen, die nach der Rechtsnorm das notwendige Fachwissen zur Einschätzung gewichtiger Anhaltspunkte einer Kindeswohlgefährdung haben.

Dies wird auch in § 8b SGB VIII verdeutlicht: Fachliche Beratung und Begleitung zum Schutz von Kindern und Jugendlichen haben Personen, die beruflich in Kontakt zu Kindern und Jugendlichen stehen.

„Grundsätzlich [haben] Kinder das Recht auf Partizipation [nach] § 8 SGB VIII […]. Dies stellt Fachkräfte vor große Herausforderungen […]. Umso wichtiger ist es deshalb, […] ihre didaktische und methodische Umsetzung, aber auch über die Grenzen dieser zu verständigen. […] Bezüglich der professionellen Umsetzung von Partizipationsverfahren sollte eines unumstößlich sein: Das alleinige Wissen der Kinder über ihre Rechte und die Formulierung eigener Ziele und Wünsche ist ohne die dazugehörige Entscheidungskraft nicht als Partizipation im Sinne einer Mitbestimmung (demokratische Entscheidungsprozesse) oder als selbstbestimmte Beteiligung zu verstehen. Zu häufig werden Kinder nur scheinbar beteiligt“ (*LVR*, 2018).

Kinder und Jugendliche sucht- und psychisch kranker Eltern

„Das Zusammenleben mit psychisch erkrankten Eltern stellt für Kinder qualitativ und quantitativ ein beträchtliches Risikopotenzial für einen ungünstigen Entwicklungsverlauf dar“ (*Lenz*, 2014, 17)

Ein besonders starker Anstieg bei akuten Kindeswohlgefährdungen wurde in 2018 festgestellt „in 20% beziehungsweise 10.100 aller 50.400 akuten und latenten Fälle von Kindeswohlgefährdung wurde das Familiengericht eingeschaltet. In 15% aller Fälle (7.800) wurden die Betroffenen zu ihrem Schutz vorläufig vom Jugendamt in Obhut genommen. […] Bei rund 53.000 Kindern und Jugendlichen hatte die Prüfung durch das Jugendamt zwar keine Kindeswohlgefährdung, aber weiteren Hilfe- und Unterstützungsbedarf ergeben, beispielsweise in Form einer Erziehungsberatung oder sozialpädagogischen Familienhilfe (+8%) (*Statistisches Bundesamt*, 2020).

Die Forschung macht individuelle Entwicklungsverläufe und die Gesamtlebenslage von Kindern und Jugendlichen sehr deutlich. D.h.: Armut ist ein hohes Risiko für negative Entwicklungsverläufe, insbesondere, wenn sie dauerhaft anhält.

„Je länger ein junger Mensch mit Armut aufwächst, desto geringer ist die Chance für ein Wohlergehen und desto größer sind die Risiken der multiplen Deprivation“ (*AWO-ISS-Studie*, 2012).

Merke

Der Erstkonsum von Suchtmitteln bei Jugendlichen, insbesondere der Konsum legaler Drogen, beginnt durchschnittlich im Alter von 15 Jahren und der von Cannabis im Alter von 16,7 Jahren. Aus dieser Altersgruppe haben bereits 0,6% Ecstasy, 0,5% Kokain und 0,3% Amphetamine probiert.

Ein missbräuchlicher Alkoholkonsum wurde bei 6,6% der 10-19-jährigen Kinder und Jugendlichen behandelt; etwa 20-mal so viele in der Jugendhilfe. Die Drogenaffinität liegt bei 17,6% und in den Jugendhilfeeinrichtungen bei 27,5%.

12% der Kinder werden körperlich misshandelt und zwischen 6% bis 12% sexuell missbraucht. Die „offizielle" Aufdeckungsrate liegt bei ca. 10% (vgl. *Bühler-Niederberger*, 2020, *WHO*, 2013, 2020).

Zur Prävalenz potentiell chronisch-psychischer Erkrankungen bei Kindern und Jugendlichen von 0-17 Jahren nach Suchterkrankung der Eltern (*Statista*, 2019):

ADHS:
8,1% Suchterkrankungen 4,1% keine Suchterkrankung

Angststörungen:
2,0% Suchterkrankungen 1,5% keine Suchterkrankung

Depressionen:
2,0% Suchterkrankungen 1,1% keine Suchterkrankung

Borderline-Störung;
0,3% Suchterkrankungen 0,1% keine Suchterkrankung

Essstörungen:
0,1% Suchterkrankung 0,1% keine Suchterkrankung

Psychische Auffälligkeiten und Entwicklungsstörungen zeigen 20-25%, ca. 8% zeigen eine Behandlungsbedürftigkeit (*Senatsverwaltung*, 2016).

AUSBLICK

Die „unterschiedlichen Traditionen und Aufträge [...], unterschiedlichen Haltungen und Sichtweisen auf ein und denselben Sachverhalt [machen] deutlich, [dass] für das jeweilige Gegenüber die Möglichkeit [besteht], einen Perspektivwechsel vorzunehmen, was die eigene Haltung nachhaltig beeinflusste" (*LWL*, 2020, 5).

Die Notwendigkeit eines „Zusammengehens" ist für die Suchthilfe und Jugendhilfe unumgänglich (ebenda, 11f). Es geht um eine gemeinsame Zielgruppe und eine Komplex-Leistung für eine gemeinsame Zielgruppe: gemeinsame Hilfepläne müssen konkret entwickelt werden, um das Verhalten der Eltern zu beeinflussen und (mögliche) Gefahren für das Wohl ihrer Kinder zu schützen (▶ vgl. § 8a SGB VIII und § 1666 BGB).

„Die Entwicklung einer ressortübergreifenden Verantwortungsgemeinschaft [...] hat insbesondere für junge Menschen mit Problemlagen und psychischen Störungen unterschiedlicher Art und Schwere, die in ihrer Entwicklung und oft auch auf ihrem Bildungsweg erheblich beeinträchtigt sind, eine große Bedeutung. Wenn diesen jungen Menschen nicht frühzeitig adäquat geholfen wird, kann ein selbstbestimmtes Leben auf einer soliden Bildungsbasis in weite Ferne rücken" (*Senatsverwaltung* 2016, 10).

Zentrale Fragen der Zusammenarbeit zwischen Suchthilfe und Jugendhilfe müssen in einer Kooperationsvereinbarung besprochen werden, um die kollegiale Zusammenarbeit konkret zu regeln[1]. Das bedeutet insbesondere:

- wertschätzende Kommunikationsstruktur
- Verfahrensabläufe zu regeln
- klare Zuständigkeiten zu vereinbaren

„Kooperationsvereinbarungen [müssen] möglichst frühzeitig die Hilfen des jeweiligen anderen Systems zugänglich und damit das Hilfesystem durchlässiger machen" (*LWL*, 2020, 29).

Es geht also um die fachliche Bewertung „für das Leben und die Entwicklung von Kindern und Jugendlichen [und] relevanter Sachverhalte und Lebensumstände" (ebenda, 39).

In der Konsequenz „besteht eine zentrale [...] Aufgabe und ethische Verpflichtung [...] darin, [...] für [die betroffenen Kinder, Jugendlichen und jungen Heranwachsenden] ein möglichst [...] gesundes und zufriedenes Leben mit einem hohen Grad an Selbstbestimmung und Selbstverwirklichung zu erreichen und [ihre] soziale Einbindung in die Gesellschaft [...] zu fördern" (*FVS*, 2017, 68).

1 „Das Hilfeplanverfahren bezeichnet die konkrete methodische Umsetzung des Hilfeplanprozesses [und ist] entscheidende Stellschraube für die Steuerung der Hilfen im Einzelfall, [sowie] die Qualität der Hilfeplanung" (ebenda, 20).

*Die Mitarbeiter*innen der Suchthilfe und Jugendhilfe*
müssen JA sagen und
neue Sichtweisen und veränderte Strategien entwickeln.

Dann werden wir immer wissen,
was zu tun ist!
Und NEUE Entwicklungen anstoßen!
(Schay, 2020)

Literaturangaben

AWO-ISS-Studien (2012): Von alleine wächst sich nichts aus. Lebenslagen von (armen) Kindern und Jugendlichen und gesellschaftliches Handeln bis zum Ende der Sekundarstufe I. Abschlussbericht der 4. Phase der Langzeitstudie im Auftrag des Bundesverbandes der Arbeiterwohlfahrt (*Laubstein, C., Holz, G., Dittmann, J., Sthamer, E.*), Frankfurt am Main: ISS e.V.

Bayrischer Jugendring (BjR) (2012): Das Bundeskinderschutzgesetz, Regelungen zum Kinderschutz, Umsetzung und Auswirkungen in der Jugendarbeit, Arbeitshilfe,

Bühler-Niederberger, D. (2020): Kinderschutz in NRW und seinen Kommunen - Akteure, Strukturen, Netzwerke und Handlungsbedarf im Bereich des Kinderschutzes, Schriftliche Anhörung von Sachverständigen durch die Kommission zur Wahrnehmung der Belange der Kinder des Ausschusses für Familie, Kinder und Jugend des Landtags Nordrhein-Westfalen, Wuppertal

Bundesministerium für Familie, Senioren, Frauen und Jugend (BMFSFJ) (2012): Bundeskinderschutzgesetz, Berlin

Bundesministerium der Justiz und für Verbraucherschutz (BMJV) (2011): Gesetz zur Kooperation und Information im Kinderschutz (KKG), Berlin

Bundesministerium der Justiz und für Verbraucherschutz (BMJV) (2014): Kinder und Jugendliche. Sozialgesetzbuch (SGB) VIII, Berlin

*Fachverband Sucht (FVS) e.V. (*2017): Stigmatisierung von Sucht begegnen, Hilfen anbieten!, in: SuchtAktuell, Zeitschrift des FVS, Jahrgang 24/02.17, Bonn, 68-69

Landschaftsverband Rheinland (LVR) (2018): Beteiligung, Mitbestimmung & Beschwerde von Kindern, Empfehlungen zur Konzeptionsentwicklung in Kindertageseinrichtungen, Köln

Landschaftsverband Westfalen-Lippe (LWL) (2020): Jugendhilfe und Suchthilfe - gemeinsam für den Kinderschutz, Fragen und Diskussionen - aus der Praxis für die Praxis, Koordinationsstelle Sucht, Forum Sucht Bd. 53, Münster

Lenz, A. (2014): Kinder psychisch kranker Eltern, Hogrefe, Göttingen

Senatsverwaltung für Gesundheit und Soziales Berlin (2016): Seelische Gesundheit von Kindern und Jugendlichen - Kooperation in gemeinsamer Verantwortung, Basisinformationen und Handlungsempfehlungen, Berlin

Statista (2019): Prävalenz potentiell chronisch-psychischer Erkrankungen bei Kindern 2016, in: https://de.statista.com/statistik/daten/studie/1011396/umfrage/praevalenz-potentiell-chronisch-psychischer-erkrankungen-bei-kindern/

Statistisches Bundesamt (2020): Kinderschutz: Jugendämter melden erneut 10% mehr Kindeswohlgefährdungen, Berlin

Walter, M., Sollberger, D., Euler, S. (2016): Persönlichkeitsstörungen und Sucht, Kohlhammer, Stuttgart

Weltgesundheitsorganisation (WHO) (2013). *European report on preventing child maltreatment,* in: http://www.euro.who.int/__data/assets/pdf_file/0019/217018/European-Report-on-Preventing-Child-Maltreatment.pdf

Weltgesundheitsorganisation (WHO) (2020): Bericht über das Gesundheitsverhalten von 11-15jährigen in der Europäischen Union, in: WHO-Regionalbüro für Europa, Kopenhagen

Plädoyer und Nachwort: Die effektive Vernetzung aller Hilfesysteme!

Peter Schay

Vorbemerkung

Die Auswirkungen der Covid-19-Pandemie werden „schwerwiegend und langfristig sein" (*Bundesregierung*, 2021, 20).
Die Corona-Pandemie hat **deutlich** gezeigt, dass eine **effektive** Vernetzung **aller** Hilfesysteme für die Kinder und Jugendlichen ein **entscheidender** Faktor ist, um ein selbstbestimmtes Leben führen zu können.

Damit werden der reale und gefühlte Abstieg und die Diskriminierung beendet sowie Toleranz und Gleichheit wiederhergestellt.

„Soziale Arbeit fördert als praxisorientierte Profession und wissenschaftliche Disziplin gesellschaftliche Veränderungen, soziale Entwicklungen und den sozialen Zusammenhalt sowie die Stärkung der Autonomie und Selbstbestimmung von Menschen. Die Prinzipien sozialer Gerechtigkeit, die Menschenrechte, die gemeinsame Verantwortung und die Achtung der Vielfalt bilden die Grundlage der Sozialen Arbeit. Dabei stützt sie sich auf Theorien der Sozialen Arbeit, der Human- und Sozialwissenschaften und auf indigenes Wissen. Soziale Arbeit befähigt und ermutigt Menschen so, dass sie die Herausforderungen des Lebens bewältigen und das Wohlergehen verbessern, dabei bindet sie Strukturen ein" (*DBSH,* 2014).

Auswirkungen der Corona-Pandemie – ein soziales Problem

In Deutschland leben 22 Millionen junge Menschen im Alter von 0 bis 27 Jahren. Das ist ein Anteil von 26,5% an der Gesamtbevölkerung, davon 10,7 Mio. Kinder im Alter von 0 bis 14 Jahren (vgl. *AGJ,* 2021).

„Im Juni 2020 lebten bundesweit 13,1% aller unter 18-Jährigen in Haushalten mit einem SGB-II-Bezug (Hartz IV). [...] Bei Haushalten, in denen kein Elternteil ein Erwerbseinkommen erzielt, hat sich die Wahrscheinlichkeit, unter der Armutsrisikoschwelle zu leben, [...] weiter gesteigert. Ungleiche Startchancen werden nicht aufgeholt [und] Armut verfestigt sich [sowie] Bildungsungleichheit – und kein Ende in Sicht! [...]

Besonders Kindern von Alleinerziehenden und aus Familien mit Migrationshintergrund werden gleiche Chancen auf eine erfolgreiche Bildungslaufbahn vorenthalten, solange vor allem materielle Armut mit Bildungsbenachteiligung einhergeht. [...] Kinder aus Elternhäusern mit niedrigem Einkommen oder auch geringerem Bildungsstatus sind bei der Bewältigung der pandemiebedingten Umstände besonders großen Herausforderungen ausgesetzt. Jugendamtsmitarbeiter*innen geben an, dass sich die Erreichbarkeit von Jugendlichen zwischen 14 und unter 18 Jahren sowie Familien in prekären Lebenslagen und psychisch erkrankten Eltern verschlechtert hat. Können sie aufgrund fehlender sozialer Orte und Kontakte nicht mehr erreicht werden, gelingt auch der Einstieg in Förderprogramme und (präventive) Hilfsangebote schlechter oder verspätet. Es ist zu befürchten, dass 100.000 junge Menschen ohne Schulabschluss und entsprechend geringen Qualifizierungschancen [...] austreten" (ebenda).

Erstaunlicherweise besteht bei den Jugendämtern Unsicherheit über die Lage und Bedarfe von jungen Menschen. Es besteht die „Sorge", dass „während des Lockdowns Fälle von Missbrauch, Gewalt und Vernachlässigung junger Menschen möglicherweise nicht ausreichend erkannt werden und auch zusätzliche Unterstützungsbedarfe von Kindern, Jugendlichen und Familien entstehen könnten" (*Deutsches Jugendinstitut,* 2020, 5 ; vgl. *Bundesregierung,* 2021, 51 und 377).

Tatsache ist, dass Kinder und Jugendliche von der Corona-Krise und von ihren Folgen in besonderer Weise betroffen sind!

„Trotz einer offensichtlich gestiegenen Sensibilisierung für die besonderen Interessen und Bedarfe der Kinder und Jugendlichen" werden ihre Interessen nicht ausreichend berücksichtigt (*BAG Landesjugendämter* 2020).

Im Corona-Jahr 2020 wurden bei 60.551 Kindern und Jugendlichen Kindeswohlgefährdungen von den Jugendämtern festgestellt. Das waren 9% mehr Fälle als in 2019! 51% der Kinder waren jünger als 8 Jahre und 33% jünger als 5 Jahre. Bei 58% wurden Anzeichen für Vernachlässigung, bei 34% Hinweise für psychische Misshandlung, bei 26% Indizien für körperliche Misshandlung und bei 5% Anzeichen für sexuelle Gewalt festgestellt (vgl. Destatis 2021; Pressemitteilung Nr. 350 vom 21.07.2021).

„Defizite, die durch fehlende Betreuung, Erziehung und Bildung entstehen, lassen sich nur schwer kompensieren. Gerade Kindern und Jugendlichen aus sozial benachteiligten Familien droht durch Corona die Gefahr, „abgehängt" zu werden" (ebenda).

Auch muss eindringlich berücksichtigt werden, dass „321.400 junge Menschen unter 25 Jahren und 194.213 Kinder unter 18 Jahren schwerbehindert sind mit einem Schweregrad von mindestens 50. Im Alter unter 4 Jahren: 17.008 (davon 4.834 seit der Geburt), zwischen 4 und 6 Jahren 17.082 (3.440), zwischen 6 und 15

Jahren 114.153 (19.756), zwischen 15 und 18 Jahren 45.970 (8.264), zwischen 18 und 25 Jahren 127.187 (21.843).

[...] Das deutsche Sozialleistungsrecht [reduziert junge] Menschen mit körperlichen oder geistigen Behinderungen [...] auf ihre Behinderungen [und „gewährt] bislang nur Eingliederungshilfen, [ohne eine] Perspektive der Unterstützung für [den] jungen Menschen mit Behinderungen [und] auch ihre Eltern und Geschwister [...].

[Die] Belastung [wird] potenziert durch die Sorge [...] vor den weitreichenden Folgen des fehlenden Regelbetriebs in Betreuung und Therapie" (*AGJ*, 2021, 1ff; vgl. *Bundesregierung*, 2021).

Plädoyer für die effektive Vernetzung aller Hilfesysteme

Die Strukturen der Sucht- und Jugendhilfe sind „systemrelevant und für das zukunftsfähige Funktionieren dieser Gesellschaft unverzichtbar" (*BAG Landesjugendämter*, 2020).

Die Leistungsfähigkeit der Sucht- und Jugendhilfe ist *gerade* in der Krisenbewältigung der Corona-Pandemie von besonderer Bedeutung und muss deutlich gefördert werden.

Die Leistungen der psycho-sozialen Hilfesysteme **müssen** zusammengeführt werden, um die Kinder, Jugendlichen und jungen Erwachsenen wegen ihrer (drohenden) seelischen Behinderung in Folge der Corona-Pandemie „auffangen" zu können.

Gefragt ist eine „solidarische Wertorientierung und Leistungsorientierung: Hilfsbereitschaft, Toleranz und Empathie, soziale Gerechtigkeit, das Gleichheitsprinzip [...]. Leistung, Selbstbestimmung und Unabhängigkeit werden [...] von den Kindern, Jugendlichen und jungen Erwachsenen [...] als bedeutsame Werte [...] hervorgehoben" (*AGJ*, 2021, 9).

Beeinträchtigt ist die Teilhabe am Leben innerhalb der Gesellschaft, die von psychosozialen und gesundheitlichen Hilfesystemen erfasst, betreut und zusammengeführt werden muss.

Es geht darum, dass die jeweilige Profession sich an den Bedarfen und Bedürfnissen der Kinder, Jugendlichen und jungen Erwachsenen „orientieren" muss, um **gemeinsam** das „notwendige [...] Handeln [und die **gemeinsamen**] Zielsetzungen" umsetzen zu können (*FDR*, 2011).

Durch die **enge** Vernetzung bestehender Institutionen oder Angebote werden strukturelle **und** fachliche Ressourcen umfassend genutzt und die beteiligten Einrichtungen werden **ihre** Beratungs- und Behandlungsangebote für Kinder, Jugendliche und jungen Erwachsene umfassend nutzen können, d.h.: Die psychosoziale, psychotherapeutische und medizinische Versorgung bzw. Rehabilitation wird von den jeweiligen Leistungsträgern gem. SGB IX gefördert und finanziert.

Literaturangaben

Arbeitsgemeinschaft für Kinder- und Jugendhilfe (AGJ) (2021): Deutscher Kinder- und Jugend(hilfe)MONITOR 2021, in: https://www.agj.de/fileadmin/files/pressemeldungen/Jugend_hilfe_Monitor_07_05_2021.pdf

Bundesarbeitsgemeinschaft (BAG) Landesjugendämter (2020): 5 Thesen zu den Auswirkungen der Coronakrise auf Kinder und junge Menschen, in: file:///C:/Users/Peter/AppData/Local/Temp/BAGLJ%C3%84%20-%205%20Thesen%20Auswirkungen%20der%20Coronakrise%20auf%20die%20KJH.pdf

Bundesregierung Deutschland (2021): Lebenslage in Deutschland - 6. Armuts- und Reichtumsbericht der Bundesregierung, Berlin

DBSH - Deutscher Berufsverband für Soziale Arbeit e.V. (2014): Neufassung der Definition Soziale Arbeit, in: https://www.dbsh.de/beruf/professions-news/professions-news- 2014/detailansicht/neufassung-der-definition-soziale-arbeit.html

Deutsches Institut für Sozialwirtschaft (DISW) (2017): Herausforderungen moderner Schuldnerberatung, in: http://www.bag-sb.de/fileadmin/user_upload/1_BAG- SB/4_Forschung/Forschungsbericht_DISW_2017.pdf

Deutsches Jugendinstitut e.V. (DJI) (2020): Kinder-und Jugendhilfe in Zeiten der Corona-Pandemie, München

Fachverband Drogen und Rauschmittel e.V. (FDR) (2011): FDR-Script-Expertise Jugend Sucht Vernetzung, Hannover

Die Autor*innen

Kristin Dürre
Sozialarbeiterin (B.A.), 2015 bis 2019 als Präventionsfachkraft und in der psychosozialen Beratungsstelle der Jugend-, Konflikt- und Drogenberatung e.V. Herne beschäftigt, seit 2020 als Präventionsfachkraft und in der medizinischen Rehabilitation Abhängigkeitskranker bei der Kadesch gGmbH Herne tätig

duerre@kadesch.de

Kirsten Grabowsky
Jugend- und Heimerzieherin, Dipl.-Sozialarbeiterin und Dialogbegleiterin (Faciliator) im Jugendamt Dortmund, seit 2006 Leitung der Fachstelle für Kinder alkoholkranker Eltern im Jugendamt Dortmund mit dem dazugehörigen Netzwerk

kgrabowski@stadtdo.de

Niklas Helsper (Hrsg.)
Master Sozialmanagement, Kulturwirt (B.A.), 2012-18 als Pädagogische Fachkraft bei der NADO gGmbH Dortmund beschäftigt, seit 2018 als wissenschaftlicher Mitarbeiter beim Institut für Kinder- und Jugendhilfe in Mainz beschäftigt und mittlerweile Fachbereichsleitung für Gesundheitswesen & Eingliederungshilfe

helsper@ikj-mainz.de

Roland Helsper (Hrsg.)
Dipl.-Sozialpädagoge, Dipl.-Supervisor (DGS`v), Lehrsupervisor FIS und beim Zentrum für wissenschaftliche Weiterbildung an der Universität Bielefeld e.V. (Studiengang Supervision), Approbation als KuJ-Psychotherapeut, Psychotherapeut (HPG), Ausbildung in Energetischer Psychotherapie, EMDR, seit 1995 Geschäftsführer und Therapeutischer Leiter bei der nado gGmbH Dortmund

rhelsper@me.com

Kim Kemner
Erziehungswissenschaft (B.A.), aktuell Master Sozialwissenschaft, seit 2020 als wissenschaftliche Hilfskraft im Bereich Gesundheitswesen und Suchthilfe beim Institut für Kinder- und Jugendhilfe in Mainz

kemner@ikj-mainz.de

Andreas Koch
Prof. Dr., Geschäftsführung der Therapiehilfe gGmbH in Hamburg und des Therapiehilfeverbundes, 2005 bis 2018 Geschäftsführer des Bundesverbandes für stationäre Suchtkrankenhilfe e.V. (buss) in Kassel, 2018 bis 2020 Geschäftsbereichsleiter Suchthilfe/Kinder- und Jugendhilfe bei den Ordenswerken des Deutschen Ordens in Weyarn, seit 2015 Honorarprofessor an der Hochschule Bonn-Rhein-Sieg in Hennef, Fachbereich Sozialpolitik und Soziale Sicherung

andreas-koch@therapiehilfe.de

Michael Kuhlmann
Dipl.-Pädagoge, 2007 bis 2020 in der stationären Jugendhilfe beschäftigt, seit 2020 als Pädagogischer Mitarbeiter in der psychosozialen Beratungsstelle der Jugend-, Konflikt- und Drogenberatung e.V. Herne tätig

kuhlmann@jkd-ev-de

Dirk Kratz
Dr. phil., Dipl.-Pädagoge, Psychodrama-Leiter i.A., seit 2015 Geschäftsführer Therapieverbund Ludwigsmühle gGmbH
Dirk.Kratz@ludwigsmuehle.de

Brigitta Lökenhoff
Soziologin M.A., Dr. phil., Trainerin Gewaltfreie Kommunikation, Systemische Beraterin in Ausbildung; Schwerpunktthemen: Lebensbedingungen von Frauen mit Substanzmittelkonsum sowie Kinder in suchtbelasteten Familien, Feminismus, Geschlechtervielfalt. Seit 2019 für den Verein zur Hilfe suchtmittelabhängiger Frauen Essen e. V. als Referentin der Landeskoordinierungsstelle Frauen und Sucht NRW, BELLA DONNA, tätig
b.loekenhoff@belladonna-essen.de

Antje Niedersteberg
Dr. med., Fachärztin für Psychiatrie und Psychotherapie, Fachärztin für Allgemeinmedizin, Zusatzbezeichnung Suchtmedizin, 1991-94 Tätigkeit in Allgemeinarztpraxis, 1994-2009 Tätigkeit Allgemeinpsychiatrie St. Marienhospital, 2009-2011 Leitung Ambulante Reha Sucht, Suchthilfezentrum Nikolausburg und oberärztliche Tätigkeit St. Marienhospital in Duisburg, seit 2011 Chefärztin der Abteilung für Abhängigkeitserkrankungen und Psychotherapie der LVR Klinik Düren
antje.niedersteberg@lvr.de

Fabian Peters

Dipl.-Sozialarbeiter, MSc „Suchthilfe", Weiterbildung zum Suchttherapeuten, Weiterbildung in „Ressourcenorientierter Traumapädagogik", seit 2011 in der medizinischen Rehabilitation der Kadesch gGmbH Herne beschäftigt

peters@kadesch.de

Peter Schay (Hrsg.)

MSc Integrative Psychotherapie, Dipl.-Sozialarbeiter, Dipl.-Supervisor (FU Amsterdam), Approbation als KuJ-Psychotherapeut, Psychotherapeut (HPG), Lehrtherapeut am Fritz Perls Institut für Integrative Therapie und an der Europäischen Akademie für psychosoziale Gesundheit und Kreativitätsförderung, Ausbildung in Integrativer Psychotherapie, Fachberater für Psychotraumatologie, seit 1981 Geschäftsführer und Therapeutischer Leiter bei der Kadesch gGmbH Herne und bis 2020 bei Jugend-, Konflikt- und Drogenberatung e.V. Herne

pschay@t-online.de

Helmut Schwehm

Dipl.-Pädagoge, Dipl.-Theologe, Approbation als KuJ-Psychotherapeut, Psychotherapeut (HPG), Psychodramaleiter und Lehrtherapeut am Moreno Institut Edenkoben-Überlingen, Supervisor PSR, Supervisor DGfP, Supervisor LPK RLP, Berater DGfB/Consultant GAfC, Mitbegründer der Fachklinik Villa Maria, langjähriger Geschäftsführer im Therapieverbund Ludwigsmühle (bis 2014)

schwehm-psr@t-online.de

Janina Tessloff
Erziehungswissenschaftlerin, Systemische Therapie, Suchttherapie, Entspannungstraining, seit 2015 Geschäftsführung der Therapiehilfe Bremen gGmbH, seit 2019 Vorstandsvorsitzende des fdr+ Fachverband Drogen- und Suchthilfe e.V., seit 1991 in der Suchthilfe tätig, leitende und geschäftsführende Tätigkeit bei der STEPS Therapie und Beratung gGmbH und der Hohehorst gGmbH

Janina-Tessloff@therapiehilfe.de

Martina Tödte
Dipl.-Sozialpädagogin, Geschäftsführerin des Trägervereins der Drogenberatung für Mädchen und Frauen, BELLA DONNA, und der Landeskoordinierungsstelle Frauen und Sucht NRW, BELLA DONNA. Langjährig in der ambulanten Suchthilfe tätig, Spezialisierung auf die geschlechtsbezogene Suchthilfe mit Frauen. Schwerpunkte: Förderung und Weiterentwicklung der geschlechtsbezogenen Arbeit mit Mädchen und Frauen, Versorgung von Kindern in suchtbelasteten Familien. Nationale und internationale Referentinnentätigkeit, diverse Veröffentlichungen, ausgezeichnet mit dem Bundesverdienstorden der Bundesrepublik Deutschland

m.toedte@belladonna-essen.de

Otto Schmid, Thomas Müller (Hrsg.)

Die Sucht-Enzyklopädie

Addictionary

Wie können wir von positiven Wirkungen psychoaktiver Substanzen profitieren – und uns vor negativen Risiken schützen? Wo liegen die Grenzen zwischen genussvollem und problematischem Konsum? Welche Menschen bevorzugen welche Substanzen – und warum? Steigert eine Legalisierung den Drogenkonsum? Ist Sucht selbstverschuldet? Kann LSD auf den ewigen Trip führen?

Im Addictionary beantworten Experten ideologiefrei, wissenschaftlich fundiert, pointiert und kurz alle wichtigen aktuellen Fragen zu psychoaktiven Substanzen. Die Enzyklopädie dient der Fachwelt als handliches Nachschlagewerk und Betroffenen sowie Angehörigen als klare Orientierung.

153 Seiten
ISBN 978-3-95853-632-6 **15,00 €**

ebook
ISBN 978-3-95853-633-3 **8,00 €**

Preise inkl. MwSt.

PABST SCIENCE PUBLISHERS
Eichengrund 28
D-49525 Lengerich/Westfalen

+49 (0) 5484-308 | +49 (0) 5484-550
pabst@pabst-publishers.com
www.pabst-publishers.com